«La doctrina del siglo XIX sobre la inerrancia es introducida hábilmente en el siglo XXI por dos simpatizantes de la misma. Como inerrantista que soy, me preocupa que la Escritura se estire al estilo de Procusto en un marco de la Ilustración. No hay nada intrínsecamente malo en la doctrina; simplemente no encaja bien. En otro lugar, he argumentado que la autoría moderna describe mal las costumbres de escritura de las cartas del NT. Walton y Sandy llevan esas mismas preocupaciones a todo el canon. Señalando que la Escritura surgió en una «sociedad de texto posible pero de oído prevalente», argumentan que las culturas dominantes en el texto como la nuestra enfatizan inapropiadamente los documentos (frente a los textos que pueden ser orales o escritos). Tendemos a considerar a las sociedades orales como los primos rurales incultos de nuestras sociedades más sofisticadas, urbanas y alfabetizadas. Para nosotros, una historia oral es intrínsecamente inferior a una historia escrita, y por eso queremos que nuestras Escrituras hayan sido textos escritos desde el principio. Este es nuestro sesgo, no el de Dios. Él habló, no escribió. Mientras que los teólogos sistemáticos evangélicos defienden la inerrancia tradicional, los eruditos bíblicos evangélicos (que son más propensos a luchar con los orígenes del texto) ven cómo la inerrancia funciona mejor para Lucas que para Jeremías. Walton y Sandy sugieren un modelo que hace hincapié en una autoridad como «cabeza de la fuente»; plantean un proceso que se parece más a Wikipedia que a nuestro autor solitario y contemporáneo, pero que sigue dando como resultado un texto canónico inerrante. Jeremías fue el profeta autorizado que habló primero, no el autor del libro final. Hay que admitir que esto es difícil para los evangélicos occidentales modernos; sin embargo, nuestra era digital puede llevarnos al futuro donde un autor solitario deja de ser el único modelo de autoridad. Escribiendo a otros eruditos inerrantistas, Walton y Sandy hacen todas las preguntas correctas —las preguntas que muchos temen hacer— y buscan afirmar la autoridad absoluta de la Escritura como la Palabra de Dios inerrante e infalible. Algunos los aclamarán por allanar el camino; otros los señalarán como cediendo al liberalismo. Todos debemos leer este libro».

E. Randolph Richards, profesor de estudios bíblicos y decano de la Escuela de Ministerio de Palm Beach Atlantic University

«En *El mundo perdido de las Escrituras*, los autores John Walton y Brent Sandy han reunido en un formato de fácil lectura los resultados de varias décadas de erudición en la alfabetización y la cultura del libro en la antigüedad. Tanto los eruditos como los laicos no han entendido bien este tema vital, a menudo leyendo (y juzgando) inconscientemente la Biblia con expectativas modernas y luego criticándola o defendiéndola de forma injusta y poco realista. Detrás de este pensamiento suele haber un fundamentalismo frágil, ya sea motivado por el escepticismo o por el celo apologético, que simplemente no entiende lo que es realmente la literatura bíblica. Walton y Sandy exponen la confusión y proporcionan a los lectores una ruta fiable. Este libro debe estar en todas las bibliotecas».

Craig A. Evans,
profesor Distinguido de Nuevo Testamento, Acadia Divinity College, Nueva Escocia, Canadá

«Walton y Sandy nos han dado un libro importante, incluso valiente. Firmes defensores de la alta autoridad de las Escrituras, comprenden perfectamente las deficiencias de muchas concepciones evangélicas relativas a la producción literaria de la Biblia, así como a su interpretación. Quienes lean y aprecien este libro verán enriquecida su comprensión de la Escritura y profundizado su amor por Dios, su autor último».

Tremper Longman III,
profesor de estudios bíblicos Robert H. Gundry, Westmont College

«En el campo de los estudios bíblicos se están produciendo emocionantes descubrimientos que aportan ideas para la interpretación de los textos bíblicos. Walton y Sandy discuten algunos de estos descubrimientos —específicamente, cómo la cultura oral y la literatura bíblica que procede de ella no se preocupaban por reportar eventos con una idea moderna de precisión. Este hallazgo afecta directamente a la doctrina de la inerrancia bíblica. Aunque ambos autores enseñan en el Wheaton College y sostienen la doctrina de la inerrancia bíblica, afirman que el término «inerrancia» puede haberse vuelto inadecuado para definir «nuestras convicciones sobre la sólida autoridad de las Escrituras» y proponen un lenguaje alternativo para discutir la autoridad bíblica. Este volumen ofrece una contribución fresca, cuidadosa y oportuna al campo de los estudios bíblicos y es un libro que no deben pasar por alto los estudiantes serios de la Biblia».

Michael R. Licona,
profesor asociado de teología, Universidad Bautista de Houston

«Debo elogiar a Walton y Sandy por dedicar mucho tiempo y reflexión a las implicaciones teológicas de sus propuestas. Los mundos perdidos son atractivos para los exploradores por las maravillas que se pueden encontrar en ellos, y este libro tiene el potencial de ayudar a un público más amplio a encontrar la alegría de una lectura erudita y confiada de la Biblia, en lugar de limitarse a ver los peligros de la erudición moderna».

Lyndon Drake,
Pacific Journal of Baptist Research, noviembre de 2014

«Un libro claro, riguroso, innovador, bien informado y honesto que lucha contra un problema perpetuo: cómo se interrelacionan los fenómenos de la Escritura y la doctrina de la inerrancia. Su aplicación de la teoría cultural (culturas «orales» frente a «literarias») y de la teoría de los actos de habla da muchos frutos. Un rico material de reflexión para estudiantes y eruditos por igual».

Robert Hubbard,
profesor de literatura bíblica, Seminario Teológico de North Park

«Hay mucho que pensar en este volumen. Lo recomiendo como una reflexión sobre los entresijos de una doctrina fundamental».

Richard A. Taylor,
Journal of the Evangelical Theological Society, 57-4

«*El mundo perdido de las Escrituras* tiene mucho que ofrecer. Ya era hora de un libro como éste, y nos alegramos de que se haya escrito».

Sawyer Nyquist con Abraham Kuruvilla,
Bibliotheca Sacra, abril-junio de 2015

«*El mundo perdido de las Escrituras* está claramente escrito y cuidadosamente razonado; los autores han dispuesto los capítulos en proposiciones para ayudar a los lectores a seguir la progresión lógica del contenido general. Recomiendo este libro especialmente a pastores, estudiantes de seminarios y colegios bíblicos, y otros estudiantes serios de la Biblia».

Daniel Johnson, CBA Retailers + Resources, diciembre de 2013

EL MUNDO PERDIDO DE LAS ESCRITURAS

EL MUNDO PERDIDO DE LAS ESCRITURAS

LA CULTURA LITERARIA ANTIGUA Y LA AUTORIDAD BÍBLICA

John H. Walton
y
D. Brent Sandy

© 2013 John H. Walton y D. Brent Sandy
© 2022 Publicaciones Kerigma

El mundo perdido de las escrituras: la cultura literaria antigua y la autoridad bíblica

Publicado originalmente en inglés bajo el título: *The Lost World of Scripture: Ancient Literary Culture and Biblical Authority*, por IVP Academic

Traducción: Janin Díaz y Saúl Sarabia

Edición y Diseño de Portada: Publicaciones Kerigma

Revisión y Maquetación: Mario Salvatierra

© 2022 Publicaciones Kerigma
Salem Oregón, Estados Unidos
http://www.publicacioneskerigma.org

Todos los derechos son reservados. Por consiguiente: Se prohíbe la reproducción total o parcial de esta obra por cualquier medio de comunicación sea este digital, audio, video escrito, salvo para citaciones en trabajos de carácter académico según los márgenes de la ley o bajo el permiso escrito de Publicaciones Kerigma.

2022 Publicaciones Kerigma
Salem Oregón
All rights reserved

Pedidos: 971 304-1735

www.publicacioneskerigma.org

ISBN: 978-1-956778-50-2

Impreso en los Estados Unidos
Printed in the United States

CONTENIDO

Prefacio 17

Introducción 21

PARTE 1
El Mundo De La Composición Y La Comunicación Del Antiguo Testamento

Proposición 1: Las sociedades del Antiguo Oriente Próximo predominaban en la transmisión auditiva y no poseían nada comparable a los autores y los libros tal y como los conocemos 29

    El mundo predominantemente auditivo 31

    ¿Entonces para qué los documentos? 33

    Autores y libros frente a autoridades, escribas y documentos 37

    Para más información 41

Proposición 2: Las ampliaciones y revisiones fueron posibles a medida que los documentos se copiaban generación tras generación y finalmente se compilaban en obras literarias 43

    La necesidad de copias nuevas 44

    Funciones del escriba 48

    ¿Los escribas ampliaron los textos? 50

    Para más información 52

Proposición 3: La comunicación eficaz debe adaptarse a la cultura y la naturaleza de la audiencia 53

    Teoría de los actos de habla 55

    La adecuación divina en las locuciones 56

    Inerrancia y autoridad en la ilocución 59

Proposición 4: La Biblia no contiene ninguna nueva revelación sobre el funcionamiento y la comprensión del mundo material.................. 63

    No es un libro sobre ciencia 64

    Ninguna revelación científica novedosa.. 65

    Lo que debemos buscar 68

    Identificar las afirmaciones científicas del Viejo Mundo............. 71

Retrocediendo Y Resumiendo: Cómo puede considerarse la composición del Antiguo Testamento de forma diferente a la luz de lo que se conoce de la cultura literaria antigua..................................... 75

    Autoridades y tradentes 75

    Expansiones y revisiones.. 77

    La compilación final... 79

    Composición bíblica y autoridad.. 83

PARTE 2
El Mundo De La Composición Y La Comunicación Del Nuevo Testamento

Proposición 5: Gran parte de la literatura del mundo grecorromano conservaba elementos de una cultura donde predominaba la transmisión auditiva... 93

    Oralidad y textualidad en la poesía griega antigua....................... 95

    La oralidad en los textos escritos griegos y latinos 97

    Conclusión.. 101

    Para más información 102

Proposición 6: Las aproximaciones orales y escritas a la literatura conllevan diferencias significativas... 105

    Verdades y mitos sobre la oralidad... 107

    Comparando y contrastando la oralidad y la textualidad............ 109

Conclusión 114

Para más información 115

Proposición 7: Los historiadores griegos, los filósofos y los rabinos judíos ofrecen ejemplos instructivos de la antigua cultura oral 117

    La producción de la historia en una cultura oral 118

    La enseñanza de la filosofía en una cultura oral 122

    Los rabinos y las enseñanzas orales 125

    Conclusión 129

    Para más información 130

Proposición 8: El mundo de Jesús era predominantemente analfabeto y oral 133

    ¿La mayoría de las personas que vivían en la Palestina del siglo I estaban alfabetizadas? 135

    Niveles de alfabetización y textualidad 137

    ¿Jesús fue alfabetizado? 139

    Conclusión 142

    Para más información 143

Proposición 9: *Logos*/Palabra se refiere a la comunicación oral, no a los textos escritos 145

    El *logos* como la palabra y la enseñanza de Jesús 146

    El *logos* en otros contextos 150

    Conclusión 152

Proposición 10: Jesús proclamó la verdad en forma oral y comisionó a sus seguidores para que hicieran lo mismo 153

    Un cambio radical en el estudio de los Evangelios 155

    Una interpretación de la oralidad de adentro hacia afuera 158

    Implicaciones de la oralidad de Jesús 161

    Conclusión 166

Para más información 167

Proposición 11: Las variantes eran comunes en los textos orales de las palabras y los hechos de Jesús 169

Un ejemplo reciente de conservación y transmisión de textos orales 170

El encuentro con los textos orales a través de los Evangelios 172

Conclusión 176

Proposición 12: A lo largo del Nuevo Testamento, las palabras habladas, y no las escritas, fueron el eje central 179

El *logos* como texto oral en los Hechos y las Epístolas 180

Textos orales y escritos de las enseñanzas de Pablo................... 184

La autoridad de los textos orales de pablo................................. 186

La oralidad en las epístolas generales... 190

La oralidad en el libro de Apocalípsis 191

Conclusión 193

Proposición 13: La redacción exacta no era fundamental para preservar y transmitir representaciones fiables de la verdad inspirada 195

Manuscritos del Nuevo Testamento 197

Variantes en el texto del Nuevo Testamento 198

Implicaciones de la cultura manuscrita....................................... 203

Conclusión 208

Para más información 210

Retrocediendo Y Resumiendo: La composición del Nuevo Testamento puede interpretarse de forma diferente a la luz de lo que se conoce de la cultura literaria antigua... 213

Resumen de la formación del Nuevo Testamento 214

La transmisión del Antiguo Testamento..................................... 217

La trayectoria de la oralidad 224

Conclusión 227

PARTE 3
El Mundo Bíblico De Los Géneros Literarios

Proposición 14: La autoridad de la literatura narrativa del Antiguo Testamento está más relacionada con la revelación que con la historia 231

¿Cómo debemos entender la historiografía antigua? 233

¿Qué es la mitografía? 238

Comparación entre mitografía e historiografía 239

La ilocución de la literatura orientada al acontecimiento 241

Conclusiones 244

Proposición 15: La autoridad de la literatura jurídica del Antiguo Testamento está más relacionada con la revelación que con la ley. 249

Las locuciones de la ley 250

Las ilocuciones de la ley 251

La perlocución de la ley 253

Para más información 256

Proposición 16: La autoridad de la literatura profética del Antiguo Testamento está más relacionada con la revelación que con la predicción del futuro 257

Los «libros» proféticos 258

Profecía y cumplimiento 261

Para más información 265

Proposición 17: Los géneros del Nuevo Testamento están más relacionados con la oralidad que con la textualidad 267

Inclinación por la oralidad en el siglo II 269

Las cartas de Pablo 272

El género de los Evangelios 276

La composición y transmisión de los Evangelios 278

La composición y transmisión de las cartas de Pablo 283

Conclusión 286

PARTE 4
Afirmaciones Finales Sobre El Origen Y La Autoridad De Las Escrituras

Proposición 18: Las afirmaciones sobre el origen de la Escritura confirman su naturaleza oral fundamental 291

La forma principal de la revelación divina 293

La forma humana del discurso divino 295

Conclusión 298

Proposición 19: Las afirmaciones sobre la autoridad de la Escritura respaldan su fuente e ilocución divina 301

Lenguaje figurativo y emotivo en las cartas de Pablo 303

El contexto de la declaración de Pablo sobre la inspiración 305

La intención de Pablo al afirmar que la Escritura es inspirada por Dios 307

Conclusión 311

Proposición 20: La inerrancia tiene funciones y limitaciones esenciales 313

Inerrancia contra inspiración y autoridad 315

Puntos resumidos sobre la aplicación de la inerrancia 318

Errores de los defensores de la inerrancia 318

Errores de la erudición escéptica 319

Para más información 322

Proposición 21: La convicción en la autoridad no sólo abarca lo que la Biblia es, sino también lo que hacemos con ella 323

    Lectores competentes 324

    Lectores éticos 325

    Lectores virtuosos 327

    El papel del Espíritu Santo 328

    Verdad y autoridad 329

Conclusiones Fieles Para Lectores Virtuosos 333

    Es seguro creer 334

    No es seguro creer 344

    Es seguro cuestionar 348

Prefacio

Este libro trata sobre un mundo perdido. Pero no se trata de una búsqueda de libros perdidos, ni de cálices perdidos, ni de la Atlántida perdida de Platón. Se trata de la búsqueda de una cultura perdida que tuvo un efecto significativo en la forma en que se escribió la Biblia.

Sorprendentemente, incluso después de miles de años de lectura y estudio de la Biblia, todavía hay cosas que aprender y entender. Eso dice mucho de la naturaleza de la Biblia y de su autor divino. Pero hay otra razón que exige seguir estudiando las Escrituras. Al igual que los arqueólogos que encuentran osarios en las tumbas judías más antiguas, los buscadores de monedas romanas en el lodo de las mareas del río Támesis, o los buzos que descubren un barco griego hundido en el Mediterráneo, los eruditos exploran constantemente el mundo antiguo y descubren conceptos cada vez más interesantes. Y todo ello tiene el potencial de ofrecer una comprensión más clara de la Palabra inspirada y autorizada de Dios.

En este libro exploramos las formas que Dios eligió para revelar su Palabra a la luz de los descubrimientos sobre la cultura literaria antigua. Nuestro objetivo específico es comprender mejor cómo se hablaba, se escribía y se transmitía tanto el Antiguo como el Nuevo Testamento, sobre todo teniendo en cuenta las posibles implicaciones para la inspiración y la autoridad de la Biblia. Es mucho para tratar en un solo libro, por lo que no podremos profundizar tanto como quisiéramos. Algunos lectores desearán más; otros considerarán que es más que suficiente tal y como está.

Un estímulo importante en nuestro trabajo son los estudiantes que se quedan después de la clase y hacen *la* pregunta en voz baja — mirando primero a su alrededor para asegurarse de que todos los demás han salido de la sala—: ¿Por qué seguimos utilizando la palabra *inerrancia*? Es una pregunta inevitable, que la evidencia plantea por sí misma. Así que parte del propósito de este libro es traer de vuelta a los estudiantes del borde de alejarse de la autoridad de las Escrituras en reacción a la apropiación indebida del término *inerrancia*.

Este libro ha sido un esfuerzo en equipo. John y su esposa, Kim, al hospedar Brent en su casa, ofrecieron oportunidades para el diálogo. El hecho de que ambos demos clases a estudiantes de posgrado que reflexionan sobre la inerrancia ha propiciado el intercambio de ideas mientras tratábamos de ofrecer respuestas útiles. Trabajar en una institución y con un profesorado que adopta una postura firme sobre la inerrancia, pero que está abierto al diálogo, proporcionó un contexto seguro en el cual explorar la autoridad de las Escrituras desde la base.

Los capítulos de este libro sobre el Antiguo Testamento fueron escritos por John, los del Nuevo Testamento por Brent. Estamos básicamente de acuerdo con el contenido de nuestros respectivos capítulos, y en los casos en los que podríamos haber expuesto las cosas de forma diferente, los puntos son tan insignificantes que no consideramos que valga la pena elaborarlos.

Al igual que en el libro de John *El mundo perdido de Génesis Uno*, hemos estructurado nuestros capítulos en forma de proposiciones. Esperamos que las declaraciones sucintas de lo que cada capítulo pretende lograr ayuden a los lectores a seguir la lógica de la progresión de los temas aquí abordados.

Al escribir, hemos deseado tener en cuenta a los lectores en general, con la esperanza de que nuestro libro sea útil para la Iglesia en todo su conjunto. Confiamos en que los estudiantes cristianos de colegios, seminarios y universidades encontrarán especialmente útil nuestro libro. Al mismo tiempo, escribimos para los colegas que tienen una alta visión de las Escrituras, especialmente los que sostienen la inerrancia. Tratar un tema tan complejo debe ser un esfuerzo de equipo. No nos sorprenderá que muchas de nuestras propuestas resulten inesperadas para algunos y pasadas de moda para otros.

Este libro no se dirige a los de fuera, es decir, no es una defensa apologetica de la autoridad bíblica. Más bien, estamos escribiendo para los de dentro, tratando de aclarar la mejor manera de entender la Biblia, y además, esperando ayudar a los de dentro a estar mejor preparados para interactuar con los de fuera.

Queremos dar las gracias a los colegas que han sacrificado su tiempo para seguir nuestras líneas de investigación y la dirección de nuestro pensamiento. Nos han salvado de muchos fallos y pasos en falso. John da las gracias en particular a Dan Treier y Jonathan Walton. Brent da las gracias en particular a Gary Meadors y Glen Thompson. Ambos dan las gracias a John Hilber. Sin embargo, hay que tener en cuenta que estos caballeros y eruditos sólo reciben crédito por las cosas que hemos dicho que son correctas. Los puntos en los que nos equivocamos son nuestra responsabilidad.

Domingo de Resurrección, 2013

Introducción

Las megatendencias recorren el panorama de la cultura occidental moderna como enormes tormentas. A la distancia, puede que no parezcan muy interesantes o significativas, y sin un observador entusiasta que nos alerte de los efectos potenciales, las tormentas pueden acercarse sigilosamente antes de que nos demos cuenta de lo que está ocurriendo. Sin embargo, tras el paso de dichas tormentas, el cambio puede ser histórico.

La revolución digital actual parece ser una de esas mega-tormentas. Han pasado más de quinientos años desde que la cultura occidental tuvo una revolución en la tecnología de la impresión. Pero los cambios que se están produciendo ahora parecen ser tan importantes como lo fue entonces la Galaxia Gutenberg, que marcó el fin de la Edad Media y el comienzo del Renacimiento.

El universo digital es un mundo nuevo y desafiante, y no hemos empezado a ver su final. Hay muchas preguntas: ¿Cómo nuestra dependencia de esta nueva tecnología va a reconfigurar nuestros cerebros? ¿Mirará la gente en el futuro a la cultura impresa y se preguntará por el mundo perdido de Gutenberg? ¿Cómo juzgará la historia lo que a nosotros nos parece una megatendencia importante? ¿Nos encontraremos una vez más alejados del antiguo mundo de la comunicación oral? ¿O es posible que la revolución digital nos lleve de vulta al futuro?

Comprender la constelación oral y escrita del mundo bíblico —antes de la irrupción de la cultura impresa— es esencial para entender cómo se escribió la Biblia. Antes de que existieran los libros y las copias manuscritas, sólo había textos orales. El Sermón del Monte de Jesús, antes de que alguien lo escribiera, era un texto oral. Los textos surgieron y se transmitieron de forma diferente en un mundo dominado por el oído. Los cerebros estaban conectados de manera diferente.

Antes de avanzar en los capítulos de este libro, en esta introducción comenzamos en el punto cero. Fundamentalmente, creemos que la Biblia merece el mayor honor posible como el más rico, profundo y poderoso libro jamás escrito, simplemente no hay contendientes. Es una obra maestra de la literatura, una obra magna, un trabajo estelar. Pero hay algo más en la historia. La importancia última de la Biblia radica en otra parte: es la revelación inspirada de Dios Todopoderoso, un tesoro celestial en un mundo de ideas empobrecidas, un chispeante arroyo de montaña en el más árido de los desiertos. Sin embargo, no se trata de adorar la Biblia, sino de adorar al Dios de la Biblia.

La incomparabilidad de la Biblia como revelación divina es fácilmente superada por su familiaridad. Muchos cristianos tienen diversos ejemplares de la Biblia en múltiples versiones. Algunos tienen acceso a ella mediante los últimos dispositivos digitales. Tal vez hayan asistido a la iglesia durante años y hayan escuchado sus palabras una y otra vez. Nos preguntamos si a algunos les entra por un oído y les sale por el otro. Debe ser desgarrador para Dios cuando su Palabra pierde su brillo en nosotros, cuando su poder se ve disminuido por nosotros, cuando ya no anhelamos escuchar al Espíritu hablándonos.

Los cristianos pueden olvidar o no tomar en serio que la Biblia es el único libro absolutamente autorizado, que exige nuestra máxima atención. Vivir sus verdades es el más alto de los llamamientos. Al no mostrar a la Biblia el respeto que le corresponde, deberíamos sentirnos avergonzados. Y más que la teoría; es la práctica de alinear nuestros pensamientos y nuestras vidas con los pensamientos y la vida de Dios.

Tenemos una visión muy elevada de las Escrituras. Confesamos que la Biblia es la autorevelación de Dios. El Antiguo y el Nuevo Testamento son el depósito literario de la verdad divina. La revelación definitiva es Jesús mismo. El mensaje central es la creación, la caída, la redención y la restauración. Afirmamos la inerrancia. Estamos de acuerdo con la definición sugerida por David Dockery, según la cual «la Biblia, debidamente interpretada a la luz de la cultura y la comunicación desarrolladas en el momento de su composición, demostrará ser completamente verdadera (y, por tanto, no falsa) en todo lo que afirma, con el grado de precisión pretendido por el autor, en todo lo relacionado con Dios y su creación».[1]

La parte de la afirmación de Dockery sobre la «cultura y la comunicación desarrolladas en la época de su composición» es

---

[1] David S. Dockery, *Christian Scripture: An Evangelical Perspective on Inspiration, Authority and Interpretation* (Nashville: B&H, 1995), p. 64.

específicamente donde este libro pretende hacer su principal aportación.[2] ¿Cómo funcionaba la comunicación en los antiguos mundos del Oriente Próximo y de Grecia y Roma? ¿Cómo es que Dios, hablando hace mucho tiempo de diversas maneras (Heb. 1:1), se convirtió en un hombre hablando de parte de Dios (2 Pe. 1:21), que a su vez se convirtió en «está escrito» (Mt. 4:4-10)? Dios habló, la gente habló en su nombre, y la gente escribió; ¿qué podría ser más sencillo? Pues bien, como desarrollaremos en los capítulos siguientes, hay mucho que considerar sobre todo el proceso.

Sin embargo, la mayoría de nosotros probablemente no estamos preparados para lo diferente que es el mundo antiguo del nuestro. Como debería ser obvio —aunque para muchos aparentemente no lo es—, el Antiguo Testamento se parece más a la cultura del antiguo Oriente Próximo, y el Nuevo Testamento a la cultura de los griegos y romanos, que cualquiera de ellos a nuestro mundo del siglo XXI. Estamos a miles de años y a miles de kilómetros de distancia. Esto significa que a menudo tenemos que bajar la velocidad y preguntarnos si estamos interpretando la Biblia a la luz de la cultura original o a la luz de la cultura contemporánea. Aunque los valores de la Biblia eran muy diferentes a los de las culturas antiguas, obviamente se comunicaba en las lenguas existentes y dentro de las costumbres culturales de su época.

Además de los retos que plantea la comprensión de la cultura literaria antigua, hay un considerable «extravío» en la forma en que se gestó la Biblia. Gran parte de lo que finalmente se escribió se reveló primero en forma oral. Por ejemplo, encontramos a Dios hablando con Jeremías durante veintitrés años, y después de todos esos años y sermones sólo le dice que escriba lo que había estado predicando. O a Jesús predicando y viviendo la verdad durante tres años, sin que se le ocurriera escribir sus enseñanzas ni siquiera sugerir a sus seguidores que sus palabras se conservaran por escrito. O el libro de los Hechos que registra los primeros treinta años de la historia de la iglesia primitiva sin ninguna referencia a formas escritas del evangelio. Nuestras exploraciones nos conducirán a importantes conocimientos sobre este «extravío».

Entre otras cosas, las pruebas reunidas en este libro conducen inevitablemente a la cuestión de la inerrancia. Aunque afirmamos de

---

[2] Estamos de acuerdo con Allert «en que una visión elevada de la Escritura exige una comprensión e integración de la formación misma de la Biblia»; Craig D. Allert, *A High View of Scripture? The Authority of the Bible and the Formation of the New Testament Canon* (Grand Rapids: Baker Academic, 2007), p. 13.

todo corazón lo que la propia Biblia revela sobre su origen, autoridad y veracidad, reconocemos que siempre hay un poco de inquietud cuando se discute la inerrancia y los conceptos relacionados de forma novedosa. Este es un terreno sagrado. Pero la verdad es que ningún término, ni siquiera una combinación de términos, puede representar completamente la plenitud de la autoridad de las Escrituras. Sobre esto, nos parece útil el comentario de Juan Calvino de que su compromiso con los aspectos divinos y humanos de la Escritura le expuso a acusaciones de que no creía en la inspiración verbal.[3] En otras palabras, es casi imposible hablar con precisión sobre la inspiración de la Escritura y no contradecirse o ser malinterpretado. No obstante, haremos todo lo posible, aunque corramos el riesgo de ser malinterpretados.

Conviene concluir esta introducción afirmando el resumen de la Declaración de Chicago de 1978 sobre la inerrancia bíblica:

1. Dios, quien es la verdad y sólo habla la verdad, ha inspirado la Sagrada Escritura para revelarse a la humanidad perdida por medio de Jesucristo como Creador y Señor, Redentor y Juez. La Sagrada Escritura es el testimonio de Dios sobre sí mismo.
2. La Sagrada Escritura, siendo la propia Palabra de Dios, escrita por hombres preparados y supervisados por su Espíritu, es de infalible autoridad divina en todos los aspectos que aborda: Debe ser creída, como instrucción de Dios, en todo lo que afirma; obedecida, como mandato de Dios, en todo lo que exige; abrazada, como garantía de Dios, en todo lo que promete.
3. El Espíritu Santo, autor divino de la Escritura, nos la autentifica con su testimonio interior y nos abre la mente para comprender su significado.
4. Siendo total y verbalmente dada por Dios, la Escritura no tiene errores ni faltas en toda su enseñanza, no sólo en lo que afirma sobre los actos de Dios en la creación, sobre los acontecimientos de la historia del mundo y sobre sus propios orígenes literarios bajo Dios, sino también en su testimonio de la gracia salvadora de Dios en las vidas individuales.
5. La autoridad de la Escritura se ve ineludiblemente perjudicada si esta inercia divina total se limita o se ignora de alguna manera, o se relativiza en función de una visión de la verdad contraria a la

---

[3] Citado en Moisés Silva, *Has the Church Misread the Bible? The History of Interpretation in the Light of Current Issues*, vol. 1 de Foundations of Contemporary Interpretation (Grand Rapids: Academie/ Zondervan, 1987), p. 45.

de la Biblia; y tales desviaciones suponen una grave pérdida tanto para el individuo como para la Iglesia.[4]

---

[4] Consejo Internacional sobre la Inerrancia Bíblica, The Chicago Statement on Biblical *Inerrancy* (Chicago: 1978), disponible en
http://65.175.91.69/Reformation_net/COR_Docs/01_*Inerrancy*_Christian_Worldview.pdf.

PARTE 1

El Mundo De La Composición
Y La Comunicación Del
Antiguo Testamento

Proposición 1

Las sociedades del Antiguo Oriente Próximo predominaban en la transmisión auditiva y no poseían nada comparable a los autores y los libros tal y como los conocemos

¿Por qué puedo escuchar en un restaurante una canción que no he oído desde hace treinta años y todavía puedo cantar cada palabra? Es probable que nunca haya visto la letra escrita de esas canciones, pero a menudo las recuerdo meticulosamente. Esto es simplemente un ejemplo del papel que puede desempeñar el oído en la transmisión de las tradiciones.

Nuestra sociedad occidental moderna se basa en la premisa de la alfabetización. No es sólo que valoremos la lectura y la escritura lo suficiente como para intentar enseñar estas habilidades a todos los niños a lo largo de su educación; la lectura y la escritura son esenciales incluso para un nivel básico de participación en la sociedad. Es muy raro encontrar a una persona que no sepa leer ni escribir. La cultura occidental puede describirse, por tanto, como una cultura predominantemente textual. Sin embargo, muchos aprenden mejor oyendo que leyendo. El texto escrito puede tener sus ventajas, pero la audición no debe considerarse un modo de transmisión inferior. Se trata de una distinción importante porque el valor que nuestra sociedad ha dado a la alfabetización a veces lleva a la percepción errónea de que la alfabetización y la inteligencia o la sofisticación van de la mano. La participación sofisticada y productiva en una sociedad basada en los textos requiere la alfabetización, pero no así en una sociedad en la que predomina la audición.

Las computadoras son un buen ejemplo. Un alto porcentaje de usuarios no son competentes para interpretar el código de los programas informáticos, y mucho menos para escribirlo. En ese ámbito somos analfabetos, pero podemos utilizar un ordenador de forma inteligente e incluso de forma sofisticada porque nuestro uso del mismo no requiere que seamos programadores. De manera similar, una sociedad que domina la audición se ha desarrollado de tal manera que la participación no requiere leer o escribir, excepto por parte de un pequeño grupo de personas especialmente formadas que pueden atender las necesidades básicas de la sociedad.

Si queremos comprender mejor el desarrollo de la literatura bíblica y nuestra visión de su autoridad, tenemos que ajustar nuestro pensamiento sobre cómo se difundía la información y se transmitían las tradiciones en el mundo antiguo. En el mundo antiguo, los escribas representaban la minoría especializada. Otros miembros de una sociedad podían ser capaces de aprender a leer y escribir, y en algunas épocas y lugares sin duda lo hacían en un nivel muy básico,[1] pero no era necesario que la gente común o incluso las élites se alfabetizaran (al igual que no es necesario que nosotros aprendamos un lenguaje de programación) para desarrollarse. La alfabetización implicaba un conjunto de habilidades esotéricas y arcanas, y sus ventajas no eran lo suficientemente significativas como para justificar el tiempo necesario para conseguirla. La alfabetización no está necesariamente ausente en las sociedades en las que predomina la transmisión auditiva; simplemente no es esencial. Por lo tanto, sería inexacto pensar que las culturas en las que predomina la audición son necesariamente analfabetas. Esta designación en sí misma se ha convertido en peyorativa en nuestro uso; deberíamos utilizar mejor «analfabeto». El contraste optativo no es «oralidad frente a alfabetización», sino «audición dominante frente a texto dominante». William Schniedewind ha señalado que esto último es simplemente una diferencia en la forma en que las personas están equipadas para procesar la información.[2]

Como ejemplo, consideremos la especialidad de la mecánica de automóviles. Muchas personas entienden los fundamentos de la

---

[1] De hecho, el nivel de alfabetización general parece fluctuar. Las pruebas sugieren que el nivel de alfabetización general era más alto en el período babilónico antiguo que en el período neoasirio, más de un milenio después. Véase la discusión resumida en Niek Veldhuis, «Levels of Literacy», en *The Oxford Handbook of Cuneiform Culture*, ed. Karen Radner y Eleanor Robson (Oxford: Oxford University Press, 2011), pp. 68-89.

[2] William Schniedewind, *How the Bible Became a Book* (Cambridge: Cambridge University Press, 2004), p. 13.

automoción y pueden realizar tareas básicas. Cambiar el aceite no es muy complejo, pero incluso los que saben hacerlo pueden contratar a alguien que lo haga por ellos porque no quieren meterse debajo del coche ni molestarse con el desorden o el equipo. Otros saben más sobre esto y pueden hacer los ajustes por su cuenta, pero saber cambiar aceite es menos complejo que un problema en la computadora del auto. Incluso algunos mecánicos profesionales tienen que enviar a los clientes a concesionarios especializados.

Podemos transferir este mismo tipo de espectro a la escritura y a la profesión de escriba en el mundo antiguo. La alfabetización básica no estaba fuera del alcance común de los mortales, pero se recurría a diversos niveles de profesionales, ya sea por necesidad o en situaciones en las que la pericia requerida superaba los conocimientos básicos.

El mundo predominantemente auditivo

En el mundo antiguo predominaba la transmisión auditiva y no la transmisión textual. La información se difundía de forma oral. Las tradiciones se transmitían de boca en boca de generación en generación. La capacidad de leer o escribir no era esencial para ser un miembro plenamente funcional de la sociedad, y la alfabetización no formaba parte del proceso de educación básica, formal o informal, por lo que nadie estaba en desventaja si no sabía leer o escribir. La transmisión auditiva suele ser un ejercicio corporativo y, por tanto, coincide con el significado de la comunidad en el mundo antiguo. Leer y escribir suelen ser prácticas más individualistas y coinciden con el valor de la independencia individual en la sociedad occidental moderna. Las personas se reúnen para escuchar; se van por su cuenta a leer o escribir.

En una sociedad en la que predomina la transmisión auditiva, no sólo la información se difunde oralmente, sino que la autoridad funciona de forma diferente a la de una sociedad en la que predomina el texto. Schniedewind observa acertadamente que «la escritura sitúa la autoridad en un texto y su lector, en lugar de en una tradición y su comunidad».[3] Desde nuestro contexto moderno, en el que predomina el texto, solemos pensar que las tradiciones orales son poco fiables debido a su fluidez. Sin embargo, las tradiciones escritas pueden ser tan fluidas como las orales. La fluidez depende de las exigencias del contexto en el que se transmite la tradición. Un ejemplo moderno del poder de permanencia

---

[3] *Ibid.*, p. 114.

de la audición es que las personas que se han criado con himnos en las iglesias reconocen inmediatamente cuando se ha cambiado una sola palabra, ya sea para actualizar el lenguaje o para incluir el género. Mientras escribo esto, estoy de viaje dando charlas en diferentes lugares y, por lo tanto, me encuentro con una gran variedad de experiencias de culto. En un servicio de capilla ayer cantamos un himno que probablemente no había cantado ni escuchado en décadas. En la cuarta estrofa se cambió una línea y me llamó inmediatamente la atención. Nuestros oídos pueden ser muy exigentes en cuanto a la transmisión precisa de las tradiciones atesoradas, y eso habría sido aún más en una sociedad en la que la transmisión oral de la tradición era la norma.

En los entornos en los que predomina el texto, muchos pueden creer sinceramente que la transmisión textual es más fiable y claramente superior. ¿Por qué una sociedad capaz de leer y escribir se conformaría con otra cosa? En la obra *Fedro* de Platón, Sócrates se pronuncia al respecto: «Podrías pensar que [las palabras escritas] hablan como si poseyeran inteligencia, pero si las cuestionas, deseando conocer sus dichos, siempre dicen una sola y la misma cosa. Y cada palabra, una vez escrita, se difunde, tanto entre los que entienden como entre los que no tienen interés en ella».[4]

Además, en el mundo antiguo se percibía que la escritura tenía ciertas funciones y cualidades muy específicas. En el antiguo Oriente Próximo se desarrolló una ideología de la escritura que la consideraba un medio apropiado para comunicarse con las deidades. Por ello, los conjuros mágicos y los rituales adoptaron la forma escrita, aunque también se realizaban oralmente. Schniedewind señala que, en Egipto, el dios Thoth es a la vez el dios de los escribas y el dios de la magia.[5] Asimismo, la escritura se empleaba como medio para que el Estado codificara el poder y la autoridad dentro de la sociedad. «Los monumentos públicos escritos no estaban ahí para leerse, sino que eran una muestra del poder y la autoridad reales».[6] Por tanto, la autoridad no recaía tanto en el documento escrito como en la figura autorizada cuyo poder se mostraba en el monumento. Desarrollaremos la importancia de esto en el próximo capítulo.

Para el debate actual, es importante reconocer la perspicaz conclusión de Schniedewind: «La tradición oral y los textos escritos

---

[4] Platón, Phaedrus, en *Plato I*, trad. Harold N. Fowler, LCL 36 (Cambridge, MA: Harvard University Press, 1914), pp. 565-67.

[5] Schniedewind, *How the Bible Became a Book*, pp. 26-27.

[6] *Ibid*, p. 35. Esto no quiere decir que nunca se hayan leído, sino que es una afirmación de por qué se escribieron los documentos.

también representan centros de autoridad que compiten entre sí. Mientras que la oralidad y la *alfabetización* pueden existir en un continuo, la oralidad y la *textualidad* compiten entre sí como diferentes modos de autoridad».[7] Un buen ejemplo sería una iglesia que mantiene una declaración doctrinal formal por escrito, pero tiene una tradición oral adicional que identifica qué elementos de la declaración toman en serio y cuáles no, así como una tradición oral sobre las interpretaciones de las líneas de la declaración. Tal vez la tradición oral incluya creencias adicionales. En esta ilustración, la autoridad oral compite con la autoridad textual. La naturaleza de la competencia por la autoridad también podría entenderse en el contexto de los debates en la educación superior moderna sobre la autoridad que se encuentra en los libros frente a la autoridad que a menudo conceden los estudiantes principiantes a los recursos de Internet de código abierto a los que cualquiera sin credenciales podría rendir homenaje. Otro ejemplo sería la forma en que la gente toma como autoridad lo que escucha en History Channel en lugar de acudir a libros de historia fiables escritos por académicos cualificados.

¿Entonces para qué los documentos?

En una sociedad antigua en la que predomina la tradición auditiva, los textos son en gran medida documentos escritos por un número mucho más limitado de argumentos que en una cultura en la que predomina el texto.
1. *Los documentos se escribían para los registros.* A veces había archivos familiares, pero eran más frecuentes los archivos estatales o de los templos. Los archivos albergaban documentos administrativos, generalmente de carácter económico o jurídico. Estos documentos formaban parte de los registros esenciales y rara vez se accedía a ellos. (Los escribas contratados cumplían la función de redactar dichos documentos, al igual que los abogados de hoy en día redactan los documentos legales formales para su legalización. Los archivos reales o de los templos también podrían guardar los documentos de Estado (por ejemplo, decretos, tratados, correspondencia real).
2. *Los documentos se escribían para las bibliotecas.* Aunque a veces se superponen con los archivos o pueden estar alojados

---

[7] *Ibid*, p. 13.

juntos, podemos referirnos a las bibliotecas como centradas en obras literarias creativas. Es posible que las bibliotecas tuvieran un acceso más amplio o más frecuente que los registros pero no debemos confundirlas con la función de las bibliotecas actuales. No eran públicas, y la mayoría de la gente no tenía motivos para acceder a ellas ni los medios para hacerlo (al ser analfabetos).[8] La gente común tendía a confiar en la tradición oral más que en los documentos que pudieran preservar esas tradiciones. ¿Quién compilaría las bibliotecas y por qué? Una posibilidad es que dichas bibliotecas reflejen la empresa de la sabiduría de la recolección. Otra posibilidad es que representen un interés anticuario en la preservación de tradiciones remotas. Algunas pruebas sugieren incluso que una gran biblioteca como la de Asurbanipal se compiló con fines apotropaicos. David Carr sugiere que las bibliotecas se recopilaban como referencia, pero que rara vez se accedía a ellas.

El objetivo era inscribir las tradiciones más preciadas de una cultura en el interior de las personas. En este contexto, las copias de los textos servían como puntos de referencia solidificados para la recitación y memorización de la tradición, demostraciones de dominio de la misma y regalos de los dioses. Pero no eran para los no iniciados. Pocos de los alfabetizados habrían progresado hasta el punto de poder o estar motivados para utilizar esos textos para acceder a tradiciones que aún no conocían.[9]

Dominique Charpin señala que de los miles de tablillas encontradas en la más famosa de las bibliotecas antiguas (Asurbanipal, siglo VII a.C.), alrededor de una cuarta parte de los textos se refieren a la adivinación, otro 20% a rituales y oraciones, y aproximadamente el mismo porcentaje son listas léxicas. Los textos literarios son unos cuarenta.[10]

Independientemente de la incertidumbre de nuestra información, en este momento es importante señalar simplemente que la escritura de documentos en el mundo

---

[8] Las bibliotecas personales eran casi inexistentes.
[9] David Carr, *Writing on the Tablet of the Heart* (Oxford: Oxford University Press, 2005), p. 6.
[10] Dominique Charpin, *Reading and Writing in Babylon* (Chicago: University of Chicago Press, 2010), pp. 192-93. Schwemer señala igualmente que una gran parte de los textos de la biblioteca estaban relacionados con la protección de la persona del rey; Daniel Schwemer, «Magic Rituals: Conceptualization and Performance», en *The Oxford Handbook of Cuneiform Culture*, ed. K. Radner y E. Robson (Oxford: Oxford University Press, 2011), p. 432.

antiguo habría servido para fines diferentes a los actuales. Incluso hoy en día, los coleccionistas de libros pueden tener una amplia gama de motivaciones que alimentan su afición. Además, los escribas que hacían estos documentos no ejercían sus habilidades literarias creativas —la creatividad se manifestaba a nivel oral. Los escribas eran los expertos serviles, no los creadores literarios ni las autoridades (más sobre esto en el próximo capítulo).

3. *Los documentos se escribían a menudo como textos académicos*. En el plan de estudios de los escribas, algunos textos literarios eran copiados por escribas principiantes que intentaban perfeccionar sus habilidades. Estos textos se desentierran con frecuencia y ponen de manifiesto los tipos de errores de copia que podían cometer los escribas, especialmente los inexpertos. Esta proliferación de documentos particulares no refleja una circulación intensiva de los mismos, sino que permanecen localizados en la escuela de escribas. Si bien es cierto que la selección de estos documentos para el plan de estudios de los escribas refleja el deseo de preservar importantes tradiciones, también es posible que haya otros motivos.

4. *Los documentos se escribían para ser leídos en voz alta*. Cuando se emitía un decreto, un mensajero se desplazaba hasta el público correspondiente, ya fuera un rey o un plebeyo, para leerlo en voz alta. Incluso si el público era capaz de leer, se consideraba más apropiado que el contenido fuera escuchado (nota Jer. 36). No había público lector, solo lectura pública.

5. *Los documentos se escribían como expresiones simbólicas de poder*. Muchas de las inscripciones reales no debían ser leídas por el público, y a veces incluso se enterraban en la tierra o se colocaban en lugares inaccesibles. Era más importante ver el documento (incluso de lejos) que leerlo. El hecho de que se hubiera escrito era más importante que el texto mismo. A veces, estos documentos indican que el público que el rey tenía en mente era un futuro rey o los dioses.[11]

---

[11] En Tell Tayinat se encontró una copia del tratado de vasallaje de Esarhaddon en el templo, frente al altar, lo que sugiere que se exhibía en presencia del dios y que quizá servía como objeto votivo. Véase Jacob Lauinger, «*Some Preliminary Thoughts on the Tablet Collection in Building XVI from Tell Tayinat*», The Canadian Society for Mesopotamian Studies 6 (2011): 5-14.

Esta brevísima introducción al contraste entre las sociedades en las que predomina la tradición oral y las sociedades en las que predomina el texto es significativa para nuestra comprensión del antiguo Israel y de cómo tomó forma lo que ha llegado a ser nuestra Biblia. Cuando nos encontramos por primera vez con Israel, encontramos una sociedad en la que predomina la tradición oral, en gran medida analfabeta, como lo era la mayor parte del mundo antiguo (aunque servida por una élite literaria y caracterizada, incluso al principio, por cierta capacidad de alfabetización entre la población general).[12] Con el tiempo, a lo largo de la Edad de Hierro (período monárquico), la sociedad israelita se alfabetizó cada vez más, el papel de los textos se amplió y la producción literaria adquirió mayor importancia. El momento exacto en el que esto ocurrió sigue siendo motivo de debate,[13] pero para nuestros propósitos no necesitamos abrazar una postura porque el hecho es que el discurso oral continuó durante el período grecorromano y en gran medida hasta la invención de la imprenta de tipos móviles. Para nuestro objetivo, es suficiente con proceder a una investigación de cómo sería el proceso de producción literaria en una sociedad predominantemente auditiva. Las pruebas de que en el antiguo Israel predominaba la transmisión auditiva se encuentran en la redacción común del propio texto, donde encontramos frecuentes referencias a las palabras que se pronunciaban y a las personas que oían.[14] Al mismo tiempo, no debemos minimizar o descartar las afirmaciones de la Biblia sobre los documentos escritos y el papel que desempeñaban.[15]

Si durante la mayor parte del período del Antiguo Testamento Israel era una sociedad en la que predominaba la transmisión auditiva, no cabría esperar una producción literaria compleja en las primeras etapas de formación de los textos bíblicos, aunque al mismo tiempo debemos admitir que no hay pruebas directas de la composición oral de los textos bíblicos, es decir, no hay declaraciones que aludan explícitamente a dicho proceso. Susan Niditch, sin embargo, identifica numerosos indicadores de que los textos escritos que ahora poseemos tuvieron

---

[12] Para la elaboración y los detalles, véase Richard Hess, «Literacy in Iron Age Israel», en *Windows into Old Testament History*, ed. V. Philips Long, David W. Baker y Gordon J. Wenham (Grand Rapids: Eerdmans, 2002), pp. 82-102.

[13] Schniedewind defiende que las raíces de una mayor alfabetización son evidentes ya en el siglo VII a.C.; How the Bible Became a Book, p. 2. Sin duda, sin embargo, fue un proceso extendido que continuó incluso durante el período helenístico y en la era del Nuevo Testamento.

[14] En relación con el Deuteronomio, véase Daniel Block, «Recovering the Voice of Moses: The Genesis of Deuteronomy», en *The Gospel According to Moses* (Eugene, OR: Cascade, 2012), pp. 21-67.

[15] Por ejemplo, Josué 8:31; 23:6; 24:26; 1 Reyes 2:3.

precursores orales. Los estilos orales incorporados a las obras escritas incluyen la repetición dentro de un pasaje, el uso de fórmulas y patrones de fórmulas, y los patrones de contenido convencionalizados.[16] Estos delatan al documento como un medio secundario.

A modo de ejemplo, crecí jugando al tenis de mesa. Cuando empecé a jugar al tenis al final de mi adolescencia, mi primera inclinación fue utilizar mis técnicas de tenis de mesa con una raqueta más grande en un campo de juego más grande. El hecho de que yo era inherentemente un jugador de tenis de mesa trasplantado era evidente para cualquier tenista. Otro ejemplo: cocinar la masa para panqueques en una gofrera sigue dando como resultado algo que sabe a panqueque; del mismo modo, preservar una tradición oral en un documento no oscurecerá las características de la oralidad. Los indicadores sugieren que debemos considerar la probabilidad de que las primeras etapas que condujeron al desarrollo de la tradición literaria canónica comenzaron en una sociedad en la que predominaba la transmisión auditiva, caracterizada por la diseminación oral y respaldada por documentos que se conservaban en archivos o bibliotecas. Nada en el texto bíblico socava este modelo, y todo lo que sabemos del mundo antiguo lo apoya. Esto significa que tenemos que pensar de manera diferente sobre los «libros» y los «autores» en el mundo antiguo, lo que nos lleva a la siguiente sección.

Autores y libros frente a autoridades, escribas y documentos

Hoy en día, cuando pensamos en los libros de la Biblia y en sus autores, nuestro pensamiento está limitado por ideas culturales. Vivimos en un mundo en el que los derechos de propiedad intelectual están relacionados con las ideas que tienen derechos de autor, se publican, se comercializan y se distribuyen en una sociedad en la que predominan los textos y en la que las personas tienen bibliotecas personales para las que compran libros que leen en silencio para sí mismos. Ninguno de estos elementos modernos existía en el mundo antiguo y, sin embargo, imponemos fácilmente un sistema de este tipo a nuestra comprensión de la producción de los libros de la Biblia. No sería exagerado decir que en el mundo antiguo no había autores ni libros, al menos no en la forma que

---

[16] Susan Niditch, *Oral World and Written Word* (Louisville: Westminster John Knox, 1996), pp. 10-11.

lo conocemos hoy.[17] En su lugar había autoridades, documentos y escribas.[18]

Autoridades y tradentes. Las autoridades son los individuos e instituciones que generan información. La principal autoridad humana era, por supuesto, el rey. Su autoridad se extendía también a los miembros de su administración que ejecutaban su autoridad. Otra autoridad, a menudo pero no siempre independiente, se encontraba en el personal del templo. El gobierno local también desempeñaba un papel de autoridad. Todas estas autoridades generaban la información con la que funcionaba la sociedad: la correspondencia, los decretos, los acuerdos a varios niveles, las sentencias, etc. para las autoridades gubernamentales; los rituales, los conjuros, las oraciones, etc. para el personal del templo; y los textos de adivinación de los especialistas de la administración que trabajaban en ese ámbito. La autoridad real también se encargaba de generar los registros de la administración: anales y crónicas de la actividad del rey, inscripciones reales y dedicatorias de obras públicas, especialmente de templos. Cuando la difusión de esta información era necesaria, se hacía comúnmente de forma oral, aunque a menudo se conservaba en documentos escritos en archivos. En consecuencia, no diríamos que las autoridades generaban escritos, ya que eso colapsa demasiados pasos en uno solo. Las autoridades generaban información importante. Los escribas generaban documentos de apoyo a la administración para diversos usos.

Más allá de todos estos niveles administrativos de información, personas en gran parte anónimas están también detrás de la producción de lo que podríamos llamar obras literarias. Nos referiremos a estas personas como «*tradentes*» —es decir, aquellos que participan en la perpetuación de las tradiciones. Todo el mundo es un tradente en algún nivel, pero algunos miembros de la sociedad tienen un papel más importante en este sentido y es a ellos a quienes nos referiremos. Algunos de estos comerciantes podrían ser miembros de la élite erudita,

---

[17] Por «libros» nos referimos aquí no sólo a la forma de libro («*códice*»), que no se inventó hasta el siglo II d.C., sino también a la idea de un libro como producto literario complejo, un documento extenso o una combinación de documentos. Esta afirmación no pretende pasar por alto las raras excepciones en las que élites como Shulgi o Enheduanna afirman ser autores. También, por supuesto, en Egipto, ya en el Reino Antiguo, hay colecciones de instrucciones de sabiduría atribuidas a una autoridad (por ejemplo, Ptahhotep), aunque todavía hay que diferenciar entre autor y figura de autoridad. Sobre la cuestión de la autoría real en las tradiciones mesopotámicas, véase Eckart Frahm, «Keeping Company with Men of Learning: The King as Schudito», en *Radner y Robson, Oxford Handbook of Cuneiform Culture*, pp. 520-22.

[18] Mucha de esta información se resume en Karel van der Toorn, *Scribal Culture and the Making of the Hebrew Bible* (Cambridge, MA: Harvard University Press, 2007).

y sus productos se encontrarían en los dichos de sabiduría y en las tradiciones mitológicas y épicas. Salvo contadas excepciones, estos eruditos permanecen en el anonimato. Las autoridades conocidas por su nombre solían ser aquellas cuyo mando se derivaba de los cargos políticos que ocupaban. Es raro que se conserve el nombre de los comerciantes (aunque sean sacerdotes).[19] Pero el papel de tradente no se limitaba a aquellos que habían sido educados para servir a la sociedad en vocaciones eruditas formales. Por el contrario, se otorgaría un nivel de autoridad a quienes fueran respetados como transmisores de las tradiciones en todos los niveles dentro de la familia, el clan, la aldea o la ciudad. Sin embargo, los transmisores de las tradiciones se entenderían como distintos de aquellos comerciantes, generalmente anónimos, que originaron (o moldearon significativamente) las tradiciones; de hecho, es dudoso que la gente pensara que tales tradiciones tuvieran un punto de origen singular.

Documentos. En el mundo antiguo los libros no se «publicaban». La propiedad intelectual era un concepto desconocido, al igual que los derechos de autor y el plagio. No existía ningún tipo de venta ni distribución comercial. La producción literaria adoptaba la forma de documentos más que de libros. De hecho, la palabra hebrea que a menudo se traduce como «libro» (*sēpher*) se refiere a un documento, sea cual sea el material en el que esté escrito. Los documentos podían estar grabados en tablillas de cera (temporales), ostraca, papiro, pergamino, tablillas de arcilla o piedra, y rara vez incluso en bronce. Suelen ser relativamente breves y sencillos, más que complejos. Incluso los productos de las autoridades eruditas solían tener una extensión limitada. (Por ejemplo, sólo algunas piezas requerían varias tablillas en Mesopotamia o varias hojas de papiro en Egipto; los pergaminos, por su naturaleza, se volvían poco manejables si se hacían muy largos). Estos documentos fueron diseñados para su almacenamiento y consulta en archivos, no para su circulación como en una sociedad en la que predominan los textos. Esto siguió siendo así incluso después de que se iniciara la transición al dominio del texto. La población en general no poseía documentos, tenía poco acceso a ellos y era en gran medida incapaz de leerlos.

---

[19] Las excepciones se encuentran en las obras de la alta sacerdotisa Enheduanna en el periodo Ur III en Mesopotamia. También cabe destacar a funcionarios de menor rango cuyos nombres se conservan en las Instrucciones de Egipto como figuras de autoridad (por ejemplo, Anii, Amenemope).

Los documentos se consideraban importantes para que los escribas tuvieran acceso a ellos cuando surgieran situaciones que requirieran su consulta. Aunque estos documentos se volvían a copiar periódicamente, no desempeñaban un papel importante en las funciones de la sociedad ni en la transmisión de las tradiciones que poseían. Cuando se contaban cuentos o se leía sabiduría, los documentos no se sacaban de la biblioteca. Esa información residía en las tradiciones orales de la cultura y se extraía de ellas. La autoridad no estaba vinculada a un documento, sino a la persona con autoridad que estaba detrás del documento, cuando se conocía a esa persona, o a la propia tradición.

Esto es lo que seguimos haciendo hoy en día. La mayoría de nosotros nunca ha leído ningún documento de astrónomos que demuestre el número de planetas o sus órbitas alrededor del sol. A la mayoría de nosotros nos lo contó nuestro profesor de tercer grado. Incluso si lo leímos en un libro, éste se limitó a repetir lo que dijo el profesor, no a corroborarlo o defenderlo; la mayoría de nosotros nunca ha leído un libro sobre cómo determinar las órbitas planetarias con una calculadora y un telescopio. Aceptamos nuestra astronomía con la autoridad de la «ciencia» que nunca hemos leído y que no entenderíamos si lo hiciéramos.[20] La ciencia que creemos que es verdadera es la herencia que tenemos de los tradentes que nos han transmitido este canon de autoridad a través de una miríada de medios culturales. Incluso las verdades vinculadas a figuras de autoridad han sido complementadas a menudo en nombre de esa figura de autoridad por comerciantes posteriores. Nuestra comprensión del darwinismo incluye mucho más de lo que el propio Darwin promulgó. Incluso tenemos una escuela de pensamiento denominada neodarwinismo para afirmar cierto crecimiento en la tradición.

Este concepto de identificar figuras de autoridad cuyo pensamiento se canoniza a un nivel, pero sigue siendo objeto de una participación permanente de la tradición, es también bien conocido en otros campos. Reconocemos el platonismo y el neoplatonismo, el epicureísmo y las ideas freudianas. En los estudios bíblicos somos incluso conscientes de que una figura académica como Wellhausen, que no fue el creador de sus ideas, sino quien las popularizó, se erige como un importante tradente en la tradición de la teoría de las fuentes. Al mismo tiempo, el wellusianismo es una escuela de pensamiento propia que el propio Wellhausen difícilmente reconocería hoy en día.

---

[20] Gracias a Jonathan Walton por esta ilustración.

Escribas. Las autoridades no se dedicaban por lo general a escribir (ya que la escritura no era el medio principal para generar y transmitir información). Por lo general, la escritura la realizaban los escribas, incluso cuando la figura de la autoridad estaba alfabetizada y era capaz de hacerlo por sí misma. La escritura estaba asociada principalmente a la conservación (archivos y bibliotecas) y sólo secundariamente a la difusión (copia escrita para que otros pudieran leerla en voz alta; véase 2 Cró. 17:9). Los escribas que copiaban las tradiciones no eran los que las recitaban en público: eran funciones distintas.

Los escribas estaban capacitados para producir documentos y mantener archivos. La manifestación más visible de su vocación estaba relacionada con la corte (nacional o local) y el templo. Sin embargo, el público en general necesitaba tener acceso a los profesionales de la escribanía para generar los documentos de la vida cotidiana (recibos, inventarios, producción de tierras, declaraciones legales, contratos matrimoniales, distribución de herencias, etc.). No es improbable que algo tan básico como un recibo o un inventario pudiera ser redactado por quienes no habían recibido formación de escriba, pero cualquier documento formal habría sido confiado al escriba. Los escribas no eran los intelectuales de la sociedad. Su formación especializada no les otorgaba un estatus de élite entre los intelectuales. El escriba no se confundía con la autoridad cuyas palabras registraba, ni era probable que la autoridad asumiera la tarea del escriba.

Para más información

Ben Zvi, Ehud, y Michael H. Floyd. *Writings and Speech in Israelite and Ancient Near Eastern Prophecy*. Atlanta: Society of Biblical Literature, 2000.
Carr, David. *Writing on the Tablet of the Heart*. Oxford: Oxford University Press, 2005.
Charpin, Dominique. *Reading and Writing in Babylon*. Chicago: University of Chicago Press, 2010.
Foster, Benjamin R. «Transmission of Knowledge». En *Companion to the Ancient Near East*, editado por Daniel Snell, 245-52. Oxford: Blackwell, 2005.
Niditch, Susan. *Oral World and Written Word*. Louisville: Westminster John Knox, 1996.
Ong, Walter. *Orality and Literacy*. 2nd. ed. London: Routledge, 2002.

Redford, Donald B. «Scribe and Speaker». En *Writings and Speech in Israelite and Ancient Near Eastern Prophecy,* editado por Ehud Ben Zvi y Michael H. Floyd, 145-218. Atlanta: Society of Biblical Literature, 2000.

Rollston, Christopher A. *Writing and Literacy in the World of Ancient Israel.* Atlanta: Society of Biblical Literature, 2010.

Schniedewind, William. *How the Bible Became a Book.* Cambridge: Cambridge University Press, 2005.

Vanstiphout, Herman. «Memory and Literacy in Ancient Western Asia». En *Civilizations of the Ancient Near East,* editado por Jack M. Sasson, 2181-96. New York: Scribners, 1995.

Veldhuis, Niek. «Levels of Literacy». En *Oxford Handbook of Cuneiform Culture,* editado por Karen Radner y Eleanor Robson, 68-89. Oxford: Oxford University Press, 2011.

Proposición 2

Las ampliaciones y revisiones fueron posibles a medida que los documentos se copiaban generación tras generación y finalmente se compilaban en obras literarias

Hasta ahora hemos propuesto que en el mundo antiguo, incluido Israel, predominaba la transmisión auditiva, y que la principal propagación de información tuvo lugar en el mundo oral, no en el mundo del texto. Las tradiciones importantes encontraban su autoridad en las personas que las generaban y las transmitían oralmente, por lo que las tradiciones y su autoridad también tenían su residencia principal en el mundo oral. En este mundo no había autores ni libros. La información y las tradiciones importantes que residían en el mundo oral eran convertidas en documentos por los escribas por diversas razones y luego eran consignadas en archivos o bibliotecas, donde sólo podían acceder los escribas que mantenían esos depósitos y los eruditos que podían consultar los documentos allí. Este modelo se deriva de lo que se conoce en todo el mundo antiguo y se apoya en las pruebas que existen en el Antiguo Testamento.

Si bien la transmisión oral goza de un mínimo de fluidez en algunos aspectos, en otros es bastante conservadora. Si se transmite una tradición (como si se tratara de un decreto o una sentencia judicial), el orador puede tener cierta libertad en función de su audiencia, creatividad y tiempo. (El tiempo límite para hablar podría verse como una abreviatura en el texto). En consecuencia, aunque las tradiciones tengan cierta estabilidad en sus líneas generales, habrá diversidad de un narrador a otro. Estos conceptos se pueden afirmar tanto antropológica como anecdóticamente, pero los detalles de cómo funcionaban las tradiciones orales en el antiguo Israel están particularmente fuera de nuestro alcance.

Pensemos en cómo se transmite una receta de galletas de generación en generación. A veces se sigue cuidadosamente, otras veces se añaden u omiten ingredientes. Aunque las cantidades de los ingredientes e incluso los propios ingredientes pueden variar, el resultado sigue siendo la galleta tradicional con el nombre tradicional. Si la receta se modificara demasiado, entonces sería una galleta diferente. Además, la receta puede existir por escrito, pero su familiaridad podría ser tal que la receta escrita rara vez se consultara.

Para nuestra investigación, es importante que intentemos comprender la transición de una tradición oral a una tradición escrita. La primera pregunta es: ¿qué versión de una tradición oral llegó a un documento? Podríamos imaginar que una tradición conocida se conservara en un documento varias veces en diferentes ciudades en múltiples versiones. Una historia se cuenta generación tras generación en una ciudad, y un escriba termina registrando la versión local de la misma. Lo mismo se hace en otras ciudades con otros escribas que documentan otras versiones. Dado que el documento no es la forma original de la tradición, no tiene ninguna autoridad en cuanto a la tradición. Tiene un estatus y un papel secundarios. No se utiliza para leer porque la tradición reside en el mundo oral.

La necesidad de copias nuevas

El tiempo pasa, la tradición se sigue conservando de forma oral mientras el documento permanece en un archivo o una biblioteca. Tal vez los escribas en formación lo utilicen como ejercicio, pero el rol del documento es insignificante. Pasan una o dos generaciones y el documento se ha deteriorado, por lo que se decide hacer una nueva copia. ¿Qué margen tendrá el escriba para realizar una nueva copia? Los escribas están capacitados para ser precisos, se enorgullecen y se jactan de ello en la literatura antigua. Como copistas, no son artistas creativos que dan una nueva forma a lo que copian. Pero la revisión cuidadosa es siempre una posibilidad. Tal vez, desde que se elaboró el último documento, se hayan introducido innovaciones en la recitación oral de la tradición; no es que la historia haya cambiado, sino que tal vez haya surgido una nueva percepción de su significado o aplicación para las nuevas generaciones. Tal vez el énfasis recaiga ahora en una parte diferente de la tradición. Existen numerosas posibilidades. Sería conveniente adaptar el nuevo documento a la forma actual de la tradición oral. Las comunidades tomarían estas decisiones, ya sean escribas o populares, a veces quizás de manera formal, más a menudo simplemente siguiendo la corriente de la tradición.

Además, la lengua cambia —quizá más lentamente en el mundo antiguo, pero el cambio está documentado en muchas de las lenguas semíticas relacionadas con el hebreo y en el propio hebreo. Un escriba competente sin duda actualizaría la lengua en estos casos. Una vez más, debemos recordar que, en esta etapa, el escriba no piensa en sí mismo como si estuviera manipulando un texto canónico escrito.[1] La idea de que los escribas que hacen nuevas copias de los documentos revisen el lenguaje es en realidad muy útil para nosotros cuando tratamos de entender la transmisión del texto bíblico. Casi todo el Antiguo Testamento, por muy antiguas que sean las tradiciones o por la fecha en que se escribieron, está en la forma de hebreo que sabemos que era corriente en la Edad de Hierro (el periodo de la monarquía). Ahora podemos ver que la forma de la lengua en nuestros textos actuales no debe considerarse como un reflejo de la fecha de las tradiciones, de los documentos originales o de las palabras que las figuras de autoridad habían utilizado por primera vez. La transmisión de los documentos permitió la actualización del lenguaje.[2]

Otra ventaja de estas observaciones es que proporcionan un medio para tratar lo que sabemos sobre el desarrollo del hebreo como lengua.[3] Aunque los detalles siguen siendo muy difíciles de entender y, por lo tanto, controvertidos, la mayoría de los eruditos están de acuerdo, y las pruebas lo corroboran, en que el hebreo se originó en algún momento

---

[1] Esto es similar a la forma en que se actualizan las traducciones hoy en día. La lengua española ha cambiado y existen diferentes filosofías de traducción. La traducción al español no se considera en sí misma una autoridad, sino un reflejo competente de la autoridad que subyace en la traducción. La actualización es beneficiosa.

[2] La lengua no es la única actualización. A veces encontramos dos nombres de ciudades (el antiguo y el más reciente, e.g., Laish/Dan en Jue. 18:29) o incluso sólo el nombre que una ciudad tuvo más tarde (lo que hace que ese nombre sea anacrónico en el contexto). Algunos consideran que este es el caso del nombre Ramsés para la ciudad que construían los esclavos hebreos en Éxodo 1:11.

[3] Un resumen actual del campo y la investigación de la cuestión puede encontrarse en Seth L. Sanders, *The Invention of Hebrew* (Urbana: University of Illinois Press, 2009). Véase también William Schniedewind, *How the Bible Became a Book* (Cambridge: Cambridge University Press, 2004), pp. 38-63; Jens Bruun Kofoed, *Text and History* (Winona Lake, IN: Eisenbrauns, 2005); C. A. Rollston, *Writing and Literacy in the World of Ancient Israel* (Atlanta: Society of Biblical Literature, 2010).

del segundo milenio a.C. Algunos situarían sus raíces en el inicio de la escritura alfabética alrededor del siglo XVI, mientras que otros lo situarían en los siglos XII u XI. No tenemos que resolver esto para nuestra discusión aquí. Lo que sí tenemos que reconocer es que incluso el desarrollo de la propia lengua (por no hablar de la datación del hebreo representado en nuestros textos) es posterior a algunas de las tradiciones que se incorporan al texto. Abraham no hablaba hebreo. Incluso es cuestionable si lo que hablaba Moisés podría llamarse propiamente hebreo o si deberíamos identificarlo como un precursor cananeo. No habría sido el hebreo que encontramos en toda la Biblia hebrea que poseemos.

Sea cual sea la evolución, ésta se produjo de forma gradual. No es como si hubiera una invención radical de una nueva lengua llamada hebreo que los dirigentes decidieran imponer a una población. A partir de raíces alfabéticas anteriores, semíticas del noroeste, el hebreo adoptó su propia y única forma y se distinguió de las lenguas relacionadas con él. Podemos ver el mismo fenómeno cuando seguimos el desarrollo del inglés desde Beowulf, Spenser y Chaucer, pasando por Shakespeare y la Biblia King James, hasta el moderno inglés coloquial estadounidense. El cambio es gradual, pero hoy la mayoría de nosotros no puede leer a Chaucer en su forma original.

Si bien estas interpretaciones son útiles, debemos considerar al mismo tiempo una matización más cuidadosa de la concepción popular de que los documentos de nuestro Antiguo Testamento conservan palabra por palabra lo que fue escrito originalmente por alguien como Moisés. Las palabras de Moisés fueron pronunciadas, y aunque se registraran muy poco tiempo después, no habrían sido en el idioma que se conserva en nuestras Biblias.[4] Volveremos a tratar este tema más adelante en el libro.

Hasta ahora hemos hablado de la actualización de la lengua y de los topónimos. ¿Qué más puede hacer un escriba al volver a redactar un documento? ¿Se añadirán líneas o incluso secciones? ¿Se revisará el contenido? ¿Se harán adiciones explícitas que reflejen nuevas situaciones e ideas históricas? A grandes rasgos, podríamos considerar la posibilidad de cambios en los siguientes niveles:

1. Actualización del lenguaje y de los nombres de los lugares
2. Breves glosas explicativas para un público contemporáneo o para añadir una perspectiva (e.g., Gn. 12:6; Núm. 12:3)

---

[4] Esto no es muy diferente de la cuestión de si Jesús hablaba en hebreo, arameo o griego.

3. Secciones añadidas (e.g., el relato de la muerte de Moisés en Dt. 34)
4. Formulaciones actualizadas (e.g., las perspectivas legales reflejadas en las variaciones que pueden observarse, por ejemplo, en la legislación sobre el buey en Éxodo 21:28-32. En el versículo 29, el propietario debe ser condenado a muerte. Algunos intérpretes ven en los versículos 30-32 una suavización posterior del castigo en la que se puede pagar un rescate en su lugar, aunque no estoy seguro de que podamos identificar los motivos que puedan estar detrás de tales variaciones).
5. Revisión integrada para dirigirse a un nuevo público de forma contemporánea (podemos ver este tipo de revisión reflejada en la forma en que los libros de Crónicas dan una perspectiva diferente de los acontecimientos que se encuentran en los libros de Samuel y Reyes; ¿podría ocurrir dentro de un documento a medida que se recopila?)

Dado que se reconoce una mínima cantidad de trabajo editorial de los escribas, sólo tenemos que hablar de la cantidad de trabajo editorial que se permitiría. Se podría decir que es posible, en teoría, que ciertas frases o secciones enteras de un libro bíblico sean el resultado de la actividad posterior de los escribas, sin tener la confianza de indicar que todas esas adiciones puedan ser identificadas. Sea cual sea el nivel de interacción con un texto que tuvieron los escribas, no debemos considerar esa actividad como destructiva, engañosa o subversiva. Habría sido una actividad aprobada por la comunidad y considerada no sólo legítima sino ventajosa. No estaban manipulando la autoridad, porque la autoridad seguía residiendo en la figura de autoridad que inauguró la tradición y en la tradición que había sido transmitida por los comerciantes de la comunidad. Si esa tradición creció y se adaptó con el tiempo, eso no es una traición a las formas anteriores, a las comunidades, a los comerciantes o a la figura de autoridad, sino que refleja respeto. Como ejemplo de una época posterior, los fariseos eran los representantes reconocidos por la comunidad como los intérpretes autorizados de la ley mosaica, o Torá. A las interpretaciones farisaicas se les concedía el mismo nivel de autoridad que a la ley mosaica; de hecho, la ley mosaica sólo se conocía a través del filtro farisaico. Se pueden hacer observaciones similares sobre la Mishná una vez que nos adentramos en la literatura rabínica. Esto no significa que los fariseos o la Mishná estuvieran en lo cierto en su interpretación de Moisés, sino que sus comunidades les concedieron ese estatus.

Funciones del escriba

Hemos hablado del escriba principalmente como una persona que realiza una tarea servil en lugar de desempeñar un papel creativo. Sin embargo, ahora debemos matizar más el papel del escriba. Karel van der Toorn identifica seis actividades que van más allá de las tareas serviles: la transcripción de la tradición oral, la invención de nuevos textos, la compilación, la ampliación, la adaptación para un nuevo público y la integración de los documentos en una composición más amplia.[5] Incluso en la transcripción, sostiene, el escriba no es un simple taquígrafo, sino que aporta su propio estilo y lenguaje. Podríamos comparar una situación actual en la que uno le dice a un abogado lo que quiere que se estipule en su testamento, pero luego se espera que él o ella exprese ese contenido en un lenguaje legal apropiado. La forma en que la gente (ya sea plebeya o de la élite) trabajaba con los escribas podría entenderse comparando cómo trabaja hoy el Presidente de los Estados Unidos con sus redactores de discursos.

Consideremos también la tarea de un chef. A nivel de formación, los chefs siguen las recetas con precisión. Se enorgullecen de su capacidad para hacerlo y se les entrena para que lo hagan. Sin embargo, su formación también incluye la enseñanza de la naturaleza de los ingredientes y de cómo pueden utilizarse y combinarse para llevar a cabo las tareas. Los chefs principiantes no van más allá de la ejecución precisa de una receta. Muchos pasan al siguiente nivel y empiezan a retocar las recetas para conseguir determinados resultados. Sólo los cocineros muy avanzados se involucran en la creación de recetas, pero incluso entonces su trabajo se basa en los conocimientos tradicionales. En esta última categoría se encuentran los que podríamos identificar como tradentes. Sin embargo, incluso entre los tradentes, a veces existe la necesidad de reproducir una receta con exactitud. Podemos pensar en los escribas en el mismo tipo de categoría.

El surgimiento del escriba se hace más común a medida que las sociedades pasan a dominar el texto. Al igual que las características orales pueden identificarse en los documentos que conservan tradiciones que se originaron en contextos de transmisión auditiva, las características literarias son evidentes en las obras que se originaron como texto. Algunos ejemplos de características literarias son la forma acróstica (que es en gran medida de naturaleza visual) o una obra que

---

[5] Karel van der Toorn, *Scribal Culture and the Making of the Hebrew Bible* (Cambridge, MA: Harvard University Press, 2007), p. 110.

hace frecuentes alusiones literarias o incluso citas. Esta intertextualidad implica una composición literaria. En general, la invención era una función en evolución para los escribas, y probablemente sólo el privilegio de los más consumados entre ellos. Uno de los principales géneros del antiguo Oriente Próximo que es producto del surgimiento de los escribas y que tuvo su origen en documentos es el género de la inscripción real (aunque también puede tener cierta dependencia de los anales o crónicas de la corte, que también tienen su origen como documentos).

Tanto la compilación como la integración atribuyen al escriba el papel de editor. En este caso, el escriba crea un nuevo documento u obra literaria combinando la información procedente de tradiciones literarias u orales. Estos escribas desempeñan el papel de tradente. Los documentos resultantes pueden requerir poca creatividad (e.g., las famosas listas de los archivos sumerios, asirios y babilónicos, donde la creatividad se limitaría al sistema de organización) o pueden convertirse en obras literarias creativas por derecho propio (la forma final de la Epopeya de Gilgamesh o los libros bíblicos de Crónicas). En esta última categoría, la creatividad del escriba se manifiesta en la identificación de un tema o enfoque y, a continuación, en la selección de la información adecuada de los documentos existentes y en su ordenación de manera que el tema se destaque. Las obras resultantes pueden estudiarse para descubrir la estrategia retórica que les da coherencia. En la Epopeya de Gilgamesh, algunos relatos de Gilgamesh que originalmente habían sido tradiciones orales separadas y existían en documentos distintos se unieron con el tema de su búsqueda de la inmortalidad. En Crónicas, los numerosos documentos enumerados a lo largo del libro, incluidos los libros bíblicos de Samuel y Reyes, fueron examinados en busca de información que corroborara el enfoque del redactor sobre la importancia del templo y los levitas y su tema de la teología de la retribución. Con este tema y estos enfoques en mente, elaboró una nueva visión del pueblo del pacto de Jehová. Este mismo tipo de trabajo habría sido el responsable de los libros de Jueces, Samuel y Reyes. El libro bíblico de los Salmos, en el que se han cosido 150 documentos distintos con una selección y una ordenación intencionadas, constituye un punto intermedio.

En la transmisión de las tradiciones, la evidencia del antiguo Oriente Próximo sugiere que mientras los documentos no se consideraban la forma autoritativa (i.e., la autoridad seguía estando en la figura de autoridad o en la tradición oral), la fluidez se mantenía. La transición histórica hacia una tradición escrita fija con la que los escribas ya no pueden ser creativos se hace evidente cuando empezamos a encontrar una tradición de comentarios (que trabaja fuera del texto) que sustituye a la revisión intratextual (posible cuando el texto aún era fluido).[6]

¿Los escribas ampliaron los textos?

La cuarta categoría de actividad de los escribas es la más difícil y controvertida: la expansión. Los eruditos de hoy la denominan «intertextualidad». A diferencia de la «intertextualidad», en la que los intérpretes intentan identificar las alusiones o la dependencia de otras fuentes, la intertextualidad (a veces «intratextualidad») implica cambios dentro de la propia tradición textual. Puede incluir una serie de actividades que ya hemos comentado, como la actualización del lenguaje o las glosas explicativas.

Estas actividades no son controvertidas, ni se puede dudar de que hayan tenido lugar. Una segunda actividad, más controvertida, es la complementación: nuevas leyes, nuevos dichos sapienciales, nuevas narraciones, nuevos oráculos añadidos a una compilación existente. La tercera, y más controvertida, es la interpretación. En ella, el documento recibido se edita con información interpretativa. Esta actividad también podría incluir la categoría de van der Toorn de «adaptación para una nueva audiencia». Es importante que exploremos si la intertextualidad tuvo lugar regularmente, qué formas adoptó y si los libros bíblicos pueden haber sido compuestos a lo largo del tiempo mediante el uso de estas técnicas.

Van der Toorn se enfrenta a evidencia contradictoria sobre lo que podemos aprender de los textos antiguos acerca del trabajo del escriba. Por un lado, muchas afirmaciones y evidencias en los textos antiguos insisten y demuestran que los escribas se enorgullecían de la reproducción fiel del texto. El orgullo profesional impedía que el escriba añadiera o eliminara algo del texto que estaba copiando. Las anotaciones de los recuentos de líneas y la reproducción de las pausas en las tablillas corroboran esta rigurosa disciplina. Por otra parte, está igualmente claro que a veces se desarrollaron nuevas ediciones y se atestigua su expansión.[7] Las tradiciones crecieron; las interpretaciones se integraron;

---

[6] Eckart Frahm, *Babylonian and Assyrian Text Commentaries: Origins of Interpretation* (Münster: Ugarit-Verlag, 2011).

[7] Los ejemplos se presentan ampliamente en van der Toorn, *Scribal Culture*, pp. 125-32.

las colecciones se ampliaron. Todos estos niveles de actividad de los escribas están atestiguados en el mundo antiguo, y se pueden identificar ejemplos en el Antiguo Testamento. Deuteronomio 34 es un ejemplo de una sección añadida. Los Salmos y los Proverbios son ejemplos de colecciones crecientes. Crónicas es un ejemplo de integración de documentos y obras literarias en nuevas formas creativas. La identificación común de que una situación de la narración permanece «hasta hoy» (e.g., Jos. 10:27) muestra una reflexión posterior. Puede que estos fenómenos sean extremadamente limitados; puede que no. El hecho es que, si se producen, tenemos que tener en cuenta estas áreas de actividad de los escribas en nuestra comprensión de la autoridad bíblica. Una vez que los incluimos en nuestro modelo, no importa la frecuencia con la que se produzcan, ni si podemos identificar los diferentes estratos o no.

La secuencia habitual que encontramos comenzaría entonces con las tradiciones orales, el medio común para una cultura en la que predomina la transmisión auditiva (ya sea que se trate de simples relatos tradicionales que se consideraban con autoridad o que se deriven más directamente de una figura que se consideraba autorizada). Esas tradiciones orales se reunían en documentos (ya fuera poco después de ser pronunciadas o algún tiempo después), que se guardaban en archivos o bibliotecas. En la tercera etapa, y de forma continua, los documentos serían recopilados periódicamente por los escribas, a menudo actualizados y a veces revisados o complementados. A medida que la sociedad se centraba más en los textos, los documentos (quizás aumentados por las tradiciones orales) empezaban a compilarse en obras literarias. Estas obras literarias adquirían la autoridad derivada de las tradiciones y de los personajes cuyas palabras incorporaban. En ocasiones, las obras literarias sufrieron nuevas modificaciones y combinaciones hasta alcanzar la forma que se congeló como canon.[8]

Aunque los documentos se volvieron a copiar a lo largo del tiempo, en muchos casos esos documentos habrían seguido siendo insignificantes, teniendo un papel escaso en la transmisión continua de las tradiciones autorizadas en la sociedad de donde predominaba la transmisión auditiva. A medida que se producía la transición hacia un estatus de predominio de los textos, la actividad literaria aumentó y las

---

[8] Por supuesto, esta «secuencia habitual» es en sí misma demasiado simplista y estéril. Realmente no tenemos ni idea de cómo y cuándo o de qué manera los textos literarios interactuaron con los textos orales. Pero nuestra comprensión de los textos que poseemos debe permitir este tipo de escenario.

obras literarias resultantes empezaron a ser consideradas como la representación de la forma autorizada de la tradición (aunque la autoridad seguía estando intrínsecamente representada en la figura de autoridad y en la tradición). Los escribas con un estatus suficiente (tradentes) compilaron los documentos de los archivos en obras literarias, que comenzaron a desarrollarse en algo que podría llamarse literatura canónica: un texto con autoridad.

Para más información

Charpin, Dominique. *Reading and Writing in Babylon*. Chicago: University of Chicago Press, 2010.

Frahm, Eckart. *Babylonian and Assyrian Text Commentaries: Origins of Interpretation*. Münster: Ugarit-Verlag, 2011.

Kofoed, Jens Bruun. *Text and History*. Winona Lake, IN: Eisenbrauns, 2005.

Rollston, Christopher A. *Writing and Literacy in the World of Ancient Israel*. Atlanta: Society of Biblical Literature, 2010.

Sanders, Seth L. *The Invention of Hebrew*. Urbana: University of Illinois Press, 2009.

Schniedewind, William. *How the Bible Became a Book*. Cambridge: Cambridge University Press, 2004.

Van der Toorn, Karel. *Scribal Culture and the Making of the Hebrew Bible*. Cambridge, MA: Harvard University Press, 2007.

Proposición 3

La comunicación eficaz debe adaptarse a la cultura y la naturaleza de la audiencia

Hacemos uso de la teoría de la comunicación cada vez que intentamos explicar un procedimiento a alguien. Tenemos que evaluar lo que la audiencia ya sabe y determinar qué palabras serán significativas para producir la comprensión deseada. Cada vez que leemos un periódico, intuimos la distinción de géneros y pasamos de las noticias, a las editoriales, o a los cómics (los cuales a veces también incluyen narraciones sobre eventos actuales o comentarios editoriales), a los anuncios y a las ofertas de venta.

Por muy importantes que sean la composición y la transmisión, reconocemos fácilmente nuestra necesidad de entender cómo se comunican los textos, no sólo cómo han llegado a existir. Si no entendemos cómo funciona la comunicación, corremos el riesgo de malinterpretarla. Nuestras convicciones sobre la autoridad bíblica están intrínsecamente relacionadas con nuestra comprensión de la comunicación para interpretarla correctamente. La aplicación de estos principios a cuestiones concretas relacionadas con el Antiguo Testamento se verá más adelante en el libro.

No cabe duda de que la adaptación es esencial en la comunicación de Dios con los seres humanos. Todo acto de comunicación requiere una adecuación que adapte la comunicación a las necesidades y circunstancias de la audiencia. Sin esto, no se podría llevar a cabo una comunicación eficaz. Por lo tanto, la discusión específica aquí no se refiere directamente a cómo el comunicador humano de la literatura bíblica puede haber adecuado a su audiencia. En cambio, comienza con la cuestión de cómo Dios se adecuó a una audiencia humana y cuáles son las ramificaciones en el texto. ¿Qué implicaciones tiene esta verdad comunicativa para nuestra doctrina de la Escritura? Kenton Sparks intenta definir la adecuación en términos tanto de la finitud como de la caída de la audiencia:

> La adecuación es la adopción por parte de Dios de la perspectiva finita y caída de la audiencia humana. Su supuesto conceptual subyacente es que, en muchos casos, Dios no corrige nuestros puntos de vista humanos erróneos, sino que simplemente los asume para comunicarse con nosotros.[1]

¿Qué implica la inclusión de los calificativos «finito» y «caído»? Describe la adecuación no sólo en términos de puntos de vista y perspectivas humanas, sino también en términos de errores humanos. Esto lleva a Sparks a alinearse con las afirmaciones de la crítica bíblica tradicional de que una serie de acontecimientos registrados en la Biblia nunca sucedieron y que las personas que tradicionalmente se supone que existieron en realidad nunca lo hicieron. Al mismo tiempo, adopta el término *inerrancia*, aunque lo cualifica.

Desde el auge de la erudición bíblica crítica y sus afirmaciones de que ciertas personas y acontecimientos de la Biblia eran menos hechos que fantasía, los evangélicos han articulado su doctrina de las Escrituras afirmando la veracidad de las mismas. Oscilando entre «inerrancia» e «infalibilidad» como terminología preferida, largas declaraciones (como la del Consejo Internacional de Inerrancia Bíblica) han vinculado la veracidad de la Escritura a lo que afirma. El campo de los estudios comparativos ha entrado en la discusión, ofreciendo información del mundo antiguo que contribuye a nuestra comprensión de lo que se afirma. La comparación con los géneros antiguos ha llevado a algunos a la conclusión de que los relatos de la Biblia, especialmente los primeros, no afirman hechos históricos. Además, algunos proponen que, aunque los comunicadores hayan pensado que estaban afirmando realidades históricas, Dios simplemente adecuó los géneros de la época junto con sus malentendidos y errores humanos para producir algo que era verdad a un nivel más amplio y significativo. Estas conclusiones negativas son extremas e innecesarias, pero los estudios comparativos pueden hacer también importantes contribuciones positivas. Para empezar a reunir los

---

[1] Kenton Sparks, *God's Words in Human Words* (Grand Rapids: Baker Academic, 2008), p. 243; véase también Sparks, «The Sun also Rises: Accommodation in Inscripturation and Interpretation», en *Evangelicals and Scripture*, ed. Vincent Bacote, Laura C. Miguèlez y Dennis L. Okholm (Downers Grove, IL: InterVarsity Press, 2004), pp. 112-32.

beneficios del estudio de los géneros, podemos utilizar algunas de las herramientas que proporciona la llamada teoría de los actos de habla.[2]

Teoría de los actos de habla

La teoría de los actos de habla existe desde hace algunas décadas. Reconoce que la comunicación es una acción con intenciones particulares. Por lo tanto, aborda tanto la hermenéutica filosófica como los estudios comparativos al ubicar el significado dentro del acto comunicativo entre el comunicador y la audiencia implícita.[3] No estamos de acuerdo con muchas de las conclusiones asociadas a la teoría de los actos de habla,[4] pero encontramos útiles sus premisas fundacionales y su terminología y, por lo tanto, hemos adoptado sus tres categorías básicas. El comunicador utiliza la *locución* (palabras, frases, estructuras retóricas, géneros) para encarnar una *ilocución* (la intención de hacer algo con esas locuciones: bendecir, prometer, instruir, afirmar) con una *perlocución* que anticipa un cierto tipo de respuesta de la audiencia (obediencia, confianza, creencia). Las palabras pronunciadas en una boda son un ejemplo común. Cuando los novios dicen «sí, acepto» están utilizando una locución muy básica, palabras que podrían utilizarse en cualquier contexto con diferentes significados. Pero en este contexto se utilizan para una ilocución específica: un voto de fidelidad y compromiso para toda la vida. La perlocución resultante es la puesta en práctica de ese voto a lo largo de la vida. Podemos decir que la ilocución es la que lleva el peso de la comunicación (véase la figura 3.1).

LOCUCIÓN ──────▶ ILOCUCIÓN ──────▶ PERLOCUCIÓN
Figura 3.1. Componentes de la teoría de los actos de habla

---

[2] La teoría de los actos de habla fue propuesta por John Searle, reflexionando sobre los puntos de vista pragmáticos de la comunicación, para ofrecer una clasificación sistemática de las unidades básicas de la comunicación intencional. Resumido por Nicolai Winther-Nielsen, «Fact, Fiction, and Language Use: Can Modern Pragmatics Improve on Halpern's Case for History in Judges?» en *Windows into Old Testament History*, ed. Philips Long, David W. Baker y Gordon J. Wenham (Grand Rapids: Eerdmans, 2002), p. 54.

[3] La audiencia implícita se refiere a la audiencia tal como la percibe el comunicador. Del mismo modo, autor implícito se refiere a lo que la audiencia puede inferir sobre el «autor» y su significado a partir del acto comunicativo. Es decir, la audiencia no puede interrogar o psicoanalizar al «autor». Su significado se determina desentrañando la comunicación que se ha ofrecido con los medios disponibles en la lengua, la cultura y el contexto en el que tuvo lugar.

[4] La teoría de los actos de habla se desarrolló en referencia a la unidad oracional y se interesó poco por el significado.

Mediante la aplicación de los principios de la teoría de los actos de habla, los intérpretes evangélicos pueden asociar el acto comunicativo de autoridad (la ilocución de Dios) específicamente con la ilocución del comunicador humano.[5] La autoridad de Dios en la Escritura es, por tanto, accesible a través de la ilocución del comunicador humano —así es como Dios decidió hacerlo. No somos libres de tomar las locuciones del comunicador (ya sean consideradas divinas o humanas) y utilizarlas para formular nuestras propias ilocuciones y significados asociados; en el mejor de los casos la autoridad se vería comprometida o se perdería por completo al hacerlo. Asimismo, si entendemos mal cómo funciona un género (parte de la locución), corremos el riesgo de malinterpretar la ilocución del comunicador bíblico. Desarrollaremos ejemplos de esto en los siguientes capítulos al considerar géneros diferentes.

La adecuación divina en las locuciones

La adecuación por parte del comunicador divino reside principalmente en la locución, en la que se incluyen el género y los recursos retóricos. Estos incluyen la *forma* de la comunicación. Sin embargo, nuestra convicción es que, aunque Dios adecúa al comunicador y a su audiencia en los rasgos y el marco de la *locución*, no adecuará una *ilocución* errónea por parte del comunicador humano. Por lo tanto, nos distanciamos de Sparks en cuanto al alcance y la naturaleza de la adecuación. Dios puede adecuarse a la opinión del comunicador humano de que la tierra es el centro del cosmos. Pero si la intención de Dios no es comunicar la verdad sobre la geografía cósmica, esa adecuación es simplemente parte de la forma de la locución —es incidental, no forma parte de la ilocución de Dios. Por el contrario, Dios no se adecuará a la creencia del comunicador de que hubo un éxodo de Egipto y hablará de él como una realidad si nunca ocurrió. Dios se adecuará a una

---

[5] Es importante no confundir la ilocución con el mensaje o el significado de la comunicación. La ilocución se refiere al acto en el que participa el comunicador (por ejemplo, la orden); el mensaje o el significado trataría de entender qué es la orden y qué significa. Lo importante es que si leemos mal la ilocución, es probable que también interpretemos mal, porque la comprensión de la ilocución proporciona la puerta de entrada a la interpretación. Por ejemplo, algunos leen Génesis 1:28 («Sed fecundos y multiplicaos») como si tuviera una ilocución de mandato y, por tanto, interpretan el significado como una imposición de obligaciones a la humanidad. En cambio, el texto identifica específicamente la ilocución como una bendición, un tipo diferente de los actos de habla que no impone una obligación. Por lo tanto, una mala interpretación de la ilocución conduce a una interpretación errónea del significado.

comprensión limitada en aras de la comunicación; eso es simplemente parte de la adecuación en la locución.

Pero nosotros sostenemos que no comunicará cómo ha obrado en los acontecimientos (e.g., el éxodo) o a través de personas (e.g., Abraham) si esos acontecimientos nunca tuvieron lugar y esas personas nunca existieron. Tal adecuación desvirtuaría su ilocución e invalidaría su fiabilidad. La autoridad está vinculada a la ilocución. En consecuencia, hay una mayor incidencia de adecuación en las locuciones; de hecho, eso es totalmente común y predecible. La autoridad no se confiere de forma independiente a las locuciones, y la comunicación no podría tener lugar sin esa adecuación. En cambio, lo que viene con la autoridad (ilocución) puede suponer una adecuación a la lengua y a la cultura, pero no afirmará lo que es manifiestamente falso.

Cuando hablamos de adecuación en la hermenéutica bíblica, nos referimos a lo que hace Dios, aunque los comunicadores humanos también están involucrados en la adecuación cuando comunican sobre la base de lo que es familiar. En cierto sentido, todo acto de comunicación exitoso se lleva a cabo mediante diversos grados de adecuación por parte del comunicador en beneficio de la audiencia. La adecuación debe superar la brecha si el comunicador y la audiencia no comparten el mismo idioma, el mismo dominio del lenguaje, la misma cultura o las mismas experiencias.

Podemos distinguir la comunicación de «alto contexto» como la que pertenece a situaciones en las que el comunicador y la audiencia tienen mucho en común y se necesita menos adecuación para que la comunicación sea eficaz; se trata de la comunicación entre iniciados. Esto se ilustra en los informes sobre el tráfico que oímos constantemente en Chicago, en los que las referencias a las horas de viaje y a la localización de los problemas suponen que el oyente tiene un conocimiento profundo de las carreteras. Como viajero habitual, encuentro muy significativos los informes de tráfico que ofrecen los tiempos de viaje desde diferentes puntos y tramos identificados en los que podría encontrarme con un embotellamiento. Cuando los informes dicen que hay treinta y ocho minutos de viaje desde «la cueva» hasta «el cruce» y que está congestionado desde «el deslizamiento hasta la curva de Nagle», sé exactamente qué esperar. Sin embargo, cuando vienen invitados de fuera, esta información sólo les confunde. No saben qué son el cruce o la cueva (ni podrían encontrarlos en un mapa), no saben a qué distancia están estos lugares y no saben que en un buen día se puede ir de la cueva al cruce en unos ocho minutos.

En la comunicación de «bajo contexto», que contrasta con la anterior, son necesarios altos niveles de adecuación porque se está comunicando a personas ajenas. Un informe de tráfico de bajo contexto tendría que explicar a los oyentes de fuera de la ciudad o a los viajeros sin experiencia dónde están los diferentes lugares y cómo serían los tiempos normales de un lugar a otro. Estos informes serían mucho más largos. Si el reportero de tráfico hiciera el informe comprensible para el visitante de fuera de la ciudad, sería demasiado cansado para ser de alguna utilidad para el viajero regular al que pretende servir.

Proponemos que Dios adecuó al comunicador y a la audiencia inmediata al emplear al comunicador en la comunicación de alto contexto a su audiencia. Así, por ejemplo, un profeta y su audiencia comparten una historia, una cultura, una lengua y las experiencias de sus vidas contemporáneas. Nosotros entramos en el contexto de esa comunicación como lectores de bajo contexto, ajenos a ella, que tenemos que utilizar todas nuestras herramientas inferenciales para discernir la naturaleza de la ilocución y la intención del comunicador. Tenemos que investigar a fondo para completar todo lo que no tendría que decirse entre los iniciados en la comunicación de alto contexto.

Creemos que Dios ha inspirado las locuciones (palabras, ya sean habladas o escritas) que el comunicador ha utilizado para realizar con Dios sus ilocuciones conjuntas (que conducen a la comprensión de las intenciones, las afirmaciones y, en última instancia, el significado), pero que esas locuciones están ligadas al mundo del comunicador. Es decir, Dios se ha adecuado a la comunicación de alto contexto entre el comunicador implícito y la audiencia implícita para optimizar y facilitar la transmisión del significado por medio de una ilocución autorizada. La inspiración está ligada a las locuciones (tienen su fuente en Dios); las ilocuciones definen el camino necesario para el significado, que se caracteriza por la autoridad y la inerrancia.

A veces, nuestra distancia con el antiguo comunicador puede hacer que entendamos mal la naturaleza de su ilocución porque algunos aspectos de la misma nos resultan extraños. Los estudios comparativos nos ayudan a comprender mejor la naturaleza de los géneros y recursos retóricos empleados por los comunicadores, para que no los confundamos con algo que nunca fueron. Este ejercicio no compromete la autoridad de la Escritura, sino que atribuye autoridad a lo que el comunicador estaba comunicando realmente. Si malinterpretamos elementos de la locución, es probable que no consigamos identificar la ilocución y comprender el significado.

Proposición 3

Inerrancia y autoridad en la ilocución

Como se ha señalado, el género forma parte en gran medida de la locución, no de la ilocución. Al igual que la gramática, la sintaxis y los lexemas, el género es un mecanismo para transmitir una ilocución. La adecuación tiene lugar principalmente en el nivel locutivo. La inerrancia y la autoridad se relacionan con la ilocución; la adecuación y el género se relacionan con la locución. Por lo tanto, la inerrancia y la autoridad no pueden ser socavadas, comprometidas o puestas en peligro por el género o la adecuación. Aunque las etiquetas de género pueden ser engañosas, el género en sí no puede ser verdadero o falso, errante o inerrante, con autoridad o sin ella. Algunos géneros se prestan más al detalle fáctico y otros a la imaginación ficticia. La naturaleza de cada género no debe ser determinada por ninguna etiqueta moderna, sino que debe basarse en un análisis de las características de la propia literatura. Las ilocuciones se limitarán a las que puedan realizarse mediante el género que el comunicador decida emplear. Si un género no se centra en las actividades de los dioses, no cabe esperar que una ilocución transmita las actividades de los dioses. Si un género no se centra en el registro de detalles fácticos, la ilocución no se evaluaría en términos de detalles fácticos.

Discernir los niveles de un acto de habla es sólo la primera etapa de la tarea de interpretación. Una cosa es identificar la ilocución como una bendición; luego tenemos que entender lo que implica la bendición. En este proceso continuo, los estudios comparativos siguen desempeñando un papel. Los elementos específicos de la cultura pueden estar presentes en cualquiera de las tres partes de los actos de habla. Los aspectos culturales específicos de una locución no determinan la ilocución. Es decir, aunque la gente de Israel creyera que había aguas por encima de la tierra retenidas por un cielo sólido, o que los procesos cognitivos tenían lugar en el corazón o en los riñones, la ilocución de los textos no está afirmando esas creencias como verdades reveladas. Los aspectos culturales específicos de una ilocución no tienen una perlocución universal (comer cerdo, la circuncisión, cubrirse la cabeza). Los aspectos culturales específicos de la perlocución deben traducirse a una perlocución contemporánea adecuada. Así, nuestra respuesta al segundo o tercer mandamiento se ajustará a nuestra cultura y diferirá en aspectos específicos de la respuesta esperada en el contexto antiguo. Los aspectos culturales específicos de un texto, como se ilustra en los ejemplos mencionados anteriormente, suelen referirse a la visión del mundo y al comportamiento, no a la existencia de una persona o a la ocurrencia de un hecho. Si el comunicador creía que una persona existía o que un acontecimiento tuvo lugar, sería difícil afirmar que se trataba de una creencia específica de la cultura que sólo formaba parte del marco de su comunicación en su locución sin efecto alguno en la ilocución. Esta es una distinción importante. Tampoco podríamos decir fácilmente que la ilocución del comunicador que afirma la realidad de una persona o acontecimiento era una ilocución específica de una cultura que no se aplicaba a nosotros.

Los estudios comparativos aplicados en el contexto de la teoría de los actos de habla pueden ayudarnos a comprender los aspectos culturales de la locución para que podamos discernir mejor la ilocución del comunicador. Algunos atribuyen la inerrancia y la autoridad a la locución y, por tanto, tienen problemas para ver los aspectos culturales del texto. Sin embargo, por lo general, la incoherencia subjetiva es el resultado de este enfoque. Los que descartan los estudios comparativos y su impacto en nuestra comprensión de las locuciones no creen que el sol se mueva por el cielo (cosmos geocéntrico) o que pensemos con el corazón. Pero a veces insisten en que hay «aguas arriba». Otros van en la dirección contraria y atribuyen autoridad sólo a la perlocución. Mientras amemos y confiemos en Dios, vivamos obedientemente, nos amemos unos a otros, etc., estaremos reconociendo la autoridad de la Biblia.

Proponemos, en cambio, que nuestras afirmaciones doctrinales sobre la Escritura (autoridad, inerrancia, infalibilidad, etc.) se vinculen a la ilocución del comunicador humano. Esto no quiere decir que creamos todo lo que él creía (sí *creía* que el sol se movía por el cielo), sino que expresamos nuestro compromiso con su acto comunicativo. Dado que su marco locutorio se basa en su lengua y cultura, es importante diferenciar entre lo que se puede inferir que cree el comunicador y su enfoque ilocucionario.[6] Así, por ejemplo, no es de extrañar que el antiguo Israel creyera en un cielo sólido, y que Dios adecuara su locución a ese modelo en su comunicación con ellos. Pero como la ilocución no pretende afirmar la verdadera forma de la geografía cósmica, podemos dejar de lado esos detalles como incidentales sin poner en peligro la autoridad o la inerrancia. Esa geografía cósmica está en el conjunto de creencias de

---

[6] Incluso Jerónimo reconoció esta distinción que hemos observado: «Muchas cosas en la Sagrada Escritura... se dicen de acuerdo con la opinión del tiempo en que ocurrieron los hechos, más que de acuerdo con la verdad real del asunto». Jerónimo, *Commentary on Jeremiah* 28:10-11. Agradezco a Michael Graves esta referencia.

los comunicadores, pero se emplea en sus locuciones; no es el contenido de sus ilocuciones. Las creencias pueden ser discernibles específicamente en la locución o generalmente en el contexto del comunicador. A menudo podemos juzgarlas como irrelevantes o inmateriales para la ilocución y, por tanto, no relacionadas con la autoridad del texto. De nuevo, la idea de que se piensa con las entrañas (e.g., Dt. 11:18) está incorporada a las locuciones y creencias de los comunicadores bíblicos, pero la ilocución no es para hacer afirmaciones sobre fisiología o anatomía. En estos casos, sostenemos que la geografía cósmica y la anatomía/fisiología forman parte del marco locucionario de la comunicación. Dejar de lado estas locuciones culturalmente vinculadas no pone en peligro la ilocución ni la autoridad. El género también forma parte de la locución y, por tanto, está ligado culturalmente. Tenemos que tener en cuenta los aspectos culturales y la forma del género antes de poder comprender adecuadamente la ilocución del comunicador.[7] En el otro extremo del espectro, una vez comprendida la ilocución, no podemos pasarla por alto para adoptar sólo una perlocución generalizada (e.g., «ama a Dios y a tu prójimo para que te vaya bien») que descarta como adecuación y potencialmente errónea la ilocución del comunicador, que está ligada al género.

Estamos comprometidos con la ilocución; la mejor forma de hacer una lectura crítica del Antiguo Testamento es dirigirla a la locución. Por ejemplo, si nos preguntamos si todo el mundo quedó cubierto de agua en el diluvio, nos estamos enfrentando a cómo debemos leer los detalles locutivos (el significado de «todo», de «tierra», etc.: ¿cuáles son las verdades que el comunicador pretende afirmar mediante el género y el lenguaje que ha elegido?) Si preguntamos si hubo un diluvio, hemos pasado al enfoque ilocucionario. Cuando preguntamos si Dios partió el Mar Rojo, si el hombre Abraham existió realmente o si David mató a Goliat, hemos pasado a las ilocuciones del comunicador en lo que se refiere a lo que se ha llamado historiografía (discutido ampliamente en la proposición 14).

En conclusión, Dios se adecua a la cultura y a las limitaciones humanas en las locuciones que inspira al comunicador humano, pero no se adecua a la ilocución o al sentido erróneo. La autoridad de la Escritura reside en el sentido pretendido por el comunicador humano y que le ha sido dado por el Espíritu Santo, que se guía por la comprensión

---

[7] Una técnica ilustrada en K. Lawson Younger, *Ancient Conquest Accounts* (Sheffield: JSOT Press, 1990), y John H. Walton, *El mundo perdido de Génesis uno* (Salem, OR: Publicaciones Kerigma, 2019).

de sus ilocuciones. Estas ilocuciones humanas tienen autoridad porque son el medio por el que Dios da sus ilocuciones. No debemos preocuparnos de que las locuciones culturalmente limitadas disminuyan la autoridad de la Biblia, pero no nos atrevemos a descartar las ilocuciones y el significado enfocado como un error de adecuación. Si el significado que conlleva autoridad se deriva de la ilocución del comunicador humano, no nos atrevemos a suministrar nuestras propias ilocuciones y significados sustitutivos derivados de las locuciones del comunicador humano. Del mismo modo, no nos molestaremos con los eruditos críticos que presenten sus pruebas de error o falta de confianza en pasajes específicos cuando reconozcamos que se dirigen a aspectos relacionados con las locuciones (e.g., las convenciones de género), no al significado que puede derivarse a través de las ilocuciones.

Teniendo en cuenta la discusión anterior, la cuestión de la adecuación desempeña un papel menos importante de lo que se le ha asignado en la erudición reciente. La adecuación es una realidad de la comunicación. La hermenéutica pertinente se basa en la atención que prestamos a la teoría de los actos de habla y al modo en que los estudios comparativos pueden ayudarnos a comprender mejor las locuciones de los textos antiguos, incluida la Biblia. Algunos han intentado emplear los estudios comparativos como un factor influyente en la evaluación de las afirmaciones de la verdad del texto de una manera que excede su importancia real, y esto ha llevado a otros a confiar erróneamente en los estudios comparativos en lugar de criticar cómo se están empleando. La autoridad y la inerrancia de las Escrituras no se ven amenazadas por el uso que Dios hace de la adecuación ni por el empleo de los estudios comparativos. Podemos ser guiados en la incorporación de estas ideas en nuestra interpretación y teología aplicando las categorías de la teoría de los actos de habla.

Proposición 4

La Biblia no contiene ninguna nueva revelación sobre el funcionamiento y la comprensión del mundo material

Sabemos que la luna es una gran roca que gira en su órbita alrededor de la tierra a poco más de un kilómetro por segundo y que refleja la luz del sol desde, en promedio, unas 239,000 millas de la tierra. En el mundo antiguo la gente no sabía nada de esto. Sin embargo, también tenían su propia imagen material alternativa de la luna. La luna era un dios (en el resto del antiguo Oriente Próximo) o una luz (la descripción de Génesis 1) y no se consideraba como un objeto. En la revelación de Dios al pueblo de Israel, no les proporcionó una comprensión más avanzada de la luna de acuerdo con su naturaleza material. En cambio, se comunicó en términos de lo que ellos conocían. Hemos hablado de esta adecuación y de la necesidad de la misma. Pero, ¿hay lugares en los que, en lugar de ajustarse a su comprensión, Dios incorporó conocimientos científicos más avanzados a la comunicación?

Ahora que hemos identificado el género como perteneciente a la categoría de la locución, podemos empezar a examinar algunos géneros específicos y cuestiones de género para elaborar las implicaciones. Además, seguiremos atendiendo a las formas en que la adecuación pertenece a los géneros; después de todo, ajustarse a determinadas normas de género es una forma de adecuación. Este capítulo comienza el debate centrándose en la ciencia, el área en la que posiblemente se produzca la mayor adecuación. En cierto sentido, es el área más fácil de tratar porque todos están de acuerdo en algunas de las cuestiones fundamentales. Al mismo tiempo, toca algunas de las grandes guerras culturales de nuestro tiempo, quizá porque no hemos reflexionado sobre las implicaciones de las afirmaciones básicas en las que estamos de acuerdo.

No es un libro sobre ciencia

Para empezar, prácticamente nadie se opone a la observación de que la Biblia no es un libro de texto de ciencias. Esto significa que el objetivo de la Biblia no es ofrecernos una comprensión *científica* del mundo. Antes de continuar, es importante aclarar lo que entendemos por *ciencia*. Utilizaremos el término para referirnos a una comprensión del mundo material derivada de un proceso empírico y que opera bajo premisas naturalistas (centrándonos en las ciencias naturales). Según esta interpretación, la Biblia no ofrece una explicación del funcionamiento del mundo material desde una perspectiva naturalista. Esto es totalmente defendible por varias razones, pero quizás la más significativa es que en el mundo antiguo la gente no tenía la categoría de «causa y efecto natural». Comprendían mucho sobre causa y efecto, pero no había nada que fuese natural en ello. Las únicas causas relevantes eran las divinas y las humanas. Esto significaba que el funcionamiento del mundo material en términos naturalistas era de muy poco interés para ellos.[1] Su comprensión no era naturalista, sino que integraba lo trascendente en el mundo que les rodeaba. No tenían un concepto de las leyes naturales (que son la base de todo el trabajo científico moderno). En consecuencia, sus observaciones sobre el mundo eran inherentemente teológicas, no naturalistas. Estaban muy interesados en la relación de Dios o los dioses con las operaciones del mundo. Mucho de lo que pensamos en términos materiales no lo consideraban material.

La Biblia nos da una perspectiva teológica sobre el mundo material (Dios lo ha creado, lo sostiene, depende de él, es soberano sobre él, etc.), pero no nos da ninguna visión naturalista (que es precisamente lo que *hace* la ciencia). Cualquier información sobre el mundo material que aparece en la Biblia es, o bien el resultado de la observación más básica, o bien representa una forma de pensar típica del mundo antiguo. Nos referiremos a este pensamiento como «ciencia del mundo antiguo». Esto significa que la información no pretende penetrar en el funcionamiento mecánico del mundo material ni en su forma. Los habitantes del mundo antiguo son conscientes del mundo material, pero no se preocupan tanto por él y no dan prioridad a su exploración.

---

[1] Este concepto se desarrolla en mi obra anterior, *El mundo perdido de Génesis uno* (Salem, OR: Publicaciones Kerigma, 2019).

A nivel de observación, podríamos encontrar que hay cierta convergencia entre cómo pensaban los antepasados sobre el mundo y cómo lo hacemos nosotros. Pero además de estas áreas de convergencia, a menudo encontraremos que la ciencia del Viejo Mundo es contradictoria con las conclusiones científicas modernas. Así, por ejemplo, hay convergencia en la comprensión de que la existencia de una persona como ser vivo tiene mucho que ver con su sangre. Cuando la sangre de una persona se derrama hasta cierto punto, su vida desaparece. Al mismo tiempo, nuestros antepasados estaban lejos de comprender la naturaleza del sistema circulatorio por el que la sangre proporciona oxígeno a los distintos órganos del cuerpo, y la Biblia no ofrece ninguna enseñanza autorizada sobre cómo debemos entender el sistema circulatorio.

En la ciencia del Viejo Mundo, la fisiología de casi todos los sistemas corporales era en gran medida incomprendida. Además, aunque las ciencias que denominamos meteorología y astronomía eran de gran interés para los antiguos, su geografía cósmica ofrecía poca ayuda para entender cómo funcionaban realmente las cosas. La geología, la hidrología y la química eran desconocidas. La biología, especialmente en las categorías de zoología y botánica, era de gran interés y se observaba mucho; se hacían listas (un ejercicio asociado a la sabiduría y el orden) y se establecían clasificaciones rudimentarias. Como agricultores y ganaderos, entendían mucho sobre los aspectos prácticos de la cría el cultivo, pero su ignorancia de la genética creaba conceptos erróneos. La afirmación de que la Biblia no es un libro de texto sobre ciencia reconoce entonces que las ilocuciones de la Biblia no ofrecen una descripción o explicación científica.

Ninguna revelación científica novedosa

El acuerdo sobre este punto debería llevar a la siguiente conclusión inevitable (aunque a menudo no lo hace), es decir, que no hay ninguna revelación científica nueva en la Biblia. Con esto queremos decir que ninguna afirmación de la Biblia ofrecía al público original una nueva visión sobre el funcionamiento habitual del mundo material o sobre el funcionamiento del sistema naturalista de causa y efecto. Debemos afirmar esto tanto en términos de teoría hermenéutica como en términos de lo que realmente encontramos en la Biblia.

Desde el punto de vista de la teoría hermenéutica, hemos identificado que la autoridad del texto recae en el comunicador humano (ya sea la figura de autoridad o los responsables del producto literario/canónico). Esto se debe a que el comunicador humano es nuestro único acceso a la comunicación de Dios, que es nuestra verdadera fuente de autoridad. Cuando se introduce la terminología de los actos de habla en la discusión, podemos decir que las perspectivas sobre el mundo material que encontramos en el texto se adecuan a la ciencia del Viejo Mundo de la época y forman parte de la locución adoptada para comunicar con claridad al público objetivo. Después de todo, en algunas discusiones del texto había que utilizar algún tipo de comprensión del mundo y de sus operaciones. ¿Por qué pensar que el comunicador humano utilizaría la ciencia de nuestros días? De hecho, eso sería una tontería, porque dentro de un siglo sin duda habremos adoptado nuevas conclusiones científicas que difieren de lo que creemos hoy.[2] La ciencia siempre está cambiando, y es de esperar que se produzcan avances continuos. Dios eligió a comunicadores humanos asociados a una época, una lengua y una cultura determinadas y se comunicó a través de ellos en ese mundo. La Biblia fue escrita *para* ellos, no para nosotros. Tiene información *para* nosotros en la medida en que seamos capaces de penetrar en el mensaje transmitido por los comunicadores humanos a su audiencia.

En la teoría hermenéutica, no somos libres de leer nuestras propias ilocuciones y significados en las locuciones del comunicador humano (o del llamado autor bíblico). Si un intérprete presume que la Biblia da información científicamente exacta, puede sentirse cómodo construyendo declaraciones del texto en una comprensión de la ciencia moderna. Un ejemplo de esto es cuando la gente lee sobre las «aguas sobre el cielo» en Génesis 1 y por lo tanto concluye que debe haber aguas arriba. A continuación, conciben una ciencia para explicar las aguas de arriba en términos modernos, en lugar de reconocer que esta interpretación (común en el mundo antiguo) fue adecuada por Dios al tratar de comunicar a través de instrumentos humanos su propia obra en el mundo y su control sobre él.

El problema de este enfoque es que supone que el texto ofrece información científica moderna al público antiguo, aunque este principio no puede aplicarse de forma coherente. Este enfoque es selectivo en los casos en que intenta extrapolar la ciencia moderna del texto, y cuando lo

---

[2] Incluso con respecto a algo tan aparentemente establecido como la geografía cósmica, observamos la reciente decisión de que Plutón ya no debe ser considerado un planeta.

hace es a menudo a expensas del significado que el público antiguo habría entendido. En general, supone algo sobre la naturaleza de la revelación de las Escrituras que no puede defenderse hermenéuticamente ni ejecutarse de forma coherente. Entiende mal la naturaleza de la Biblia, ya que supone que la Biblia confiere su autoridad a las afirmaciones científicas.

Otro enfoque interpretativo respecto a la ciencia no pretende convertir los enunciados bíblicos en ciencia, sino que intenta leer la ciencia entre líneas. Estos intérpretes pueden buscar afirmaciones sutiles en el texto a las que puedan atribuir el big bang o la genética sofisticada. Un ejemplo sería la observación de que la Biblia tiene razón al situar la creación de la luz antes de los cuerpos celestes porque, según la cosmogonía descrita por la teoría del big bang, los fotones llegaron a existir antes que las estrellas. Estos practicantes están atribuyendo al texto un significado que el antiguo comunicador humano nunca podría haber pretendido. Su defensa es que Dios lo sabe todo y que estos significados avanzados fueron incorporados por él para que las generaciones posteriores los discernieran y apreciasen.[3]

El problema aquí también es de naturaleza hermenéutica. Si la autoridad recae en el comunicador humano, entonces no somos libres de atribuir otros significados al texto. No tenemos autoridad. Añadir nuestro propio significado al texto es diluir la autoridad del texto. Si Dios tenía otros significados más allá de los que dio a través del comunicador bíblico humano, no tenemos ninguna forma fiable de llegar a ellos, excepto a través de figuras de autoridad posteriores. No nos atreveríamos a imaginarnos en esa condición, no sea que la autoridad del texto acabe residiendo en cada lector individual.

No nos atrevemos a suponer que los intérpretes posteriores puedan asumir el manto de la autoridad para extraer conclusiones científicas sofisticadas de este texto antiguo; esto supone una apropiación indebida de la autoridad para el lector, ya que no se limita a la forma en que se habría entendido la comunicación entre la figura de autoridad y su audiencia objetivo. La autoridad sólo puede residir en esa matriz de comunicación. Estos enfoques interpretativos, lejos de defender la reputación de la Biblia (apologética), en realidad subvierten la autoridad de la Biblia. La Biblia no ofrece ninguna revelación nueva sobre el funcionamiento del mundo material, aunque ofrece al público original una visión revisada de su teología sobre la obra de Dios en el mundo.

---

[3] Algunos consideran que la profecía es un ejemplo de esto mismo, lo que discutiremos en detalle en la proposición 16.

En cuanto a lo que realmente encontramos en la Biblia, podemos afirmar nuevamente que no hay ninguna revelación científica nueva. Todas las afirmaciones de la Biblia que tienen que ver con la comprensión y el funcionamiento regular del mundo material ya eran conocidas por los israelitas y ampliamente creídas en el mundo antiguo. Todos creían que había aguas arriba. Todo el mundo creía que la tierra era redonda (pero como un disco, no como una esfera —también confirmado en Isaías 40:22). Todo el mundo creía que los procesos cognitivos y emocionales tenían lugar en las entrañas, e Israel no tenía una percepción diferente. Obviamente, Dios se sintió libre de adecuar estos aspectos de la ciencia del Viejo Mundo, sin ofrecer ningún correctivo o aclaración. La Biblia no es un libro de texto científico (por lo que Dios no estaba ofreciendo una verdad científica para las edades), ni proporciona ninguna información científica nueva (sino que adecua el pensamiento que tenía su audiencia). Esta ciencia del Viejo Mundo debe considerarse como parte del marco locutorio en el que se desarrolla la comunicación. La autoridad no se encuentra en la locución, sino que tiene que venir a través de la ilocución.

Lo que debemos buscar

Así pues, el objetivo de la Biblia no es la ciencia, y de hecho la Biblia no ofrece ningún avance o explicación científica nueva. El último paso es el más controvertido, pero se deriva lógicamente de los dos primeros: No debemos esperar poder sacar muchas conclusiones, si es que hay alguna, necesarias y obligatorias sobre las operaciones materiales regulares y la naturaleza del cosmos a las que podamos atribuir autoridad bíblica. Las Escrituras no hacen ese tipo de afirmaciones. Esto incluiría los procesos materiales en curso, así como los orígenes de la materia —es decir, las conclusiones extraídas sobre el mundo material que pueden ser investigadas y confirmadas o negadas por el estudio científico. La investigación científica, por su parte, no puede afirmar ni negar creencias teológicas como el papel de Dios en la creación, el origen del pecado, la naturaleza espiritual de los humanos o la imagen de Dios en nosotros. Son creencias teológicas que no entran en el ámbito de la ciencia. Del mismo modo, las operaciones naturalistas del mundo material y la investigación de su mecánica son asuntos de la ciencia y no están determinados por el texto bíblico.

Sobre la base de las conclusiones teológicas podríamos impugnar las conclusiones metafísicas que a veces defienden los científicos (e.g., que las personas no son más que organismos biológicos), pero en este caso su afirmación no es una conclusión científica; es una conclusión metafísica que la ciencia no puede abordar adecuadamente (aunque algunos lo intentan y creen que la ciencia acabará desarrollando métodos para hacerlo). Las afirmaciones de la Biblia (extraídas de sus ilocuciones) rara vez, o nunca, determinarían la naturaleza de las conclusiones *científicas*,[4] aunque podemos estar en desacuerdo con las conclusiones científicas, ya sea por nuestra *interpretación* de la Biblia o por nuestro escepticismo sobre la validez de la ciencia.

Una vez más, debemos aclarar inmediatamente que la Biblia *contiene* afirmaciones sobre el mundo material que son *teológicamente* esenciales (Dios es creador de él, soberano sobre él, etc.), pero mantendremos que, estrictamente hablando, se trata de afirmaciones teológicas, no científicas. Del mismo modo, extraemos habitualmente conclusiones sobre el mundo material a partir de nuestras interpretaciones bíblicas. Pero si la Biblia no tiene objetivos científicos y no revela ninguna ciencia nueva a su público, sus afirmaciones explícitas sobre el mundo material forman parte de la locución y se adecuan naturalmente a las creencias del mundo antiguo. Como tales, no están investidas de autoridad.[5] No podemos atribuir a la autoridad de las Escrituras ninguna conclusión científica que podamos deducir del texto bíblico sobre el mundo material, su historia o sus procesos regulares. Esto significa que no podemos extraer de la Biblia conclusiones científicas sobre áreas como fisiología, meteorología, astronomía, geografía cósmica, genética o geología. Por ejemplo, deberíamos creer que Dios creó el universo, pero no deberíamos esperar poder deducir de los textos bíblicos los métodos que utilizó o el tiempo que tardó. Debemos creer que Dios creó a los seres humanos a su imagen y semejanza y que, por las decisiones que tomaron, el pecado y la muerte entraron en el mundo.[6] Sin embargo, las conclusiones científicas relacionadas con los procesos materiales de los orígenes humanos (ya sea de la biología en general o de la genética en particular) pueden

---

[4] Quizás una excepción podría ser que no aceptáramos una sugerencia científica sobre la eternidad de la materia debido a una creencia teológica de que el mundo material es contingente a Dios.

[5] No se trata de un punto de vista de autoridad parcial, que los evangélicos suelen rechazar. Nunca hemos creído que la autoridad esté ligada a las locuciones; por eso insistimos en que la Biblia es inerrante en todo lo que afirma.

[6] Además, estoy convencido de que un Adán y una Eva históricos son los que hicieron esa elección.

quedar fuera del ámbito de la Biblia. Debemos preguntarnos si la Biblia hace ese tipo de afirmaciones en sus ilocuciones.

Proponemos que la Biblia no suele ofrecer información sobre estos aspectos del mundo físico que la ciencia pueda probar o desproveer. Las afirmaciones de la Biblia sobre los orígenes, la mecánica o la forma del mundo pertenecen, por definición, al ámbito teológico —es decir, a la naturaleza de la participación y la actividad de Dios. Esto no quiere decir que la Biblia no contenga afirmaciones o implicaciones *históricas*; ciertamente las tiene, aunque debemos leer con cuidado para discernir con precisión qué afirmaciones presenta. También puede haber textos que traten sobre los orígenes que puedan hacer afirmaciones históricas. Debemos investigar cuidadosamente si las afirmaciones que se hacen son teológicas, cosmológicas, científicas y/o históricas.

El proceso de pasar de la Palabra de Dios, al mundo de Dios, está lleno de desafíos. Estamos seguros y confiados en el *texto*, pero luego debemos interpretar su *significado* y determinar qué *afirmaciones* hace el texto. Como último paso, debemos determinar si tales afirmaciones conducen a *implicaciones* más amplias. Un ejemplo de estos pasos:

Texto: Génesis 1 utiliza la palabra *yôm*, traducida como «día».

Significado: La interpretación varía en cuanto a si se refiere a un periodo de veinticuatro horas o a un periodo de tiempo más largo y variable; siguiendo la primera, los intérpretes identificarían por tanto afirmaciones particulares asociadas.

Afirmaciones científicas: La tierra material fue creada por Dios en siete días de veinticuatro horas.

Implicaciones científicas: La tierra y el universo son jóvenes; el big bang nunca ocurrió; el concepto de universo en expansión es erróneo.

No se pueden mezclar inseparablemente como si fueran la misma cosa (i.e., «La Biblia enseña que la Tierra es joven»).

Sin embargo, en los últimos siglos ha sido habitual que las conclusiones sobre el funcionamiento y la comprensión del mundo material se relacionen con el texto bíblico, tanto por parte de los fieles que defienden tales afirmaciones y las convierten en pruebas de fuego para la fe ortodoxa, como por parte de los escépticos que critican el cristianismo de acuerdo con las presuntas afirmaciones. Aunque la cuestión de la edad de la Tierra está en el centro de una controversia de este tipo, sin duda la mayor controversia se refiere a la cuestión de la evolución en general y de la evolución humana en particular. Esta última cuestión implica tanto afirmaciones teológicas como científicas, pero es necesario separarlas unas de otras.[7]

Identificar las afirmaciones científicas del Viejo Mundo

Sostenemos que las afirmaciones científicas que se proponen habitualmente en la Biblia pueden identificarse como ciencia del Viejo Mundo o como el resultado de interpretaciones (con otras alternativas plausibles). En la primera categoría, por ejemplo, se encuentra la cuestión de las aguas antes mencionada. No debemos considerar que Génesis 1 (o cualquier otra referencia) imponga la conclusión científica de que realmente había aguas allá arriba. Hace tiempo que sabemos que no las hay, pero eso no impidió que la gente propusiera que algo que conocemos (e.g., las nubes) eran las aguas de arriba, o algo que podríamos reconstruir del pasado (algún tipo de vapor o dosel de hielo) constituían las aguas de arriba. Estas opciones violan la autoridad bíblica si esos fenómenos no eran lo que el comunicador bíblico tenía en mente, ni lo que su audiencia entendía cuando se usaba ese lenguaje. En cambio, debemos reconocer que las aguas de arriba representan una adaptación a la ciencia del Viejo Mundo que se comunicaba en un contexto en el que todo el mundo creía que había una masa de agua suspendida sobre la tierra por una especie de cúpula sólida. Como parte de la locución, esa adecuación no presume de autoridad, y no tenemos que preocuparnos por tratar de defender el honor de la Biblia encontrando una explicación científica moderna para las aguas de arriba. La Biblia no está haciendo una afirmación científica, y por lo tanto no hay ninguna implicación científica que se derive de la referencia de la Biblia a esas aguas.

También podríamos señalar ejemplos en los que las afirmaciones de la Biblia se basan en la simple observación, y por tanto no hacen ninguna afirmación científica. Por ejemplo, se podría deducir fácilmente de las afirmaciones del texto bíblico que el sol y la luna comparten espacio con las aves (Gn. 1). Pero esto no es más que un reflejo de la ciencia del Viejo Mundo, y no atribuimos ninguna autoridad a esa

---

[7] También es cierto que la ciencia no puede usarse para identificar lo que es esencialmente una implicación teológica. La ciencia no es un vehículo legítimo para la verdad teológica.

conclusión. Más bien lo consideramos una cuestión de deducción de nuestros antepasados, quienes no tenían ninguna razón para tener un conocimiento mayor. Por decirlo de otro modo, lo asociamos a la locución del texto que se adecua al punto de vista de un observador y no implica ni autoridad ni vinculación científica.

En la segunda categoría, algunas presuntas afirmaciones o vinculaciones científicas deben reconocerse como una cuestión de interpretación extrapolada que no es intrínseca ni tampoco inevitable. En estos casos, la Biblia no habla de ciencia en absoluto (en contraste con la categoría anterior, en la que sólo se trataba de la ciencia del Viejo Mundo). En esta categoría entran en juego otras cuestiones, pero los lectores modernos sacan conclusiones científicas.

- No es inusual encontrar personas que creen, debido a Génesis 2:21, que las mujeres tienen una costilla más que los hombres. En este caso, han extraído una deducción científica (en este caso, relativa a la anatomía) de una interpretación de un pasaje bíblico.
- Mucha gente interpreta que Génesis 3:14 exige la conclusión científica de que las serpientes tenían patas, hablaban y comían polvo.
- Antes era más común que la gente interpretara la maldición de Cam como si conllevara una implicación científica relativa a un efecto fisiológico en las personas de piel negra, los supuestos descendientes de Cam.[8]

En todos estos casos se hicieron deducciones *científicas* a partir de *interpretaciones* del texto bíblico. Sería un error pensar que la enseñanza bíblica exigía estas conclusiones o que tales deducciones estaban investidas de autoridad bíblica. Se trata de interpretaciones que van desde lo dudoso hasta lo abiertamente ofensivo.[9] En cada uno de estos casos, se pueden ofrecer interpretaciones plausibles (y a veces claramente preferibles), demostrando así que las afirmaciones científicas

---

[8] Véase un estudio de esta creencia en Edwin Yamauchi, *Africa and the Bible* (Grand Rapids: Baker Academic, 2004), pp. 19-33.

[9] Esta situación se da con todo tipo de elementos menores que abundan en el texto bíblico: ¿mastica el conejo el bolo alimenticio (Lev. 11:6)? ¿Es el grano de mostaza la semilla más pequeña (Mc. 4:31)? ¿Están las leyes dietéticas relacionadas con las ideas modernas de higiene? En cada caso, yo diría que la gente podría sacar esas conclusiones científicas, pero esas conclusiones estarían relacionadas con la interpretación y, por lo tanto, no tendrían la autoridad del texto. Los escépticos se equivocan al utilizar estas interpretaciones ocasionales para argumentar contra la inerrancia de la Biblia.

o las vinculaciones adjuntas a una interpretación no pueden considerarse como la autoridad del propio texto. Lo que nos interesa no es qué ciencia adoptamos, sino en qué circunstancias las afirmaciones o consecuencias científicas de cualquier tipo pueden tener la autoridad de la Escritura.

Lo que queremos saber, entonces, es si una conclusión científica es el resultado de una sola interpretación del texto bíblico, mientras que hay otras interpretaciones plausibles (plausibles en el sentido de que dan cuenta del análisis del texto bíblico y de los no negociables generalmente reconocidos de la teología). En ese caso, se puede optar por mantener la vinculación científica, pero no se puede atribuir autoridad bíblica a esa vinculación (ni acusar a los que rechazan la vinculación de abandonar la autoridad bíblica). La aceptación de la vinculación no puede verse como una cuestión de autoridad o de inerrancia.

En algunos casos, las interpretaciones tradicionales que conducen a afirmaciones y vinculaciones científicas son más sencillas y se han considerado más plausibles, pero si la ciencia queda demostrada de forma abrumadora, puede llegar a considerarse preferible una interpretación alternativa con menos plausibilidad por sí misma (pero que siga teniendo en cuenta el análisis del texto bíblico y los aspectos no negociables generalmente reconocidos de la teología). La cuestión de importancia para este capítulo no es cuán abrumadora debe ser la evidencia científica o cuán plausible es una interpretación alternativa; estamos tratando aquí de si la cuestión puede ser considerada como de autoridad bíblica.[10]

Si una interpretación propuesta se lleva a cabo utilizando métodos sólidos, afianzando la autoridad bíblica, respetando la intención de la autoridad humana y abrazando la teología central, no debería ser fácilmente descartada como un rechazo de la autoridad bíblica. La interpretación legítima puede lograr comunicar el contenido autorizado de la Biblia. Los intérpretes bíblicos evangélicos siempre han reconocido que puede haber diversas interpretaciones que lo logren, pero las interpretaciones aún deben ser evaluadas por cómo construyen su caso sobre los datos bíblicos y teológicos. Nuestras interpretaciones no son autoritarias; sólo tienen el potencial de llevarnos a la autoridad.

---

[10] Reconocemos que la naturaleza de las pruebas y lo que constituye la plausibilidad difiere un poco entre las ciencias y los estudios bíblicos/teología, aunque ambos tienen un nivel de dependencia del pensamiento racional. Al depender de la deducción racional, ninguna de ellas está intrínsecamente dotada de autoridad bíblica.

En conclusión, hemos propuesto que la reticencia a identificar las afirmaciones o vinculaciones científicas es la conclusión lógica de los dos primeros puntos (no es un libro de texto científico; no hay una nueva revelación científica) y que una comprensión adecuada de la autoridad bíblica depende de reconocer que esto es cierto. La autoridad bíblica está ligada a las afirmaciones teológicas y a las obligaciones sobre el mundo material. No pretendemos decir que nuestras interpretaciones bíblicas no lleven o no deban llevar a conclusiones científicas. Lo que queremos decir es que la autoridad del texto no está ligada a esas conclusiones científicas. En este caso, tales conclusiones científicas no deberían ser una prueba de fuego para determinar si se mantiene la autoridad bíblica.

La posición que hemos adoptado no es una refutación de quienes encuentran convergencia entre la ciencia moderna y el texto bíblico. En la convergencia, los investigadores buscan afirmaciones en la Biblia que sean compatibles con la ciencia moderna. Se espera que las verdades descubiertas por la ciencia moderna sean compatibles con las Escrituras, aunque también se podría encontrar compatibilidad con las concepciones científicas del pasado que ya no se creen ciertas (e.g., el universo en estado estable), por lo que debemos ser cautos. Sin embargo, lo más importante es reconocer que la búsqueda de verdades compatibles no es lo mismo que la búsqueda de las afirmaciones autorizadas de la Biblia. Podemos encontrar afirmaciones en la Biblia que sean compatibles con la cosmología del big bang, pero eso no significa que la Biblia haga afirmaciones autorizadas sobre el big bang.

Retrocediendo Y Resumiendo

Cómo puede considerarse la composición del Antiguo Testamento de forma diferente a la luz de lo que se conoce de la cultura literaria antigua

Sobre la base de las pruebas expuestas en las cuatro proposiciones anteriores, podemos considerar ahora escenarios alternativos para la composición de los libros bíblicos. Se trata de trazos generales y preliminares; son puntos de partida para el debate, no conclusiones definitivas.

Autoridades y tradentes

La discusión doctrinal sobre la autoridad bíblica, especialmente en relación con el auge de la erudición crítica, ha incluido a menudo cuestiones relativas a la identificación de los autores y la composición de los libros. Este enfoque puede considerarse ahora como cargado de ideas anacrónicas. Deberíamos interesarnos más por Moisés como la *autoridad* cuyas palabras están representadas en el Pentateuco que como el *autor* del mismo o de cualquiera de sus libros. Como autoridad representada, sus palabras eran sin duda documentos fuente. Aunque es muy posible que recibiera formación en la práctica de escriba, es más probable que contara con escribas que pudieran realmente encargarse de la escritura. Esto no contradeciría las instrucciones de que escribiera o las afirmaciones de que lo hizo. Sería comúnmente aceptado que se empleara un escriba en el proceso.

Podemos asumir que Moisés es la autoridad cuyas palabras están representadas y que éste elaboraba documentos. Moisés creaba documentos (sermones, sentencias, relatos) que se consideraban lo suficientemente importantes como para conservarlos por escrito. Algunos, sin duda, se registraron en su época y bajo su supervisión. Otros podrían haber sido producidos por generaciones posteriores tras un tiempo de transmisión oral. No importa cuánto material hay en cada categoría ni qué partes son de cada una; la autoridad se deriva de Moisés y él es inseparable de dichos documentos.[1]

Por el contrario, el papel que tuvo Moisés en el Génesis fue el de tradente y no el de autoridad, ya que el Génesis nunca invoca la autoridad de Moisés para las tradiciones que contiene. Incluso si Moisés fuera considerado uno de los principales tradentes del Génesis (ciertamente razonable), no habría razón para considerarlo el primero, el último o el único tradente.

Del mismo modo, un profeta como Isaías sería visto como la figura de autoridad que habla la palabra de Dios proféticamente. No se le consideraría un autor de ninguna manera similar a la que pensamos hoy en día sobre los autores. Los escribas generarían documentos que preservaran estas importantes palabras sagradas pronunciadas por el representante elegido por Dios. En algún momento esos documentos individuales (sus oráculos) se compilarían en el libro que conocemos como Isaías. No sabemos cuándo se hizo ese trabajo y no necesitamos saberlo. La respuesta a esa pregunta no afectaría a la autoridad del libro ni tendría nada que ver con la inerrancia.

Otros libros bíblicos siguen el mismo tipo de patrón. Obras narrativas como Josué, Jueces o Samuel muestran una clara evidencia de documentos (narraciones individuales) que han sido compilados con sentido y propósito en productos literarios más largos. Los salmos son composiciones individuales (documentos), y en las últimas décadas se ha avanzado mucho en la comprensión del proceso por el que fueron compilados para producir el libro que está en nuestra Biblia. Los Proverbios mencionan específicamente una etapa del proceso de compilación (Prov. 25:1).

En la literatura narrativa no hay atribución de los documentos a una autoridad. Este es el procedimiento habitual en el mundo antiguo. Los autores habrían sido los responsables de utilizar las tradiciones y los documentos de los cuales disponían para crear esta literatura. Los

---

[1] Para una buena discusión, véase Daniel Block, «*Moses and the Pentateuch: An Investigation into the Biblical Evidence*», Areopagus Journal (primavera de 2012): 6-14.

estudios críticos han intentado a menudo atribuir la literatura a un régimen (David, Salomón, Ezequías, Josías) o a un periodo de crisis en la historia (periodo postexílico). Estas conexiones no son imposibles, pero son en gran medida intrascendentes. Su carácter especulativo limita su utilidad.

Los intérpretes tradicionales entre los rabinos y los padres de la iglesia identificaron a David y Salomón como las autoridades detrás de los Salmos y los Proverbios respectivamente, no sin el apoyo de alusiones textuales. Sin embargo, estas alusiones no distinguen claramente el papel que podría haber desempeñado cada uno (e.g., ¿compositor? ¿recopilador?). De nuevo, no hay razón para dudar de que David y Salomón desempeñaran sus funciones, pero determinar la naturaleza exacta de cada una de ellas no supondría mucha diferencia después de todo.

Teniendo en cuenta lo que hemos aprendido sobre la producción literaria en el mundo antiguo, la autoría y el proceso que llevó a la forma final del libro canónico simplemente no son tan relevantes como hemos pensado para nuestra comprensión de la autoridad bíblica. Tenemos que desarrollar nuevos modelos que se basen en la comprensión de las funciones de las autoridades, la naturaleza de los documentos y la transmisión de la tradición en las sociedades donde dominaba la transmisión auditiva. Incluso mientras lo hacemos, no debemos ser demasiado optimistas sobre nuestra capacidad para comprender los detalles o reconstruir el proceso. Nuestra tarea se dirige tanto a eliminar nuestras ideas erróneas anacrónicas como a definir el nuevo escenario. Si el anacronismo es uno de los principales defectos del pensamiento tradicional sobre la Biblia, los eruditos críticos unen con demasiada frecuencia su propia forma de anacronismo (libros, autores y composiciones literarias) con una sobreestimación de las consecuencias e implicaciones de sus especulaciones, especialmente en lo que respecta a socavar el tradicionalismo. Con demasiada frecuencia confían excesivamente en su capacidad para identificar las fuentes y reconstruir la composición.

Expansiones y revisiones

En esta discusión, no necesitamos preocuparnos por identificar realmente secciones del texto bíblico que algunos podrían pensar que representan adiciones o interpretaciones posteriores por parte de generaciones de escribas. No estamos seguros de tener la capacidad de hacer tales identificaciones. Sin embargo, la existencia de tales prácticas es evidente no sólo en las afirmaciones del propio texto, sino también en la transmisión del mismo. Por ejemplo, la expansión está atestiguada en la comparación del texto hebreo de Jeremías con su traducción griega más corta (atestiguada a su vez en un fragmento hebreo de los Rollos del Mar Muerto).[2] Deberíamos estar más interesados en la cuestión teórica: dado, en aras de la argumentación, que el proceso de transmisión y la práctica estándar de los escribas permitían este nivel de actividad, ¿qué impacto tendría eso en nuestra comprensión de la autoridad bíblica?

Cuando hablamos de la autoridad de las Escrituras, podemos darnos cuenta de que no podemos interpretar la autoridad en torno a la idea de que cada libro de la Biblia fue inicialmente constituido como un documento literario —un libro, por un autor. La autoridad bíblica ha de ser entendida en conexión con dos puntos focales en la historia de la composición: (1) en la cumbre de la fuente se encuentra una figura de autoridad que, facultada por el Espíritu Santo, generó la información (e.g., Moisés, Jeremías) o, de forma más abstracta, la propia tradición (transmitida por diversos tradentes) cuyos orígenes son imposibles de rastrear (e.g., las narraciones del Génesis o de los Jueces), (2) al límite del canon está la forma final, que es el producto de un grupo o grupos de escribas cuyo período y motivaciones no pueden determinarse fácilmente, y que llega al final de lo que puede haber sido un largo y complejo proceso de transmisión y composición. Alguna comunidad de personas, creemos que bajo la guía del Espíritu Santo, determinó que ciertos individuos, así como ciertas tradiciones no vinculadas a individuos específicos, tenían autoridad —la autoridad de Dios. Hemos aceptado esos juicios hechos por esa comunidad de fe y afirmados por sus sucesores. En el Israel del Antiguo y del Nuevo Testamento, el templo desempeñaba un papel importante en este proceso. Esto no es una sorpresa, dado el papel del personal del templo en todo el mundo antiguo en el mantenimiento y la transmisión de las tradiciones. Asimismo, las comunidades de fe determinaron que ciertas obras literarias, al final del proceso, debían recibir el estatus de canon. Hemos aceptado que esos juicios también se producen bajo la dirección del Espíritu Santo.

---

[2] Para más detalles, véase Karel van der Toorn, *Scribal Culture and the Making of the Hebrew Bible* (Cambridge: Harvard University Press, 2007), p. 132.

La compilación final

No sabemos cuándo tuvo lugar la compilación final. La fase documental que coexistió con la fase oral pudo constituir la principal forma escrita durante siglos. Consideremos, por ejemplo, el caso del Pentateuco. La tradición bíblica y quienes la tomamos en serio consideramos a Moisés como la fuente del material. En el caso del Génesis, como se ha señalado anteriormente, Moisés se consideraría más un agente que la figura de autoridad, ya que no se le nombra. Aunque la comunidad estaba impregnada de las tradiciones de los patriarcas, podríamos suponer que los escribas de la época de Moisés también tenían documentos heredados de los patriarcas transmitidos de generación en generación. Tal vez, para el material de Génesis 1-11, Moisés y sus asociados continuaron enmarcando esas tradiciones oralmente para su audiencia y tal vez las registraron también en documentos (como los hombres de Ezequías reunieron más tarde los dichos de sabiduría de Salomón), aunque en esto sólo podemos especular. El material perteneciente a las partes del Pentateuco contemporáneas a Moisés también se habría conservado en documentos, tal y como Dios lo ordenó y como Moisés está registrado. Pero todos estos documentos son individuales y se encuentran en un archivo que viaja con los israelitas y que se copiaba periódicamente a medida que se trasladan a la tierra prometida durante el periodo de los jueces.

En algún momento —quizás en el período de los jueces, pero más probablemente más adelante en la monarquía (incluso si hubiera sido en el período postexílico, no importaría)— los escribas que se dedicaban a la redacción, a la actividad literaria, dieron forma a esos documentos archivados en las obras más amplias que conocemos como los libros del Pentateuco. ¿Quién lo hizo y cuándo? No lo sabemos, y no importa (aunque no podemos evitar tener curiosidad). Se dedicaron a preservar de forma creativa las tradiciones autorizadas para sus audiencias contemporáneas; eran escribas comerciantes. La recopilación de documentos en composiciones literarias sería una prueba de que la transición a la interpretación textual había comenzado. Estas composiciones literarias habrían tenido cierta circulación como documentos, pero, sobre todo al principio, habrían rendido cuentas a las tradiciones orales.

Es importante señalar que, cuando se citan posteriormente tradiciones más antiguas, la figura de autoridad es la que se identifica correctamente. No es de extrañar que en todo el Antiguo Testamento y en el Nuevo se haga referencia al libro (i.e., al documento) de Moisés o a la Torá de Moisés. Del mismo modo, cuando se hace referencia a lo que se ha convertido en el libro de Isaías, se está identificando a Isaías como la figura de autoridad detrás del material, no como un «autor» de un «libro». No importa quién y cuándo haya elaborado el libro, y ni siquiera importa si las comunidades de fe decidieron incluir oráculos posteriores de los sucesores de Isaías en la colección; si lo hicieron, sólo fue porque esos oráculos posteriores seguían estando legítimamente relacionados con la autoridad de Isaías a los ojos de esas comunidades de fe.

Cuando los oradores del Nuevo Testamento se refieren a la obra de Isaías, se están refiriendo a los documentos literarios de su tiempo que han sido suprimidos bajo la autoridad del profeta. Esto no tiene nada que ver con la autoría, y por tanto no deberíamos incluir las discusiones sobre Isaías como «autor» de su «libro» cuando hablamos de inerrancia. La afirmación hecha se refiere al papel incuestionable de Isaías como figura de autoridad detrás de esa literatura. Sabemos que tales citas en el Nuevo Testamento sólo hacen referencia a figuras de autoridad tradicionales porque Judas hace referencia al libro de Enoc y lo cita como la figura de autoridad a la cabeza de esa corriente de tradición (Jud. 14-15). Los evangélicos que apoyan la inerrancia del texto nunca han creído que deban concluir, por tanto, que Enoc fue realmente el autor del libro de Enoc.[3] Tales citas del Nuevo Testamento tienen poco que ver con la discusión sobre la inerrancia, y ahora, sobre la base de lo que hemos aprendido sobre el complejo proceso de composición, podemos ver más claramente las afirmaciones que tales citas están haciendo.

El modelo que aquí se propone difiere significativamente de la crítica clásica de las fuentes. En la visión tradicional de la crítica de las fuentes, las obras *literarias* designadas como J, P y D se plantean como el logro de diferentes escuelas en diferentes épocas. Las propuestas de estas fuentes literarias, a menudo impulsadas por el escepticismo, sirven como alternativa a la idea de las autoridades tradicionales asociadas al material. Así, por ejemplo, la mayoría de los críticos de las fuentes no creerían que Moisés tuviera nada que ver con el Pentateuco, y muchos dudarían de que el Moisés del Pentateuco existiera realmente. En el modelo que hemos propuesto, la existencia y el papel de Moisés se

---

[3] Dado que Enoc no está en el canon, las afirmaciones que hace para sí mismo no tienen ninguna importancia para nosotros. Es la presunta afirmación de Judas la que podría ser problemática.

sostienen con firmeza y siguen siendo fundamentales en la tradición conservada. Moisés se considera la voz principal, dominante y determinante, la figura de autoridad que encabeza lo que finalmente se convirtió en la literatura asociada a él. De este modo, rechazamos el escepticismo de la erudición crítica.

Una segunda diferencia es que la teoría de las fuentes es potencialmente culpable de anacronismo al plantear composiciones literarias complejas en un período demasiado temprano, que luego se supone que se han desgarrado para formar nuevas composiciones. Ésta es una de las razones por las que hemos visto la tendencia a trasladar las fuentes del período monárquico al postexílico o incluso al helenístico.[4]

En tercer lugar, la crítica tradicional de las fuentes confía demasiado en su capacidad para localizar las voces de las diferentes fuentes e identificar cuándo estuvieron en uso tales fuentes y qué movimientos representaron. Nosotros no hacemos tales afirmaciones porque nos tomamos en serio el texto cuando identifica una figura de autoridad cuyo material conservan las obras literarias.

A pesar de estas diferencias significativas, el modelo que hemos propuesto coincide con la crítica tradicional de las fuentes en que entiende que la forma literaria final de los libros bíblicos es relativamente tardía y, por lo general, no es el producto literario de la figura de autoridad cuyas palabras conserva el libro. Sin embargo, tal como lo hemos propuesto, este resultado tardío de un largo proceso no socava la inerrancia ni la autoridad del libro. El Espíritu Santo está detrás de todo el proceso de principio a fin. No hay que dudar de las afirmaciones que hace el libro; sólo hay que tener claras sus afirmaciones.

Una última cuestión a considerar antes de resumir las conclusiones sobre la composición de los textos bíblicos es el impacto de este modelo en la crítica textual. En los círculos evangélicos que discuten la inerrancia y la autoridad, la afirmación común es que el texto es inerrante en los escritos originales. Esta afirmación permitió reconocer que los escribas que copiaban el texto de generación en generación cometían errores en el proceso de copia. Por lo tanto, dado que todas las copias no eran inmaculadas, la inerrancia sólo podía relacionarse con los supuestos originales, aunque siempre se ha considerado problemático el hecho de no disponer de tales escritos. En su lugar, hemos confiado en la

---

[4] No debemos pensar que los períodos primitivos son demasiado primitivos para producir composiciones literarias. La cuestión es cómo se produce la comunicación en la cultura y cuáles serían las inclinaciones a la hora de conservar las tradiciones.

crítica textual para que nos permita confiar en que lo que tenemos representa bien los originales o que los originales podrían reconstruirse con éxito mediante la crítica textual.[5] Tanto los defensores como los opositores, tanto los estudiantes como los eruditos, han planteado a menudo la siguiente cuestión: si no tenemos originales y en algunos lugares tenemos poca confianza en que sepamos lo que habrían dicho esos originales, ¿de qué sirve atribuir la inerrancia y la autoridad a dichas obras? Además, las personas que no tienen acceso al griego y al hebreo se preguntan si pueden confiar en sus traducciones (muy alejadas de los originales).

El descubrimiento de los Rollos del Mar Muerto a mediados del siglo XX tuvo el efecto inmediato de indicar que nuestros manuscritos más antiguos (producto de la tradición masorética, fechados entre los siglos IX y XI d.C.) se habían conservado fielmente al compararlos con los manuscritos hebreos ahora disponibles del siglo II. Sin embargo, a medida que los eruditos continuaron trabajando en los rollos del Mar Muerto, se hizo cada vez más evidente que se conservaban múltiples tradiciones textuales entre los rollos (especialmente para los libros de Samuel y Jeremías). En consecuencia, al menos en algunos casos, quedó claro que no había una sola forma original de la pieza literaria final. En el caso del libro de Jeremías, por ejemplo, parece que un grupo en un lugar recopiló una colección de documentos que contenían los oráculos del profeta, mientras que otro grupo en otro lugar hizo lo mismo. Ambos grupos utilizaron un grupo básico de documentos (indicado por su alto grado de similitud), pero tomaron diferentes decisiones en las etapas finales sobre qué incluir y cómo ordenar los oráculos. ¿Cuál debe considerarse el «original»? ¿Hay alguna diferencia?[6]

En el modelo que hemos propuesto aquí, no importa. La autoridad está asociada a Jeremías, independientemente de la compilación que se utilice. No podemos depender de los «escritos originales», no sólo porque no los tenemos, sino también porque el propio concepto es anacrónico para la mayor parte del Antiguo Testamento[7] y no refleja cómo llegaron a existir los libros. La inerrancia y la autoridad están relacionadas inicialmente con la figura de autoridad o las tradiciones

---

[5] Sin embargo, quedan numerosos ejemplos, más en el AT que en el NT, de pasajes en los que nos sentimos seguros de que el texto, tal como lo tenemos, ha sido corrompido, pero no tenemos medios para construir con seguridad lo que podría haber dicho el original (véase Sl. 2:12; 22:16; Prov. 11:30).

[6] Por supuesto, de vez en cuando puede ser diferente. Los manipuladores de serpientes confían en la fiabilidad del final más largo de Marcos. Pero se trata de un caso excepcional que implica tanto la hermenéutica como la transmisión textual.

[7] En libros como Job puede ser mejor pensar en una composición literaria original.

autorizadas. Además, aceptamos la autoridad representada en la forma del libro adoptada por las comunidades de fe y a la que se le da un estatus canónico. Esto no nos ayuda a resolver los pasajes problemáticos en los que la transmisión ha sido imperfecta, pero nos da una base para afirmar la autoridad del texto a pesar de esos problemas generalizados.

Durante varias décadas, los eruditos evangélicos han reconocido estos problemas y han debatido repetidamente qué es lo que intentamos recuperar cuando hacemos crítica textual.[8] ¿Qué intenta conseguir la crítica textual? La teoría actual se centra en tratar de identificar los errores en el proceso de transmisión y en resolver las variaciones textuales en los casos en los que existen pruebas de que una lectura conservada se deriva de otra lectura conservada. Este enfoque trata de producir una forma final canónica prístina sin presuponer si existieron múltiples tradiciones textuales en el camino hacia esa forma. Desde este punto de vista, la inerrancia y la autoridad se refieren a la forma canónica final del libro y no a los posibles escritos originales. Por supuesto, esto no supondría ningún problema en aquellos lugares en los que ambos pudieran identificarse como uno y el mismo.

Sin embargo, debemos recordar que esta forma final canónica no anula las figuras de autoridad o las tradiciones que la precedieron. La forma final tiene autoridad porque se cree que encarna lo que esas tradiciones y figuras de autoridad comunicaron. El Espíritu Santo guía cada parte del proceso, pero esto no significa que cualquiera pueda pronunciarse y atribuirse la autoridad del Espíritu Santo.

Composición bíblica y autoridad

¿Qué podemos concluir entonces sobre la autoridad bíblica en lo que respecta a las cuestiones de composición?

---

[8] Véase la juiciosa discusión en Bruce K. Waltke, «Old Testament *Textual Criticism*», en *Foundations for Biblical Interpretation*, ed. David S. Dockery, Kenneth A. Mathews y Robert B. Sloan (Nashville: B & H, 1994), págs. 156-86; Bruce Waltke, «*Textual Criticism* of the Old Testament and Its Relation to Exegesis and Theology», en *New International Dictionary of Old Testament Theology and Exegesis*, ed. Willem A. Willem A. VanGemeren (Grand Rapids: Zondervan, 1997), 1:51-67; Paul D. Wegner, *New International Dictionary of Old Testament Theology an A Student's Guide to Textual Criticism of the Bibled Exegesis* (Downers Grove, IL: IVP Academic, 2006); Al Wolters, «Text of the Old Testament», en *Face of Old Testament Studies*, ed. David W. Baker y Bill T. Arnold (Grand Rapids: Baker Academic, 1999), pp. 19-37. Para una discusión erudita profunda y actualizada, véase Emanuel Tov, *Textual Criticism of the Hebrew Bible*, 3ª ed. (Minneapolis: Fortress, 2011).

La autoridad no depende de un autógrafo original o de un autor que escriba un *libro*. El reconocimiento de la autoridad es identificable en las creencias de una comunidad de fe (de la que somos herederos) de que las palabras de Dios a través de figuras autorizadas y tradiciones han sido captadas y preservadas a través de un largo proceso de transmisión y composición en la literatura que ha llegado a ser aceptada como canónica. Esa autoridad puede estar bien representada en la traducción, aunque puede verse socavada en la medida en que la interpretación (necesaria para que se produzca la traducción) tergiverse la autoridad. Esto presenta una perspectiva práctica y utilitaria de la autoridad. Analizaremos con más detalle cómo se relaciona la inerrancia con esto después de haber tratado las cuestiones de género.

Sobre la base de la teoría anteriormente discutida y descrita, a continuación explicaremos cómo podría entenderse la composición de libros específicos.

Génesis: Los documentos utilizados en la compilación del Génesis están probablemente identificados en el propio texto (en once ocasiones «Este es el relato de»). No se ofrece ninguna identificación de la fuente de las tradiciones representadas en los documentos individuales, y esto no es inusual. Documentos como los que se encuentran en la primera parte del libro (Gn. 1-11), así como los de la segunda parte (Gn. 12-50), se corresponderían bien, aunque sólo sea de forma general, con el tipo que sería familiar en el mundo antiguo. Tampoco se da ninguna indicación en el propio libro sobre la época o las circunstancias en las que estos documentos se recopilaron en el libro tal y como lo conocemos. La tradición más antigua asocia la obra con Moisés, y dada la estatura de Moisés no es descabellada, pero no es necesario decidir la cuestión. Como ya se ha dicho, la mejor manera de entender su papel es como tradente, y no como responsable de las tradiciones (aunque es posible que generara algunas de ellas; en este sentido, pensamos especialmente en los relatos de la creación). Lo más probable es que —tal vez como patrocinador de una escuela de escribas— se asegurara de que dichas tradiciones se conservaran en documentos escritos que se incluirían en los archivos del pueblo de Israel. Eso sería suficiente para asociarlo con esos documentos. Es posible que la compilación en la compleja obra literaria que llamamos Génesis no se produjera hasta muchos siglos después, aunque las tradiciones fueran bien conocidas. El libro compilado terminó ocupando su lugar como prólogo de los más específicamente asociados a Moisés, pero la autoridad de las tradiciones no depende de esa asociación.

De Éxodo a Números: Estos libros comprenden los documentos del período del desierto, y por lo tanto caen bajo la autoridad directa de Moisés. Representan el tipo de documentos que sería lógico que produjera una sociedad de la Edad de Bronce tardía. Ugarit, de aproximadamente el mismo período, da pruebas de archivos tan variados y diversos. Las recopilaciones jurídicas integradas en los documentos de pactos, las narraciones, los rituales y los relatos de construcción de santuarios son géneros habituales en los documentos del segundo milenio. Sin embargo, tenemos menos información sobre cuándo se recopilaron estos documentos del desierto en los libros que conocemos. Podría haber sido un proceso largo y gradual. Las composiciones literarias finales tendrían la autoridad de Moisés porque los documentos tenían la autoridad de Moisés. Sería más fácil identificar a Moisés como el creador de estos documentos, ya que era lo más parecido a un rey que tenía Israel. Es más probable que se nombre a ese tipo de autoridades.

Deuteronomio: El libro de Deuteronomio afirma explícitamente que conserva las tradiciones orales originadas por Moisés, así como los documentos que él mismo creó. No hay ninguna razón para dudar de que Moisés generó tales documentos o de que se conservaron. La idea de que el archivo de estos documentos pudiera haber sido ampliado y revisado a lo largo de los siglos no carece de precedentes en el mundo antiguo. Llegados a este punto, podemos afirmar que Moisés debe ser considerado, en efecto, como la autoridad que está detrás de este material, aunque la forma final del libro puede haber llegado mucho más tarde. A pesar del importante papel que desempeñó un documento relacionado con el Deuteronomio en la reforma de Josías, no hay indicios de que alguna parte del proceso de compilación tuviera lugar en esa época. Josías o Hilcías no habrían tenido ninguna razón para suprimir el papel que pudieran haber tenido en la elaboración de una composición literaria (como a veces se alega en las discusiones sobre el Deuteronomio) porque lo importante no es la existencia del libro. El redescubrimiento de una antigua tradición perdida conservada en un documento (2 Re. 22:8 utiliza una forma singular) fue más significativo.

Libros históricos: Las narraciones individuales representan tradiciones individuales y quizá podrían haberse conservado en documentos individuales, aunque no necesariamente. Su principal medio de difusión habría sido el oral. Como suele ocurrir, no tenemos indicios del origen de las tradiciones narrativas, por lo que no se asocia a ellas ninguna figura de autoridad individual. No tenemos indicios de cuándo fueron compilados los documentos por los comerciantes en libros, fuera de los comentarios casuales que pudieran ofrecer, que no son muy determinantes. Es lógico concluir que los libros individuales fueron compilados en obras literarias individualmente (ya que las variedades de estrategias literarias, por ejemplo, los ciclos de los jueces son evidentes). Sin embargo, una etapa posterior podría haber incluido la compilación de esas obras literarias en una edición más amplia como la que se propone para la Historia Deuteronomista. Crónicas evidencia más claramente que la mayoría de los libros su dependencia de documentos individuales como fuentes para presentar su visión de la historia y ofrece pruebas objetivas de la libertad de composición.

Job: Como libro sapiencial por excelencia, el libro de Job no tiene ninguna figura de autoridad identificada con la tradición. La tradición narrativa de la vida de Job puede tener orígenes independientes. De acuerdo con lo que se ha dicho anteriormente, esa tradición, presumiblemente surgida de las experiencias de una persona real en la antigüedad, puede haber sido utilizada como base para el libro sapiencial mucho más tarde. Sin embargo, la autoridad reside en la forma final del libro, y su coherencia literaria sugiere una composición única (aunque esto no descarta que haya narraciones de las pruebas del justo Job que circulen independientemente). El flujo del argumento del libro debe haber sido compuesto como una pieza literaria, ya que todas las partes contribuyen de manera significativa. Literariamente parece irremediablemente complejo.[9]

Salmos: Nuestro libro de los Salmos está compuesto por 150 documentos originalmente independientes. Algunos de ellos pueden haber sido composiciones orales que permanecieron en forma oral durante generaciones. Otros pueden haber sido composiciones escritas desde el principio. Los títulos de los salmos indican que David está vinculado como figura de autoridad a muchos de los salmos, aunque su asociación podría estar representada en una variedad de papeles (fuente principal, compositor, compilador o patrocinador). Otros individuos también aparecen como figuras de autoridad (e.g., Asaf). Los documentos independientes se fueron recopilando en los cinco libros del libro canónico de los Salmos, como coinciden todos los eruditos y como indica una inscripción como la que se encuentra en el Salmo 72:20. La autoridad del libro se debe a su carácter representativo de las tradiciones líricas de Israel, independientemente de quiénes fueran los compositores o compiladores.

---

[9] Véase una discusión más amplia en John Walton, *Job*, NIVAC (Grand Rapids: Zondervan, 2012), pp. 23-31.

Proverbios: Al igual que el papel de David en los Salmos, Salomón es la figura de autoridad más prominente asociada al libro de los Proverbios, como se indica en Proverbios 1:1, 10:1 y 25:1. Así como en los Salmos, estas anotaciones no especifican si Salomón es compositor, recopilador, compilador o patrocinador, y no importa para la autoridad del libro. Otros han contribuido al libro (Prov. 30-31), y el papel de Ezequías se menciona de forma destacada (Prov. 25:1). No debemos pensar en cada proverbio como un documento independiente. Los dichos sapienciales se transmitían principalmente de forma oral, y la recopilación de listas de dichos sapienciales breves es una de las primeras tradiciones de las comunidades sapienciales.

Eclesiastés: Este libro es la presentación por parte de un erudito desconocido de la sabiduría de un individuo al que misteriosamente llama Qohélet, que se posiciona como la figura de autoridad detrás de esta tradición de sabiduría. Algunos han llegado a la conclusión de que Salomón es la verdadera figura de autoridad, pero el erudito que presenta la enseñanza de la sabiduría obviamente no se basa en esa identificación para validar la sabiduría.

Cantar de los Cantares: El nombre de Salomón, y tal vez parte de su historia, son mencionados aquí, y por lo tanto debe ser visto como una figura de autoridad conectada de alguna manera con la composición. Es difícil decir más allá de esto. Si hay una serie de documentos originalmente independientes (i.e., cánticos de amor individuales) representados aquí, está claro que han sido entrelazados en el proceso de composición y se les ha dado un enfoque sapiencial (Cant. 8:6-7). Dicha poesía amorosa había adquirido el estatus de tradición autorizada quizás por su largo uso en las fiestas de la cosecha (si la poesía amorosa egipcia ofrece alguna orientación para la ubicación social).

Profetas: Ya hemos hablado de los aspectos específicos de Isaías y Jeremías, así que aquí podemos ofrecer algunos comentarios generales a modo de resumen. En todos los libros proféticos el profeta es la figura de autoridad cuyos oráculos se presentan. Los profetas pronunciaban sus oráculos de forma oral, como es evidente a lo largo de los libros. No es de extrañar que los escribas (e.g., Baruc) se encargaran de registrar los oráculos en documentos individuales. Estos documentos tendrían la autoridad del profeta. Ya sea en vida del profeta o algunas generaciones más tarde, es obvio que se llevó a cabo un proceso de compilación para crear las colecciones que tenemos como libros proféticos. No tenemos nada que indique quién es el responsable de ese trabajo. Los discípulos o sucesores de los profetas pudieron haber participado o no. No podemos descartar la posibilidad de que se haya añadido material o se hayan revisado los oráculos a lo largo del tiempo.[10] Llegados a este punto, queremos enfatizar que, dada la discusión anterior, ya no debemos preocuparnos por los profetas como autores de sus libros. Lo que nos interesa es la identidad del profeta como figura de autoridad detrás de los oráculos, independientemente de la historia de la composición del libro. Como hemos visto, esto es de gran valor cuando se discute la cuestión del «manuscrito original» de un libro como Jeremías y su variedad de formas. Los profetas pueden tener cualquier variedad de relaciones con los libros bíblicos que llevan su nombre y conservan las palabras autorizadas que Dios les dio.

En todos estos párrafos hemos intentado reflejar un nivel mínimo de conclusiones. No necesitamos alcanzar la certeza sobre la «autoría» de un «libro» para aceptar su estatus de autoridad en el canon. No necesitamos pensar que un libro fue escrito como pieza literaria en la época en que se originaron las tradiciones que contiene. Al mismo tiempo, no es necesario que seamos escépticos a la hora de creer que las autoridades, tradiciones o documentos tempranos subyacen a las composiciones literarias eventuales. No tenemos por qué proponer la invención tardía de tradiciones o figuras de autoridad para que coincidan con las fechas que más fácilmente atribuiríamos a la composición final. No tenemos ninguna razón para pensar que las figuras de autoridad sean el producto imaginativo de escribas tardíos comprometidos con falsas pretensiones, argucias o engaños. Estamos dispuestos a dar crédito a la integridad de la institución de los escribas y a la sabiduría de las comunidades religiosas que supervisaron el proceso de siglo en siglo. Debemos ser reticentes a pensar que podemos reconstruir los precursores literarios de las composiciones finales, y mucho menos identificar las supuestas fuentes que contribuyeron y la cronología del proceso de compilación. Podemos creer que hubo un proceso que llevó de las tradiciones a los documentos, a las obras literarias y a la literatura canónica final, pero debemos ser realmente suspicaces en cuanto a nuestra capacidad de rastrear ese proceso. Si tuviéramos la capacidad, ese rastreo podría satisfacer nuestra curiosidad intelectual, pero sería prácticamente irrelevante, ya que no afectaría a la autoridad que se atribuye a la figura que se presenta como la fuente o al producto final. Ni la fe ni el escepticismo pueden ser el resultado asegurado de tal investigación. Tales posturas reflejan más el punto de partida que el

---

[10] No en un proceso libre, sino uno que hubiera rendido cuentas bajo el cuidadoso escrutinio de las escuelas de escribas y de la comunidad de fe.

resultado final. Los que se toman la Biblia en serio, como nosotros, querrán afirmar el texto en su identificación de las figuras de autoridad y aceptar como válido el trabajo de los compiladores de la forma canónica de los libros que han incorporado las tradiciones de esas figuras de autoridad en los libros que ahora poseemos. El resultado combinado es un texto autorizado que tenemos en alta estima. Esta comprensión se basa en una lectura fiel y ética del texto bíblico, en contraste con una lectura escéptica que sospecha habitualmente de la tergiversación.

El papel de este texto autorizado como revelación inspirada de Dios se desarrollará y discutirá en capítulos posteriores. Una de las ventajas de este modelo es que nos ayuda a ver cómo la autoridad del originador de la tradición o del documento (e.g., Moisés o Jeremías) sigue transmitiéndose a las traducciones actuales, aunque éstas no sean las palabras de la figura de autoridad. Otra ventaja es que este modelo nos ayuda a mantenernos firmes en las afirmaciones que la Biblia hace sobre sí misma, pero también nos permite adoptar algunos de los avances más importantes que la escolástica ha ofrecido, lo que resulta en una interpretación fiel del canon combinada con una comprensión matizada de la literatura.

PARTE 2

El Mundo De La Composición Y La Comunicación Del Nuevo Testamento

Proposición 5

Gran parte de la literatura del mundo grecorromano conservaba elementos de una cultura donde predominaba la transmisión auditiva

En este capítulo daremos el primer paso para entender la producción literaria del Nuevo Testamento. El punto de partida es la cultura griega y romana y cómo se formó y funcionó su literatura. A través de sus ojos y oídos descubriremos cosas importantes sobre la cultura oral que hay detrás del Nuevo Testamento.

Como ciudadanos de la civilización occidental, aprender sobre nuestras raíces en Grecia y Roma suele parecer algo sumamente interesante. Admiramos los monumentos, el sistema de gobierno y la literatura. Nos encanta la posibilidad de que los griegos y los romanos —con su propia historia y literatura que abarca mil años— produjeran más logros sobresalientes que los mil años de historia del mundo antes o después de su época. Nos sorprenden afirmaciones como la de Samuel Johnson, el famoso poeta y ensayista de la Inglaterra del siglo XVIII, según la cual «toda nuestra religión, casi toda nuestra legislación, casi todas nuestras costumbres, casi todo lo que nos distingue de los salvajes, nos ha llegado de las costas del Mediterráneo».[1] Pero aprender los detalles de la cultura de nuestros antepasados griegos y romanos parece cada vez más irrelevante en nuestra sociedad moderna. Los aspectos importantes de la cultura antigua se desvanecen fácilmente en el pasado lejano. Quién hizo

---

[1] Citado en Michael Grant y Rachel Kitzinger, *Civilization of the Ancient Mediterranean: Greece and Rome* (Nueva York: Charles Scribner's Sons, 1988), p. xxvi.

qué, cuándo, dónde y por qué se pierde en la mayor fascinación de la sociedad contemporánea por sí misma y por lo que ocurre en el presente.

Del mismo modo, para muchos lectores de la Biblia el aprendizaje de la cultura grecorromana suele parecer interesante pero innecesario. La Biblia, después de todo, es la Palabra del Dios eterno, y para escuchar a Dios hablar ¿quién necesita a los griegos y a los romanos? Es tentador suponer que la verdad infinita puede ser completamente reubicada desde la cultura finita, o que la información de fuera de la Biblia no es esencial para la interpretación dentro de la Biblia, o que los antecedentes no son cruciales para aplicar la Escritura a los problemas del siglo XXI. Pero no es así.

Aunque la Biblia es realmente única —en gran medida porque es de Dios—, lleva claras huellas de humanidad. La verdad divina está inextricablemente entrelazada con la cultura humana, lo que significa que las categorías de pensamiento, las expresiones, las imágenes y las temáticas proceden de las culturas en las que la verdad de Dios se encarnó. No podía ser de otra manera: era necesario que Dios hablara de forma comprensible para los humanos, y eligió específicamente el mundo greco-romano-judío del siglo I para revelar el Nuevo Testamento. Pablo lo llamó la plenitud de los tiempos (Gál. 4:4).

Así que para prepararnos para comprender cómo se escribió el Nuevo Testamento, empezaremos con la primera generación de la literatura griega y lo que esa generación transmitió a la segunda. La primera generación fue una fase oral. La literatura se inició en el contexto de los poetas que componían e interpretaban sus obras sin escribirlas; la prosa, que vino después de la poesía, pudo originarse también en entornos orales. La segunda fase fue una fase escrita. Sorprendentemente, cuando la poesía y la prosa se registraron en forma escrita, los rasgos orales no fueron superados por el medio nuevo.

Hay otro sentido en el que este capítulo se refiere a una primera y segunda generación. En el ámbito de la civilización occidental, la primera generación de la literatura fue escrita por los griegos, la segunda por los romanos. Gran parte de esta última estuvo bajo la influencia de la primera. Los rasgos orales eran comunes en ambas.

A partir de las pruebas presentadas en la proposición 1, está claro que en el antiguo Oriente Próximo la información podía difundirse oralmente de forma muy eficaz, y generalmente lo hacía. Era un entorno donde predominaba la transmisión auditiva. En cuanto a los griegos y los romanos, parece lógico que, con todos sus logros literarios, se hubieran convertido en seres dominantes del texto, que su literatura se vinculara a las palabras en una página, como ocurre generalmente en nuestro entorno. Pero, ¿fue ése el resultado? Como veremos, en muchos aspectos la literatura grecorromana, que procedía de entornos orales, conservó las dimensiones orales.

Aunque sería conveniente que este capítulo repasara toda la literatura griega y latina y señalara los cientos de ejemplos de rasgos orales, sería un capítulo muy largo o requeriría un libro propio. Por tanto, nuestra visión general será breve. Dado que el estudio moderno de la oralidad comenzó con la búsqueda de la naturaleza oral de las epopeyas de Homero, ahí es donde comenzaremos. Más allá de eso, limitaremos nuestras observaciones a algunos otros géneros y autores y a algunas generalizaciones sobre la literatura griega y latina en su conjunto.

Oralidad y textualidad en la poesía griega antigua

La textualidad (en el sentido de literatura escrita) no surgió en el mundo griego hasta aproximadamente el año 700 a.C. Anteriormente, los micénicos (c. 1500-1100 a.C.) utilizaron el lenguaje escrito (ahora llamado Lineal B) para los registros administrativos, pero no dejaron ningún texto literario. Desde el final de la época micénica hasta el siglo VIII, hay pocas pruebas de documentos escritos en Grecia. Su mundo era exclusivamente oral.

De la nada, dos epopeyas completas, la *Ilíada* y la *Odisea,* anunciaron el comienzo de la literatura escrita en Grecia. Los poemas eran obviamente el resultado de una compleja producción literaria. La *Ilíada*, una exploración del tema de la ira en el contexto de la Guerra de Troya (que se cree que se libró alrededor del año 1200 a.C.), consta de más de 15,600 líneas; la *Odisea*, un relato de las aventuras de Odiseo que regresa a casa años después de que la guerra terminó, tiene 12,000 líneas. Las epopeyas son las primeras y más grandes obras de toda la literatura griega, fechadas a finales del siglo VIII o principios del VII.

Aproximadamente al mismo tiempo que Homero, un poeta llamado Hesíodo produjo dos poemas propios, *Trabajos y días* y *Teogonía*, el primero con consejos morales y prácticos —especialmente sobre la agricultura— y el segundo con el origen y la sucesión de los dioses.

Hesíodo era un poeta oral, pero se desconoce la persona o personas que registraron sus poemas por escrito.[2]

En todo el mundo antiguo se creía que Homero había escrito la *Ilíada* y la *Odisea*. Pero, de ser así, ¿cómo aparecieron tan repentinamente una poesía y una narrativa artística tan sofisticadas? ¿No había precedentes? Sólo en los últimos tiempos los eruditos han llegado a comprender mejor los precursores de las versiones escritas de los poemas. Llegan a la conclusión de que primero hubo representaciones orales, aparentemente por parte de analfabetos que recitaban tradiciones cada vez más fijas sobre la guerra de Troya y los viajes de Odiseo. Luego hubo poetas que, sorprendentemente, podían hacer tres cosas a la vez: componer, interpretar y transmitir. Sin la ayuda de la escritura, adaptaron las tradiciones y las recrearon en verso hexámetro; las representaron para un público amplio y, al hacerlo, transmitieron las historias a otros. Este proceso se repitió durante varios cientos de años. El producto fue la literatura oral.

En las versiones existentes de las epopeyas, la mezcla de dialectos y vocabulario —algunos más antiguos y otros más nuevos, algunos locales y otros lejanos— sugiere una amplia transmisión de la literatura oral. Sin embargo, todo ello confluyó en dos poemas notablemente unificados. El consenso actual entre los eruditos es que cada una de las epopeyas homéricas fue obra de un solo «autor», aunque se desconoce si las dos epopeyas terminaron saliendo de las manos de la misma persona (y si ésta se llamaba Homero).

Dado que las primeras referencias a manuscritos de la *Ilíada* y la *Odisea* se acercan al año 500 a.C., el proceso de composición no está claro. Quizá el «autor» fue un analfabeto que dominó y perfeccionó las interpretaciones de sus predecesores. Sus poemas fueron transmitidos por un gremio de recitadores públicos y las epopeyas se pusieron por escrito más tarde. Por otra parte, si el «autor» sabía leer y escribir, tal vez compusiera las versiones iniciales de las epopeyas —o los escribas escribieran sus versos— y posteriormente personas con conocimientos literarios añadieran partes y realizaran mejoras. Podría haber una fluidez de texto tanto en las tradiciones escritas como en las orales. (El libro 10 de la *Ilíada*, en particular, muestra evidencias de adiciones posteriores).

Con el origen oral de la *Ilíada* y la *Odisea*, donde los patrones de costumbre y la repetición de la fraseología estándar eran comunes, era natural que esas técnicas se conservaran en las formas escritas. Está

---

[2] Ruth Scodel, «Works and Days as Performance» en *Orality, Literacy and Performance in the An- cient World*, ed. Elizabeth Minchin (Leiden: Brill, 2012), pp. 111-27.

claro que la transición del texto oral al escrito no fue una transición clara. La textualidad tendía a conservar gran parte de la oralidad inherente, en parte porque las nuevas formas escritas no se consideraban algo independiente, diferente o mejor. Las historias seguirían representándose para diversos públicos como antes. La idea de que los individuos leerían los libros en privado o que las formas escritas tendrían mayor autoridad aparentemente nunca pasó por la mente de la gente en esta etapa.

Esta visión general de los orígenes y la oralidad de la *Ilíada* y la *Odisea* refleja las conclusiones actuales de la mayoría de los eruditos homéricos. Pero a lo largo del siglo XX, los eruditos han experimentado y corregido algunas ideas seminales sobre los poemas. El trabajo de Milman Parry y Albert Lord fue un punto de inflexión.[3] Buscando comprender los orígenes orales de la *Ilíada* y la *Odisea*, hicieron comparaciones con el cuenta cuentos de las tierras eslavas del sur. Su trabajo confirmó la posibilidad de que los compositores pudieran crear literatura de forma oral sin haber memorizado la poesía de antemano, aunque tomaban prestadas frases de archivo. Esto, a su vez, ayudó a explicar diversas interpretaciones de la *Iliada* y la *Odisea*.[4] Pero incluso con las mejores teorías de los eruditos, la composición y la transmisión oral de los poemas —que finalmente se plasmaron por escrito— no se pueden comprender en nuestro mundo moderno basado en la textualidad.

La oralidad en los textos escritos griegos y latinos

Las obras de Homero y Hesíodo no fueron más que el principio del crecimiento de la literatura griega. La poesía griega se desarrolló gradualmente en una variedad de formas, ahora generalmente clasificadas en tres géneros: épica, lírica y drama. Poetas como Píndaro, Safo, Esquilo, Sófocles, Eurípides, Aristófanes y Menandro fueron maestros en la composición de poesía para la representación pública, con cientos de tragedias y comedias destinadas a los teatros griegos que demuestran muchas marcas de oralidad. Más allá de las representaciones

---

[3] Milman Parry, *The Making of Homeric Verse* (Oxford: Oxford University Press, 1971); Albert B. Lord, *The Singer of Tales* (Cambridge, MA: Harvard University Press, 1960).

[4] Véase, por ejemplo, Robert Fowler, ed., *The Cambridge Companion to Homer* (Cambridge: Cam- bridge University Press, 2004).

teatrales, los poetas profesionales se ganaban la vida actuando en las cortes reales y ante diversos públicos.

El simposio era uno de los escenarios más comunes en el mundo griego para escuchar poesía presentada oralmente. Pero un *simposio* era entonces diferente de lo que pensamos ahora cuando oímos la palabra. Un simposio era una celebración del vino, los valores tradicionales y las relaciones masculinas. Un grupo de treinta o menos hombres, a menudo vestidos con atuendos festivos, se reunía para una velada de discursos, que solía incluir interpretaciones orales de diversas formas de poesía. Platón y Jenofonte escribieron obras literarias inspiradas en un simposio. En el mundo helenístico y romano, la poesía se componía habitualmente pensando en los simposios.

La prosa fue un desarrollo secundario en la historia de la literatura griega, apareciendo al menos cien años después de la poesía. No está del todo claro por qué la literatura en verso se antepuso a la prosa; tal vez se deba a que la poesía era más fácil de memorizar para su recitación en público. El primer género importante de la prosa fue la historia. A medida que los habitantes de Grecia se hacían más griegos, el establecimiento y la preservación de su identidad a través de la escritura de la historia aumentaron su importancia.

Heródoto, por ejemplo, recogió información de fuentes orales y de sus propias observaciones para recopilar sus historias. O bien no disponía de fuentes escritas, o bien desestimaba los documentos escritos como fuentes de información. Al parecer, dio conferencias sobre sus descubrimientos en diversos lugares del mundo griego, siendo las conferencias una forma de literatura oral. Más tarde compuso relatos escritos, organizando el material de sus conferencias en una extensa historia. Por encima de todo, Heródoto buscaba ser un buen narrador, ya que esperaba que lo que escribía fuera interpretado oralmente.[5]

Después de Heródoto, hubo muchos otros historiadores griegos importantes.[6] Tucídides escribió un tipo de historia muy diferente, en parte porque escribía sobre las Guerras del Peloponeso en las que participó, y en parte porque escribía para los contemporáneos que habían vivido las guerras junto a él. Además, sus fuentes eran en gran parte orales. (Volveremos a hablar de Heródoto y Tucídides en la proposición 7).

---

[5] «Heródoto fue el mayor narrador de todos los tiempos»; Michael Grant, *Greek and Roman Historians: Information and Misinformation* (Nueva York: Routledge, 1995), p. 61.

[6] Véase, por ejemplo, Douglas Kelly, «Oral Xenophon», pp. 149-64 en *Voice into Text: Orality and Literacy in Ancient Greece*, ed. Ian Worthington (Leiden: Brill, 1997).

Proposición 5

La oratoria cobró importancia más tarde, en el siglo V, con oradores famosos como Lisias, Isócrates y Demóstenes, y muchos de sus discursos se han conservado por escrito.[7] Por su propia naturaleza, las oraciones son literatura oral: se originaron como discursos y se compusieron para ser escuchados. Incluso si un discurso estaba escrito, el objetivo era presentarlo de forma que diera la impresión de ser extemporáneo. Michael Gagarin demuestra que una oración compuesta para ser interpretada oralmente era muy diferente de la prosa escrita para ser leída. Analiza dimensiones orales presentes en oraciones que se han conservado en forma escrita.[8] (Para un análisis de los escritos filosóficos, véase la proposición 7.)

En el siglo III a.C., la autoconciencia literaria se había desarrollado hasta el punto de que se reunían libros de todo el mundo antiguo y se analizaban, comparaban y editaban. Por ejemplo, la biblioteca de Alejandría (Egipto), la capital literaria del mundo helenístico, recopilaba pergaminos que llegarían a superar los 100,000 (algunas fuentes hablan de 700,000). Los especialistas —que hoy llamamos filólogos— se centraron especialmente en las obras de Homero, Píndaro y los dramaturgos griegos. Los filólogos recopilaron léxicos de palabras poco comunes, cotejaron manuscritos, elaboraron textos críticos, examinaron cuestiones de autoría, compusieron comentarios línea por línea, etc. El examen minucioso de la *Ilíada* y la *Odisea* llevó a algunos de estos eruditos a insertar líneas que les parecían faltar o, en raros casos, a suprimir líneas que no parecían ser originales.

Pero incluso con la creciente atención a los textos escritos en el periodo helenístico, la cultura de la oralidad seguía siendo prominente. David Aune reúne pruebas considerables de la existencia de la oralidad en la literatura griega posterior, como en el caso del autor griego Pausanias en el siglo II d.C.[9] La literatura seguía representándose oralmente, a veces en actos públicos, a veces en cenas privadas, a veces para las masas, a veces para los cultos. Los itinerantes iban de ciudad en ciudad recitando composiciones literarias. Así, la distinción entre textos escritos para ser leídos y textos orales para ser escuchados se difuminó.

---

[7] Se dice que Isócrates fue el primer orador que escribió sus discursos.

[8] Michael Gagarin, «The Orality of Greek Oratory», pp. 163-80 en *Signs of Orality: The Oral Tradition and Its Influence in the Greek and Roman World*, ed. E. Anne Mackay (Leiden: Brill, 1998).

[9] David E. Aune, «Prolegomena to the Study of Oral Tradition in the Hellenistic World», en *Jesus and the Oral Gospel Tradition*, ed. Henry Wansbrough (Londres: Sheffield Academic Press, 1991), esp. pp. 73-85.

En todo este debate sobre la literatura y la interpretación subyace la cuestión de la alfabetización. ¿Podía la gente leer textos literarios si lo deseaba, o se limitaba a escuchar la literatura? La discusión clásica sobre la alfabetización es de William Harris, y aunque su trabajo ha sido analizado y matizado por muchos eruditos, su conclusión básica ha encontrado un consenso casi total.[10] La mayoría de la población, ya sea durante el periodo de los griegos o de los romanos, no estaba alfabetizada hasta el punto de poder leer obras literarias, y ciertamente no podía escribir literatura. Aprender a leer era un privilegio de menos del 10% de la población, con un porcentaje algo mayor en las zonas urbanas y menor en las rurales (véase la proposición 8 para más información). Así pues, el analfabetismo de los destinatarios de los autores era un factor que contribuía a la oralidad de su textualidad. Podríamos pensar que los autores tenían que recordarse a sí mismos que debían escribir para los oyentes, pero la oralidad era tan intuitiva que probablemente era natural para los autores incorporar la oralidad a la textualidad.

Pasando a los romanos, como se ha señalado al principio de este capítulo, si la literatura griega fue la primera generación de la literatura de la civilización occidental, la latina fue la segunda. En muchos aspectos, lo que se ha dicho sobre la oralidad de la literatura griega puede decirse de la literatura romana. La poesía elegíaca latina, por ejemplo, tenía una larga tradición de transmisión oral. Los rasgos orales en los documentos escritos eran habituales. La oralidad estaba presente en todas partes, tanto en la literatura puramente oral como en la escrita. La obra *Eneida* de Virgilio, la gran epopeya romana escrita en el siglo I a.C., aunque no es un producto de compositores e intérpretes orales, suena como si lo fuera, pues Virgilio se entrenó para imitar las fórmulas y la poesía de Homero.[11]

En la introducción de su libro *Eneida*, B. G. Campbell señala que la literatura latina «conservaba un enorme residuo de oralidad. En el mundo occidental, este período de alfabetización se extendió durante unos dos milenios, desde la introducción del alfabeto fonético en la Grecia del siglo VIII a.C. hasta la invención de los tipos móviles y la imprenta a mediados del siglo XV».[12]

---

[10] William V. Harris, *Ancient Literacy* (Cambridge, MA: Harvard University Press, 1989).

[11] Merritt Sale, «Virgil's Formularity and Pius Aeneas», pp. 199-220 en *Mackay, Signs of Orality*.

[12] B. G. Campbell, *Performing and Processing the Aeneid, Berkeley Insights in Linguistics and Semiotics* 48 (Nueva York: Peter Lang, 2001), p. ix.

Durante la última década del siglo XX y en el siglo XXI, los eruditos clásicos han centrado su atención en la importancia de la oralidad en los mundos griego y romano y más allá. Los nueve volúmenes impresos de la serie *Orality and Literacy in the Ancient World* (Oralidad y alfabetización en el mundo antiguo) reflejan la fuerza de los estudios recientes.[13]

Conclusión

La cuestión que se planteaba en este capítulo era hasta qué punto la cultura grecorromana podía haber llegado a dominar el texto. ¿Era el mundo de la comunicación y el procesamiento de la información en los primeros siglos de la civilización occidental significativamente diferente del antiguo Oriente Próximo? Nuestra conclusión es que, incluso con todos los logros literarios de griegos y romanos, el entorno —excepto quizás para los propios autores y otros en círculos muy educados— seguía siendo predominantemente auditivo. Las formas orales de pensar y comunicarse, que existían antes de que se escribiera la literatura, continuaron mucho después de que se inscribiera la literatura.

La literatura griega se inició generalmente en la tradición oral y, tras el surgimiento de la literatura escrita, los rasgos de la oralidad siguieron influyendo en la forma en que la gente percibía y recibía la literatura. La textualidad no eclipsó la oralidad. Se trataba de una sociedad de textos posibles pero de oídas, o como la denomina Walter Ong, de una «cultura oral residual».[14] El paso de la literatura oral a la escrita no supuso un cambio total en la forma de pensar sobre la poesía y la prosa de su cultura. En efecto, la textualidad fue una herramienta de la oralidad.

No pretendemos restar importancia al paso de la literatura oral a la escrita. Con el tiempo, sería un cambio radical que se extendería por toda Europa y alteraría la forma de numerosas culturas y literaturas. Pero para la mayoría de los griegos y romanos, lo que conocían de la literatura les llegaba de forma oral y no textual. La gente pensaba, hablaba y, en general, se comunicaba en términos de oralidad. Y aunque algunos autores se dedicaron a conservar las tradiciones en forma

---

[13] El volumen más reciente es Elizabeth Minchin, ed., *Orality, Literacy and Performance in the Ancient World, Orality and Literacy in the Ancient World 9* (Leiden: Brill, 2012).

[14] Walter J. Ong, «Foreword», en Werner H. Kelber, *The Oral and Written Gospel: The Hermeneutics of Speaking and Writing in the Synoptic Tradition, Mark, Paul, and Q* (Minneapolis: Fortress, 1983), p. xiv.

escrita, la oralidad seguía impregnando los textos escritos y dominando el paisaje comunicativo.

Incluso en este breve repaso a la producción literaria griega y romana, ya podemos ver cosas sobre una cultura de predominio auditivo que no tienen todo el sentido para nuestra lógica de predominio textual. Podemos inclinarnos a preguntarnos:

- ¿Cómo es posible que la literatura se componga en la mente sin que los autores la escriban?
- ¿Cómo es posible que las formas escritas no sustituyan a las formas orales (como si las formas escritas fueran superiores)?
- ¿Cómo podrían los textos de las formas escritas ser fluidos como las formas orales?
- ¿Cómo es posible que las personas que sólo oyen la literatura la entiendan de forma diferente a las que la leen?
- ¿Cómo podría un autor escribir de forma diferente si su intención es la de realizarla de forma oral?

Volviendo al punto de partida de este capítulo y a la cuestión de si necesitamos a los griegos y a los romanos, veremos a continuación que el juego de la oralidad y la textualidad en el mundo grecorromano sienta una base importante para reorientar nuestro pensamiento hacia la cultura de transmisión auditiva del Nuevo Testamento. Nuestra tesis es que no interpretaremos correctamente el Nuevo Testamento si no comprendemos las dimensiones orales que intervienen en su creación y transmisión. En el próximo capítulo se estudiará con más detalle la mentalidad distintiva asociada a una cultura donde predominaba la transmisión auditiva. Hasta ahora hemos examinado principalmente los hechos del caso. A continuación, debemos investigar las implicaciones.

Para más información

Aune, David E. «Prolegomena to the Study of Oral Tradition in the Hellenistic World». En *Jesus and the Oral Gospel Tradition,* editado por Henry Wansbrough, pp. 59-106. JSOTSup 64. Londres: Sheffield Academic, 1991.

Croally, Neil y Roy Hyde. *Classical Greek Literature: An Introduction.* Nueva York: Routledge, 2011.

Mackay, E. Anne, ed. *Signs of Orality: The Oral Tradition and Its Influence in the Greek and Roman World.* Mnemosyne, Bibliotheca Classica Batava Supplementum 188. Leiden: Brill, 1998.

Minchin, Elizabeth, ed. Orality, *Literacy and Performance in the Ancient World.* Orality and Literacy in the Ancient World 9. Leiden: Brill, 2012.

Worthington, Ian, ed. *Voice into Text: Orality and Literacy in Ancient Greece.* Mnemosyne, Bibliotheca Classica Batava Supplementum 157. Leiden: Brill, 1997.

Proposición 6

Las aproximaciones orales y escritas a la literatura conllevan diferencias significativas

El mundo está formado por muchas culturas. Jane Goodall, doctora en etología por la Universidad de Cambridge, pasó la mayor parte de su vida en los bosques de Tanzania, África, estudiando la cultura de los chimpancés. Necesitaba vivir con ellos para entenderlos. Como demuestra a menudo *National Geographic,* el estudio de las culturas de todo tipo, desde las formas más pequeñas de vida vegetal hasta los animales más grandes, puede ser fascinante y revolucionario. Destaca el descubrimiento por parte de Goodall de la fabricación de herramientas por parte de los primates.

Junto a las diversas culturas de los habitantes de nuestro planeta, las diferencias entre las tradiciones humanas pueden ser igualmente impresionantes. Para que las personas que saben leer y escribir entiendan a las que no lo hacen, o para que las personas que dominan el texto entiendan a las que viven inmersas en una cultura predominantemente auditiva, tienen que entrar en las culturas opuestas y descubrir sus formas únicas de procesar la información y las ideas.

No hace mucho tiempo se daba por sentado que todos los hogares de Estados Unidos necesitaban una cantidad exhaustiva de información al alcance de la mano. Así que los vendedores iban de puerta en puerta vendiendo enciclopedias en varios volúmenes. Todo eso cambió con la llegada de la era de la información digital. Aquellas costosas enciclopedias se pueden encontrar ahora a precio de saldo en las ventas de garaje. Y para los universitarios de la actualidad, que nunca fueron recibidos en la puerta por otro universitario vendiendo enciclopedias, la cultura de comercializar enciclopedias de puerta en puerta como trabajo de verano parece ser de otro planeta.

Volviendo al siglo I, si a alguien le hubieran dicho que dentro de dos mil años existirían los libros, que las letras se inscribirían en las páginas mediante una máquina (¿qué es una máquina?), que se podrían producir cientos de libros al día, que habría juegos de libros en varios volúmenes, que la persona media podría tener acceso a libros, que la gente tendría suficiente educación y tiempo de ocio para leer libros, que la gente iría de puerta en puerta vendiendo libros, etc., ese individuo del siglo I estaría desconcertado. En efecto, tendría que formar parte de nuestra cultura para entender cosas tan extrañas.

Sólo desde mediados del siglo XX la investigación ha descubierto lo significativas que pueden ser las diferencias entre las culturas de la oralidad y la textualidad. A diferencia del mundo antiguo, en Occidente no sólo estamos alfabetizados y orientados al texto, sino que también estamos bajo el hechizo de la palabra impresa. Como observa Neil Postman en *Amusing Ourselves to Death*, «la imprenta propuso una definición de inteligencia que daba prioridad al uso objectivo y racional de la mente y, al mismo tiempo, fomentaba formas de discurso público con un contenido serio y lógicamente ordenado».[1]

Sin una experiencia transcultural entre personas no alfabetizadas, es difícil para los occidentales imaginar una sociedad antigua en la que la alfabetización no fuera esencial, en la que la gente no pudiera referenciar textos, en la que la gente dependiera de sus oídos más que de sus ojos para abrazar la historia, la literatura y los valores que daban identidad a su comunidad. Probablemente habría que formar parte de esa cultura para entender cosas tan extrañas.

Este capítulo se centra en las implicaciones de la oralidad. Se basa en las ideas introducidas en las proposiciones 1, 2 y 3. Si la oralidad prevaleció en el antiguo Oriente Próximo y en el mundo grecorromano incluso cuando la textualidad se estaba imponiendo, debe haber una buena razón. El reto es que los que estamos en sociedades textuales comprendamos el funcionamiento de las sociedades orales. Si logramos entender esto, comprenderemos mejor lo que encontramos en el Nuevo Testamento cuando investigamos su oralidad.

---

[1] Neil Postman, Amusing Ourselves to Death: Public Discourse in the Age of Show Business (Nueva York: Penguin, 1985); citado en Paul G. Hiebert, *Transforming Worldviews: An Anthropological Understanding of How People Change* (Grand Rapids: Baker Academic, 2008), p. 197.

Proposición 6

Verdades y mitos sobre la oralidad

Todo acto de comunicación constituye la producción de cultura. Una persona tiene un pensamiento, decide comunicar ese pensamiento y actúa, en cada caso dentro del contexto de una cultura específica. Teóricamente, la oralidad y la textualidad pueden ser modos de comunicación diferentes para lograr el mismo propósito. Ya sea oral o escrita —ya sea hablante o autor— para el comunicador entran en juego factores similares:

- capacidad y voz para comunicar
- iniciativa e intención de la comunicación
- lenguaje y género compartidos
- efecto previsto (cerebral, emocional)
- Para los oyentes o lectores, los componentes también son equivalentes:
- apertura para recibir la comunicación
- capacidad de entender el lenguaje de la comunicación
- comprensión del contenido y la intención
- respuesta

Sin embargo, las diferencias entre la oralidad y la textualidad son más destacables. Hay algo más que la simple variación de los modos de comunicación. Los entornos cognitivos difieren drásticamente. Como se indica en la proposición 1, debemos adaptar nuestra forma de pensar a las formas únicas en que se difundía la información y se transmitían las tradiciones en las sociedades predominantemente auditivas frente a las sociedades predominantemente textuales.

La literatura textual puede leerse en privado; la literatura oral auditiva suele producirse en las comunidades. En la comunicación oral, la autoridad se centra en las personas que transmiten la tradición. En la comunicación escrita, la autoridad se traslada a las palabras del texto. Muchos aspectos de las culturas orales son contrarios a la forma en que pensamos nosotros, que vivimos en un mundo de textualidad.

Mirando hacia atrás en el tiempo, Eric Havelock señala que «el ser humano común no es un escritor o un lector, sino un orador y un oyente».[2] Durante milenios, las sociedades pensaban, actuaban y

---

[2] Eric Havelock, «The Oral-Literate Equation: A Formula for the Modern Mind», en *Literacy and Orality*, ed. David R. Olson y Nancy Torrance (Cambridge: Cambridge University Press, 1991), p. 20.

reaccionaban oralmente, y gestionaban adecuadamente sus asuntos. No sabían que necesitaban saber leer y escribir.

Fundamentalmente, el habla es primaria; la escritura es derivada. Así es en la Biblia: nada en los relatos bíblicos de la creación sugiere que Dios escribiera o creara la escritura. Hablar era lo principal; la escritura vendría después. Lo mismo ocurre con los niños: aprender a hablar es esencial y viene primero; aprender a escribir es útil y viene después. Así ha sido en la historia: una sociedad que no se habla nunca ha existido; una sociedad que no se escribe siempre ha existido.

Tras el descubrimiento de la escritura, tanto en el caso de los egipcios como en el de los sumerios, los griegos o los romanos, a menudo sólo las élites sacerdotales o comerciales adquirían la alfabetización suficiente para desempeñar sus funciones (o compraban esclavos que habían sido formados para leer y escribir en nombre de sus amos). Más allá de eso, los ricos podían tener la educación suficiente para saber leer y escribir. Para la población en general, la alfabetización no era común, ya que casi nunca era una necesidad. Sorprendentemente, los griegos —aunque produjeron miles de páginas de gran literatura— continuaron con muchas de las prácticas de la cultura oral (véase la proposición 5).

Havelock insta a los sistemas educativos occidentales a poner más énfasis en «un plan de estudios de canto, danza y recitación acompañados de una instrucción continua en dichas artes orales. Los buenos lectores, sugerimos, surgen de los buenos oradores y recitadores».[3] En este sentido, se puede argumentar a favor de una educación clásica que incluya la retórica.

A diferencia de Havelock, algunas personas de las sociedades alfabetizadas han asociado la oralidad con la sociedad primitiva, mientras que la textualidad se considera una valla publicitaria que anuncia la llegada de la civilización. Algunos tratan la oralidad como si fuera de segunda categoría e indicativa de procesos de pensamiento menos complejos, un fenómeno rural más adecuado para la vida de pequeñas comunidades ligadas a las tradiciones. La textualidad, en cambio, se considera urbana y producto de una racionalidad más sofisticada, «un "camino real" hacia la ilustración y la modernidad».[4] John Miles Foley caricaturiza este pensamiento peyorativo con el comentario de que «por un lado estaban las fuerzas bien organizadas y

---

[3] *Ibid*, p. 21.
[4] David R. Olson y Nancy Torrance, eds., *Literacy and Orality* (Cambridge: Cambridge University Press, 1991), p. 7.

altamente capacitadas de la literatura y los textos de autor, y por otro las bandas de guerrilleros de la oralidad y las obras sin texto de los bardos analfabetos».[5]

Algunos eruditos concluyen que Walter Ong, representante de una generación anterior, sobreanalizó el impacto de la textualidad en la cultura. Llegó a la conclusión de que la oralidad estaba orientada a la comunidad, era situacional, empática y holística, mientras que la textualidad configuró la cultura occidental de manera que se convirtió en analítica, abstracta, objetiva y específica.[6] Junto con Ong, algunos críticos modernos —que no aprecian el valor duradero de la oralidad— han llegado a la conclusión de que se produjo un tsunami de cambios culturales una vez que apareció la textualidad. En su opinión, la textualidad acabó imponiéndose y triunfando, mientras que la oralidad se vio desbordada y esencialmente desapareció. Esto se conoce como la hipotetización literaria; hoy se considera casi un derecho humano estar alfabetizado.[7]

Pero todas estas generalidades oscurecen las complejidades de las interacciones y desplazamientos orales-textuales. Sencillamente, nunca es una cosa o la otra. Como señala Anne Mackay, «la tradición oral siguió impregnando potencialmente todas las formas de expresión cultural en el posterior desarrollo alfabetizado de la sociedad».[8]

En contra de lo que solemos pensar los habitantes de las sociedades alfabetizadas, la textualidad no es la panacea del progreso. Quién sabe si en el futuro nuestras formas de textualidad serán sustituidas por otros medios de comunicación que actualmente no podemos imaginar. (Quizá la revolución digital nos lleve por ese camino).

Comparando y contrastando la oralidad y la textualidad

Las diferencias entre la cultura oral y la cultura textual pueden ser significativas. En la comunicación oral de las sociedades en las que predomina la audición, los hablantes llevan las riendas de la comunicación: determinan cuándo hablan y si lo que dicen será

---

[5] John Miles Foley, «What's in a Sign?» en *Signs of Orality: The Oral Tradition and Its Influence in the Greek and Roman World*, ed. E. Anne Mackay (Leiden: Brill, 1998), p. 2.

[6] Walter J. Ong, *Orality and Literacy: The Technologizing of the Word* (Nueva York: Methuen, 1982; 2ª ed. Routledge, 2002).

[7] David R. Olson, «Why Literacy Matters, Then and Now», en Olson y Torrance, *Literacy and Orality*, p. 387.

[8] Mackay, *Signs of Orality*, p. vii.

comprensible. Si los oyentes se niegan a prestar atención o demuestran que no entienden, el orador debe responder en consecuencia, de lo contrario la comunicación fracasará. Aunque existe un sentido de responsabilidad compartida entre el intérprete y el público, la carga de la prueba recae en el orador. En la comunicación oral, lo que se dice está condicionado por lo que se oye.

En la comunicación escrita de las sociedades predominantemente textuales, los oyentes llevan las riendas: eligen si quieren leer, qué y cuándo; pueden decidir por sí mismos lo que un autor quiso decir. Aunque los autores inician el proceso decidiendo qué escribir —y escriben de forma que esperan que se entienda—, no controlan si los oyentes comprenden o responden adecuadamente. En este caso, aunque también existe un sentido de responsabilidad compartido, la carga de la prueba se traslada a los lectores. El autor y el público no interactúan directamente, por lo que el autor sólo puede anticipar la respuesta de los lectores. Corresponde a los lectores descubrir lo que el autor pretendía. En la comunicación escrita, lo que el autor escribe *no* está condicionado de forma significativa por lo que se lee.

Debemos tener en cuenta otro escenario de la comunicación. Las diferencias entre la comunicación oral y la escrita se vuelven confusas en una sociedad en la que predominan ambas formas de comunicación (oral y escrita). Como señala Werner Kelber, «dado que la inmensa mayoría de la gente estaba acostumbrada a la palabra hablada, gran parte de lo que se escribía estaba destinado a ser recitado y escuchado».[9] Cuando los autores escribían sabiendo que la mayoría de su público serían oyentes, no lectores, y que alguien interpretaría lo que estaban escribiendo, escribían pensando tanto en los lectores como en los oyentes (véase Ap. 1:3). Se preocuparían por lo que ayudaría a que la lectura pública fuera eficaz y por lo que ayudaría a que el texto escrito se entendiera oralmente. En este punto, el lector, que se convertía también en intérprete, llevaba las riendas: el lector/intérprete influía en la eficacia de la comunicación del sentido del autor. Si los oyentes se negaban a prestar atención o demostraban que no entendían, el lector/intérprete debía responder de forma adecuada. En este proceso, el lector/intérprete se convertía también en intérprete. En la comunicación escrita destinada a la comunicación oral, lo que un autor escribía se adaptaba de manera significativa a una lectura pública, y la forma en que un lector/intérprete

---

[9] Werner H. Kelber, *The Oral and Written Gospel: The Hermeneutics of Speaking and Writing in the Synoptic Tradition, Mark, Paul, and Q* (Minneapolis: Fortress, 1983), p. 17.

presentaba la lectura se adaptaba de manera significativa a la forma en que el texto escrito podía entenderse mejor en un contexto oral.

Si queremos entender mejor las diferencias entre oralidad y textualidad, debemos tener en cuenta los siguientes puntos. Aunque mucho de esto —si nos detenemos a pensar en ello— puede parecer evidente, para quienes no piensan en ello, no lo es.[10]

1. La oralidad funciona especialmente bien a la hora de comunicar mensajes poderosos a grupos más pequeños de personas.

- Las personas están presentes entre sí, aunque los niveles de presencia pueden variar según la distancia física y el tamaño de la audiencia. El orador y el oyente suelen tener algún tipo de relación, y la comunicación puede estar destinada a influir en esa relación. Un mensaje transmitido con pasión puede tener un importante efecto emotivo. Los oyentes tienden a captar los temas más amplios que se abordan en la comunicación.
- En cambio, con la textualidad, la persona, la inflexión y el lenguaje corporal son difíciles, si no imposibles, de comunicar. Las formas escritas tienen un valor limitado a la hora de establecer relaciones entre el autor y los destinatarios. La palabra escrita permite distancias espaciales considerables entre la persona que la ha escrito y los que la reciben. También son probables las distancias temporales, y dependiendo del tiempo que transcurra entre la escritura y la recepción, la comprensión puede verse dificultada. Un texto escrito puede quedar anquilosado, obsoleto, superado, dañado o perderse por completo.

2. La textualidad puede comunicar a un mayor número de personas en zonas geográficas más amplias y en períodos de tiempo más largos.

- Desde la perspectiva de la cultura predominantemente textual, los textos escritos parecen ser más permanentes y duraderos. Aunque la escritura suele requerir un mayor esfuerzo que la expresión oral, la palabra escrita puede llegar a un público mucho más amplio. Los lectores pueden analizar un texto cuidadosamente, comparando y contrastando varios puntos. Pueden releerlo.

---

[10] Furniss es especialmente útil para las siguientes comparaciones; Graham Furniss, *Orality: The Power of the Spoken Word* (Nueva York: Palgrave Macmillan, 2004).

- Además, para las personas que están bajo la influencia de la cultura escrita, la oralidad puede parecer centrada sólo en el momento, ya que las palabras pueden parecer evaporarse tan rápido como se forman. Se supone que los acontecimientos verbales, con todas las circunstancias que los acompañan, no son repetibles. A no ser que los oradores consoliden de antemano en sus mentes exactamente lo que pretenden decir, es probable que no recuerden con exactitud lo que han dicho. Los oyentes rara vez recordarán exactamente lo que se ha comunicado, especialmente en el caso de los discursos más largos, aunque si oyen algo repetido, pueden retenerlo. Dado que el discurso es lineal, ni los oradores ni los oyentes pueden avanzar o retroceder en la comunicación. Si los oyentes desean retirarse en medio de un discurso para pensar por su cuenta en algo que han escuchado, no pueden pulsar el botón de pausa y volver a su antojo para continuar donde lo dejaron. A menos que los discursos sean cortos o tengan largas pausas, los oyentes no suelen meditar sobre pensamientos o expresiones concretas.

3. Utilizando la lógica occidental, tiene sentido que la comunicación oral sea el medio en determinadas circunstancias.

- Si alguien tiene un mensaje difícil de explicar, que conlleva emociones, que depende de una relación o está destinado a mejorar una relación, que puede ser fácilmente malinterpretado, que puede requerir explicaciones y diálogo, que será mejor recibido si el oyente está en un estado de ánimo particular, que un retraso en la recepción puede perjudicar, o que será mejor entendido si se puede experimentar la persona del autor, el lenguaje corporal y la inflexión, una forma oral del mensaje será beneficiosa.
- Consideramos que la oralidad es especialmente preferible en tres formas: discursos, conferencias y sermones. En general, no consideramos esas formas orales como literatura aunque se escriban palabra por palabra y luego se lean en voz alta.

4. Por otro lado —pero también utilizando la lógica occidental— la comunicación escrita tendrá más sentido en determinadas circunstancias:

Proposición 6

- Cuando un autor no puede estar presente ante los oyentes, ni espacial ni temporalmente;
- Cuando un autor quiere que su mensaje tenga una redacción muy específica;
- Cuando un autor quiere que los lectores puedan volver a consultar un mensaje o leerlo en más de una ocasión;
- Cuando un autor espera que los lectores mediten sobre conceptos y formulaciones específicas;
- Cuando un autor espera que los lectores conserven el mensaje y/o lo transmitan a otros.

Por desgracia, los puntos 1 a 4 anteriores, junto con los subpuntos, no hacen justicia al entorno cognitivo de la cultura oral. Aunque es un paso en la dirección correcta para entender las diferencias entre oralidad y textualidad, la lógica es demasiado occidental. La mayoría de las ideas deben matizarse para que sean justas con la forma de pensar de las sociedades en las que predomina la audición. Ninguna de las afirmaciones es totalmente errónea, pero hay más que decir desde el punto de vista de la cultura oral.

En este punto, los autores admitimos nuestras limitaciones. Es sintomático de las culturas radicalmente diferentes que tratan de entenderse entre sí: para obtener una comprensión completa de la comunicación a través de la lente de la oralidad, probablemente tendríamos que vivir en una cultura de este tipo durante un largo periodo de tiempo.

La labor misionera de las dos últimas décadas ha tomado cada vez más conciencia de la necesidad de hablar el lenguaje de la oralidad. Libros como *Making Disciples of Oral Learners* abordan la necesidad de «contar historias» para comunicar el evangelio en otras culturas.[11] Las culturas orales albergan sus convicciones centrales en narraciones fundamentales que se repiten una y otra vez. Y esas tradiciones orales no son menos permanentes que si se inscriben en textos escritos. Incluso las personas que han aprendido a leer y escribir dependen de la oralidad como medio para aprender, comunicarse y entretenerse. Por eso, para introducir el Evangelio en las culturas orales, hay que contar historias

---

[11] David Claydon, ed., *Making Disciples of Oral Learners, Lausanne Occasional Papers 54* (Comité de Lausana para la Evangelización Mundial y Red Internacional de Oralidad, 2005), esp. pp. 35, 56, 67; véase también la extensa bibliografía. Al parecer, dos tercios de la población mundial del siglo XXI no pueden, o no saben leer y escribir.

que ofrezcan imágenes alternativas de la realidad. Esto implica desarrollar dramas narrativos y ganar habilidad en la memorización y la recitación.

Volviendo a la cultura del mundo antiguo, en la que predominaba la transmisión auditiva, está claro que la oralidad se valoraba más que la textualidad en muchos casos. Aunque nos parezca ilógico, los antepasados consideraban que los textos orales eran un medio adecuado para componer y comunicar la literatura, incluidos los actos de previsión e interpretación. Incluso para quienes tenían la capacidad de escribir, se podía preferir la comunicación oral. Como se señala en las proposiciones 1 y 5, la alfabetización no está necesariamente ausente en las sociedades en las que predomina la transmisión auditiva, sino que simplemente no es esencial; tampoco se piensa en las formas escritas como algo independiente, diferente o mejor que los textos orales.

Si bien no es fácil para la gente moderna entender la oralidad antigua, al mismo tiempo, si las antiguas culturas orales hubieran podido prever que los modernos inmersos en culturas con predominio de textos aceptarían las limitaciones de los modos de comunicación textual y utilizarían de todos modos los textos escritos, les habría parecido inconcebible. El reto de este estudio es hacer lo necesario para comprender la oralidad antigua.

Conclusión

La proposición 5 ha demostrado que la oralidad era importante en el mundo antiguo incluso después de la invención de la escritura. Para los que vivimos en sociedades en las que predomina el texto escrito, esto puede no tener sentido, pero quizá podamos aceptarlo de todos modos. Pero las implicaciones totales de la oralidad son más difíciles de apreciar. En lugar de limitarse a reconocer las cualidades duraderas de la oralidad, tenemos que entender cómo el entorno cognitivo de la oralidad antigua era único.

En respuesta a la pregunta «¿Las personas de un mundo de textos escritos perciben la comunicación de forma diferente a las de una cultura de textos orales?», la respuesta es indiscutiblemente sí. Las diferencias entre la oralidad y la textualidad son significativas. Para una persona de una cultura en la que predomina la escritura que intenta entender a otra en la que predomina la transmisión auditiva, puede parecer que el otro es de otro planeta. Y viceversa. Dichas culturas pueden ser contrarias entre sí. «En la antigüedad, las culturas más alfabetizadas seguían comprometidas con la palabra hablada en un grado que a nuestra sensibilidad más visualmente organizada le parece algo increíble o incluso perverso».[12]

Si bien este capítulo ha ofrecido una explicación de algunas de las diferencias entre oralidad y textualidad, será necesario investigar más para comprender lo que significaba para el mundo antiguo y el Nuevo Testamento la transmisión auditiva. Para ayudarnos a comprender mejor cómo funcionaba la oralidad en las sociedades no alfabetizadas, el siguiente capítulo explorará tres estudios de caso de la oralidad antigua. Todo ello nos lleva a la producción literaria del Nuevo Testamento y a la importancia de que Jesús se comunicara únicamente de forma oral.

Para más información

Furniss, Graham. *Orality: The Power of the Spoken Word*. New York: Palgrave Macmillan, 2004.

Mackay, E. Anne, ed. *Signs of Orality: The Oral Tradition and Its Influence in the Greek and Roman World*. Mnemosyne, Bibliotheca Classica Batava Supplementum 188. Leiden: Brill, 1998.

Olson, David R., y Nancy Torrance, eds. *Literacy and Orality*. Cambridge: Cambridge University Press, 1991.

---

[12] Walter J. Ong, *The Presence of the Word* (Binghamton, NY: Global, 2000), p. 55; citado en Kelber, *Oral and Written Gospel*, p. 17.

Proposición 7

Los historiadores griegos, los filósofos y los rabinos judíos ofrecen ejemplos instructivos de la antigua cultura oral

Si alguien que viviera en la época del nuevo testamento mantuviera una conversación con alguien que viviera en el mundo occidental en el siglo XXI, podríamos preguntarnos cuánto tema de conversación tendrían en común. Habría diferencias significativas en la agricultura y la dieta, el trabajo y la economía, las ciudades y la vida doméstica, el comercio y los viajes, la guerra y la medicina, la política y la religión, etc. Más aún, las diferencias intelectuales en lengua y literatura, matemáticas y ciencias, educación y filosofía serían aún más profundas.

Como hemos destacado en nuestras propuestas anteriores, en la sociedad occidental moderna pensamos en términos de literatura escrita; en la época del Nuevo Testamento la literatura oral era habitual. Leemos libros; ellos escuchaban obras literarias. Nosotros leemos las noticias o las vemos en la televisión; ellos recibían las noticias por vía oral. Nosotros tenemos registros escritos de casi todo; ellos dependían más de la memoria y de los informes orales.

Esta singularidad del mundo antiguo puede demostrarse de muchas maneras, y haríamos bien en examinarlas todas. Incluso la noción de literatura oral suena extraña a nuestros oídos. Pero para los fines de este capítulo nos limitaremos a tres casos de estudio: los historiadores, los filósofos y los rabinos. En la propuesta 5 afirmamos que la introducción de los textos escritos en la cultura de los griegos y los romanos, transmitidos de forma audible, no eliminó las dimensiones orales significativas. En la proposición 6 nos centramos en la oralidad en particular, tratando de entender hasta qué punto una sociedad antigua donde predominó la transmisión auditiva puede ser ajena a nuestra forma de pensar.

Ahora, en este capítulo, examinaremos más de cerca lo que ocurre cuando la cultura oral y la cultura textual intervienen en la comunicación de una sociedad en la que predominaba la transmisión auditiva. Descubriremos las formas en que la oralidad seguía sirviendo a la sociedad, incluso cuando era posible poner las cosas por escrito. Esta interacción entre la oralidad y la textualidad proporciona un importante trasfondo al Nuevo Testamento, ya que, como veremos más adelante, los intérpretes modernos pierden fácilmente la importancia de las dimensiones orales en las Escrituras. No debemos caer en la trampa de pensar en el Nuevo Testamento en términos de nuestra cultura moderna, dominada por el texto.

La producción de la historia en una cultura oral

La escritura de la historia en el mundo grecorromano abre una ventana a la producción literaria antigua. De los historiadores que, a lo largo de los siglos, han puesto en práctica diversas técnicas de su oficio, hay muchos que podrían ser investigados: Heródoto y Tucídides (siglo V a.C.), Julio César y Livio (siglo I a.C.), Tácito y Suetonio (siglo II d.C.), etc.[1] Sin embargo, nos centraremos en Heródoto y Tucídides, porque fueron los historiadores más importantes.

Aunque Hecateo destaca como uno de los primeros escritores de prosa histórica (hacia el 500 a.C.), fue la victoria sobre los persas en el siglo V la que impulsó el interés de los griegos por la historia. La derrota de los persas en Maratón en el 490 a.C., por ejemplo, fue legendaria. En *Histories*, Heródoto (480-425 a.C.) exploró las diferencias entre los griegos y los bárbaros (i.e., los que no hablaban griego). Su objetivo era comprender el trasfondo de las guerras persas y narrar con claridad lo que ocurrió en ellas. Heródoto fue un maestro de la narración en la tradición de los intérpretes orales, pero también fue el primer verdadero historiador del mundo grecorromano. Llevó un género incipiente a un nivel completamente nuevo.

---

[1] Véase, por ejemplo, «Oral Xenophon», pp. 149-64 en *Voice into Text: Orality and Literacy in Ancient Greece*, ed. Ian Worthington (Leiden: Brill, 1997).

Proposición 7

Las fuentes de las que disponía Heródoto eran casi exclusivamente orales. Se calcula que el 80% de su información le llegó de forma oral.[2] Si utilizó alguna fuente escrita, no la comunicó. Para recopilar información viajó mucho por el mundo mediterráneo (o eso decía), indagando en las tradiciones locales y nacionales. Su método histórico era más que una curiosidad aleatoria, pero no una investigación sistemática.[3] Reunió toda la información posible sobre muchos lugares y pueblos diferentes —a menudo más de la que podía utilizar— y luego sopesó los méritos relativos del material oral para los fines de su historia. Cuando escribía, a veces indicaba las fuentes de información y expresaba su opinión sobre la veracidad de lo que le habían contado. Su prioridad era separar lo probable de lo improbable, rescatar la verdad de la tradición e informar fielmente de lo que consideraba correcto. Esta era una forma temprana de investigación crítica, y distinguir los hechos de la ficción era importante.

También es cierto que Heródoto reconocía las limitaciones de las fuentes orales. Podían ser parciales, fragmentarias e incluso contradictorias. A menudo no podía determinar los hechos o detalles precisos de determinados acontecimientos. Aceptó esa realidad, sabiendo que, de todos modos, lo más importante era contar una buena historia. Es decir, compuso *Historia* —que tal vez pronunció primero en forma oral como conferenciante itinerante— con el factor de control en mente de lo que atraería al público que escucharía su historia. Tenía que ser más creíble que demostrable.

Sin embargo, como señala Roy Hyde, Heródoto «no era un narrador ingenuo».[4] Era un historiador imparcial, que actuaba dentro de las tradiciones orales y escritas de su tiempo. Tres siglos más tarde, Cicerón reconoció a Heródoto como el «padre de la historia», aun reconociendo

---

[2] K. H. Waters, *Herodotus the Historian: His Problems, Methods and Originality* (Norman: University of Oklahoma Press, 1985), p. 76. «Heródoto se ocupaba principalmente de la recopilación y conservación de las tradiciones orales de griegos y bárbaros; la crítica era una cuestión secundaria»; Arnaldo Momigliano, «Historiography on Written Tradition and Historiography on Oral Tradition», en *Studies in Historiography* (Londres: Weidenfeld and Nicolson, 1966), pp. 211-20. Ambos citados en David E. Aune, «Prolegomena to the Study of Oral Tradition in the Hellenistic World», en *Jesus and the Oral Gospel Tradition*, ed. Henry Wansbrough (Londres: Sheffield Academic Press, 1991), p. 77.

[3] Oswyn Murray, «Greek Historians», en *The Oxford History of the Classical World*, ed. J. Boardman, J. Griffin y O. Murray (Oxford: Oxford University Press, 1986), p. 191.

[4] Roy Hyde, «*Historical Writing in the Classical Era*», en *Classical Literature: An Introduction*, ed. N. Croally y R. Hyde (Londres: Routledge, 2011), pp. 141-42. Véase también el comentario «Heródoto fue el mayor narrador de todos los tiempos», en Michael Grant, *Greek and Roman Historians: Information and Misinformation* (Londres: Routledge, 1995), p. 61.

que parte del material de Heródoto se basaba en leyendas (Cicerón, *Laws* 1.5).

Siguiendo los pasos de Heródoto, Tucídides escribió sobre las Guerras del Peloponeso entre Atenas y Esparta, de las que él mismo fue contemporáneo. Tuvo la suerte de presenciar personalmente algunos de los acontecimientos que describió. Esto le dio una ventaja. En comparación con Heródoto, que escribió sobre acontecimientos y personas del pasado, Tucídides tenía información de primera mano. Pero el resultado fue algo inferior al de Heródoto. Tucídides ignoraba el pasado y se centraba sólo en el presente; era más científico social que historiador.

La narración de la historia contemporánea permitió a Tucídides convertirse en un experto en informar de los acontecimientos con precisión, buscando detalles específicos y describiéndolos cuidadosamente. El objetivo último de Tucídides, sin embargo, era utilitario: pretendía analizar lo ocurrido en las guerras, buscando lecciones para que la historia no tuviera que repetirse.

Pero como Tucídides componía la historia para que la escucharan las personas presentes en algunos de los acontecimientos que narraba, era necesario que fuera preciso con la cronología, que comprobara dos veces sus fuentes y que evitara los prejuicios. Pero no lo consiguió del todo. Como señala Hyde, «el objetivo de Tucídides solía ser proverbial. Más recientemente, sin impugnar necesariamente su honestidad, los eruditos han comenzado a examinar más de cerca las formas en que —quizás involuntariamente— configura nuestra percepción de los acontecimientos».[5]

A Tucídides también se le puede reprochar la selección de ciertos acontecimientos para incluirlos y la discriminación de otros. En algunas partes de su historia, la selección parece desigual sin ninguna explicación racional. Tal vez sea la limitación de sus fuentes o sus propias preferencias personales. «Pero muy a menudo las exclusiones de Tucídides trascienden los límites de lo permisible según cualquier definición de historia que el mundo moderno reconozca».[6]

Aunque Tucídides fue contemporáneo de lo que describió, al igual que Heródoto también estuvo a merced de las fuentes orales. Michael Grant señala que ya sea Heródoto, Tucídides, Julio César, Sallust o cualquier historiador de la antigüedad, su producción literaria dependía

---

[5] Hyde, «*Historical Writing in the Classical Era*», p. 151.
[6] M. I. Finley, *The Portable Greek Historians: The Essence of Herodotus, Thucydides, Xenophon, and Polybius* (Nueva York: Penguin, 1977), p. 11.

en gran medida de las fuentes orales.[7] Gran parte de lo que informó Tucídides se basaba en relatos de testigos presenciales, y como él mismo admitió no siempre eran fiables.

> Consideré digno de escribir sobre los hechos ocurridos durante los sucesos de la guerra, pero no basándome en cosas aprendidas en encuentros fortuitos con un informante, ni en lo que me parecía probable, sino que me esforcé por determinar lo que realmente había sucedido, porque los presentes no informaban de lo mismo en cada uno de los hechos, bien porque favorecían a uno u otro bando, o porque sus recuerdos eran escasos. (*The History of the Peloponnesian War* 1.22.2-3)[8]

Sorprendentemente, cuando Tucídides disponía de fuentes escritas las pasó por alto porque le parecían poco fiables. En su opinión, estaban contaminadas porque habían sido escritas para captar la atención de los lectores.

Tucídides es especialmente conocido por admitir que utilizó la imaginación histórica para reconstruir discursos y ponerlos en boca de estadistas y generales. Una cuarta parte de su historia consiste en discursos que él mismo elaboró. Describe el asunto de esta manera:

> En cuanto a los discursos que diferentes personas pronunciaron — ya sea antes o durante la guerra—, era difícil conservar en la memoria las cosas que se dijeron, tanto si las oí yo mismo como si me las contaron otros. Así que me pareció correcto que cada uno de los oradores dijera las cosas más apropiadas para las ocasiones, manteniendo en lo posible el sentido de lo que realmente se habló. (*The History of the Peloponnesian War* 1.22.1)

Un análisis del texto griego muestra que cada uno de los discursos fue escrito en el estilo típico de Tucídides. Como Tucídides no tenía reparos en hacer que los discursos dijeran lo que él creía que debían decir, eso le permitió utilizar los discursos recreados para hacer avanzar su relato. Aunque algunos historiadores antiguos fueron criticados por sus sucesores por transmitir información incorrecta, aparentemente los discursos de Tucídides escaparon a las acusaciones de inexactitud.[9]

---

[7] Grant, *Greek and Roman Historians*, pp. 37-40.
[8] Las citas de la antigüedad en este capítulo son la traducción del autor.
[9] Grant, *Greek and Roman Historians*, pp. 44-53.

En resumen, Grant comenta que si tuviéramos que juzgar las historias de griegos y romanos según los estándares modernos de la historiografía, concluiríamos que eran una mezcla de información y desinformación.[10] Pero eso sería una valoración injusta. Dadas las limitaciones de las fuentes y las expectativas de su público, las historias sirvieron bien a las sociedades antiguas. De lo contrario, no se habrían transmitido ni conservado.

La enseñanza de la filosofía en una cultura oral

La filosofía griega tenía sus raíces en la cosmología y en las especulaciones sobre las causas últimas del universo. ¿Se originó el universo a partir de una sustancia única, no creada e imperecedera? ¿Fue el agua el elemento principal? ¿Tal vez el fuego? ¿Fue una estructura específica de un número ilimitado de átomos la base del universo? ¿Era la inteligencia una fuerza distinta de la materia? En el siglo IV a.C. Sócrates y Platón dejaron atrás tales especulaciones y dirigieron la atención de los filósofos al estudio de los seres humanos y sus relaciones. La moral sustituyó a la cosmología. Ahora las preguntas estaban relacionadas con el conocimiento, la virtud, la justicia, el valor, las emociones, la felicidad y el razonamiento inductivo.

Los filósofos no hablaban sólo para sí mismos de sus investigaciones, sino que formaban constantemente a sus discípulos. La Academia de Platón, fundada a principios del siglo IV, siguió existiendo durante ochocientos años mientras los sucesores de Platón continuaban enseñando diversas formas de su filosofía. Aristóteles estableció su escuela en el Liceo de Atenas, donde dio conferencias y escribió. Epicuro (siglo III a.C.) también estableció una escuela en Atenas. Los estudiantes venían de todo el Mediterráneo para estudiar con los grandes filósofos.

El empeño en formar a los estudiantes en el razonamiento filosófico es evidente en la forma en que los filósofos ponen sus ideas por escrito. Platón es un ejemplo de ello. Todos sus veintisiete escritos, excepto dos, son diálogos. Los diálogos presentan una argumentación dramática con participantes hipotéticos que discuten cuestiones filosóficas. Sócrates, el maestro de Platón — aunque no escribió nada— es el orador principal en la mayoría de los diálogos de Platón, representando una combinación

---

[10] Grant identifica varios factores que condujeron a la desinformación: la autojustificación, la presión familiar, la política, el anacronismo, las guerras, la moralización; ibídem, pp. 88-89.

de lo que Sócrates enseñó y las formas en que Platón desarrolló esas ideas.

En su diálogo conocido como el *Fedro* (llamado así por un personaje del diálogo), Platón puso en boca de Sócrates un relato sobre un dios en Egipto que inventó las letras. Cuando el dios presentó el invento al rey de Egipto, afirmando que haría a los egipcios más sabios, el rey respondió que era justo lo contrario:

Para aquellos que aprendan a usar este invento, el resultado será el olvido, pues ya no necesitarán usar su memoria... Has descubierto un medicamento no para aumentar la memoria, sino para aumentar la dependencia de que se les recuerde. De este modo, ofreces a tus alumnos sólo la apariencia de sabiduría, no la verdadera sabiduría. Porque leerán mucho, pero no se les enseñará; parecerán conocedores, pero en general serán ignorantes. (Platón, *Fedro* 275a; ver también p. 20 para una cita del *Fedro* de Platón)

A medida que el diálogo continúa, Sócrates señala constantemente los defectos de la codificación de la filosofía en forma escrita.

- Las palabras puestas por escrito son incapaces de ser claras y sólo sirven para recordar lo que se ha oído (275 c).
- Las palabras escritas son sólo una imagen de las palabras vivas (276 a).
- Las palabras escritas no pueden defenderse con argumentos y no pueden enseñar la verdad de forma eficaz (276 c).
- La mejor manera de enseñar filosofía es mediante el método dialéctico, a través del cual se pueden implantar ideas en las mentes que luego pueden brotar y producir nuevas ideas, que pueden ser transmitidas a otros (276 e-277 a).
- Si un autor piensa que lo que ha escrito tiene certeza y claridad, es para su desgracia (277 d).
- Las palabras escritas no ofrecen la oportunidad de cuestionar y enseñar (277 e).
- Las palabras escritas tienen poco valor si el autor no es capaz de respaldarlas con explicaciones (278 d).

Es inesperado que en el compromiso de los filósofos con la formación de los alumnos las formas escritas no se consideren adecuadas para el pensamiento filosófico.[11] Los filósofos identificaron algunas desventajas adicionales. La textualidad no permitía la relación o el debate entre profesores y alumnos. La capacidad de lectura varía, por lo que no se puede confiar en las formas escritas para comunicar la filosofía según los distintos niveles de necesidades de los alumnos. El aprendizaje de la filosofía a través de los libros significaba que no había responsabilidad; un profesor no podía saber cómo lo estaban haciendo sus alumnos y si habían aprendido a participar en una investigación filosófica significativa. Además, la lectura de un libro puede llevar a alguien a pensar que ha aprendido un conjunto de argumentos, pero para ellos sólo repetir lo que está escrito en un libro era una ilusión del verdadero conocimiento.

A los filósofos también les preocupaba que la escritura pudiera conducir a la pereza intelectual. Pensaban que no memorizar era sinónimo de no aprender. Los estudiantes podrían preguntar: ¿Por qué memorizar si está aquí en el libro? Así que se pensaba que los libros tenían la desventaja de permitir a los estudiantes holgazanear en la memorización. Además, los estudiantes podrían descuidar el paso necesario de aplicar la filosofía a situaciones de la vida real, algo en lo que los filósofos insistirían en las discusiones cara a cara. Además, la escritura creaba la posibilidad de que se produjeran dilemas éticos; si un profesor no se relacionaba directamente con los alumnos, no sería responsable ante ellos y podría faltar a la verdad en sus escritos. Un filósofo podría contradecirse a sí mismo, lo que podría corregirse más fácilmente en un entorno oral, pero se conservaría para siempre en forma escrita. Peor aún, los autores podían presentarse falsamente como filósofos y engañar a los lectores.

En general, los filósofos llegaron a la conclusión de que la escritura era limitada como medio para transmitir el conocimiento. Se prefería la oralidad. No es de extrañar, pues, que filósofos como Sócrates y el estoico Epicteto (siglo II d.C.) no escribieran nada; sólo sabemos lo que comunicaban a través de lo que grababan sus alumnos. Esta preferencia por la oralidad entre muchos filósofos continuó en el período romano, como se evidencia particularmente con los sofistas.

---

[11] Para el debate, véase Mathilde Cambron-Goulet, «The Criticism-and the Practice-of Literacy in the Ancient Philosophical Tradition», pp. 201-26 en *Orality, Literacy and Performance in the Ancient World*, ed., Elizabeth Minchin (Leiden: Brill, 2012); y Loveday Alexander, «The Living Voice: Skepticism Towards the Written Word in Early Christian and in Graeco-Roman Texts», pp. 221-47 en *The Bible in Three Dimensions: Essays in Celebration of Forty Years of Biblical Studies in the University of Sheffield*, ed. David J. A. Clines, Stephen E. Fowl y Stanley E. Porter (Londres: Sheffield Academic Press, 1990), esp. pp. 237-42.

Pero todo esto lleva a una pregunta obvia: ¿por qué algún filósofo escribió algo si era tan reacio a la textualidad? La respuesta no está del todo clara, pero las formas en que escribían son parte de la respuesta. Trataban de recrear por escrito la forma en que un filósofo conducía a los alumnos a las discusiones filosóficas. Esto dio lugar a las formas comunes de diálogo y simposio de los ensayos filosóficos. Los filósofos querían que la lectura y la proclamación de sus textos escritos se hicieran en comunidad para que la discusión siguiera naturalmente entre los oyentes. Pensaban que los miembros de los grupos se ayudarían mutuamente para llegar a entendimientos correctos. Reconocieron que no todo el mundo sería un buen lector, por lo que fomentaron una cuidadosa selección de lectores.

Así, en la medida de lo posible, los filósofos trataban de mantener la oralidad dominante incluso en presencia de la textualidad (¿tal vez una forma de seguridad laboral?). Sus escritos eran en sí mismos una forma de performance. Esperaban que sus textos en forma oral dieran lugar a un aprendizaje en forma de oral, que implicaba que los compañeros discutieran y llegaran a un acuerdo sobre el significado y la aplicación de lo que decían los filósofos. Si la escritura y la lectura se hicieran de forma correcta, tal vez se podría aprender filosofía sin la presencia personal de un filósofo. En resumen, en el caso de los filósofos, su producción literaria antigua estaba fuertemente influenciada por la oralidad.

Los rabinos y las enseñanzas orales

El término *rabí* (etimológicamente, «mi Señor») se utilizaba en Palestina a partir del siglo I d.C. para describir a un maestro (véase Jn. 1:38; 20:16). Pero el término también podía referirse a figuras religiosas de alto rango, no exclusivamente a maestros. Entre las sectas del siglo I, los rabinos eran los que más se parecían a los fariseos, aunque no había una relación directa. Más adelante, en el siglo III y posteriores, el término *rabí* señalaba a un individuo que había alcanzado estatus y poder dentro de las sociedades que producían literatura rabínica.[12]

Los rabinos se consideraban el epítome de la sabiduría, y por eso actualmente son conocidos como sabios. Las evidencias del primer siglo sugieren que los rabinos no enseñaban en entornos educativos formales, sino en círculos de discípulos. Su sistema de enseñanza era totalmente

---

[12] Shaye J. D. Cohen, «Epigraphical Rabbis», *Jewish Quarterly Review* 72 (1981): 9.

oral. Como dice William Green, era «un mundo de relaciones cara a cara».[13]

Los rabinos solían enseñar principalmente modelando cómo vivir, en lugar de dar enseñanzas sobre lo que había que hacer. Si hubieran sido angloparlantes, la expresión más común de los rabinos habría sido: «Esto es lo que hacemos», pero rara vez habrían dicho: «Haz esto» o «No hagas aquello». Lo que hacían los rabinos era muy apreciado y podía alcanzar el estatus de ley, como si las acciones de unos pocos legislaran las acciones de muchos. La advertencia de Jesús sobre los fariseos, a la vez que confirmaba la validez de lo que enseñaban, exponía la hipocresía de lo que practicaban:

> De modo que hagan y observen todo lo que les digan; pero no hagan conforme a sus obras, porque ellos dicen y no hacen. Atan cargas pesadas y difíciles de llevar, y las ponen sobre las espaldas de los hombres, pero ellos ni con un dedo quieren moverlas. Sino que hacen todas sus obras para ser vistos por los hombres; pues agrandan sus filacterias y alargan los adornos de sus mantos. Aman el lugar de honor en los banquetes y los primeros asientos en las sinagogas, y los saludos respetuosos en las plazas y ser llamados por los hombres Rabí. (Mt. 23:3-7 NBLA)

Los rabinos eran apasionados guardianes de la Ley del Antiguo Testamento, también conocida como la Torá, pues creían que Dios dio directamente a Moisés su palabra perfecta (el Pentateuco). En cuanto al resto de los libros del Antiguo Testamento, también fueron inspirados, pero no añadieron nada esencial a la Torá.[14]

Pero la Torá de los rabinos tenía otra dimensión. Más allá de lo que estaba escrito en los libros de la Ley, creían que había un cuerpo oral de tradición autorizada, cuyas partes clave existían desde la época de Moisés. En efecto, los rabinos tenían una Torá de dos partes. La Torá oral consistía en expansiones y explicaciones de la Torá escrita, no porque la forma escrita fuera defectuosa, sino porque las reglas fijadas por escrito no podían abordar todas las cuestiones posibles que pudieran surgir en los períodos de tiempo posteriores. Como aclara Hyam Maccoby:

---

[13] William Scott Green, «Rabbi in Classical Judaism», en *The Encyclopedia of Judaism*, ed. J. Neusner, A. J. Avery-Peck y W. S. Green (Nueva York: Continuum, 1999), p. 1130.

[14] Hyam Maccoby, *Early Rabbinic Writings, Cambridge Commentaries on Writings of the Jewish and Christian World 200 BC to AD 200*, vol. 3 (Cambridge: Cambridge University Press, 1988), p. 3.

Se pensaba que el *núcleo* de la Torá Oral fue entregado a Moisés por Dios, y por lo tanto tenía la misma autoridad que la Torá Escrita. Este núcleo consistía en tradiciones de gran antigüedad... pero estas tradiciones formaban sólo una pequeña proporción de la Torá Oral. La mayor parte de la Torá Oral era de menor autoridad, y se atribuía a la promulgación o decisión de figuras del período postmosaico... La Torá Oral era un cuerpo vivo y creciente de ley y sabiduría, respondía a las circunstancias cambiantes y se volvía más amplia en su alcance a medida que el desarrollo del tiempo planteaba nuevas cuestiones.[15]

La estrecha relación de los rabinos con la Ley del Antiguo Testamento, tanto en su calidad de intérpretes de cómo debía aplicarse como de modelos para poner en práctica sus disposiciones, significaba —según Jacob Neusner— que la Torá estaba efectivamente «encarnada» en los rabinos. Señala que «lo que decía un sabio se convertía en parte del componente oral de la única Torá completa que Dios entregó a Moisés en el Sinaí».[16] Neusner aporta una cita de la literatura rabínica en apoyo de este concepto: «Quien ve a un discípulo de un sabio que ha muerto es como si viera un rollo de la Torá que ha sido quemado».[17]

Una de las cosas inesperadas sobre los rabinos de la Palestina del siglo I, que es especialmente importante para este capítulo, es que aparentemente no escribieron nada. Para ellos era suficiente tener la forma escrita de la Torá y dejar que los textos orales siguieran siendo orales. Como afirma Shmuel Safrai, «las enseñanzas de los Sabios, según sus propias declaraciones, fueron creadas y transmitidas oralmente».[18] Incluso con su destacado papel de enseñar y modelar cómo vivir a la luz de la ley, bastaba con comunicarlo oralmente. Hasta casi doscientos años después de la época de Jesús, los rabinos no comenzaron a inscribir su sabiduría en forma escrita. Paradójicamente, la literatura rabínica registra prohibiciones contra la escritura: se suponía que la enseñanza y la predicación debían seguir siendo «actividades

---

[15] *Ibid.*, p. 4; cursiva en el original.
[16] Jacob Neusner, «Rabbinic Judaism, Formative Canon of», en Neusner, *Avery-Peck y Green, Encyclopedia of Judaism*, p. 1134.
[17] *Ibid.*
[18] Shmuel Safrai, *The Literature of the Sages: First Part: Oral Tora, Halakha, Mishna, Tosefta, Talmud, External Tractates* (Minneapolis: Fortress, 1987), p. 36.

literarias orales».[19] Y los rabinos se sentían libres, al registrar las tradiciones anteriores por escrito, de adaptarlas para sus propios fines.[20]

Considerando la literatura de los rabinos —aunque sea de un periodo posterior al Nuevo Testamento— la evidencia de los orígenes orales es evidente. El estilo de la literatura rabínica era en gran medida una compilación de puntos de vista de varios rabinos, a menudo uno en respuesta a otro, a veces en contradicción con otro. Se lee como si los rabinos enseñaran: «Esto es lo que hacemos», aunque en este caso se trataba de una colección de múltiples rabinos que expresaban sus opiniones sobre lo que se hace. Como afirma Maccoby, la Torá Oral:

> incluso cuando se ponía por escrito, seguía siendo un registro de las discusiones orales que tenían lugar entre múltiples personalidades...
> En una obra rabínica, cada contribución citada proviene originalmente de un contexto oral, e incluso si hay fuentes escritas intermedias, ninguna de ellas ha perdido su atmósfera oral ni su carácter de registro de discusiones orales.[21]

Todo esto nos lleva a una pregunta importante: ¿Era Jesús un rabino? Según el Evangelio de Juan, los discípulos solían dirigirse a Jesús como rabino, al igual que Nicodemo y María.[22] En cambio, ninguno de los adversarios de Jesús le llamaba rabino, probablemente porque le habría concedido demasiado respeto (véase Mt. 23:7-8). Lucas, al parecer escribiendo para los gentiles, no incluyó el término. Tenía mucho sentido pensar en Jesús como un rabino, aunque eso no significaba que encajara en el molde en todos los sentidos. Las similitudes son notables:

- Jesús enseñaba, pero no en entornos educativos formales.
- El sistema de enseñanza de Jesús era cara a cara y oral.
- Jesús modeló cómo vivir tanto o más de lo que declaró: «Haz esto» o «No hagas aquello».

---

[19] *Ibid.*, p. 45.
[20] Richard Kalmin, «Rabbis», en *The Eerdmans Dictionary of Early Judaism*, ed. John J. Collins y Daniel C. Harlow (Grand Rapids: Eerdmans, 2010), p. 1132.
[21] Maccoby, Early Rabbinic Writings, p. 8; para una afirmación similar, véase *Safrai, Literature of the Sages.*
p. 35. Maccoby también afirma que casi nada en la literatura rabínica es literario en el sentido normal de la palabra (p. 1).
[22] Jn. 1:38, 49; 3:2; 4:31; 6:25; 9:2; 11:8; 20:16. Juan el Bautista también fue llamado rabino: Jn. 3:26.

- Las enseñanzas de Jesús fueron creadas oralmente y transmitidas oralmente.
- Jesús fue un apasionado guardián de la ley del Antiguo Testamento.
- Jesús explicó y amplió la ley del Antiguo Testamento.
- Las acciones de Jesús podían alcanzar el estatus de mandamientos en la mente de sus seguidores.
- La verdad de Dios se encarnó en Jesús.
- Jesús no escribió nada; bastó con que sus textos orales siguieran siendo orales.
- Los orígenes orales de los Evangelios son evidentes en ellos.
- No fue hasta aproximadamente veinte años después del ministerio público de Jesús cuando se inscribieron en los Evangelios los primeros relatos escritos de sus palabras y hechos.[23]

Conclusión

En los casos analizados en este capítulo, hemos observado tres ejemplos de la interacción de la oralidad y la textualidad. Para los historiadores de la antigüedad, su trabajo difícilmente podía desarrollarse sin depender de las fuentes orales. Sin embargo, las variaciones que encontraban entre sus fuentes orales, incluso de los testigos presenciales, creaban problemas para informar con precisión. Se veían obligados a hacer juicios de valor. Y la ausencia de registros detallados, como el contenido y la redacción de los discursos, les obligaba a reconstruir algunas partes de sus historias. Además, es probable que los oyentes ni siquiera pensaran en la idea de que los discursos reconstruidos podrían afectar al cumplimiento de los objetivos de la escritura de la historia.

En cuanto a los filósofos, la cuestión era si la filosofía, que normalmente se enseñaba en entornos reducidos con pocos alumnos, podía enseñarse mediante textos escritos (¿una forma temprana de «educación a distancia»?). Obviamente, se prefería la oralidad, y Platón, por ejemplo, declaró que los textos escritos no funcionarían. Sin embargo, al final, todos los filósofos destacados, salvo dos, plasmaron su pensamiento por escrito. Platón, en particular, trató de conservar gran

---

[23] Véase la proposición 10 para la discusión de los textos orales de los Evangelios, que precedieron a las formas escritas.

parte del espíritu oral de la enseñanza de la filosofía por la forma en que compuso sus diálogos y simposios.

Los rabinos vivían en una cultura con una alta valoración de los textos escritos y orales. Aunque afirmaban la importancia del texto escrito de la Ley del Antiguo Testamento, no veían la urgencia de codificar sus textos orales en forma escrita. Jesús encaja notablemente en el modelo de los rabinos.

Cada uno de estos tres estudios de caso es único, pero tienen esto en común: la oralidad precedió a la textualidad y fue preferida a la textualidad o dejó una marca duradera en la textualidad. También en el Nuevo Testamento se puede constatar esta circunstancia. Como en el caso de los historiadores, las fuentes orales podían ser la base de las formas escritas. Como en el caso de los filósofos, se prefería la oralidad para enseñar temas complejos. Y al igual que con los rabinos, no era necesario codificar los textos orales por escrito.

Para más información

Historiadores
Dewald, Carolyn, y John Marincola, eds. *The Cambridge Companion to Herodotus*. Cambridge Companions to Literature. Cambridge: Cambridge University Press, 2006.
Grant, Michael. *Greek and Roman Historians: Information and Misinformation*. Nueva York: Routledge, 1995.
Greenwood, Emily. *Thucydides and the Shaping of History*. Londres: Duckworth, 2006.
Marincola, John, ed. *A Companion to Greek and Roman Historiography*. Blackwell Companions to the Ancient World. Malden, MA: Blackwell, 2007.
Pelling, Christopher. *Literary Texts and the Greek Historian. Approaching the Ancient World*. Nueva York: Routledge, 2000.

Filósofos
Cambron-Goulet, Mathilde. «The Criticism -and the Practice- of Literacy in the Ancient Philosophical Tradition». En *Orality, Literacy and Performance in the Ancient World,* editado por Elizabeth Minchin, pp. 201-26. *Orality and Literacy in the Ancient World* 9. Leiden: Brill, 2012.

Kraut, Richard, ed. *The Cambridge Companion to Plato*. Cambridge Companions to Philosophy. Cambridge: Cambridge University Press, 1992.
Sedley, David, ed. *The Cambridge Companion to Greek and Roman Philosophy*. Cambridge Companions to Philosophy. Cambridge: Cambridge University Press, 2003.

Rabinos

Jaffee, Martin S. *Torah in the Mouth: Writing and Oral Tradition in Palestinian Judaism 200 BCE to 400 CE*. Oxford: Oxford University Press, 2001.
Kalim, Richard. *The Sage in Jewish Society of Late Antiquity*. New York: Routledge, 1999.
Maccoby, Hyam. *Early Rabbinic Writings*. Cambridge Commentaries on Writings of the Jewish and Christian World 200 BC to AD 200, vol. 3. Cambridge: Cambridge University Press, 1988.
Neusner, Jacob. «Rabbinic Judaism, Formative Canon of». En *The Encyclopedia of Judaism,* editado por Jacob Neusner, Alan J. Avery-Peck y William Scott Green, pp. 1132-39. Nueva York: Continuum, 1999.
Safrai, Shmuel, ed. *The Literature of the Sages: First Part: Oral Tora, Oral Tora, Halakha, Mishna, Tosefta, Talmud, External Tractates*. Compendia Rerum Iudaicarum ad Novum Testamentum 2.3. Minneapolis: Fortress, 1987.
Urbach, Ephraim E. *The Sages-The Concepts and Beliefs*. Traducido por J. Abrahams. Jerusalem: Magnes, 1975.
Young, Brad H. *Meet the Rabbis: Rabbinic Thought and the Teachings of Jesus*. Peabody, MA: Hendrickson, 2007.

Proposición 8

El mundo de Jesús era predominantemente analfabeto y oral

Jesús, el cuentacuentos de medio oriente —citando el título del libro de Gary Burge[1]— viajaba de pueblo en pueblo predicando sermones y contando historias fascinantes. En realidad, según los Evangelios, Jesús predicaba pocos sermones pero contaba muchas historias. (La lectura del Evangelio de Marcos, en particular, es como ver un tren que avanza a toda velocidad, con milagros y parábolas tan unidas como vagones de tren. Mientras que el Evangelio de Lucas registra más parábolas de Jesús que Mateo o Marcos, el Evangelio de Juan no tiene ninguna.

Muchas cosas sobre los años de Jesús en la tierra son contrarias a lo que los cristianos de hoy esperan de un verdadero Mesías/Rey: desde su nacimiento en un recinto ganadero modesto y sin pretensiones (una cueva, según algunas fuentes antiguas), hasta una muerte pública y despiadada exclusiva para criminales. El hecho de que la proclamación de Jesús sobre el advenimiento del reino de Dios —un nuevo orden y una nueva sociedad— no fuera un discurso de máxima audiencia es digno de mención. Parece que Jesús se movía tranquilamente por Palestina, a menudo en zonas rurales, y generalmente contaba historias.

Muchos cristianos tienden a sobrevalorar la singularidad de Jesús y a aislarlo de su condición como judío. Pero Jesús vivió en un mundo de historias, así que hizo lo que comunicaba eficazmente a sus oyentes inmediatos: habló por medio de parábolas, metáforas e historias.[2]

---

[1] Gary M. Burge, *Jesus, the Middle Eastern Storyteller* (Grand Rapids: Zondervan, 2009).
[2] *Ibid*, p. 15.

Además de ser un narrador de Medio Oriente, Jesús también fue un teólogo metafórico.³

Aunque la mayoría de las historias de Jesús eran inventadas por él mismo para transmitir su mensaje, no eran invenciones presentadas como hechos.⁴ En el mundo antiguo, sus oyentes habrían reconocido intuitivamente la naturaleza de sus historias ilustrativas. Las parábolas de Jesús eran producto de la creatividad para comunicar conceptos teológicos inesperados.

Tampoco debemos considerar el estilo de comunicación de Jesús como de segunda categoría o como un lenguaje superficial. No era un chico del campo que contaba cuentos para el deleite de sus amigos de la barbería. La forma de comunicación de Jesús era una forma de decir la verdad al más alto nivel. Aunque cualquiera podía apreciar los relatos de Jesús y asombrarse de la autoridad con la que hablaba (Mc. 1:27), los más cultos e inteligentes de entre el público podían reflexionar sobre las parábolas de Jesús durante mucho tiempo y, sin embargo, no llegar a profundizar en ellas. Los fariseos y los saduceos a menudo sentían el aguijón de las historias de Jesús, pero se marchaban murmurando porque no se les ocurría algo que decir que no sonara estúpido.

Uno de los puntos principales de la serie *Ancient Faith, Ancient Context,* en la que aparece el libro de Burge, es lo diferente que es el mundo del siglo XXI en comparación del siglo I. Para retroceder a través de las civilizaciones hasta el mundo del primer siglo, necesitamos libros como el *IVP Bible Back-ground Commentary* y *Zondervan Illustrated Bible Backgrounds Commentary.*⁵ De lo contrario, podríamos perdernos los verdaderos argumentos de las parábolas de Jesús y el significado de gran parte de las Escrituras.⁶

El objetivo de este capítulo es similar al de Burge. Si Jesús era un narrador de Medio Oriente y si la alfabetización en la Palestina del siglo I no alcanzaba los niveles con los que estamos familiarizados, entonces

---

³ Kenneth E. Bailey, «Jesus the Metaphorical Theologian and the Rabbinic World», en *Jacob and the Prodigal: How Jesus Retold Israel's Story* (Downers Grove, IL: InterVarsity Press, 2003), pp. 21-22.

⁴ Sin embargo, debemos admitir que en el caso de una de las historias de Jesús en particular existe cierta incertidumbre sobre si se trata de una parábola: la del hombre rico y el mendigo Lázaro (Lc. 16:19-31). Nosotros creemos que fue una parábola, al igual que Bock y otros: Darrell L. Bock, *Luke, NIV Application Commentary* (Grand Rapids: Zondervan, 1996), pp. 431-34.

⁵ Los volúmenes del NT son: Craig S. Keener, *The IVP Bible Background Commentary* (Downers Grove, IL: InterVarsity Press, 1993) y Clinton E. Arnold, ed., *Zondervan Illustrated Bible Backgrounds Commentary,* 4 vols. (Grand Rapids: Zondervan, 2002).

⁶ Véase, por ejemplo, Klyne R. Snodgrass, *Stories with Intent: A Comprehensive Guide to the Parables of Jesus* (Grand Rapids: Eerdmans, 2008).

algunos aspectos de las Escrituras pueden ser contrarios a nuestra forma de pensar.

¿La mayoría de las personas que vivían en la Palestina del siglo I estaban alfabetizadas?

Más adelante abordaremos la cuestión sobre la alfabetización del propio Jesús, pero empezaremos por la población general de Palestina. ¿Era común la alfabetización? ¿Los oyentes de Jesús habrían sido capaces de leer algo si él lo hubiera escrito? ¿Recibía la mayoría educación oficial? ¿O la alfabetización era poco común y el conocimiento se adquiría principalmente de forma oral? Si el conocimiento se adquiría oralmente, ¿en qué se diferenciaba del conocimiento de los libros? ¿El mundo en el que vivió Jesús dominaba la transmisión auditiva en lugar del texto? Aunque las pruebas para responder a estas preguntas son escasas y están sujetas a debate, podemos sacar algunas conclusiones básicas.[7]

El trabajo clásico sobre la alfabetización en la antigüedad de William Harris sostenía que la alfabetización era mínima en todo el Imperio Romano, en parte porque la educación financiada con fondos públicos para los niños era inexistente en el mundo antiguo.[8] Observó que una población de personas pobres nunca ha podido permitirse una educación privada para los niños, y con sólo lo que las familias pueden proporcionar la mayoría de los niños se convierten en adultos sin alcanzar los niveles de alfabetización que son la norma en las sociedades modernas. Por el contrario, para aquellos que en la antigüedad disponían de suficiente riqueza, uno de los beneficios era disponer de tiempo y recursos libres para la educación. Cuando una familia podía permitirse el lujo de tener esclavos educados, se encontraba en una posición particularmente ventajosa, ya que a menudo estos esclavos se convertían en maestros.

En contra de esta evaluación de las bajas tasas de alfabetización —que a menudo se citan como un diez por ciento en el mejor de los casos— los eruditos apelan a fuentes como el autor judío del siglo I, Josefo, que afirmaba que los judíos proporcionaban educación a sus

---

[7] Para los siguientes párrafos, véase la discusión y documentación en Chris Keith, *The Pericopae Adulterae, the Gospel of John, and the Literacy of Jesus*, New Testament Tools, Studies and Documents 38 (Leiden: Brill, 2009); nótese especialmente el cap. 3, «Writing and Gradations of Literacy», pp. 53-94.

[8] William V. Harris, *Ancient Literacy* (Cambridge, MA: Harvard University Press, 1989); véase la discusión en la proposición 5.

hijos.⁹ Pero la tendencia de Josefo a pintar una imagen demasiado positiva de los judíos, especialmente porque estaba escribiendo una apología para las élites de Roma, es bien conocida. Por ello, se sigue investigando en otras formas de evidencia.¹⁰

En el Nuevo Testamento leemos sobre personas que tenían cierto grado de alfabetización. El sacerdote Zacarías, por ejemplo, escribió en una tablilla de cera ocho días después de ser padre para comunicar que su nuevo hijo se llamaría Juan (Lc. 1:59-63). Podemos suponer que la formación de Zacarías para convertirse en sacerdote incluía la lectura y la escritura, aunque no se sabe con certeza lo avanzada que estaba, ya que lo único que sabemos es que podía escribir un nombre. Sea como fuere, el relato de Lucas no se centra en las habilidades de escritura de Zacarías, sino en el acto especial de misericordia de Dios para esta familia especialmente fiel pero estéril.

En contraste con la evidencia de la alfabetización de Zacarías, el Evangelio de Juan informa que los fariseos —asumiendo que eran hombres educados— afirmaban que la gente en general no conocía la ley (Jn. 7:49). En respuesta a algunos de la multitud que creían en el mensaje de Jesús, los fariseos declararon que ninguno de los gobernantes de los judíos o fariseos creía en Jesús, y que si la multitud creía, era comprensible porque era ignorante. «Malditos sean», dijeron los fariseos. La inferencia era que las masas eran incapaces de conocer la ley por sí mismas, presumiblemente porque eran incultas y analfabetas.

Dando a entender también que la mayoría de la gente era analfabeta, Jesús, a lo largo de su ministerio público, hablaba generalmente como si la transmisión oral fuera la norma. Cuando citaba versículos del Antiguo Testamento, su fórmula habitual era: «Habéis oído que fue dicho...» (por ejemplo, esto aparece seis veces en el relato de Mateo del Sermón del Monte de Jesús). Sólo cuando Jesús se dirigía a la élite, como los fariseos, los sumos sacerdotes, los escribas y los saduceos, decía: «¿No habéis leído...?»¹¹

La evidencia que tenemos del Nuevo Testamento, por lo tanto, apoya la hipótesis de que la mayoría de las personas en las audiencias de Jesús eran analfabetas. No habían recibido suficiente educación para poder leer y escribir a un nivel competente. «A lo largo de la antigüedad,

---

⁹ Josefo, *Against Apion* 1.12 § 60.
¹⁰ Richard A. Horsley y Jonathan A. Draper, *Whoever Hears You Hears Me: Prophets, Performance and Tradition in Q* (Harrisburg, PA: Trinity Press International, 1999).
¹¹ Mt. 12:3, 5 (=Mc. 2:25; Lc. 6:3); Mt. 19:4; 21:16, 42; 22:31. Salvo que se indique lo contrario, las traducciones de las Escrituras en las proposiciones 8-13 son del autor.

la escritura estuvo en manos de una élite de especialistas capacitados, y la lectura requería una educación avanzada al alcance de unos pocos».[12] El hecho de que los habitantes de Jerusalén comprendieran el sentido de la inscripción que Pilato colocó en la cruz de Jesús en tres idiomas no implica que estuvieran suficientemente alfabetizados para leer textos literarios (Jn. 19:19-20).

Niveles de alfabetización y textualidad

Cualquier debate sobre la alfabetización en la antigüedad debe tener en cuenta los distintos grados de capacidad de lectura y escritura. No se trataba de una simple cuestión de uno u otro. Para los niños pequeños de hoy en día, una de las primeras cosas que aprenden a escribir es su nombre, quizás incluso antes de aprender a leer. Para muchas personas en el mundo antiguo eso era lo máximo que conseguían, y en muchos casos era suficiente. Más allá de eso, los niveles de lectura y escritura variaban, lo que se traducía en la alfabetización de los escribas y la capacidad de hacer copias de textos y componer obras escritas.

Hoy en día, en el proceso de aprendizaje de la lectura, los niños pueden tener que pronunciar muy lentamente las sílabas incluso de palabras sencillas. Y es probable que cometan errores, como pensar que el cartel decía «Autopista David» cuando en realidad era «Autopista Dividida». En el mundo antiguo, hay registros de personas que sólo eran capaces de leer muy lentamente. En la mayoría de los casos, su alfabetización no era lo suficientemente avanzada como para leer textos literarios, o al menos sus lecturas habrían estado sujetas a malentendidos.

Todas las gradaciones de alfabetización de los niños en nuestras escuelas cuando aprenden a leer y escribir estaban presentes en la antigüedad. Para la mayoría de los alumnos de hoy, el nivel que alcanzan en el preescolar o el jardín de infancia es sólo una etapa de un proceso de aprendizaje continuo. Pero en el mundo antiguo, una etapa primitiva de alfabetización era a menudo la etapa final. Y alcanzar un nivel de competencia en la lectura no se traducía en la correspondiente capacidad de escribir. La noción común en las sociedades altamente educadas de que la educación generalmente equipa a los estudiantes para progresar en la alfabetización —desde ser apenas capaces de pronunciar

---

[12] Werner H. Kelber, *The Oral and Written Gospel: The Hermeneutics of Speaking and Writing in the Synoptic Tradition, Mark, Paul, and Q* (Minneapolis: Fortress, 1983), p. 17.

algunas palabras simples o copiar una frase corta en letras de forma torpe, hasta leer a Shakespeare o escribir en caligrafía— era inconcebible en la Palestina del primer siglo. La infraestructura educativa simplemente no estaba desarrollada de la misma forma que en la sociedad occidental. Y las dificultades que suponía en la Palestina del siglo I hablar varias lenguas y aprender a leer y escribir en más de una tendían a superar el potencial de adquisición de la alfabetización.

Sin embargo, la falta de alfabetización no equivale a una falta de textualidad. La identidad judía se formaba y se informaba mediante textos transmitidos y creados por sus comunidades. La Torá era fundamental para todo lo judío, y los judíos eran muy conscientes del poder de los textos en sus vidas. Se reunían regularmente en las sinagogas para escuchar la lectura de la Torá y discutirla. Además, el resto de las Escrituras del Antiguo Testamento y la riqueza de la literatura compuesta por los judíos desde la época de Malaquías eran bien conocidos.

Los Rollos del Mar Muerto destacan como prueba del papel central que la textualidad podía tener en la conciencia judía del siglo I. La comunidad de Qumrán tenía una biblioteca de casi novecientos rollos, de los cuales una cuarta parte eran partes del Antiguo Testamento. La mayor parte del resto eran composiciones propias relacionadas de un modo u otro con las Escrituras. Todos estos textos ayudaban a preservar las tradiciones y los valores de los antepasados de la nación judía, especialmente en respuesta a las amenazas de aculturación a las formas y artimañas de la sociedad romana. El protagonismo de la textualidad en la vida de la comunidad es especialmente evidente en este mandamiento:

> En cualquier lugar en el que haya diez personas, que no falte un hombre que extienda la Torá día y noche, continuamente, sobre la conducta correcta de un hombre con su prójimo. Y que la [Asamblea de los] muchos se encargue de que en la comunidad se pase un tercio de cada noche del año [leyendo el Libro y exponiendo la Ley y ofreciendo bendiciones juntos. (1QS 6:6-8)[13]

Aunque la textualidad estaba muy arraigada en la conciencia de la Palestina del siglo I, para la mayoría de la gente era de segunda mano. Su nivel de textualidad era limitado porque percibían los textos a través

---

[13] Citado en James L. Kugel, «Early Jewish Biblical Interpretation», en *The Eerdmans Dictionary of Early Judaism*, ed. John J. Collins y Daniel C. Harlow (Grand Rapids: Eerdmans, 2010), pp. 121-22.

de la lente de la oralidad. Dependían de lectores cultos e intérpretes religiosos. Escuchaban los textos y valoraban lo que decían, pero no los conocían de primera mano. Su conocimiento se basaba menos en el texto escrito y más en la autoridad que les transmitía el texto.

Quizás los oyentes de la antigüedad eran como los niños de preescolar de hoy. Los niños oyen leer historias pero no pueden leerlas ellos mismos. Suponen que sus padres están leyendo las palabras de la página, pero no pueden estar seguros, si es que eso importa. Su atención se centra en lo que oyen, en quién les habla y, tal vez, más en las imágenes y los gráficos que acompañan a las historias. Puede que sea una analogía inapropiada, pero puede ayudar a enfatizar las diferencias entre una cultura en la que predomina la transmisión oral y otra en la que predomina la lectura.

¿Jesús fue alfabetizado?

Quizás parezca una pregunta innecesaria. Por supuesto que Jesús estaba alfabetizado. Pero si lo era, ¿a qué nivel? Algunos eruditos sostienen que Jesús no estaba alfabetizado en absoluto.[14] Para otros, una alta cristología requiere que Jesús sea el más alfabetizado de todos. Entonces, ¿cuáles son las pruebas? Este no es el lugar para una discusión completa de todo lo que implica la evaluación de la alfabetización de Jesús, pero examinaremos algunos aspectos de la cuestión. Para un debate exhaustivo, véase Chris Keith, *Jesus' Literacy*.[15]

Para considerar adecuadamente el potencial de la alfabetización de Jesús tenemos que volver a las gradaciones de la alfabetización en el siglo I. En el espectro entre la alfabetización y la analfabetización, la alfabetización de los escribas se situaba en el extremo superior.[16] Sólo los más instruidos alcanzaban la forma avanzada de alfabetización que los calificaba para ser escribas. Para hacer una copia precisa de un texto literario intrincado, la capacidad de escribir letras uniformes y con una forma nítida requería años de entrenamiento. Pero los escribas debían tener algo más que buena vista, destreza y perseverancia. Debían estar bien instruidos en los temas de los manuscritos que copiaban. Además

---

[14] John Dominic Crossan, *The Birth of Christianity: Discovering What Happened in the Years Immediately After the Execution of Jesus* (Nueva York: HarperCollins, 1998), p. 235.

[15] Chris Keith, *Jesus' Literacy: Scribal Culture and the Teacher from Galilee* (Londres: T & T Clark, 2011).

[16] Para una discusión más completa, véase Keith, *The Pericopae Adulterae*, especialmente el cap. 4, «Scribal Literacy in the New Testament World», pp. 95-117.

de ser copistas profesionales, los escribas judíos debían ser capaces de leer la Torá en público en las sinagogas. Se esperaba que sirvieran como intérpretes de los textos, guiando a la comunidad en la comprensión y aplicación de la Ley. Los escribas se mencionan en el Nuevo Testamento como algunos de los líderes religiosos judíos que interrogaron a Jesús sobre sus enseñanzas.

Una forma aún más elevada de alfabetización era la alfabetización compositiva. Ser capaz de formar pensamientos en construcciones adecuadas en griego (o en cualquier otro idioma) y de inscribir las palabras en el papiro requería un nivel avanzado de familiaridad con el idioma. Hoy en día, los estudiantes de idiomas reconocen que ser capaz de hablar otra lengua con fluidez puede no ser suficiente para componer pensamientos de forma escrita.

La forma más elevada de alfabetización era componer literatura. Esto suponía la capacidad de conocer las formas más avanzadas de la literatura del mundo antiguo, de aprender de ellas y de componer las propias obras literarias por escrito. Un número muy reducido de personas era capaz de componer documentos como cartas privadas. Un número aún menor era capaz de escribir literatura.

En cuanto a Jesús, hay cuatro posibilidades principales para su nivel de alfabetización.

- Si estaba alfabetizado de alguna manera —siendo un artesano sin educación— habría sido a un nivel muy bajo.
- Jesús poseía alfabetización de escriba; podía leer la Torá en las sinagogas, podía citar libremente las Escrituras del Antiguo Testamento y funcionaba como una autoridad religiosa.
- Jesús era hábil como escriba profesional; podía producir manuscritos perfectamente copiados.
- Jesús poseía conocimientos de composición; era hábil para expresar sus pensamientos en forma escrita y para crear obras literarias.

En cuanto a la primera posibilidad, la concepción común de que Jesús se crió en una familia pobre que sólo se mantenía gracias a las habilidades de José como carpintero lleva a la conclusión de que la familia no habría tenido recursos para proporcionar educación a sus hijos.[17] Pero no se sabe con exactitud cuál era el negocio familiar. El término griego utilizado para el oficio de José es *tektōn*. La palabra se usa para describir a un artesano o a un constructor, especialmente en el uso de la madera o la piedra, pero cualquier cosa más específica que eso es una conjetura. El término no denota un estatus social alto, pero tampoco implica pobreza. Si la familia proporcionó recursos suficientes para que Jesús y sus hermanos recibieran una educación completa, eso habría sido la excepción y no la norma entre personas de estatus similar. Pero decir *si la familia lo hizo* y reconocer que *habría sido una excepción* no hace avanzar mucho la discusión. Sin más información, nos encontramos en un terreno inestable al argumentar que Jesús era analfabeto basándonos en una supuesta clase social o económica.

Las mejores pruebas sobre el nivel de alfabetización y educación de Jesús provienen de los Evangelios. Obsérvense las siguientes afirmaciones y preguntas.

> Se admiraban de Su enseñanza; porque les enseñaba como quien tiene autoridad, y no como los escribas. (Mc. 1:22)[18]

> Cuando llegó el día de reposo, comenzó a enseñar en la sinagoga; y muchos que escuchaban se asombraban, diciendo: «¿Dónde obtuvo Este tales cosas, y cuál es esta sabiduría que le ha sido dada, y estos milagros que hace con Sus manos? ¿No es Este el carpintero?» (Mc. 6:2-3; véase también Mt. 13:54-55)

> Jesús llegó a Nazaret, donde había sido criado, y según Su costumbre, entró en la sinagoga el día de reposo, y se levantó a leer. Le dieron el libro del profeta Isaías y abriendo el libro, halló el lugar donde estaba escrito... y se maravillaban de las palabras llenas de gracia que salían de Su boca, y decían: «¿No es este el hijo de José?» (Lc. 4:16-22)

> «¿Cómo puede Este saber de letras sin haber estudiado?» (Jn. 7:15)

Estos versículos sugieren que Jesús poseía conocimientos de escriba. Era capaz de leer de un pergamino y exponerlo; era reconocido como

---

[17] Algunos pueden imaginar que los regalos de los magos dotaron a la familia de amplios recursos para cosas como la educación, pero lo que José y María hicieron con esos regalos es una conjetura.

[18] En el Evangelio de Mateo, esta afirmación aparece en otro momento del ministerio de Jesús (Mt. 7:28-29).

líder religioso, a menudo en competencia con otros líderes religiosos de los judíos; asombraba a la gente con sus enseñanzas y su autoridad. Se desconoce hasta qué punto Jesús adquirió la alfabetización de los escribas a través de la educación oficial o de manera informal y por su propia intuición, pero sí tenemos constancia de que a los doce años estaba muy avanzado y era capaz de dialogar con los maestros en los atrios del templo (Lc. 2:45-47).

Los otros niveles de alfabetización que pudo tener Jesús no son en realidad posibilidades. Es decir, no tenemos ninguna prueba que apoye la idea de que Jesús pudiera haber servido o sirviera como copista profesional o que pudiera haber compuesto o compusiera él mismo literatura escrita. Si por razones teológicas alguien quiere argumentar que podría haberlo hecho, aunque no haya pruebas de que lo hiciera, eso estaría fuera de los límites de esta investigación. En realidad, hay buenas razones por las que Jesús no compuso literatura por sí mismo, y se discutirán en la siguiente proposición.

Conclusión

En muchos sentidos, Jesús se encarnó en una cultura contraria a la nuestra. Sólo la élite de la Palestina del siglo I sabía leer y escribir, y eran los adversarios de Jesús, es decir, los fariseos, los saduceos, los escribas, los sumos sacerdotes y el Sanedrín. Casi todos los demás en su audiencia eran analfabetos, a menos que fueran esclavos que habían sido entrenados en la lectura y la escritura.

La oralidad, por tanto, era el modus operandi de los oyentes de Jesús, y éste acomodó su estilo de enseñanza a su modus operandi. Era un maestro itinerante que se dirigía a una sociedad analfabeta.

Aunque la gente conocía los textos de segunda mano, en su mundo predominaba la transmisión auditiva. Su conocimiento estaba menos determinado por lo que decían los textos y más por lo que decían las personas que los leían e interpretaban. Los oyentes de Jesús no tenían motivos para esperar ni para necesitar que sus dichos quedaran registrados por escrito. Como veremos en la proposición 10, lo que los oyentes de Jesús sabían por lo que él decía era suficiente, por lo que a él (y a ellos) les concernía.

Para más información

Burge, Gary M. *Jesus, the Middle Eastern Storyteller.* Ancient Context, Ancient Faith. Grand Rapids: Zondervan, 2009.
Keith, Chris. *Jesus' Literacy: Scribal Culture and the Teacher from Galilee.* Library of Historical Jesus Studies 8 [Biblioteca de Estudios del Nuevo Testamento 413]. Londres: T & T Clark, 2011.
Millard, Alan. *Reading and Writing in the Time of Jesus.* Londres: Sheffield, 2001.

Proposición 9

Logos/Palabra se refiere a la comunicación oral, no a los textos escritos

Al ver el provocador subtítulo «Reevaluando la interpretación bíblica 101» en el libro de Richard Schultz *Out of Context*, algunos cristianos podrían indignarse —o hasta sentir un poco de culpa.[1] Tal vez todos deberíamos. Desde el fenómeno de la «Oración de Jabes», hasta la prueba de textos, pasando por el «hackeo de textos», desde las lecturas devocionales, los sermones y los comentarios, Schultz encuentra cientos de ejemplos de «mala práctica interpretativa». Afortunadamente, admite que casi nunca es intencional, pero no por ello resulta menos perjudicial.

Teniendo en cuenta también *The Most Misused Verses of the Bible*, de Eric Bargerhuff, y recordando *Exegetical Fallacies*, de D. A. Carson, y *Has the Church Misread the Bible?* de Moisés Silva, todos los lectores de la Biblia deberían estar muy atentos a los significados resultantes de una mala interpretación.[2] Entender mal a Milton o a Shakespeare ya sería bastante malo. Entender mal a Dios podría ser un código azul.

Uno de los errores más evidentes, aunque frecuentes, al sacar los versículos de su contexto es el anacronismo. Hay que reconocer que es difícil para los lectores modernos no «asimilar lo desconocido a lo conocido, lo no familiar a lo familiar».[3] Leemos la Biblia a la luz de lo

---

[1] El subtítulo corresponde al capítulo 1, «*The 'Jabez Prayer' Phenomenon*»; Richard L. Schultz, *Out of Context: How to Avoid Misinterpreting the Bible* (Grand Rapids: Baker Books, 2012).

[2] Eric J. Bargerhuff, *The Most Misused Verses of the Bible: Surprising Ways God's Word Is Misunderstood* (Bloomington, MN: Bethany, 2012); D. A. Carson, *Exegetical Fallacies*, 2nd ed. (Grand Rapids: Baker Academic, 1996); Moisés Silva, *Has the Church Misread the Bible? The History of Interpretation in the Light of Current Issues* (Grand Rapids: Zondervan, 1987).

[3] Walter J. Ong, «Foreword», en Werner H. Kelber, *The Oral and Written Gospel: The Hermeneutics of Speaking and Writing in the Synoptic Tradition, Mark, Paul, and Q* (Minneapolis: Fortress, 1983), p. xiii.

que sabemos de nuestra propia cultura, en gran parte porque no sabemos lo suficiente de la suya. Aunque es mucho lo que podemos saber, hay que reconocer que cuesta trabajo profundizar lo suficiente para encontrarlo. Así que los libros que nos ayudan a profundizar son bienvenidos. Carson tiene un capítulo en el que desmenuza dieciséis falacias de estudio de palabras, una de las cuales es el anacronismo semántico. Schultz lo reduce en su capítulo a seis errores comunes con las palabras, uno de los cuales es el anacronismo. Todo estudiante de la Biblia necesita leer estos capítulos.[4]

El objetivo del presente capítulo es ayudarnos a interpretar la palabra *palabra* (griego *logos*) en su contexto original en los Evangelios. Nuestro objetivo es ser «cronistas», no anacrónicos. Si queremos apreciar la oralidad del Nuevo Testamento, debemos empezar con una palabra que aparece en casi todas las páginas, que revela cómo pensaba la gente sobre el mensaje que Jesús y los apóstoles proclamaban. Ajustar nuestra forma de pensar a la de ellos es fundamental para la interpretación.

El *logos* como la palabra y la enseñanza de Jesús

Lo primero que debemos tener en cuenta es lo que dicen los léxicos y diccionarios griegos sobre el *logos*. Aunque en español se suele traducir simplemente como *palabra*, indicaba una «expresión, principalmente oral».[5] Tal vez esto no sea sorprendente dado su verbo afín *legō*, que se refiere al acto de hablar. Pero si un concepto oral estaba casi siempre presente en las apariciones de *logos*, eso es sorprendente, al menos para nuestro recuento textual.[6] La implicación sería que cuando alguien en la época del Nuevo Testamento escuchaba *logos*, habría pensado intuitivamente en una palabra que era hablada oralmente y escuchada

---

[4] «Word-Study Fallacies», pp. 27-64 en Carson, *Exegetical Fallacies*; y «Divine Truth Expressed in Human Words: Challenges with Language», pp. 57-73 en Schultz, *Out of Context*.

[5] Walter Bauer, W. F. Arndt y F. W. Gingrich, *A Greek-English Lexicon of the New Testament and Other Early Christian Literature*, 3ª ed., rev. y ed. F. W. Danker (Chicago: University of Chicago Press, 2000), pp. 598-601; véase también Henry George Liddell y Robert Scott, *A Greek-English Lexicon with a Revised Supplement*, 9ª ed., revisado y aumentado por H. S. Jones y R. McKenzie (Oxford: Clarendon Press, 1996), pp. 1057-59; Johannes P. Louw y Eugene A. Nida, *Greek-English Lexicon of the New Testament Based on Semantic Domains* (Nueva York: Sociedades Bíblicas Unidas, 1988), §33.98-99; William D. Mounce, ed., *Mounce's Complete Expository Dictionary of Old and New Testament Words* (Grand Rapids: Zondervan, 2006), pp. 801-4.

[6] La palabra griega *rhēma* también designaba comúnmente la comunicación oral; por ejemplo, «Ve y ponte de pie en el templo y habla las palabras [*rhēmata*] de la vida» (He. 5:20).

auditivamente. Por el contrario, es más probable que pensemos en una palabra que alguien escribió o imprimió en una página que podemos leer.

Puede ser un poco sorprendente darse cuenta de que tal vez tengamos que repensar uno de nuestros versos favoritos: «Porque la palabra [*logos*] de Dios es viva y eficaz, y más cortante que toda espada de dos filos; y penetra hasta partir el alma y el espíritu, las coyunturas y los tuétanos, y discierne los pensamientos y las intenciones del corazón» (Heb. 4:12 RV1960). En sentido estricto, la proclamación de la verdad de Dios —el texto oral del Evangelio— es la poderosa *palabra de Dios* que cambia la vida. Es la espada de dos filos del Espíritu. Pero cuando leemos *logos* y especialmente la frase *palabra de Dios*, asumimos que la afirmación se refiere a la palabra escrita, la Biblia. Los comentaristas no tardan en llegar a esta conclusión.[7] Pero, si lo analizamos con más detenimiento, quizá hayamos leído *logos* de forma anacrónica. Si es así, y si la frase *palabra de Dios* no se refiere a la Biblia, ¿cuál es el significado?

La mejor manera de responder a nuestras preguntas —y de comprender la cultura oral del *logos*— comenzará con un análisis de las apariciones del *logos* en los Evangelios. Aparece más de treinta veces en cada uno de los tres Evangelios —Mateo, Lucas y Juan— y veinticinco veces en Marcos. Además de logos, la palabra griega *rhēma* aparece más de treinta veces en los cuatro Evangelios. Esto es lo que encontramos (sólo se incluyen versos representativos).

Las formas singulares de *logos* se referían a la sustancia de las enseñanzas de Jesús:

Con muchas parábolas como estas les hablaba la *palabra,* conforme a lo que podían oír. (Mc. 4:33)

Y guardaron la *palabra* entre sí, discutiendo qué sería aquello de resucitar de los muertos. (Mc. 9:10)

Jesús le dijo: Ve, tu hijo vive. Y el hombre creyó la *palabra* que Jesús le dijo, y se fue. (Jn. 4:50)

Aunque la forma es singular, esas apariciones de *logos* son ejemplos de un singular colectivo, una construcción gramatical que se da en el

---

[7] Véase, por ejemplo, Homer A. Kent Jr., *The Epistle to the Hebrews: A Commentary* (Grand Rapids: Baker, 1972), pp. 89-90.

griego, el inglés y otras lenguas.[8] El significado es la suma de lo que Jesús dijo en ciertas ocasiones. Lo mismo ocurre con palabra en la frase palabra de Dios (véase más adelante). Las formas plurales de *logos* también podían referirse al contenido de lo que se decía oralmente:

> Todo el que oiga estas *palabras* mías y las ponga en práctica... (Mt 7:24; Lc. 6:47)

> María, sentada a los pies del Señor, oía sus *palabras*. (Lc. 10:39)

> El que no te reciba ni oiga tus *palabras*... (Mt. 10:14)

Cuando Jesús dijo que el «cielo y la tierra pasarán, pero mis palabras no pasarán» (Mt. 24:35; Mc. 13:31; Lc. 21:33), estaba afirmando perpetuidad y la autoridad del mensaje de Dios expresado en sus declaraciones orales, y no declarando algo sobre futuros registros escritos de lo que dijo. Utilizar la declaración de Jesús como texto de prueba de la inspiración de la Escritura escrita es anacrónico. (Véase la proposición 10 para una mayor discusión).

Las formas singulares o plurales de *rhēma* describen las cosas que dijo Jesús:

> Pedro recordó la *palabra* que Jesús había dicho: «Antes de que cante el gallo tres veces me negarás». (Mt. 26:75; Mc. 14:72; Lc. 22:61)

> Después que hubo terminado todas sus *palabras* al pueblo que le oía, entró en Capernaum... (Lc. 7:1)

> Poned en vuestros oídos estas *palabras* [*logoi*]; porque el Hijo del hombre va a ser entregado en manos de los hombres; pero ellos no entendieron esta palabra [*rhēma*]... y tenían miedo de preguntarle sobre esas palabras [*rhēma*]. (Lc. 9:44-45)

La frase *palabra de Dios* también anunciaba el mensaje de Jesús:

> Aconteció que estando Jesús junto al lago de Genesaret, el gentío se agolpaba sobre él para oír la *palabra de Dios*. (Lc. 5:1)

---

[8] La gramática griega discute los usos del singular colectivo; véase, por ejemplo, Herbert Weir Smyth, *Greek Grammar*, rev. by G. M. Messing (Cambridge, MA: Harvard University Press, 1956), §996, p. 269.

Este es el significado de la parábola: la semilla es *la palabra de Dios*; los que están en el camino son los que oyen, y luego viene el diablo y les quita la *palabra* del corazón. (Lc. 8:11-12)

Mi madre y mis hermanos son los que oyen *la palabra de Dios*, y la hacen. (Lc. 8:21)[9]

Había otros referentes orales para el *logos*, como una pregunta o una respuesta, o el contenido de lo que Jesús oraba:[10]

Jesús dijo: «Os preguntaré también yo una *palabra*». (Mt. 21:24; Mc. 11:29 JBS)

Nadie fue capaz de responderle una *palabra*. (Mt. 22:46)

Se fue y oró por tercera vez, diciendo otra vez las mismas *palabras*. (Mt. 26:44; Mc. 14:39)

La evidencia de estos versículos (y otros que podrían citarse) es convincente: en el contexto de la cultura oral del ministerio público de Jesús, *logos* (y *rhēma*) significaba palabras habladas. Incluso la expresión *«palabra de Dios»*, que se utiliza comúnmente en la subcultura cristiana como sinónimo de la Biblia, se refería a la proclamación oral. Esto es especialmente llamativo si tenemos en cuenta que, en la época en que los evangelistas escribieron los Evangelios, estaban en proceso de registrar las palabras de Jesús en forma escrita. Podría tener más sentido para nosotros si hubieran elegido una palabra griega diferente para las palabras habladas de Jesús y hubieran guardado *logos* para los textos escritos de sus palabras. Podrían haber utilizado fácilmente una palabra griega como *lalia* (véase Jn. 4:42) o *logion* (véase Rom. 3:2). Pero lo que tiene sentido para nosotros obviamente no lo tenía para ellos. Es probable que no vieran una distinción significativa entre los textos orales y los escritos.

Dado que en el contexto del ministerio de enseñanza y predicación de Jesús el referente de *logos* (o *rhēma*) era el mensaje oral que

---

[9] Véase también Lc. 3:2; 11:28; Jn. 10:35.
[10] Logos adquirió una variedad de usos en la época del Nuevo Testamento, incluyendo declaración, informe, explicación, exhortación, razonamiento, proposición, súplica, pretexto, narración, tradición, mandato, un tema en discusión, recuento e incluso evangelio. En todos los casos, podían denotar una comunicación oral.

proclamaba, es evidente que el *logos* de Dios era oral. De ahí que podamos referirnos a las enseñanzas de Jesús como texto oral.

El *logos* en otros contextos

En el prólogo de Lucas a su Evangelio utiliza tanto el singular como el plural de *logos* para referirse a los textos orales que los testigos presenciales habían transmitido (Lc. 1:1-4). Una paráfrasis de las partes relevantes de lo escrito por Lucas podría redactarse de la siguiente manera «He investigado lo que los primeros testigos oculares —de hecho, eran servidores de la palabra— transmitieron oralmente, de modo que por mi versión escrita de lo sucedido podéis estar seguros de la certeza de las palabras que se os enseñaron». En ambos usos de *logos*, Lucas se refiere a las formas orales de las palabras y los hechos de Jesús. (Véase la proposición 10 para más información sobre el prólogo de Lucas).

Hay dos excepciones en las que el contexto de *logos* no eran las enseñanzas de Jesús, y en esos pasajes *logos* se usaba para describir otra cosa. En primer lugar, *logos* aparece en el contexto de la cita del Antiguo Testamento. Mateo y Marcos escriben sobre el comentario de Jesús:

> Porque Dios dijo: «Honra a tu padre y a tu madre», y: «Quien hable mal de su padre o de su madre, que muera». Pero vosotros decís: «Cualquiera que diga a su padre o a su madre: "Es ofrenda a Dios todo lo mío con que pudieras ser ayudado", no necesitará más honrar a su padre o a su madre». Y así invalidasteis la palabra de Dios [*logos*] por causa de vuestra tradición. (Mt. 15:4-6; cf. Mc. 7:10-13; las fuentes de la cita son Éx. 20:12; Dt. 5:16; Éx. 21:17; Lev. 20:9)

Del mismo modo, Juan —en referencia a la cita del Antiguo Testamento por parte de Jesús— utiliza *logos* tres veces; por ejemplo, «Para que se cumpliera la declaración [*logos*] del profeta Isaías» (Jn. 12:38; también 10:35; 15:25).

Es significativo que, aunque *logos* puede referirse al Antiguo Testamento, Mateo y Marcos registran que Jesús introdujo las citas con *legō*, Dios *dijo*.[11] Así que, aunque encontramos *logos* en el contexto de palabras que estaban escritas, puede que en realidad se refiriera a las formas orales del texto detrás de las formas escritas. La traducción de *logos* como «declaración» en esos casos (véase más atrás) hace eco del origen oral del Antiguo Testamento.

Parece claro entonces que hubo usos paralelos de *logos*, en ambos casos para referirse a la verdad divina. Uno denotaba la versión oral de la verdad de Jesús, y el otro se refería a la verdad registrada en el Antiguo Testamento. Ambas se originaban en fuentes divinas, y ambas tenían la misma autoridad. No hay ningún indicio de que una tenga precedencia sobre la otra (véase la proposición 10).

El segundo contexto en el que apareció *logos* fue el más singular de todos. Juan adhirió a la palabra la grandeza trinitaria en el prolegómeno de su Evangelio. Declaró que desde el principio Jesús era la «Palabra de Dios» (BLPH). La afirmación de Juan se centraba en que Jesús era plenamente Dios, tanto en la presencia del Padre en la eternidad pasada como en la de los apóstoles en su encarnación. Pero más que afirmar la deidad de Jesús, Juan describió a Jesús como la personificación de la verdad divina. Juan no dijo que «Jesús era las palabras de Dios», como si Jesús fuera una serie de signos lingüísticos.[12] Dijo «Palabra de Dios», refiriéndose a la verdad de Dios revelada en la persona de su Hijo.[13]

Mientras que la Escritura como inspiración da acceso a la mente de Dios —aunque se comunicara a través de instrumentos humanos—, Jesús como revelación proporciona un acceso único a los pensamientos de Dios, no en forma de texto oral o escrito, sino de texto *vivo*. Jesús fue la representación, la manifestación humana, la encarnación de la razón y la sabiduría divinas.[14] Dios pronunció sus palabras en un texto *vivo*, su Hijo.

La declaración de Juan de que Jesús era la Palabra de Dios va precedida, más adelante en el Evangelio, por el comentario de Jesús: «Las palabras que yo os hablo, no las hablo por mi propia cuenta, sino que el Padre que mora en mí, él hace las obras» (Jn. 14:10). Asimismo,

---

[11] Una búsqueda electrónica de «Dios dijo» y «Señor dijo» en el Antiguo Testamento ha encontrado 316 referencias.

[12] D. A. Carson, *The Gospel According to John*, Pillar NT Commentary (Grand Rapids: Eerdmans, 1990), p. 115.

[13] «El Evangelio de Juan trata de la revelación: el texto comienza con la revelación audible ("Palabra"), pasando a la revelación visible ("luz"), y de ahí hacia adelante y hacia atrás entre las dos (encarnadas en los signos y discursos de Jesús) a medida que se desarrolla la historia»; J. Ramsay Michaels, *The Gospel of John*, NICNT (Grand Rapids: Eerdmans, 2010), p. 46.

[14] Los filósofos estoicos griegos personificaban el logos como la Razón o Fuerza que ponía el universo en movimiento; en el pensamiento judío el logos divino era la sabiduría.

la afirmación de Juan de que la Palabra «se hizo carne y habitó entre nosotros» (Jn. 1:14) va seguida del comentario de Jesús: «Yo les he dado tu palabra» (Jn. 17:14).

Conclusión

Las pruebas de los Evangelios son unánimes en cuanto a la palabra *palabra*. Cuando el contexto era el ministerio de Jesús, *logos* (o *rhēma*) significaba habla. Cuando el contexto era el Antiguo Testamento, *logos* se refería a las declaraciones escritas. Cuando el contexto era la deidad de Jesús, *logos* representaba la personificación de la verdad divina.

Aunque la oralidad del *logos* en los Evangelios puede resultar contraproducente para quienes pensamos de forma predominantemente textual, debemos evitar ser anacrónicos al interpretar el término. El referente de la frase *palabra de Dios* era la palabra hablada (o, en el sentido único de Jesús, el texto vivo).

Esto señala el camino hacia una tesis significativa. El entorno cognitivo del mensaje evangélico era totalmente oral. Jesús presentaba sus enseñanzas de forma oral, y sus oyentes captaban las verdades que Jesús proclamaba por medios auditivos. Los evangelistas, que registraron las palabras y los hechos de Jesús, preservaron la oralidad del ministerio público de Jesús en sus registros escritos. No hay ningún indicio de que entendieran sus textos escritos como algo diferente o superior a los textos orales. Pero nos estamos adelantando; el próximo capítulo explorará esta tesis con más detalle. Como dijo Sir Edwyn Hoskyns, «rescata una palabra... descubre un universo».[15] Hemos rescatado la palabra; ahora vayamos a descubrir el universo.

---

[15] Citado por Timothy George en la cubierta del libro *Talking the Walk: Letting Christian Language Live Again* de Marva Dawn (Grand Rapids: Brazos, 2005).

Proposición 10

Jesús proclamó la verdad en forma oral y comisionó a sus seguidores para que hicieran lo mismo

La biblia es un libro de muchos libros: géneros fascinantes, bellas historias, poesía atractiva. Dentro de los libros hay formas muy diversas de revelación divina, incluso más de las que podemos manejar. Si somos sinceros, la Biblia no es lo que los cristianos occidentales y modernos podrían esperar o incluso desear de Dios.

Podemos alegrarnos de que la Biblia sea una de las mejores obras literarias —si no la mejor— que se ha escrito en la historia de la raza humana. Pero podemos lamentarnos de que cueste tanto trabajo entenderla, como casi cualquier otra cosa que los humanos hayan escrito. Podemos alegrarnos de que Dios haya decidido revelarse a sí mismo, a su Hijo y a la salvación a través de escritos inspirados. Pero podemos lamentarnos de que las palabras y los hechos exactos de Jesús no fueran registrados por taquígrafos en manuscritos indelebles. Podemos alegrarnos de que los escribas copiaran fielmente la Biblia en cientos de lenguas en miles de manuscritos a lo largo de más de un milenio. Pero podemos lamentarnos de que el número de variantes supere el número de manuscritos, lo que lleva a dudar sobre qué palabras son las correctas en cientos de versículos.[1]

La mayoría de los cristianos se pierden los detalles de la saga de la revelación divina, que tiene su origen en la mente de Dios y se transmite a través de medios humanos, gran parte de ellos de forma oral, con formas escritas que se abren camino a lo largo de muchos siglos a través de las copias de muchos escribas.

---

[1] Véase la proposición 13 para más información.

Abren sus Biblias y ven las palabras perfectamente impresas, (con suerte) libres de errores, en expresiones actualizadas de su lengua materna, y piensan: ¡Voilá! Así dice el Señor en mi idioma y en mi cultura. ¡Es el periódico matutino!

Las Biblias modernizadas pueden desorientar a la gente, pero la otra alternativa —formas ancestrales de la Biblia— la repele. Los traductores, intérpretes y editores adecuan a sabiendas las dimensiones antiguas de la Biblia en un lenguaje y estructura que tienen mayor sentido en el siglo XXI. Pero no es un proceso sencillo; se deben tomar múltiples decisiones sobre la mejor manera de traducir las palabras y la cultura de la Biblia a formas comprensibles para el público moderno. Y es un proceso imperfecto; inevitablemente se pierde parte de lo que la Biblia significaba para los oyentes originales.[2] Quizá la adecuación haya ido demasiado lejos. ¿Necesitamos realmente Biblias para todos los nichos del planeta? ¿Una Biblia para los amantes de los gatos?[3]

Todo esto es aún más difícil porque las cosmovisiones occidentales no coinciden con las antiguas. Como explica Paul Hiebert en *Transforming Worldviews*, los cristianos han tardado en darse cuenta del impacto negativo de la modernidad en nuestra visión del mundo, incluyendo, entre otras cosas, la forma en que entendemos las Escrituras, las relaciones, la moralidad y la responsabilidad humana.[4] Nuestro individualismo y objetivismo, por ejemplo, no están en sintonía con la forma de pensar de la Biblia.[5]

Las diferencias entre cosmovisiones son similares a las diferencias entre la cultura occidental moderna de los textos escritos y la cultura antigua de los textos orales (véase la proposición 6). Incluso el término

---

[2] «Me parece claro que la mayoría de las traducciones inglesas modernas pecan de claridad informativa y no representan adecuadamente el arte creativo o la ambigüedad de los antiguos poetas o narradores judíos»; James E. Bowley, *Introduction to Hebrew Bible: A Guided Tour of Israel's Sacred Library* (Upper Saddle River, NJ: Pearson Prentice Hall, 2008), p. 30.

[3] Está bien, nos lo hemos inventado, pero quién sabe, ¡puede estar en la mesa de algún editor! Cabe destacar que en la Holman Christian Standard Version hay una larga lista de Biblias especializadas, como la Biblia del Bombero, la Biblia del Guardacostas, la Biblia de la Fraternidad Masculina, la Biblia de la Enfermera, etc.

[4] Paul G. Hiebert, *Transforming Worldviews: An Anthropological Understanding of How People Change* (Grand Rapids: Baker Academic, 2008); véase también Vern Sheridan Poythress, *Inerrancy and Worldview: Answering Modern Challenges to the Bible* (Wheaton, IL: Crossway, 2012).

[5] Cf. E. Randolph Richards y Brandon J. O'Brien, *Misreading Scripture with Western Eyes: Removing Cultural Blinders to Better Understand the Bible* (Downers Grove, IL: InterVarsity Press, 2012). Lamentablemente, no incluyen una discusión sobre la ceguera cultural de la textualidad en la búsqueda de la comprensión de la oralidad.

texto oral es contraintuitivo para nuestros oídos.[6] Pero eso es precisamente lo que salió de los labios de Jesús. No escribió nada. Lo habló todo.

En este capítulo examinaremos detenidamente los Evangelios y la evidencia de la oralidad. Los capítulos anteriores nos han ayudado a prepararnos para apreciar un mundo diferente al nuestro. Aun así, nos sorprenderá lo que encontraremos. Sorprendentemente, la forma oral de las enseñanzas de Jesús fue suficiente para sus propósitos y para las necesidades de sus discípulos.

Un cambio radical en el estudio de los Evangelios

En las últimas décadas se ha prestado una atención creciente a la oralidad en los Evangelios. Podría considerarse una revolución en el estudio. A principios del siglo XX, los eruditos prestaban una atención considerable a las tradiciones orales que había detrás de las formas escritas de los Evangelios, pero esto es diferente. Vamos a ofrecer un breve resumen de la historia en desarrollo, la cual está en curso.[7]

Tal vez si Jesús se hubiera encarnado un siglo después de los días de la imprenta de Gutenberg, habría dejado constancia escrita de sus enseñanzas, y las habría diseñado para ser impresas en libros para que las multitudes pudieran leer sus palabras. En el mundo moderno es inusual que alguien que tenga algo importante que decir no lo haga por escrito. Pero en la Palestina del siglo I, era perfectamente normal que Jesús no se sentara con una pluma, tinta negra y un trozo de papiro a escribir. En la tradición de los rabinos, ciertamente habría sido inesperado que Jesús compusiera sus pensamientos en forma escrita.

Así que el mensaje de Jesús y su estrategia para comunicarlo eran totalmente orales. Sin embargo, nuestros registros de lo que Jesús dijo e hizo están escritos. (¿Qué otra opción había que no fuera la escrita?) Y los registros escritos —al menos cuando se pusieron por primera vez por escrito— estaban casi seguramente destinados a ser interpretados por intérpretes orales para oyentes. La pregunta que surge de estas

---

[6] Un ejemplo de texto oral es el Sermón del Monte; antes de ser escrito, fue transmitido oralmente por las primeras comunidades cristianas.

[7] Para una visión general útil, que ha servido de base para el siguiente análisis, véase Paul R. Eddy, «Orality and Oral Transmission», en *Dictionary of Jesus and the Gospels*, 2ª ed., ed., Joel B. Green, Jeannine K. Brown y Nicholas Perrin (Downers Grove, IL: InterVarsity Press, 2013), pp. 641-50; véase también Paul Rhodes Eddy y Gregory A. Boyd, *The Jesus Legend: A Case for the Historical Reliability of the Synoptic Jesus Tradition* (Grand Rapids: Baker Academic, 2007).

observaciones es: ¿Cómo la oralidad de un texto da forma a su significado o, al menos, cómo un texto con forma oral puede revelar pistas sobre su significado para los lectores en general?

Nuestra narración de algunos aspectos destacados del estudio reciente de los Evangelios comienza con *Memory and Manuscript*, de Birger Gerhardsson, publicado en 1961.[8] En contraste con la crítica de la forma de eruditos anteriores, como Rudolf Bultmann —que se centraba en las diferentes formas literarias de los Evangelios y suponía la distorsión de esas formas tradicionales al ser transmitidas oralmente— Gerhardsson sostenía que los Evangelios escritos eran en realidad el resultado de una cuidadosa memorización. Partiendo de un modelo extraído del judaísmo rabínico posterior, Gerhardsson propuso que Jesús hablaba de manera que sus discípulos pudieran memorizar sus palabras exactas junto con los relatos exactos de lo que hacía. Estos textos orales memorizados se convirtieron en la base de los Evangelios escritos. Aunque este enfoque fue bien acogido por muchos evangélicos, ya que daba crédito a la fiabilidad de los registros, la evidencia es demasiado escasa para que la propuesta de Gerhardsson resista la crítica de un buen número de eruditos.[9]

Probablemente el estímulo más sorprendente en el cambio de forma de la erudición fue el libro de Werner Kelber *The Oral and the Written Gospel*, publicado en 1983.[10] Se basó en el trabajo de clasicistas, lingüistas y antropólogos culturales. Sobre la base de sus análisis de diversas culturas orales, especialmente sobre cómo se creaban y transmitían las tradiciones, Kelber propuso una modalidad oral exhaustiva para los Evangelios.[11] Como resultado, pudo ofrecer una alternativa más detallada a las teorías de la crítica de la forma y de Gerhardsson. Argumentó que, dado que los relatos de las palabras y los hechos de Jesús se repetían cientos de veces en las representaciones orales, los personajes, la trama y los principales acontecimientos se

---

[8] Birger Gerhardsson, *Memory and Manuscript: Oral Tradition and Written Transmission in Rabbinic Judaism and Early Christianity*, trad. Eric J. Sharpe, ASNU 22 (Lund, Suecia: Gleerup, 1961).

[9] Véase, sin embargo, para la defensa y ampliación de este punto de vista, Rainer Riesner, *Jesus als Lehrer: Eine Untersuchung zum Ursprung der Evangelien-Überlieferung*, WUNT 2.7 (Tübingen: Mohr Siebeck, 1981); y más recientemente, Werner H. Kelber y Samuel Byrskog, eds: *Traditions in Oral and Scribal Perspectives* (Waco, TX: Baylor University Press, 2009).

[10] Werner H. Kelber, *The Oral and the Written Gospel: The Hermeneutics of Speaking and Writing in the Synoptic Tradition, Mark, Paul, and Q* (Minneapolis: Fortress, 1983).

[11] Por ejemplo, Milman Parry, *The Making of Homeric Verse* (Oxford: Oxford University Press, 1971); Albert B. Lord, *The Singer of Tales* (Cambridge, MA: Harvard University Press, 1960); Walter J. Ong, *Orality and Literacy: The Technologizing of the Word* (Nueva York: Methuen, 1982; 2ª ed. Routledge, 2002).

transmitían de forma fiable, mientras que los detalles específicos variaban ligeramente. Por tanto, las líneas maestras de las tradiciones eran estables, aunque los elementos incidentales fueran fluidos. Pero una vez que las tradiciones fueron escritas, los relatos y los detalles se fijaron y dominaron los textos orales. Aunque la teoría de Kelber ha sido matizada en ciertos aspectos, el punto general ha sido un punto de inflexión en los estudios del Nuevo Testamento.

En las décadas transcurridas desde Kelber ha habido una gran cantidad de investigaciones, tanto en lo que se refiere a las sociedades orales modernas como a la oralidad en el Nuevo Testamento.[12] Como analizaremos en la proposición 11, las experiencias personales de Kenneth Bailey con la cultura contemporánea de Medio Oriente le llevaron a proponer un modelo de transmisión «informal y a la vez controlada» de la historia y los valores de una comunidad. El proceso informal de las reuniones comunitarias en las que se cuentan y recuentan las tradiciones sólo permitía tanta libertad para relatar las historias como los límites autoimpuestos por la comunidad. La tesis de Richard Bauckham, en cambio, postula un proceso más formal de testimonio ocular que preserva cuidadosamente las tradiciones de Jesús.[13] Aun así, intenta dar cuenta de los grados de flexibilidad en el proceso de transmisión. Además, la colección de ensayos en *Performing the Gospel* demuestra la amplitud de la investigación interdisciplinaria que implica el intento de comprender las formas en que los textos escritos fueron moldeados por la omnipresente oralidad tanto de los autores como de los oyentes.[14] En el estudio más actualizado de la investigación relativa a los textos orales de las palabras y los hechos de Jesús, Rafael Rodríguez sostiene que «las representaciones de la tradición adquirieron un sentido de estabilidad y repetición por medio de múltiples representaciones a lo largo del tiempo... las representaciones de la tradición de Jesús [que] no dependían de la *escritura* ni dejaban *transcripciones*».[15]

---

[12] Véase especialmente Tom Thatcher, ed., *Jesus, the Voice, and the Text: Beyond the Oral and the Written Gospel* (Waco, TX: Baylor University Press, 2008).

[13] Richard Bauckham, *Jesus and the Eyewitnesses: The Gospels as Eyewitness Testimony* (Grand Rapids: Eerdmans, 2006).

[14] Richard A. Horsley, Jonathan A. Draper y John Miles Foley, editores, *Performing the Gospel: Orality, Memory, and Mark: Essays Dedicated to Werner Kelber* (Minneapolis: Fortress, 2006).

[15] Rafael Rodríguez, *Structuring Early Christian Memory: Jesus in Tradition, Performance and Text* (Londres: T & T Clark, 2010), p. 4 (cursiva en el original).

Una interpretación de la oralidad de adentro hacia afuera

Con una visión general de lo que los eruditos han concluido sobre los Evangelios y la oralidad, pasaremos a examinar los propios Evangelios. En lugar de quedarnos fuera y mirar hacia adentro a través de los ojos de los eruditos, nos adentraremos en los Evangelios y consideraremos tres cosas: la evidencia, las razones y las implicaciones de la oralidad. En muchos aspectos, la oralidad sirvió muy bien a los propósitos de Jesús.

Los hechos del caso no son difíciles de observar. Jesús siempre estaba hablando con alguien, a menudo contando parábolas sobre el reino y ocasionalmente predicando. Su ministerio era totalmente oral, y su comunicación solía ser cara a cara, aunque enviaba mensajes orales a través de un mensajero. En una ocasión dijo, refiriéndose a Herodes: «Id y decidle a ese zorro: "Yo expulso demonios, y hago curaciones hoy y mañana, y al tercer día cumplo mi propósito"». (Lc. 13:32; sin embargo, en este caso, las instrucciones de Jesús de transmitir el mensaje a Herodes podrían haber sido irónicas).

Todo el propósito de la misión de Jesús se centraba en su presencia personal y en una estrecha relación con sus oyentes. Nombró a doce apóstoles para «estar con ellos» (Mc. 3:14). «Vino a los suyos... la Palabra se hizo carne y habitó entre nosotros» (Jn. 1:11, 14 RVC). Como Juan afirmó, «vimos sugloria» (Jn. 1:14). Jesús preguntó a Felipe: «¿Tanto tiempo hace que estoy con vosotros, y no me has conocido?» (Jn. 14:9). La comunicación uno a uno (o uno a doce) en el contexto de la relación era indiscutible para los propósitos de Jesús. La oralidad le proporcionó la mejor plataforma posible para convencer a sus oyentes de que él era Dios y de que su mensaje venía de Dios. Si Dios no hubiera puesto a su Hijo entre nosotros, sino que sólo hubiera enviado a alguien que dijera tener un texto escrito de Dios, ¿alguien creería?

El Hijo de Dios vino con una visión de fuera de este planeta que explica la vida en este planeta. Casi todo lo que dijo sobre el nuevo orden y sociedad, el reino de los cielos, era intrínsecamente contraintuitivo y fácilmente malinterpretado. Al poner por escrito verdades celestiales tan sorprendentes y no poder explicarlas en persona, la confusión habría sido mayor. Este punto se confirma por el hecho de que Jesús explicó las cosas a sus discípulos con más detalle, mientras que a las multitudes les habló por medio de parábolas: «Con muchas parábolas como estas les hablaba la palabra [*logos*], conforme a lo que podían oír. Y sin parábolas no les hablaba; aunque a sus discípulos en particular les declaraba todo» (Mc. 4:33-34; cf. Mt. 13:34; Jn. 16:25).

Como se señala en la proposición 7, los filósofos también preferían explicar sus ideas en persona en lugar de escribirlas, y esta también era la práctica de los rabinos.

La importancia de la explicación personal de Jesús es especialmente evidente cuando acompaña a dos discípulos en su salida de Jerusalén hacia Emaús. Estaban desconcertados por la crucifixión de Jesús y por la extraña noticia de que su tumba estaba vacía. Después de todo, «fue varón profeta, poderoso en obra y en palabra delante de Dios y de todo el pueblo» (Lc. 24:19). Por eso, Jesús «les declaraba en todas las Escrituras lo que de él decían» (Lc. 24:27). Fue una experiencia extraordinaria, tanto para los dos discípulos como para todos los que desde entonces han compartido esa experiencia de segunda mano. Lástima que no tengamos ninguna transcripción de lo que dijo Jesús. Sólo se nos dice que el corazón de los dos discípulos ardía mientras él interpretaba las Escrituras; inmediatamente volvieron a Jerusalén para contar el sorprendente incidente (Lc. 24:32-35).

Desde el punto de vista de los seguidores de Jesús, resultó esencial experimentar su personificación y su poder de primera mano. Los discípulos fueron testigos de su dominio sobre los demonios, la enfermedad y la materia. Estuvieron muy cerca cuando pronunció el Sermón del Monte (Mt. 5:1-2; Lc. 6:20). En la transfiguración de Jesús, Pedro, Santiago y Juan oyeron la voz del cielo: «Este es mi Hijo amado» (Mt. 17:5-6). Los discípulos participaron en la entrada triunfal; oraron con Jesús en el huerto (o durmieron mientras él oraba); la mayoría de ellos desaparecieron entre las sombras cuando fue arrestado; celebraron su resurrección; miraron atentamente cuando Jesús ascendió de nuevo al cielo; etc. Pedro podía atestiguar que fue uno de los «testigos oculares de su majestad» (2 Pe. 1:16). No era suficiente leer una transcripción de lo que dijo Jesús, como si eso hubiera sido posible. Era esencial leer el texto vivo de la persona que lo pronunciaba.

Gran parte de lo que Jesús quería comunicar implicaba un grado de emoción y conmoción que sólo podía ser transmitido parcialmente en forma escrita. Por ejemplo:

> Y apiñándose las multitudes, comenzó a decir: Esta generación es mala; demanda señal, pero señal no le será dada, sino la señal de Jonás. Porque así como Jonás fue señal a los ninivitas, también lo será el Hijo del Hombre a esta generación. La reina del Sur se levantará en el juicio con los hombres de esta generación, y los condenará; porque ella vino de los fines de la tierra para oír la

sabiduría de Salomón, y he aquí más que Salomón en este lugar. Los hombres de Nínive se levantarán en el juicio con esta generación, y la condenarán; porque a la predicación de Jonás se arrepintieron, y he aquí más que Jonás en este lugar. (Lc. 11:29-32)

De haber estado presente y haber observado el lenguaje corporal de Jesús, de haber visto sus expresiones faciales, de haber escuchado el tono de su voz, tales invectivas sólo habrían sido más sorprendentes. ¿Levantó la voz? ¿Había fuego en su mirada? ¿O sus palabras estaban llenas de compasión?

En cumplimiento de la profecía del Antiguo Testamento, Jesús no apareció con palabras escritas; vino con un nuevo pacto en el que la ley de Dios se escribiría en los corazones de las personas. Jeremías escribió la palabra del Señor:

> He aquí que vienen días, dice Jehová, en los cuales haré nuevo pacto con la casa de Israel y con la casa de Judá. No como el pacto que hice con sus padres el día que tomé su mano para sacarlos de la tierra de Egipto; porque ellos invalidaron mi pacto, aunque fui yo un marido para ellos, dice Jehová. Pero este es el pacto que haré con la casa de Israel después de aquellos días, dice Jehová: Daré mi ley en su mente, y la escribiré en su corazón; y yo seré a ellos por Dios, y ellos me serán por pueblo. (Jer. 31:31-33).

Así, en la parábola del sembrador y la tierra, Jesús dice que las semillas esparcidas por el camino, que los pájaros comieron, son como las personas que oyen «y luego viene el diablo y les quita la palabra [*logos*] del corazón» (Lc. 8:5, 12; cf. Mc. 4:15).

Tal vez lo más importante para comprender el significado de la oralidad de Jesús sea lo que él mismo declaró sobre la necesidad de hablar directamente a su público: «Si yo no hubiera venido, ni les hubiera hablado, no tendrían pecado; pero ahora no tienen excusa por su pecado» (Jn. 15:22).

En todo esto, las razones y el significado de la comunicación de Jesús tienen un sentido sensato. Pero desde el punto de vista de una cultura moderna en la que predomina el texto escrito, sigue pareciéndonos extraño que no haya habido ningún indicio de textualidad. Parece casi irresponsable que verdades tan importantes no queden registradas en algo más permanente (al menos permanente en el sentido que esperaríamos). Pero nunca consta que Jesús dijera algo así como: «Esto es importante; escríbelo».[16] Y los discípulos no mostraron ningún indicio de que durante el ministerio de Jesús tuvieran en mente la idea de inscribir algo que Jesús dijera o hiciera.[17]

Jesús simplemente hablaba y la gente simplemente escuchaba.[18] Su mensaje y su estrategia parecían encajar perfectamente en una cultura de la oralidad. Aunque nos parezca extraño, era sencillamente innecesario —y quizá hubiera sido contraproducente— que Jesús pusiera sus palabras por escrito.[19]

Implicaciones de la oralidad de Jesús

Basándonos en lo que sabemos sobre la cultura de los griegos y los romanos, y sobre la preferencia de los filósofos y los rabinos por la oralidad en lugar de la textualidad, no debería sorprendernos que el ministerio público de Jesús fuera totalmente oral. Pero quizá no estemos preparados para lo que significa la oralidad en la producción literaria de los Evangelios.

1. Las verdades que Jesús proclamó de forma oral llevaban la huella de la autoridad divina. En contraste con la lógica dominante del texto, en la que querríamos ver las palabras de alguien en forma escrita para saber con seguridad lo que afirmaba, las palabras que Jesús pronunciaba tenían tanta autoridad como cualquier cosa escrita. En varias ocasiones, Jesús aseveró la naturaleza divina de lo que decía.

«Porque el que Dios envió, las palabras de Dios habla; pues Dios no da el Espíritu por medida» (Jn. 3:34)

«Yo nada hago por mí mismo, sino que según me enseñó el Padre, así hablo». (Jn. 8:28)

---

[16] Pero véase el libro del Apocalipsis donde se le dice a Juan que escriba; por ejemplo, Ap. 1:11; 21:5.

[17] En los Evangelios aparecen varias referencias a la escritura, aunque no de las palabras de Jesús. La mayoría son referencias a Moisés y a la escritura de la Ley; por ejemplo, «Hemos encontrado al que Moisés escribió en la Ley y los profetas» (Jn. 1:45); véase también Mc. 10:4-5; 12:19; Lc. 20:28; Jn. 5:46. Para otras referencias a la escritura, véase Lc. 1,63; 16,6-7; Jn. 19,19-22.

[18] El adverbio podría leerse simplemente en un sentido peyorativo de que la cultura oral no está tan avanzada como la textual; pero ese no es el punto.

[19] Bailey informa de que los libros no son necesarios en el seminario ortodoxo sirio de Atshani, en el Líbano; los estudiantes aprenden teología cantando los himnos de San Efrén, himnos que son teológicamente astutos porque fueron compuestos para desplazar la herejía en la iglesia. Kenneth E. Bailey, «*Informal Controlled Oral Tradition* and the Synoptic Gospels», *Themelios* 20, n° 2 (1995): 6 (véase la publicación original en Asia Journal of Theology 5 [1991]: 34-54).

«Las palabras que me diste les he dado, y ellos las recibieron y han conocido verdaderamente que vine de ti, y creyeron que tú me habías enviado». (Jn. 17:8)[20]

En el Sermón del Monte, Jesús ejerció una autoridad verbal igual o mayor que la Ley de Moisés. En diversas ocasiones señaló: «Habéis oído decir... pero yo os digo...» (e.g., Mt. 5:21). En la misma dirección, es evidente que Mateo en su Evangelio presentó a Jesús como el nuevo Moisés.[21]

Esto sitúa la autoridad de las palabras de Jesús a la par que la de los textos escritos del Antiguo Testamento. La fuente de ambos era el Padre, y no hay ninguna sugerencia de que las formas escritas fueran intrínsecamente más autorizadas. Los textos orales de Jesús eran el nuevo depósito de la revelación divina. En la cultura oral, las formas escritas no se consideraban algo independiente, diferente o mejor que los textos orales. Podían tener la misma autoridad y fiabilidad.

Además, en la mente de los oyentes de Jesús, su autoridad quedó establecida por sus enseñanzas, citadas en diferentes momentos de su ministerio.[22] Incluso sus opositores no podían negar su autoridad, aunque investigaban el origen.[23] El reconocimiento de la autoridad de Jesús fue probablemente el resultado de diversos factores: la singularidad de sus enseñanzas, su perspicacia y capacidad para llegar al núcleo del dilema tratado, su elocuencia y lenguaje emotivo, sus figuras retóricas y parábolas, su persona y personalidad, y todo ello autentificado por las manifestaciones de poderes milagrosos.

2. *Jesús esperaba que sus palabras permanecieran.* Jesús anunció: «El cielo y la tierra pasarán, pero mis palabras no pasarán jamás» (Mt. 24:35; Mc. 13:31; Lc. 21:33). Como se demuestra en la proposición 9, el referente del *logos* eran los textos orales de Jesús, por lo que la forma escrita de sus palabras no era el punto central. Una vez más, el contraste con la lógica dominante del texto es sorprendente; pensaríamos que las palabras necesitan ser escritas para ser permanentes.

Alguien podría argumentar: ¿No es legítimo argumentar por inferencia que la declaración de Jesús podría aplicarse a la Escritura escrita aunque no existiera cuando Jesús hizo la declaración? A lo que respondemos que eso sería engañoso por dos motivos. En primer lugar,

---

[20] Véase también Jn. 6:63; 12:49-50; 14:10.
[21] Véase Dale C. Allison, *The New Moses: A Matthean Typology* (Minneapolis: Fortress, 1994).
[22] Mc. 1:22; Lc. 4:32; Mt. 7:29; Jn. 7:46; Mt. 13:54.
[23] Jn. 7:15; Mt. 21:23; cf. Lc. 20:21, 26, 40.

sosiega el concepto de que una cultura oral tiene la capacidad de preservar la verdad durante largos períodos de tiempo. Aunque sea ajeno al pensamiento moderno, tenemos que contar con la posibilidad de que las formas escritas no sean necesariamente más duraderas o permanentes. En otras palabras, puede ser erróneo suponer que las palabras de Jesús pasaron a ser permanentes hasta que se registraron en forma escrita, como si nuestra cultura textual fuera mejor para preservar la verdad que su cultura oral. Sólo si no podemos o no queremos aceptar el pensamiento de una cultura en la que predomina la transmisión auditiva, trataremos de trasladar la afirmación de Jesús sobre la permanencia de sus palabras a una cultura en la que predomina el texto.

La segunda razón por la que una inferencia sobre una forma textual de la declaración de Jesús sería incorrecta es evidente en el contexto del pasaje. Con un matiz apocalíptico, Jesús está utilizando un lenguaje del fin del mundo para describir acontecimientos preocupantes en el futuro. No hay duda de que estas cosas ocurrirán y ocurrirán pronto. Para afirmar la fiabilidad de sus pronunciamientos apocalípticos, Jesús declaró que sus palabras eran ciertas —tan ciertas como la existencia misma del cielo y la tierra— y permanentes. Así, de forma paralela a la afirmación final del Apocalipsis: «si alguien se aparta de las palabras del libro de esta profecía» perderá su parte en el árbol de la vida, la función de la declaración de Jesús era afirmar que su profecía era sacrosanta (véase Ap. 22:19). Era inviolable e incuestionable. Por lo tanto, una versión escrita de las palabras de Jesús no interpreta correctamente su intención.

Otra persona puede argumentar: pero Jesús confirmó en otra parte que las palabras de la Escritura durarían para siempre. A lo que respondemos: Lo que Jesús dijo —cuando se entiende en su contexto— no se refería a las palabras específicas de la Escritura ni a una futura forma escrita de sus propias palabras. Él dijo: «Porque de cierto os digo que hasta que pasen el cielo y la tierra, ni una jota ni una tilde pasará de la ley, hasta que todo se haya cumplido» (Mt 5,18; cf. Lc 16,17). Jesús estaba enseñando que, aunque estaba estableciendo un código moral mejorado para el reino, no estaba abrogando la Ley del Antiguo Testamento. Su referencia a la letra más pequeña del alfabeto hebreo y a la grafía de ciertas letras hebreas era una imagen de la palabra (hipérbole) para resaltar su punto. Los preceptos de la Ley eran los que perdurarían para siempre.[24]

---

[24] Por eso Carson dice que Jesús «quiere decir que todo el propósito divino profetizado en la Escritura debe tener lugar; ni una jota ni una tilde dejará de cumplirse»; D. A. Carson, *Matthew*,

3. Jesús esperaba que sus palabras fueran recordadas y transmitidas a otros. La afirmación final de Jesús en la parábola del sembrador y la tierra explicaba el significado de la semilla que caía en buena tierra: son las personas de buen corazón las que escuchan la palabra, se aferran a ella («retenerla») y al perseverar dan fruto (Lc. 8:15). No es de extrañar, pues, que Jesús dijera que los discípulos debían recordar lo que les había dicho. «Recordad lo que os he dicho» (Jn. 15:20; cf. 16:4). «Y tomó el pan y dio gracias, y lo partió y les dio, diciendo: Esto es mi cuerpo, que por vosotros es dado; haced esto en memoria de mí» (Lc. 22:19).

Mirando hacia atrás, a través de los meses y años de su ministerio, Jesús resumió su proceder: «Cada día me sentaba en los atrios del templo a enseñar» (Mt. 26:55; Mc. 14:49; Lc. 22:53); «Siempre enseñé en la sinagoga y en los atrios del templo... los que me oyeron saben lo que dije» (Jn. 18:20-21). En otras palabras, ¿qué más era necesario? Hechos consumados.

Más tarde, Pedro declaró que recordaba las palabras de Jesús (He. 11:16). Sin embargo, en alguna ocasión Jesús reprendió a sus discípulos: «¿No os acordáis de los cinco panes para los cinco mil y de cuántas cestas os sobraron?» (Mt. 16:9; Mc. 8:18).

Definitivamente, la forma oral de las enseñanzas de Jesús era suficiente para sus propósitos y para las necesidades de sus seguidores. Y aún más, comisionó a los discípulos que transmitieran sus enseñanzas oralmente. Cuando nombró a los doce apóstoles, los «envió a predicar» (Mc. 3:14; cf. Mt. 10:7). Y Jesús dijo a los apóstoles que no serían ellos los que hablarían, sino «el Espíritu de vuestro Padre que habla por vosotros» (Mt. 10:20).

Justo antes de entrar en el huerto de Getsemaní, Jesús oró por los discípulos en relación con la transmisión de su mensaje oral. Dos veces reconoció que les había dado las palabras que el Padre le había dado (Jn. 17:8 [*rhēmata*] y 14 [*logos*]). Dijo que los enviaba al mundo como sus testigos (Jn. 17:18). Luego Jesús oró por la segunda generación de creyentes: «No ruego sólo por éstos, sino también por los que creerán en mí a través de su mensaje [*logos*]» (Jn. 17:20). Así pues, sería el mensaje oral de los apóstoles el que edificaría la Iglesia.

Expositor's Bible Commentary 8 (Grand Rapids: Zondervan, 1984), p. 146. Del mismo modo, Turner señala que Jesús estaba «afirmando que Dios llevará a cabo incluso las partes más triviales de la ley [e] implica que sus asuntos más importantes están absolutamente seguros de ser cumplidos»; David L. Turner, *Matthew, Baker Exegetical Commentary on the NT* (Grand Rapids: Baker Academic, 2008), p. 163.

Del mismo modo, Mateo concluye su Evangelio con Jesús y los discípulos en otra montaña. Jesús comisiona a los apóstoles que hagan discípulos de todas las naciones, «enseñándoles a obedecer todo lo que os he mandado» (Mt. 28:20). Los verbos *hacer* discípulos y *enseñar* se utilizan siempre en el Nuevo Testamento para referirse a la comunicación oral, y lo que Jesús mandó fue en principio también oral.

4. Los textos orales de Jesús se convirtieron en los textos orales de los testigos presenciales, y esos textos orales se convirtieron en la base de los Evangelios escritos, pero los textos escritos no sustituyeron a los textos orales. En el prólogo de su Evangelio, Lucas nos ayuda a conectar los puntos entre el mensaje oral de Jesús y los Evangelios escritos. Aunque escribió tres décadas después de la época de Jesús, afirmó la validez de su relato citando a «testigos oculares y ministros de la palabra» del *logos* que habían transmitido relatos «sobre las cosas que se habían cumplido entre nosotros» (Lc. 1:1-2). Incluso aunque Lucas no hubiera utilizado la palabra *logos* podríamos haber concluido que se refiere a los textos orales que constituyeron la base de su Evangelio. Pero el uso lo confirma.[25]

Lucas continúa diciendo que le pareció oportuno escribir un relato preciso de las cosas (*logos*) que le habían enseñado a Teófilo. Una vez más, Lucas deja claro, mediante el uso de *logos*, que Teófilo se había enterado de la vida de Jesús por los textos orales que se habían transmitido. Así, en dos ocasiones, el prólogo de Lucas da fe de las tradiciones orales que precedieron inmediatamente a su informe de un relato escrito de la vida de Jesús. (Obsérvese —aunque es un argumento desde el silencio— que no hay ningún indicio de los primeros registros escritos que precedieron a la redacción de los Evangelios).[26]

Lucas no cree que su relato escrito sea superior a los relatos orales. Al reconocer la instrucción que ya han recibido sus lectores, Lucas señala los textos orales existentes y dice: «También me ha parecido bien redactar un relato» (Lc. 1:3-4). La palabra griega de Lucas «también a mí» (*kamoi*) implica que su texto escrito podría agruparse con los orales. No pretendía reubicar los textos orales de sus predecesores con su versión escrita.[27] En contra de nuestra lógica de dominio del texto, por la

---

[25] «"Palabra" (*logos*) significa aquí el mensaje del Evangelio, especialmente como se encarna en las palabras y los hechos de Jesús». Walter L. Liefeld, *Luke, Expositor's Bible Commentary* (Grand Rapids: Zondervan, 1984), p. 822.

[26] En contraste, véase Martin C. Albl, *And Scripture Cannot Be Broken: The Form and Function of the Early Christian Testimonia Collections*, NovTSupp 96 (Leiden: Brill, 1999).

[27] «Lucas se une a aquellos otros que han catalogado la vida de Jesús. Para estos relatos se basaron en la tradición apostólica. Cualquier interpretación de que Lucas se contrapone a sus predecesores no honra la presencia de kai»; Darrell L. Bock, Luke 1:1-9:50, *Baker Exegetical*

que esperaríamos que la versión escrita de Lucas sustituyera a los textos orales, se sabe que las sociedades donde predominaba la transmisión auditiva siguen dependiendo de los textos orales incluso cuando se dispone de textos escritos.

Un siglo después de Lucas, Papías dijo (según Eusebio): «No creo que los textos escritos sean tan beneficiosos para mí de la misma forma que una voz viva y duradera» (*Hist. Eccl.* 3.39.4). En otras palabras, Papías prefería oír algo antes que leerlo. Esta preferencia por lo verbal sobre lo textual continuó al menos hasta el siglo II (véanse las proposiciones 5 y 17).

5. La autoridad del testimonio oral sobre la vida de Jesús se convirtió en la base de la autoridad de los registros escritos. El apóstol Juan concluyó su Evangelio con una afirmación de su veracidad: «Este es el discípulo que da testimonio de estas cosas, y escribió estas cosas; y sabemos que su testimonio es verdadero» (Jn. 21:24; véase también 21:25). Dado que la palabra griega «testigo» señala generalmente a la palabra hablada, la primera parte de la declaración de Juan se refiere a su papel como testigo ocular que transmitía los textos orales de las palabras y los hechos de Jesús. Al parecer, esto se prolongó durante décadas sin que Juan escribiera nada. En la segunda parte de su declaración reconoce que ahora ha plasmado ese testimonio por escrito. A diferencia de Lucas, que no era un testigo ocular, Juan podía simplemente poner por escrito cosas que había experimentado y repetido oralmente una y otra vez. En la última parte de su declaración, Juan afirma la veracidad de su testimonio, refiriéndose tanto a la versión oral como a la escrita. Todo lo que dijo era cierto.

Conclusión

Jesús fue un predicador itinerante en un mundo marcado por la cultura oral. Se comunicaba de forma oral, lo cual era una práctica autorizada. Pasó la comisión a sus seguidores, que a su vez dieron autoridad a su palabra. Los testigos presenciales transmitieron textos orales de lo que Jesús decía y hacía, que se convirtieron en la base del Evangelio de Lucas, el cual también tenía autoridad. Juan fue un testigo oral de la vida de Jesús mucho antes de escribir algo, y cuando lo hizo, la autoridad de

---

Commentary on the NT (Grand Rapids: Baker Academic, 1994), p. 59. Véase la discusión adicional del prólogo de Lucas en la proposición 9.

sus textos orales se trasladó a su texto escrito. Esta es la estructura de autoridad de la cultura oral.

Por qué Jesús uso exclusivamente sus palabras a lo largo de su ministerio es una pregunta persistente que nunca tendrá una respuesta plena. Afortunadamente, es una pregunta discutible ahora que entendemos mejor la cultura oral. Los textos orales eran completamente adecuados e incluso se preferían en la sociedad de los judíos y de los primeros cristianos, en la que predominaba la forma de transmisión auditiva.

La oralidad de los Evangelios tiene implicaciones significativas en la forma en que surgieron. Como veremos en el próximo capítulo, una de las implicaciones son las variantes entre los relatos evangélicos.

Para más información

Bauckham, Richard. *Jesus and the Eyewitnesses: The Gospels as Eyewitness Testimony*. Grand Rapids: Eerdmans, 2006.
Dunn, James D. G. *Jesus Remembered*. Christianity in the Making 1. Grand Rapids: Eerdmans, 2003.
Kelber, Werner H. *The Oral and Written Gospel: The Hermeneutics of Speaking and Writing in the Synoptic Tradition, Mark, Paul, and Q*. Minneapolis: Fortress, 1983.
Kelber, Werner H., y Samuel Byrskog, eds. *Jesus in Memory: Traditions in Oral and Scribal Perspectives*. Waco, TX: Baylor University Press, 2009.
Thatcher, Tom, ed. *Jesus, the Voice, and the Text: Beyond the Oral and the Written Gospel*. Waco, TX: Baylor University Press, 2008.

Proposición 11

Las variantes eran comunes en los textos orales de las palabras y los hechos de Jesús

En mayo de 1879, Chief Standing Bear, un nativo americano, se presentó ante un juez de distrito estadounidense en Omaha, Nebraska. El juez permitió que el demandante se dirigiera personalmente al tribunal. El efecto fue profundo: las mujeres sollozaron, las lágrimas mancharon los rostros de los hombres y todos se apresuraron a estrechar su mano al concluir su discurso. Más tarde, un periodista del *Omaha Daily Herald* informó que había que estar presente para apreciar el momento; al leer la grabación del discurso realizada por el reportero del tribunal después del hecho, no se podían apreciar de la misma forma las palabras de aquel hombre. El resultado fue una victoria histórica en materia de derechos civiles para los nativos americanos. Ya no iban a ser considerados ciudadanos de segunda clase.

Pero hay más en la historia.[1] Los historiadores modernos encuentran una serie de variantes en los detalles de ese día histórico. Por ejemplo, hay diferentes informes —ya que Standing Bear no sabía hablar inglés— sobre quién era su intérprete. Según algunas fuentes, el intérprete era un mozo de veintidós años que había aprendido la lengua nativa de los indios Omaha. Pero hay pruebas de que Bright Eyes, hija de otro jefe indio, había aprendido inglés y era la intérprete.

Ante los ojos de los escépticos, las diferencias en los detalles aparentemente ponen en duda la credibilidad de toda la historia. Pero para la mayoría de las personas —especialmente los nativos americanos— el efecto del juicio y, en particular, del discurso de Standing Bear, atestigua la historicidad del acontecimiento.

---

[1] Para un análisis más completo, véase Graham Furniss, *Orality: The Power of the Spoken Word* (Nueva York: Palgrave Macmillan, 2004), pp. 4-10.

Independientemente de las diferencias en los detalles, nadie puede eliminar los factores principales que contribuyeron a la decisión favorable del juez ni la trascendencia general de lo ocurrido.

La cuestión a la que nos enfrentamos en este capítulo puede ser preocupante o alentadora. ¿Las diferencias en los detalles entre los Evangelios restan credibilidad a los relatos de las palabras y hechos de Jesús? ¿O el acuerdo esencial sobre los acontecimientos es suficiente para atestiguar su historicidad? ¿Fueron los acontecimientos trascendentales independientemente de las variantes en los relatos?

Las proposiciones 8 a 10 demuestran que Jesús abrazó por completo la cultura de la Palestina del siglo I en la que predominaba el discurso verbal. Se adecuó a sí mismo y a su mensaje a una cultura oral y no dio hizo algún comentario que sugiriera que la cultura era deficiente o de que sus seguidores debieran registrar su mensaje en forma escrita para que tuviera mayor validez. Nada en los Evangelios sugiere que los textos orales de las palabras y hechos de Jesús fueran inadecuados para el movimiento cristiano. Pero, ¿con qué precisión las culturas orales transmiten sus historias?

Aunque hay muchas cosas sobre los textos orales de los Evangelios que nos gustaría saber, las pruebas son limitadas. ¿Hasta qué punto el poder de la memoria de los seguidores de Jesús fue capaz de preservar fielmente el contenido de sus enseñanzas? ¿Las tradiciones orales que transmitían los relatos de los hechos de Jesús eran fijas y estables? En otras palabras, ¿con qué exactitud se preservaron y transmitieron las enseñanzas de Jesús? (Nuestra verdadera pregunta es: ¿Con qué precisión, *según los estándares modernos*, se conservaron y transmitieron las enseñanzas de Jesús?)

Existe un conjunto de pruebas para evaluar los textos orales que a menudo se pasa por alto. Como veremos más adelante, esas pruebas están en los propios Evangelios. Pero antes de considerar esto, es esencial que entendamos las formas en que las culturas orales pueden transmitir las tradiciones.

Un ejemplo reciente de conservación y transmisión de textos orales

A diferencia de la cultura occidental, en la que predomina el texto escrito, Kenneth Bailey cuenta la vida en una cultura tradicional de Medio Oriente en la que la transmisión de las tradiciones de las comunidades a través de formas orales es habitual.[2] La transmisión de la historia y los valores culturales de la comunidad se lleva a cabo mediante la recitación de historias y poesías transmitidas por los antepasados. Aunque es posible que los miembros de la comunidad registren sus tradiciones por escrito, no hay ningún deseo ni razón para hacerlo. El valor principal de la comunidad es la oralidad, no la alfabetización. «La palabra escrita no se valora mucho. No se considera un modo de expresión independiente».[3]

Cuando una aldea se reúne por la noche para contar historias tradicionales o recitar poesías conocidas, participan diferentes hombres, en función de quién sea más socialmente destacado o conozca mejor ciertas historias. Mientras tanto, los aldeanos escuchan atentamente los mismos relatos y poesías una y otra vez. Con el tiempo, todos los conocen bien y, en algún momento, les toca transmitirlos.

El contenido de las recitaciones suele incluir proverbios. Una sola comunidad puede conservar hasta seis mil refranes de sabiduría. Se recitan dos formas de poesía: poemas clásicos conservados a lo largo de cientos de años, y versos improvisados compuestos por hábiles poetas que crean estrofas ad libitum para ocasiones especiales, como las bodas. Además, se transmiten tres tipos de historias, sobre todo relatos de héroes del pueblo.

Hay poco control sobre el contenido de estas recitaciones, más allá del de la propia comunidad. Los recitadores saben que la mayoría de los aldeanos han escuchado las historias y la poesía en muchas ocasiones, y no se atreven a desviarse demasiado de la estructura y la redacción estándar. Esto es especialmente cierto en el caso de los proverbios y la poesía: los aldeanos reconocen rápidamente una sola palabra incorrecta y el orador es corregido públicamente.

En cambio, en el caso de las parábolas y los cuentos, el recitador tiene flexibilidad para contar detalles específicos. Las líneas principales de la historia no pueden cambiarse, pero si decide invertir el orden de algunas escenas o contar la historia con su propio estilo o con algunos detalles añadidos, eso es aceptable dentro de las estructuras de valores de la comunidad. «El narrador tenía cierta libertad para contar la historia a su manera, siempre y cuando no cambiara la idea central de la historia... El narrador podía cambiar, por ejemplo, el 15% de la historia,

---

[2] Kenneth E. Bailey, «*Informal Controlled Oral Tradition* and the Synoptic Gospels», *Themelios* 20, no. 2 (1995): 4-11 (la publicación original fue en Asia Journal of Theology 5 [1991]: 34-54).

[3] Eduard Nielsen, *Oral Tradition, Studies in Biblical Theology* 11 (Chicago: A. R. Allensen, 1954), p. 21; citado en Bailey, «*Informal Controlled Oral Tradition*», p. 5.

cualquier 15%».⁴ Pero, con el tiempo, la esencia de la historia seguía siendo la misma. En otras palabras, sería poco probable que la autenticidad de una historia fuera cambiada. A nadie se le permitía cambiar algún elemento clave. Sería totalmente inexcusable que un recitador alterara una parte central del relato. Pero tampoco se cuestionaba la autenticidad de una historia si embellecían partes de un relato para adaptarlas a sus propósitos. El punto principal es que a los narradores se les concedía cierta flexibilidad; la comunidad aceptaba la variación de los detalles incidentales.

Este ejemplo de la cultura de Medio Oriente lleva a Bailey a proponer que el método de los aldeanos probablemente era similar al proceso de transmisión de las enseñanzas de Jesús. Se refiere al modelo como tradición oral controlada e informal. Esto contrasta con otras teorías de la crítica de la tradición, como las propuestas por Bultmann o Gerhardsson.⁵ Bailey concluye: «Hemos observado una metodología clásica para la conservación, el control y la transmisión de la tradición que proporciona, por un lado, la garantía de autenticidad y, por otro, la libertad dentro de unos límites para las diversas formas de esa tradición».⁶

Como se señala en la proposición 10, la tesis de Bailey sobre la transmisión oral es una de las varias tesis que se han propuesto. La propuesta de Bauckham, aunque aboga por un proceso más formal del testimonio de los testigos oculares, termina casi en el mismo punto: a medida que se transmitían los textos orales de las palabras y los hechos de Jesús, el contenido básico seguía siendo en gran medida el mismo, mientras que se aceptaban diversos grados de flexibilidad en los detalles.⁷

El encuentro con los textos orales a través de los Evangelios

Aplicar el modelo de Bailey o Bauckham a los Evangelios es un punto crucial para entender cómo se pueden haber conservado y transmitido las enseñanzas de Jesús. Si, por un lado, la comunidad de seguidores de

---

⁴ Bailey, «*Informal Controlled Oral Tradition*», p. 7.
⁵ Rudolf Bultmann, *Jesus and the Word* (Nueva York: Scribner, 1921, 1958); Birger Gerhardsson, *Memory and Manuscript: Oral Tradition and Written Tradition in Rabbinic Judaism and Early Christianity* (Copenhague: Ejnar Munksgaard, 1961).
⁶ Bailey, «*Informal Controlled Oral Tradition*», p. 10.
⁷ Richard Bauckham, *Jesus and the Eyewitnesses: The Gospels as Eyewitness Testimony* (Grand Rapids: Eerdmans, 2006).

Proposición 11

Jesús consideraba esencial preservar la redacción precisa de sus declaraciones verbales, entonces tenemos razones para creer que podrían haberlo hecho. Las culturas orales pueden hacerlo. Si, por otro lado, la comunidad de seguidores se comprometió a preservar cuidadosamente lo que Jesús decía, pero no necesariamente utilizando una redacción exacta o detalles estrictos, ni utilizando la misma redacción o detalles cada vez que se volvían a contar las versiones orales de sus enseñanzas, entonces tenemos razones para aceptar esa metodología como fiel dentro del sistema de valores de una cultura oral antigua.

Cuando llegó el momento de que los textos orales del mensaje evangélico se pusieran por escrito, podemos suponer que, sea cual sea el nivel de fidelidad de la transmisión seguido por la comunidad de creyentes durante la fase oral, se habría aplicado el mismo nivel o uno similar a las formas escritas del evangelio. Es poco probable que los evangelistas rompieran repentinamente con la tradición de los textos orales de la comunidad creyente e introdujeran nociones a discreción en sus textos escritos. En otras palabras, deberíamos ser capaces de mirar hacia atrás a través de los textos escritos de los Evangelios para tener una idea de cómo eran los textos orales.

Ahora bien, como es bien sabido, los cuatro Evangelios conservan relatos diferentes de muchos aspectos de la vida y el ministerio de Jesús. Basten algunos ejemplos:

- Mateo y Lucas difieren en el orden de las tres tentaciones de Jesús. (Mt. 4:5; Lc. 4:9)
- Mateo y Lucas difieren sobre si Jesús prometió que el Padre daría buenas dádivas o que daría el Espíritu Santo. (Mt. 7:11; Lc. 11:13)
- Los Evangelios Sinópticos difieren en cuanto a si Jesús dijo que había que tomar un bastón y unas sandalias; los Evangelios están de acuerdo en que debemos viajar ligero, pero no en qué forma. (Mt. 10:10; Mc. 6:8-9; Lc. 9:3)
- Mateo y Marcos difieren en si Jesús reprendió a los discípulos por tener poca fe o por no tenerla. (Mt. 8:26; Mc. 4:39-40)
- Mateo y Marcos difieren en si el joven rico preguntó a Jesús sobre lo que es bueno o si llamó bueno a Jesús. (Mt. 19:16; Mc. 10:18)

Además, hay lugares en los que —al menos desde un punto de vista moderno— esperaríamos una redacción precisa. La voz de Dios desde el cielo en el bautismo de Jesús declaró que Jesús era su Hijo amado en quien se sentía complacido, pero los Evangelios registran dos versiones diferentes de la redacción: «Este es mi Hijo» y «Tú eres mi Hijo» (Mt. 3:17; Mc. 1:11; Lc. 3:22). El resultado es el mismo, ya que el hecho de que Dios hable a su Hijo o sobre su Hijo está en sintonía con el punto principal. Del mismo modo, la voz de Dios desde el cielo en la transfiguración de Jesús declaró que Jesús era su Hijo, pero los Evangelios registran tres versiones diferentes de la redacción: «Este es mi Hijo amado en quien tengo complacencia» (Mt. 17:5); «Este es mi Hijo amado» (Mc. 9:7); «Este es mi Hijo elegido» (Lc. 9:35). Aunque *amado* y *elegido* son palabras diferentes, el significado es esencialmente el mismo.

La pregunta de Jesús a los discípulos en la ciudad de Cesarea varía en la pregunta de quién era «la gente» o «la multitud» (respectivamente, Mt. 16:13; Lc. 9:18). Sólo Mateo registra que Jesús se refirió a sí mismo en su pregunta como «el Hijo del Hombre» (Mt. 16:13). Además, la respuesta de Pedro a la pregunta de Jesús difiere considerablemente: «Tú eres el Cristo, el Hijo del Dios viviente» (Mt. 16:16); «Tú eres el Cristo» (Mc. 8:29); «El Cristo de Dios» (Lc. 9:20). Quizá lo más sorprendente de todo es que los cuatro Evangelios no coinciden en la redacción del cartel que Pilato colocó en la cruz de Jesús:

Este es Jesús, rey de los judíos. (Mt. 27:37)

El rey de los judíos. (Mc. 15:26)

Este es el rey de los judíos. (Lc. 23:38)

Jesús de Nazaret, el rey de los judíos. (Jn. 19:19)

Ahora bien, sería demasiado escéptico concluir que este tipo de diferencias fueron el resultado de un descuido aleatorio o de un desprecio total por la historicidad. Muchos eruditos, como Darrell Bock, han ofrecido explicaciones para las variantes en los relatos evangélicos.[8] Por un lado, los evangelistas se sintieron libres de reorganizar los acontecimientos para adaptarlos a los puntos que estaban exponiendo. Por otro lado, Jesús hablaba a menudo en arameo, que, al ser traducido

---

[8] Darrell L. Bock, «*The Words of Jesus in the Gospels*: Live, Jive, or Memorex?», pp. 73-99 en *Jesus under Fire: Modern Scholarship Reinvents the Historical Jesus*, ed. Michael J. Wilkins y J. P. Moreland (Grand Rapids: Zondervan, 1995).

por diferentes personas al griego, no era necesariamente interpretado de la misma manera.[9] Además, «la capacidad de ser exhaustivo o detallado en el contexto antiguo estaba limitada por el mundo mayoritariamente oral en el que se desenvolvía».[10]

Es especialmente importante reconocer que una visión moderna de la historiografía no debe ser la norma por la que juzguemos las prácticas antiguas de escribir la historia. Citando de nuevo a Bock, «tener resúmenes precisos de las enseñanzas de Jesús es tan histórico como tener sus palabras reales; son sólo dos perspectivas diferentes para darnos la misma cosa. Todo lo que se requiere es que los resúmenes sean fiables».[11]

La evidencia sugiere, pues, que el mensaje evangélico conservó *la esencia* de lo que Jesús y los discípulos dijeron e hicieron. Si hay variaciones en los Evangelios escritos, es probable que haya habido variaciones similares en los textos orales. Es seguro concluir que no se exigió precisión en la redacción ni en la transmisión oral ni en los registros escritos. «La historia es algo más que una secuencia cronológica precisa o que siempre se cuente el mismo detalle o se informe de algo con las mismas palabras».[12]

Otra forma de pensar en el concepto central es reconocer que los Evangelios conservan la *ipsissima vox* de las palabras y acciones de Jesús, no la *ipsissima verba*. Se trata de un contraste entre la voz exacta (*vox*) y la redacción precisa (*verba*). En otras palabras, puede que no tengamos las palabras exactas de Jesús, pero sí la *palabra* esencial.[13] Se puede confiar en los Evangelios como representación fiable de las palabras y los hechos de Jesús.

Afirmar que los Evangelios conservan la esencia de las palabras y los hechos de Jesús puede parecer, a primera vista, una redundancia. Pero la palabra *esencia* puede referirse al sabor de algo de lo que se ha extraído, una forma concentrada de lo que representa. En ese sentido, los Evangelios conservan el verdadero sabor en forma condensada de lo que

---

[9] Esta explicación no resuelve las cuatro redacciones diferentes del cartel en la cruz, porque, según Jn. 19:20, Pilato lo puso en griego (además de en arameo y latín).
[10] Bock, «*The Words of Jesus in the Gospels*» p. 89.
[11] *Ibid*, p. 88.
[12] *Ibid*, p. 81.
[13] Joachim Jeremias, «Characteristics of the Ipsissima Vox», págs. 107-14 en *The Historical Jesus in Recent Research*, ed. James D. G. Dunn y Scot McKnight (Winona Lake, IN: Eisenbrauns, 2005). «La inerrancia no exige que la Logia Jesu (los dichos de Jesús) contenga la *ipsissima verba* (las palabras exactas) de Jesús, sino sólo la *ipsissima vox* (la voz exacta)»; Paul D. Feinberg, «The Meaning of *Inerrancy*», en *Inerrancy*, ed. Norman L. Geisler (Grand Rapids: Zondervan, 1980), p. 301; cf. Grant Osborne, «*Historical Criticism and the Evangelical*», JETS 42 (1999) 202-24.

Jesús dijo e hizo. Lo *esencial* puede referirse a lo que es vital e indispensable. Así, los Evangelios son la esencia de las verdades esenciales que Jesús comunicó. Son una reproducción; son retratos pintados por los evangelistas, y sostenemos que son verdaderos parecidos. Si Jesús se mirara en los Evangelios como en un espejo, diría: «Sí, ese soy yo. Eso es lo que dije».

Sin embargo, los escépticos pueden descartar la posibilidad de que incluso el sentido esencial de las palabras y acciones de Jesús debió conservarse con exactitud. ¿Cómo podrían los oyentes retener incluso esa parte de las historias y enseñanzas de Jesús? Bailey describe su propia experiencia de hablar en una cultura oral:

> A menudo, mientras predicaba, contaba una historia nueva para la comunidad. Al final de la narración, la atención de la congregación se rompía literalmente en lo que descubrí que era una forma de taquigrafía oral. El anciano de la primera fila gritaba a través de la iglesia a un amigo en voz alta: «¿Has oído lo que ha dicho el predicador? Ha dicho...», y a continuación se decían una o dos líneas de la historia, incluido el punto central. La gente de toda la iglesia se volvía instintivamente hacia sus vecinos y se repetía dos y tres veces la idea central de la historia. Querían volver a contar la historia esa semana en todo el pueblo y tenían que aprenderla en el acto. El predicador no podía *continuar* hasta que ellos lo hicieran.[14]

No sabemos si este ejemplo moderno del método de una cultura oral para preservar las palabras de un orador era similar al proceso en la época de Jesús. Pero Jesús contaba con que su público recordaría el contenido de sus textos orales sin necesidad de escribirlos.

Conclusión

Jesús vivió en una cultura predominantemente analfabeta y oral. Proclamó la verdad de forma oral y comisionó a sus seguidores que hicieran lo mismo. Sus seguidores, empezando por los testigos oculares, transmitieron versiones orales de lo que Jesús dijo e hizo. Y como se sugiere en el prólogo de Lucas, los textos orales se convirtieron en la base de los Evangelios.

---

[14] Bailey, «*Informal Controlled Oral Tradition*», p. 10.

Proposición 11

No podemos asegurar si hubo formas escritas intermedias entre los textos orales y los escritos de los Evangelios (véase la proposición 13). Aparte de lo que describe Lucas, sabemos poco sobre cuándo y cómo los textos orales del mensaje evangélico se convirtieron en textos escritos. Para los fines de este estudio, nuestro interés principal es la evidencia del impacto oral en la forma escrita del evangelio, o en el caso de este capítulo, la evidencia en los textos escritos de los evangelios de la forma de los textos orales del mensaje evangélico. Partimos de la base de que los Evangelios escritos ofrecen una ventana al mundo de los Evangelios orales.

Basándonos en las variantes de los textos escritos, podemos deducir que los textos orales no manifestaban una forma de redacción sacrosanta que prescribiera y regulara cada detalle y cada palabra, como si los transmisores de la tradición se ciñeran a las normas de la exactitud histórica moderna. Había variantes, pero el grado de variación estaba dentro de los límites de los valores de la comunidad oral. Podemos concluir sin temor a equivocarnos que los relatos, ya sean en forma oral o escrita, premiten lo que Jesús dijo y lo que Jesús hizo.

Por lo tanto, las diferencias entre los relatos evangélicos no son un inconveniente para la fe y el testimonio cristianos. Aunque las diferencias puedan parecer errores, se trata de juzgarlas según los criterios modernos. No eran errores según los criterios de quienes transmitieron los textos orales o fueron autores de los textos escritos. Las diferencias de detalle entre los Evangelios no deberían restar credibilidad a los relatos de las palabras y hechos de Jesús. Además, no es necesario explicar las diferencias mediante algún tipo de armonización para ajustarse a los estándares modernos de precisión. Los acontecimientos fueron trascendentales independientemente de las variantes en los relatos.

En cuanto a la proposición 13, la siguiente fase de la transmisión del mensaje evangélico es la producción de manuscritos adicionales de textos escritos por parte de los copistas. Pero, al igual que los transmisores orales, los escribas no consideraban las palabras sacrosantas e inmutables.

Proposición 12

A lo largo del Nuevo Testamento, las palabras habladas, y no las escritas, fueron el eje central

Durante décadas, Jeremías, el profeta del Antiguo Testamento, proclamó la palabra del Señor a la familia real y a los habitantes de Jerusalén. Era un mensaje de carácter urgente y una misión solitaria. Pero no parecía tener prisa por dejar constancia escrita de sus palabras. Tal vez le pareció innecesario. ¿No había dicho Dios que lo importante era que el mensaje quedara escrito en el corazón de la gente? «Oídme, los que conocéis justicia, pueblo en cuyo corazón está mi ley» (Is. 51:7; cf. Jer. 31:33). Sin embargo, después de que Jeremías predicó durante veintitrés años, Dios le ordenó que escribiera: «Toma un rollo de libro, y escribe en él todas las palabras que te he hablado contra Israel y contra Judá, y contra todas las naciones, desde el día que comencé a hablarte, desde los días de Josías hasta hoy» (Jer. 36:2).

Durante décadas, los testigos presenciales y los miembros de las comunidades cristianas contaron una y otra vez las historias de la vida de Jesús. El libro de los Hechos relata lo fundamental que era ese mensaje evangélico en la vida de la iglesia primitiva. Pero no parecía haber urgencia en registrar las historias en forma escrita. Jesús fue crucificado alrededor del año 30 d.C. El primer Evangelio (¿Marcos?) no se escribió, al parecer, hasta el año 50 d.C. o después. Quizás el objetivo de los primeros cristianos era tener la palabra de Dios en sus corazones.

El apóstol Pablo —después de su conversión, aproximadamente en el año 35 d.C.— se convirtió en un predicador itinerante, proclamando el evangelio en diversas ciudades como Damasco y Antioquía. Su primer viaje misionero, que tenía un claro sentido de urgencia, fue aproximadamente diez años después. Pero Pablo no escribió su primera carta (¿Gálatas, 1 Tesalonicenses?) hasta cerca del año 50 d.C.[1] El apóstol Pedro, líder de los discípulos y de la iglesia primitiva, no escribió su primera carta hasta el año 60 d.C. o después. Judas aparentemente escribió su carta en los años 60s. El libro de Hebreos fue escrito probablemente en los años 60s. Santiago pudo haber escrito su carta una década antes, tal vez a finales de los años 40s. El apóstol Juan probablemente no escribió su Evangelio y sus cartas hasta los años 80s o 90s.

En el libro de los Hechos, Lucas —en contra de lo que pensamos— no registra nada acerca de que los cristianos redactaran registros escritos de sus mensajes ni de que ninguno de los apóstoles escribiera cartas (aunque véase He. 15:22-29). Es casi una sorpresa pasar la última página del libro de los Hechos y encontrar trece cartas escritas por Pablo y ocho epístolas generales escritas por cinco autores diferentes, algunas de las cuales fueron escritas durante el período de tiempo cubierto por los Hechos.

En este capítulo, pasamos de los Evangelios al resto del Nuevo Testamento, buscando pruebas de la transición de los textos orales a los escritos. Es sorprendente hasta qué punto el foco de atención de los primeros cristianos seguía siendo la oralidad. Comenzaremos con la palabra *logos*, retomando lo que dejamos en la proposición 9.

El *logos* como texto oral en los Hechos y las Epístolas

Muchas de las cosas que son ciertas en los Evangelios sobre la oralidad también son aplicables al Nuevo Testamento. Incluso en medio de la correspondencia de textos escritos (cartas) por parte de los autores a las distintas audiencias, la cultura oral siguió siendo prominente.

Logos aparece casi doscientas veces en los libros de los Hechos hasta Judas. Pero en un par de excepciones implica el texto oral, en particular la proclamación del evangelio.

> [Pedro declaró] que Dios decidió que por mi boca las naciones oyeran el mensaje [*logos*] del evangelio y creyeran. (He. 15:7)

---

[1] Es concebible que Pablo haya escrito una o más cartas antes de esta época, que no se conservaron, pero no se menciona nada al respecto. Es posible que él y Bernabé fueran portadores de cartas cuando fueron a Jerusalén con un regalo de la iglesia de Antioquía (He. 11:29-30).

Cuando oísteis el mensaje [*logos*] de la verdad, el evangelio de vuestra salvación. (Ef. 1:13)

Recibid con mansedumbre el *logos* implantado, que es capaz de salvar vuestras almas; sed hacedores del *logos* y no sólo oidores, para que no os engañéis. (St. 1:21-23)

El antiguo mandamiento es el mensaje [*logos*] que habéis oído. (1 Jn. 2:7)

Hay tres pasajes especialmente significativos que distinguen entre el texto oral y el texto escrito.

No os alarméis por algún espíritu o informe [*logos*] o carta como si viniera de nosotros. (2 Tes. 2:2)

Manténganse firmes, hermanos, y conserven las tradiciones que les fueron enseñadas, ya sea por la palabra [*logos*] o por nuestra carta. (2 Tes. 2:15)

La ley constituye a hombres débiles como sumos sacerdotes, pero el decreto [*logos*] de la afirmación, que vino después de la ley, constituyó a un hijo hecho perfecto para siempre. (Heb. 7:28)

La frase *logos de Dios* aparece treinta y cinco veces (y *rhēma de Dios* cuatro veces), mientras que la frase *palabra del Señor* (incluyendo *palabra de Cristo*) usando tanto *logos* como *rhēma* aparece dieciséis veces.[2] La palabra era las buenas nuevas del reino y del nuevo nacimiento. Era la luz del mundo. Los testigos proclamaron y la gente escuchó el mensaje de la gracia salvadora de Dios.[3] *Logos* también podría referirse a la voz hablada de Dios en la creación.

Cuando ellos dieron testimonio y proclamaron el *logos* del Señor (He. 8:25)

---

[2] En el libro de los Hechos la palabra Dios aparece once veces, y en las cartas de Pablo aparece ocho veces; logos y rhēma parecen ser sinónimos en esta frase común.

[3] Nigel Turner, *Christian Words* (Londres: T & T Clark, 1981), p. 481.

La fe viene por el oír, y el oír por la palabra [*rhēma*] de Dios. (Rom. 10:17)

Cuando recibisteis el *logos* de Dios, que oísteis de nosotros, no lo recibisteis como el *logos* de los humanos, sino como lo que realmente es, el *logos* de Dios. (1 Tes. 2:13)

Olvidan fácilmente que hace mucho tiempo, por el *logos* de Dios, existieron los cielos y la tierra se formó de agua y por medio del agua. (2 Pe. 3:5)

El significado oral de *la palabra de Dios* fue especialmente significativo en el libro de los Hechos. El énfasis de la iglesia primitiva en la evangelización se basaba en el texto oral de las buenas nuevas.

Da a tus siervos la capacidad de hablar tu *logos* con denuedo... Y ellos hablaban el *logos* de Dios con denuedo. (He. 4:29, 31)

El *logos* de Dios seguía extendiéndose, y el número de discípulos en Jerusalén seguía aumentando considerablemente. (He. 6:7)

[Pablo] permaneció [en Corinto] un año y seis meses enseñando entre ellos el *logos* de Dios. (He. 18:11)[4]

La oralidad en el libro de los Hechos se hace más evidente en los testimonios de las palabras y hechos de Jesús, junto con los sermones que reunió Lucas. Justo antes de su ascensión, Jesús ordenó a los apóstoles que fueran sus testigos (He. 1:8). Al seleccionar a un apóstol sustituto, uno de los criterios fue que fuera un testigo ocular del ministerio terrenal de Jesús y que se uniera a los apóstoles como testigo oral de la resurrección de Jesús (He. 1:21-22). A lo largo de los Hechos, los apóstoles suelen referirse a su papel como testigos (e.g., He. 2:32; 10:41-42). Así, durante los primeros treinta años de la historia de la iglesia primitiva, el ministerio de los apóstoles —al menos según el registro de Lucas— fue completamente oral.[5]

Dado que *logos* (y *rhēma*) se refiere a textos orales del evangelio, el resultado es que muchos de los versículos favoritos de muchos cristianos

---

[4] Véase también Hechos 6:2; 8:14; 11:1; 12:24; 13:5; 13:7; 13:46; 17:13.

[5] La única excepción sería una breve carta que la iglesia de Jerusalén envió a la de Antioquía: Hechos 15:22-29.

—que suponen que se refieren directamente a las palabras escritas de la Escritura— en realidad no lo son. Pablo señaló que Jesús purifica a la iglesia «en el lavamiento del agua por la palabra [*rhēma*]» (Ef. 5:26). Dijo que «tomen el yelmo de la salvación, y la espada del Espíritu, que es la palabra [*rhēma*] de Dios» (Ef. 6:17). Dijo: «Que la palabra [*logos*] de Cristo habite abundantemente en vosotros, enseñándoos e instruyéndoos unos a otros con toda sabiduría» (Col. 3:16). Pedro dijo: «Habéis nacido de nuevo, no de una semilla perecedera, sino de una imperecedera, por la palabra [*logos*] viva y permanente de Dios, porque la palabra [*rhēma*] del Señor permanece para siempre» (1 Pe. 1:23, 25). Estos versículos —así como Hebreos 4:12 (véase la proposición 9)— se centran en las verdades que los creyentes habían escuchado oralmente. El hecho de que los cristianos conservaran y proclamaran el texto oral del evangelio era esencial para que la comunidad de creyentes madurara en la fe y la sabiduría.

Para describir el *logos* se utilizaba una gran cantidad de modificadores: «la palabra de gracia» (He. 14:3; 20:32); la «palabra del evangelio» (He. 15:7); «las palabras de la sabiduría humana» (1 Cor. 1:17; cf. 12:8); la «palabra de la cruz» (1 Cor. 1:18); «la palabra de la reconciliación» (2 Cor. 5:19); «la palabra de la verdad» (2 Cor. 6:7; Ef. 1:13; Col. 1:5; 2 Tim. 2:15; St. 1:18); «palabra corrompida» (Ef. 4:29); «palabra de vida» (Flp. 2:16; 1 Jn. 1:1); «palabra de hombres» (1 Tes. 2:13); «palabras de fe» (1 Tim. 4:6); «palabra de exhortación» (Heb. 13:22). En muchos versículos «mensaje» es una palabra sustituta adecuada para *logos*, pues el contexto deja claro que se trata de textos orales.

Hay una excepción en el caso de que *logos* significa texto oral. Su uso en los Evangelios es similar al del Antiguo Testamento. En el Concilio de Jerusalén, Santiago señaló: «Las declaraciones [*logoi*] de los profetas están de acuerdo con esto» (He. 15:15), y luego citó Amós 9:11-12. Pablo escribe: «Esta fue la declaración [*logos*] de la promesa» (Rom. 9:9), y luego cita Génesis 18:10 y 14. En cuanto a una cita de Isaías 25:8 sobre la muerte absorbida por la victoria, Pablo escribe: «Entonces se cumplirá la declaración [*logos*] que estaba escrita» (1 Cor. 15:54).[6] En el contexto de escuchar a los profetas, Pedro utiliza el término «logos profético» (2 Pe. 1:19; véase la proposición 18).

---

[6] Otros pasajes con referencias similares al AT son los siguientes: Pablo dice: «Cualquier otro mandamiento que exista, se resume en esta única declaración [palabra]» (Rom. 13:9), y luego cita Lev. 19:18 (cf. Gál. 5:14). Después de varias citas del AT, Pedro escribe: «Tropiezan porque desobedecen la verdad [palabra]» (1 Pe. 2:8), aunque no está claro si el logos se refiere a las citas

También, como en los Evangelios, son evidentes los ecos de los orígenes orales del Antiguo Testamento. El libro de los Hebreos, en particular, utiliza el lenguaje oral para citar el Antiguo Testamento: «Dios, habiendo hablado muchas veces y de muchas maneras en otro tiempo a los padres por los profetas, en estos postreros días nos ha hablado por el Hijo» (Heb. 1:1). Los verbos que se refieren a algún discurso introducen citas del Antiguo Testamento en el libro de Hebreos alrededor de 20 ocasiones (véase la proposición 18).

En contraste con las casi doscientas ocasiones en las que el *logos* se refería al habla, hay dos contextos en los que no es así. Al inicio del segundo volumen de Lucas, se refirió al Evangelio que compiló: «El primer relato [*logos*] lo escribí sobre todas las cosas que Jesús empezó a hacer y enseñar» (He. 1:1). Y un autor de una carta podía referirse a su instrucción en la carta como *logos* (2 Tes. 3:14; cf. Heb. 13:22).

Textos orales y escritos de las enseñanzas de Pablo

Todas las cartas de Pablo, excepto una, fueron escritas a iglesias o a individuos a los que había enseñado las verdades del evangelio en persona. En sus cartas hacía referencia a que sus destinatarios habían escuchado sus mensajes evangélicos, y a menudo les recordaba cosas que había proclamado cuando estaba con ellos. En muchos sentidos, los textos orales y los escritos de Pablo pretendían alcanzar objetivos similares; en ambos casos decía muchas de las mismas cosas. Por lo que sabemos de la cultura oral, los textos escritos no se consideraban independientes ni se diferenciaban de los textos orales.

En las dos cartas que dirigió a la iglesia de Tesalónica, Pablo afirmó que estaba reiterando su exhortación a vivir una vida digna de Dios.

> Por último, hermanos, os pedimos y os exhortamos en el Señor Jesús —así como habéis recibido de nosotros cómo debéis vivir y agradar a Dios, tal como estáis viviendo— a que os abundéis en esto aún más. (1 Tes. 4:1)

> ¿No os acordáis de que cuando aún estaba con vosotros os decía estas cosas? (2 Tes. 2:5; cf. 1 Cor. 11:2)

---

anteriores o a la verdad de Dios en general. Para un análisis de 2 Pedro 1:19, véase la proposición 18.

Así que, hermanos, manteneos firmes y retened las tradiciones que se os enseñaron, ya sea por medio de nuestro *logos* o de nuestra carta [anterior]. (2 Tes. 2:15)

En su carta a los gálatas, Pablo tomó como punto de partida el evangelio que había predicado oral y personalmente. Lo defendió frente a otros «evangelios» que eran perversiones del que él había declarado (Gál. 1:4-9). Recordando a los gálatas lo que había dicho en su presencia, volvió a reivindicar el evangelio de la gracia al defender la libertad en Cristo y al advertir que no había que esclavizarse a la ley. En su primera carta a la iglesia de Corinto, Pablo repitió elementos fundamentales del evangelio que ya había explicado cuando estaba con ellos (1 Cor. 11:23; 15:1-3). También envió a Timoteo para que recordara a los corintios su forma de vida en Cristo, que coincidía con lo que enseñaba en todos los lugares a los que iba (1 Cor. 4:17). En su carta a la iglesia de Filipos, Pablo dijo que no era inconveniente que repitiera las cosas que había dicho anteriormente (Flp. 3:1).[7] Incluso al escribir a los romanos, a los que todavía no había visitado, Pablo les recordó las cosas que habían oído (Rom. 15:15).

En su segunda carta a Timoteo, Pablo enfatizó dos cosas que había proclamado en persona: «Te recuerdo que enciendas el don de Dios que hay en ti» (2 Tim 1:6); «Acuérdate de Jesucristo, resucitado de entre los muertos, del linaje de David, según mi Evangelio» (2 Tim. 2:8). Además, Pablo le dijo a Timoteo que tomara las cosas que había aprendido (de Pablo) y las transmitiera a otros (2 Tim. 2:2; 3:14-17). La cuestión era que Timoteo debía volver a predicar lo que Pablo había predicado (véase la proposición 10). No había ningún indicio de que Pablo esperara que Timoteo escribiera algo. Timoteo era un líder en la iglesia de Éfeso, y como su ministerio era local, no había necesidad de que registrara la enseñanza de Pablo por escrito. Esperando que el ministerio de Timoteo fuera oral, Pablo se refirió a sus oyentes (1 Tim. 4:16).

Pablo también escribió a Tito, dándole instrucciones similares a las que le dio a Timoteo. Tito era un líder en las iglesias de la isla de Creta, y era el representante de Pablo (Tit. 1:5; 2:1, 7-8). El propósito de Pablo al escribir a Tito era enfatizar las cosas que ya le había dicho y aconsejarle sobre las cosas que debía enfatizar en su ministerio de

---

[7] Cuando Pablo dijo que no era molestia volver a escribir las mismas cosas, no está claro si se refería a escribir algo que había declarado oralmente antes o que había escrito antes; véase Gerald F. Hawthorne, *Philippians, Word Biblical Commentary* 43 (Waco, TX: Word, 1983), p. 124.

estímulo (Tit. 1:5; 3:8). Al igual que con Timoteo, Pablo esperaba que Tito transmitiera oralmente la sana doctrina que había aprendido de Pablo y de otros.

Además de enfatizar las similitudes entre su predicación y la escritura, Pablo expresó en más de una carta su deseo de estar presente en lugar de comunicarse por escrito. Consideraba que su comunicación escrita sustituía aquello que diría en persona. En efecto, la textualidad era un instrumento de su oralidad. En cuanto a la gente de Galacia, deseaba estar presente para poder dirigirse a las necesidades de los creyentes en persona (Gál. 4:20). Ansiaba ver a los tesalonicenses para poder animar y fortalecer a los nuevos creyentes (1 Tes. 2:17-18; 3:2, 6, 10). Escribiendo a los efesios, Pablo dijo que Tíquico les informaría de todo (Ef. 6:21). A Timoteo le escribió: «Esto te escribo, aunque tengo la esperanza de ir pronto a verte, para que si tardo, sepas cómo debes conducirte en la casa de Dios, que es la iglesia del Dios viviente, columna y baluarte de la verdad» (1 Tim. 3:14-15).

La autoridad de los textos orales de pablo

Pablo estaba completamente seguro de que lo que proclamaba oralmente era la palabra de Dios. Así como Jesús dejó claro que la fuente de sus textos orales provenía de su Padre (véase la proposición 10), Pablo afirmaba a menudo la naturaleza divina de lo que predicaba. A los romanos, Pablo les dijo que no se atrevería a hablar de nada que no fuera lo que el Señor había realizado por medio de él (Rom. 15:18). Al recordar su predicación en Corinto, afirmó que su *logos* y su predicación procedían del Espíritu (1 Cor. 2:4, 10, 13). En su segunda carta a los corintios mencionó que hablaba como representante y embajador de Dios con la autoridad del Señor (2 Cor. 2:17; 5:20; 13:3, 10). A los gálatas les declaró que su evangelio no era obra de los hombres, sino que vino por revelación del propio Jesús (Gál. 1:10-11). A los líderes de la iglesia de Éfeso, Pablo les aseguró que había proclamado «la voluntad de Dios» (He. 20:27). A los tesalonicenses les dijo: «Cuando recibisteis la palabra de Dios que oísteis de nosotros, la recibisteis no como palabra de hombres, sino según es en verdad, la palabra de Dios, la cual actúa en vosotros los creyentes» (1 Tes. 2:13). También dijo a los tesalonicenses que su enseñanza era por la autoridad del Señor (1 Tes. 4:2). Pablo escribió a Timoteo que lo que éste había oído de él eran palabras sanas (2 Tim. 1:13). A Tito le dijo que «a su tiempo [Dios] reveló su mensaje [*logos*] por medio de la predicación que me fue confiada según el mandato de Dios nuestro Salvador» (Tit. 1:3).[8] Pablo dijo «mi evangelio» tres veces, sugiriendo que lo que predicaba era el verdadero evangelio (Rom. 2:16; 16:25; 2 Tim. 2:8).

Además de la autoridad de sus enseñanzas, existían importantes fuentes orales que sustentaban lo que Pablo proclamaba. Antes de su conversión, escuchó la explicación del evangelio por parte de Esteban en su sermón ante el Sanedrín (He. 7:1-58; 8:1). Inmediatamente después de su conversión, Pablo fue instruido en la fe por Ananías y otros discípulos en Damasco. Y a los pocos días ya predicaba en las sinagogas. Más tarde fue a Jerusalén y se puso bajo el cuidado de Bernabé y los apóstoles. Permaneció en Jerusalén durante algún tiempo, hablando con valentía de su fe. Posteriormente, pasó un año con Bernabé ministrando en la iglesia de Antioquía.

En la primera carta de Pablo a los Corintios, menciona específicamente dos textos orales de los que fue receptor, uno sobre el pan y la copa y otro sobre la muerte y resurrección de Jesús (1 Cor. 11:23-26; 15:1-5). Como señala Craig Blomberg, se trataba de «palabras recordadas por los discípulos y ampliamente repetidas y quizá incluso memorizadas en la comunidad cristiana primitiva».[9] En todo esto, Pablo fue el beneficiario de textos orales que fueron la base del movimiento cristiano primitivo.

Un buen ejemplo de la convicción que Pablo tenía de que los textos orales, bajo la guía del Espíritu Santo, tenían autoridad, es lo que dijo a los corintios (2 Cor. 3:7-11). En el contexto de la explicación de las diferencias y similitudes entre el antiguo y el nuevo pacto, Pablo reconoció que el ministerio del antiguo pacto, que estaba tallado en letras sobre piedra, era glorioso por derecho propio. Pero Pablo preguntó: «¿Cómo no va a ser más glorioso el ministerio del Espíritu?». (2 Cor. 3:8). Esta insistencia en la importancia del ministerio al margen del texto escrito se hace aún más patente en la declaración de Pablo en el contexto previo: «Demostráis que sois una carta de Cristo entregada por nosotros, escrita no con tinta sino con el Espíritu del Dios vivo, no en tablas de piedra sino en tablas de corazones humanos» (2 Cor. 3:3; véase Is. 51:7; Jer. 31:33).

---

[8] Para la evidencia patrística temprana que afirmaba la autoridad de los apóstoles, véase Michael J. Kruger, *The Question of Canon: Challenging Perspectives on the Origins of the New Testament* (Downers Grove, IL: IVP Academic, 2013), pp. 68-69.

[9] Craig Blomberg, *1 Corinthians*, NIVAC (Grand Rapids: Zondervan, 1994), p. 229.

Es probable que la confianza de Pablo en lo que predicaba también se viera reforzada por lo que Jesús había dicho a los discípulos.

> En aquella hora os será dado lo que habéis de hablar. Porque no sois vosotros los que habláis, sino el Espíritu de vuestro Padre que habla en vosotros. (Mt. 10:19-20)

> Mas el Consolador, el Espíritu Santo, a quien el Padre enviará en mi nombre, él os enseñará todas las cosas, y os recordará todo lo que yo os he dicho. (Jn. 14:26)

> Pero cuando venga el Espíritu de verdad, él os guiará a toda la verdad. (Jn. 16:13)[10]

Significativamente, en lo que respecta a Lucas, baste con relatar la predicación oral de la palabra de Dios. En su registro de las tres primeras décadas de la iglesia, Lucas no menciona nada sobre las cartas que Pablo u otros habían escrito a las iglesias que habían sido evangelizadas.[11] Por ejemplo, Pablo aparentemente escribió a los tesalonicenses durante sus dieciocho meses en Corinto. Lucas registra la llegada de Timoteo a Corinto procedente de Macedonia, pero no hace referencia a que ésta sea la ocasión de las cartas de Pablo (He. 18:5; 1 Tes. 3:6). Lo más sorprendente es que Pablo había escrito una carta a los creyentes de Roma —probablemente también durante su estancia en Corinto, aunque en una visita posterior—, pero el relato de Lucas sobre la llegada de Pablo a Roma y la predicación del reino de Dios no registra nada sobre la carta que Pablo había enviado antes (He. 28:16-31). En una cultura de la oralidad, es posible que los textos escritos no fueran tan populares como cabría esperar desde nuestra perspectiva. No eran necesariamente superiores a los textos orales.[12]

Aunque Pablo dejó claro que lo que predicaba era totalmente inspirado y autorizado, no hizo la misma afirmación respecto a lo que puso por escrito. Pero dado que sus escritos se derivaban de sus enseñanzas y sustituían a su presencia personal, sin duda pretendía que sus cartas tuvieran una autoridad similar. Nótese la confianza con la que

---

[10] Comparar lo que dijo Jesús a sus discípulos sobre transmitirles las palabras que el Padre le había dado (Jn. 17:8-14).

[11] Parece que Pablo habría escrito al menos seis de sus cartas antes de que el libro de los Hechos llegara a su fin.

[12] Pablo se refiere a sus rollos y pergaminos, pero sólo podemos imaginar lo que había en esos rollos (2 Tim. 4:13).

escribió a los tesalonicenses: «Si alguno no obedece a lo que decimos [*logos*], por medio de esta carta, a ese señaladlo, y no os juntéis con él, para que se avergüence» (2 Tes. 3:14; cf. 2 Cor. 10:10-11).[13]

En resumen, Pablo consideraba que sus mensajes orales eran depositarios de la verdad divina, y Lucas reúne algunos ejemplos de personas que lo reconocen como cierto (e.g., la reunión de Pablo en Mileto con los ancianos de la iglesia de Éfeso, Hechos 20:17-21:1). Pablo proclamó el consejo de Dios. Tenía el sello de la autoridad divina. Era el mensaje de Dios.

Pablo, probablemente, habría seguido proclamando el evangelio sólo de forma oral, pero algunos de sus oyentes estaban demasiado lejos para que pudiera volver a visitarlos y comunicarse con ellos personalmente. Sus cartas eran medidas provisionales hasta que pudiera llegar y hablar en persona.[14] En efecto, los comunicados de Pablo eran sustitutos de su presencia física. Escribía para reafirmar y complementar la verdad que había predicado previamente de forma oral. Resulta interesante (y quizá desconcertante) que Pablo no escribiera cartas a grupos de creyentes a los que no había proclamado personalmente el evangelio o, al menos, que no habían estado bajo su influencia directa (excepto en el caso de Romanos, y que enviaba esa carta antes de su visita).[15]

En muchos aspectos, pues, poco importaba que Pablo predicara algo oralmente o lo escribiera en una carta. El propósito final era el mismo. La autoridad era la misma. Aunque los textos escritos del evangelio de Pablo comenzaron a circular, no sustituyeron ni reemplazaron a sus textos orales. Lucas conserva registros de la predicación continua de Pablo, aunque ya había escrito cartas a las iglesias (e.g., He. 18:23).

---

[13] Michael Kruger observa: «Es aquí donde vemos la conexión entre el papel de los apóstoles y los inicios del canon. Si se consideraba a los apóstoles como portavoces de Cristo, y se creía que escribían ese mensaje apostólico en libros, entonces esos libros se recibirían como las propias palabras de Cristo»; Kruger, *The Question of Canon*, pp. 69-70.

[14] Véase 1 Corintios 4:19; cf. 2 Juan 12; 3 Juan 13. Mitchell, sin embargo, sostiene que en algunos casos Pablo prefirió escribir una carta en lugar de hacer una visita personal; Margaret Mitchell, «New Testament Envoys in the Context of Greco-Roman Diplomatic and Epistolary Conventions: The Example of Timothy and Titus», JBL 111 (1992): 641-62.

[15] Lucas no registra la visita de Pablo a Colosas y Laodicea, ciudades del valle del río Lico en la provincia romana de Asia, pero como Pablo pasó más de dos años en Éfeso, y como Lucas informa de que durante este tiempo todos los judíos y griegos de la provincia de Asia oyeron la palabra del Señor, es evidente que la influencia de Pablo se hizo sentir en estas ciudades aunque nunca predicara allí. (La gente de las ciudades vecinas viajaba a través de Éfeso y puede haber escuchado el evangelio de Pablo). El comentario de Pablo en su carta a los colosenses deja claro que conocía a algunas personas de Colosas y Laodicea (Col. 2:1; 4:13, 15), y el envío de saludos de las iglesias de Asia a la iglesia de Corinto (1 Cor. 16:19) sugiere que conocía personalmente a muchos de esos creyentes.

La oralidad en las epístolas generales

Muchos de los elementos de oralidad que son evidentes en las cartas de Pablo también están presentes en las cartas generales. El autor del libro de Hebreos hace hincapié en la importancia de prestar atención a lo que se ha oído para que nadie se aleje (Heb. 2:1; véase también 3:7, 15-16; 4:2, 7). También revela la transmisión oral de las palabras de Jesús a través de testigos oculares: «la salvación que fue anunciada primeramente por el Señor, nos fue confirmada por los que oyeron» (Heb. 2:3).

Santiago escribió su carta asumiendo que los destinatarios serían oyentes. Les dice que escuchen lo que dice (St. 2:5). Les instruye para que acepten la palabra implantada [*logos*] y no sólo la escuchen, sino que también la hagan; de lo contrario, sería como las personas que se miran en un espejo y luego se olvidan de su aspecto (St. 1:21-24). Pedro afirma la autoridad de los que previamente habían predicado el evangelio a sus oyentes: fue «por el Espíritu Santo enviado del cielo» (1 Pe. 1:12). Pedro también instruye a sus destinatarios sobre el uso de sus dones y dice que si alguien habla, debe ser «como quien habla las palabras de Dios» (1 Pe. 4:11). Juan no deja ninguna duda en sus cartas sobre la autoridad con la que proclama la verdad: «Nosotros somos de Dios; el que conoce a Dios, nos oye; el que no es de Dios, no nos oye. En esto conocemos el espíritu de verdad y el espíritu de error» (1 Jn. 4:6).

La importancia de recordar las cosas que se han oído oralmente se menciona en diversas ocasiones (2 Pe. 1:12-13; 1 Jn. 2:7, 18, 20-21, 24, 27; 2 Jn. 5-6). Pedro instruye a sus destinatarios para que recuerden el «mandato de nuestro Señor y Salvador transmitido por medio de los apóstoles» (2 Pe. 3:2); y Judas dice a sus oyentes que deben «recordar las palabras [*rhēmata*] de los apóstoles de nuestro Señor Jesucristo» (Jud. 17). Además, Pedro expresa su deseo de que, tras su muerte, sus destinatarios «se acuerden de estas cosas» (2 Pe. 1:15).

Al igual que el pensamiento de Pablo, los textos orales se consideraban depositarios de la verdad divina. Juan escribe a personas que, según él, ya habían oído la verdad (1 Jn. 2:7, 18, 24; 3:11; 4:3). Para contrarrestar a los falsos maestros que afirman tener un dominio de la verdad, Juan destaca lo que sus oyentes ya saben diciendo que tienen una unción de la verdad (probablemente recordando lo que dijo Jesús sobre el Espíritu de la verdad que guía a los seguidores a toda la verdad;

Jn. 16:13).

Vosotros tenéis la unción del Santo y todos lo sabéis; no os escribo porque no conozcáis la verdad, sino porque la conocéis...La unción que habéis recibido de él permanece en vosotros, y no necesitáis que nadie os enseñe, porque su unción os enseña todas las cosas. (1 Jn. 2:20-21, 27)

Por último, aunque se trata de un argumento desde el silencio, en ninguna parte de las Epístolas —incluso las compuestas en la segunda mitad del siglo I— se hace referencia a los textos escritos de los Evangelios. Y, como se ha señalado anteriormente, Lucas sólo menciona textos orales en el libro de los Hechos. En cambio, Pedro reconoció en su carta que Pablo ya había escrito una carta a los mismos destinatarios a los que él escribía (2 Pe. 3:15-16).

Las epístolas generales confirman lo que es evidente en el resto del Nuevo Testamento:

- Las palabras de Jesús se transmitían oralmente
- Se asumía que los destinatarios de las cartas serían oyentes
- Los textos orales tenían autoridad
- El recuerdo de lo que se había escuchado oralmente era esencial
- Las cartas eran sustitutos de la comunicación oral
- Los textos orales podían preservar adecuadamente la verdad
- No se dice nada sobre los textos escritos del evangelio

La oralidad en el libro de Apocalípsis

El género de la apocalíptica es único, y el contenido del libro de Apocalípsis es igualmente único. Ningún otro libro del Nuevo Testamento enfatiza la escritura y la lectura como este libro. Tal vez sea significativo que Juan escribiera el Apocalipsis aparentemente a finales del siglo I, época en la que la textualidad se estaba haciendo más común en la iglesia primitiva. Sin embargo, al igual que los Evangelios, la palabra inspirada le llegó a Juan de forma oral (o en forma de visión). Los evangelistas recuentan lo que dijo Jesús, y Juan recuenta en el Apocalipsis lo que vio y escuchó.

Logos en el Apocalipsis se ajusta al patrón de oralidad en el resto del Nuevo Testamento.

La revelación de Jesucristo, que Dios le dio, para manifestar a sus siervos las cosas que deben suceder pronto; y la declaró enviándola por medio de su ángel a su siervo Juan, que ha dado testimonio de *la palabra* de Dios, y del testimonio de Jesucristo, y de todas las cosas que ha visto. (Ap. 1:1-2)

Por cuanto has guardado *la palabra* de mi paciencia... (Ap. 3:10)

Vi bajo el altar las almas de los que habían sido muertos por causa de *la palabra* de Dios y por el testimonio que tenían (Ap. 6:9)

Le han vencido por medio de la sangre del Cordero y de *la palabra* del testimonio de ellos. (Ap. 12:11)

Me dijo: «Estas *palabras* son fieles y verdaderas». (Ap. 22:6; también 21:5)

Por otra parte, en el contexto del Apocalipsis en su conjunto, *logos* puede referirse a textos leídos o escuchados.

Bienaventurado el que lee, y los que oyen *las palabras* de esta profecía, y guardan las cosas en ella escritas. (Apocalipsis 1:3)

Bienaventurado el que guarda *las palabras* de la profecía de este libro. (Ap. 22:7; véase también 22:9-10)

Yo testifico a todo aquel que oye *las palabras* de la profecía de este libro: Si alguno añadiere a estas cosas, Dios traerá sobre él las plagas que están escritas en este libro. Y si alguno quitare de *las palabras* del libro de esta profecía, Dios quitará su parte del libro de la vida, y de la santa ciudad y de las cosas que están escritas en este libro. (Ap. 22:18-19)

Además, a Juan se le ordenó que escribiera: «Lo que has visto, escríbelo en un libro» (Ap. 1:11; también 1:19; 19:9; 21:5); «Al ángel de la iglesia de Éfeso, escríbele» (Ap. 2:1; lo mismo se aplica a cada una de las siete cartas de los capítulos 2-3); «Iba a escribir, pero oí una voz del cielo que decía... no escribas estas cosas» (Ap. 10:4).

El pergamino en la mano derecha de Aquel que está en el trono, con texto en el interior y en el exterior —que sólo el León/Cordero era digno de tomar, romper los sellos y abrir— desempeña un papel clave en el libro de Apocalipsis (Ap. 5:1-10; 6:1 *et passim*). Se trata de un mensaje divino en forma escrita que expresa la voluntad de Dios (compárese con los Diez Mandamientos). La escena abunda en la aclamación del Cordero inmolado como Rey mesiánico, cuyos siervos se convertirían en su reino y sacerdotes.

Conclusión

Los textos orales de la vida y el ministerio de Jesús fueron contados cientos y probablemente miles de veces en la historia de la iglesia. Fue una gran noticia para proclamar, y en respuesta miles de personas pasaron a formar parte del nuevo movimiento. Sin los textos orales, no habría habido conversos. Como el agua para las criaturas del mar o el aire para las criaturas de la tierra, sin el evangelio no habría habido «nuevas criaturas» (2 Cor. 5:17). El mensaje del evangelio era el aliento vital de la nueva forma de vida.

Si alguien de otra cultura hubiera podido preguntar a los primeros cristianos por qué no registraban las buenas noticias en forma escrita, la respuesta podría haber sido —con miradas de perplejidad—: ¿Por qué deberíamos hacerlo? ¿Se trata de poner las palabras en trozos de papiro, o de escribirlas en nuestra mente y en nuestro corazón? ¿Creen que nuestra prioridad debería ser escribirlas para leerlas en voz alta en nuestras reuniones, en lugar de ir a nuestros amigos y vecinos y compartir las buenas nuevas?

Lo que hacían los primeros cristianos tenía mucho sentido para ellos, lo tenga o no para nosotros. Tal vez tenían la mejor idea. No hay evidencia de que estuvieran dejando de hacer algo que Dios quería que hicieran.

Ni Jesús ni Pablo parecían pensar que era urgente registrar la verdad en forma escrita. Sólo cuando se hizo importante la comunicación con comunidades de creyentes a distancia, Pablo emprendió la escritura de cartas. El objetivo de Pablo no era escribir, sino predicar. Al igual que Jesús, era un predicador itinerante con un mensaje transformador que proclamar. Comunicaba la verdad principalmente de forma oral, y sus oyentes captaban la verdad por medios auditivos. Al igual que Jesús, Pablo transmitió el manto a sus seguidores para que siguieran predicando la verdad de forma oral.

En las epístolas generales, no encontramos evidencia de que los textos escritos comenzaran a reemplazar a los textos orales. Los registros de las cosas que dijo Jesús se seguían transmitiendo oralmente. Los textos orales tenían plena autoridad y eran depositarios de la verdad divina. Proclamar la verdad oralmente, junto con la gente que recordaba lo que oía, seguía siendo la base de la preservación de la verdad por parte de la iglesia, la propagación del evangelio y la resistencia a la falsa enseñanza.

Hemos llegado al final del Nuevo Testamento, y en su mayor parte la cultura seguía siendo oral. Poco había cambiado desde que el propio Jesús enseñó sólo oralmente. Pero, ¿qué pasó después? ¿Cuánto tiempo siguió siendo la oralidad el modo dominante de transmisión del mensaje evangélico? ¿Cómo se copiaron y difundieron los textos escritos de los Evangelios y las cartas? Estas cuestiones se abordarán en el próximo capítulo.

Proposición 13

La redacción exacta no era fundamental para preservar y transmitir representaciones fiables de la verdad inspirada

Un punto de inflexión indudable en la historia de la civilización occidental fueron dos inventos: la imprenta y los tipos móviles.[1] Pero más allá de una revolución tecnológica, los inventos produjeron una revolución en la cultura de los textos.[2] Los textos impresos sustituyeron a los manuscritos; los textos fijos sustituyeron a los fluidos; la lectura sustituyó a la tradición oral; el individualismo sustituyó al comunalismo; y así sucesivamente. Fue una transformación cósmica que se extendió por toda la civilización occidental.[3] Las personas bajo la influencia de la cultura impresa nunca volvieron a concebir los textos de la misma manera. Este nuevo mundo ha sido bautizado como la «Galaxia Gutenberg».[4]

Aunque Johannes Gutenberg era orfebre, aprovechó la oportunidad de producir libros en masa y hacerlo de forma relativamente barata.

---

[1] Cf. el útil libro de Mark Noll sobre los momentos decisivos en la historia del cristianismo, aunque no incluye la invención de la imprenta; Mark A. Noll, *Turning Points: Decisive Moments in the History of Christianity*, 3ª ed. (Grand Rapids: Baker Academic, 2012).

[2] Tal vez podamos hacernos una idea del trascendental cambio de la cultura manuscrita a la impresa al observar la revolución que la era digital está trayendo a nuestra cultura; sin embargo, estando en medio de ella, no es fácil ver el alcance del cambio que esto tendrá en todos nosotros.

[3] Elizabeth L. Eisenstein, *The Printing Press as an Agent of Change*, 2 vols. (Cambridge: Cambridge University Press, 1980); Eisenstein, *The Printing Revolution in Early Modern Europe*, 2ª ed. (Cambridge: Cambridge University Press, 2012); cf. David R. Olson, «Why Literacy Matters, Then and Now», en *Literacy and Orality*, ed. D. R. Olson y N. Torrance (Cambridge: Cambridge University Press, 1991), p. 88; véase también el comentario de Neil Postman, citado en la proposición 6.

[4] Marshall McLuhan, *The Gutenberg Galaxy: The Making of Typographic* Man (Toronto: University of Toronto Press, 1962).

Comenzó tallando una letra del alfabeto en un metal blando como el bronce. Esa era su matriz, y alrededor de ella vertía plomo caliente. Cuando se enfriaba, retiraba el troquel de bronce y dejaba un molde de plomo. En él vertía una aleación metálica caliente. Cuando se enfriaba, retiraba el molde de plomo. El resultado era una letra de metal resistente que podía utilizarse una y otra vez.

Pero eso era sólo una parte del proceso. A continuación, alineaba todas las letras necesarias para una página de texto en un solo marco. Era importante justificar los márgenes correctos, así que colocó pequeños trozos de plomo entre las letras para alargar una línea corta de texto y hacerla coincidir con las líneas superiores e inferiores. Con todas las letras bien colocadas, las entintaba con rodillos y luego colocaba un trozo de papel sobre el «lecho» de letras. Por último, presionaba el papel sobre el lecho utilizando una superficie plana y un tornillo para aplicar presión. De este modo, Gutenberg podía producir múltiples copias de la misma página antes de reajustar su tipo y presionar múltiples copias de la siguiente página del libro en producción. La imprenta era literalmente un proceso de prensado.

Antes de la invención de la imprenta, a excepción de las xilografías, los libros eran manuscritos, copiados minuciosamente por los escribas. Se trataba de un método probado y verdadero que se había practicado durante más de dos mil años. Sin embargo, con el tiempo la imprenta sustituyó esa costumbre, aunque con algunas excepciones importantes, como que los escribas judíos siguieran haciendo copias manuscritas de la Torá o la reciente copia manuscrita de la Biblia, *la Biblia de San Juan*.[5]

Para ser más sensibles a las implicaciones de la cultura de la imprenta y a las formas en que el entorno cognitivo moderno impide a los occidentales apreciar la cultura de los manuscritos, este capítulo pretende examinar detenidamente la naturaleza de los textos escritos a mano. En los capítulos anteriores hemos comprobado que los autores y los primeros oyentes del Nuevo Testamento vivían en una cultura oral. Pero, con el tiempo, los cristianos comenzaron a inscribir sus textos orales en papiros y pergaminos. Las preguntas son: ¿En qué se diferenciaban las formas escritas de las orales? ¿En qué medida fue diferente la transmisión y conservación de los textos escritos con respecto a los orales? ¿Cómo se explican las variantes de los textos escritos?

---

[5] Donald Jackson, *The Saint John's Bible*, 7 vols. (Collegeville, MN: Liturgical Press, 2005-2012).

Proposición 13

Examinaremos las pruebas encontradas en miles de manuscritos del Nuevo Testamento. Eso nos llevará a las implicaciones relativas a los textos orales que se registran en forma escrita. En particular, queremos comprender la naturaleza del texto bíblico después de que fuera puesto por escrito, pero antes de que cayera bajo la influencia de la Galaxia de Gutenberg.

Manuscritos del Nuevo Testamento

La evidencia de copias manuscritas del Nuevo Testamento es amplia. Superando más de cien veces el estado de conservación de cualquier otra literatura antigua, hasta la fecha se han descubierto unos 5,800 manuscritos que conservan partes del Nuevo Testamento griego, y cada año salen a la luz más.[6] La recuperación de estos testimonios depende de que el papiro y el pergamino sobrevivan a los procesos naturales de descomposición a lo largo de cientos de años y de que los manuscritos sean descubiertos por personas expertas. Miles de manuscritos no sobrevivieron, mientras que algunos de los que sobrevivieron no fueron reconocidos por su importancia y, al parecer, se utilizaron como leña para iniciar incendios.

Además de los manuscritos en griego, el número de copias manuscritas del Nuevo Testamento traducidas a otras lenguas (como el latín, el copto, el armenio, el etíope o el gótico) asciende fácilmente a 9,000. Además, los Padres de la Iglesia contienen decenas de miles de citas del Nuevo Testamento. Si alguien tiene dudas sobre la conservación del texto del Nuevo Testamento, esto debería reforzar su fe.

Sería maravilloso que alguien tuviera la visión y los recursos para estructurar una larga pared de paneles de granito negro e inscribir en ella todo el texto del Nuevo Testamento. Podría dedicarse a los miles de escribas que copiaron fiel y laboriosamente las palabras inspiradas del Nuevo Testamento. El muro tendría que ser al menos el doble de largo que el monumento a la guerra de Vietnam. En comparación con los 140

---

[6] Wallace está dispuesto a suponer que hay «alrededor de 1000 manuscritos griegos del Nuevo Testamento aún por descubrir»; entrevista de Derek Keefe, *Christianity Today*, publicada el 23 de abril de 2008, www.christianitytoday.com/ct/2008/aprilweb-only/117-32.0.html. Véase también el Centro para el Estudio de los Manuscritos del Nuevo Testamento iniciado por Wallace en 2002; el objetivo es hacer fotografías digitales de cada página de cada manuscrito griego, versión y comentario patrístico del Nuevo Testamento, que se calcula que son 1,3 millones de páginas en total.

paneles del monumento que registran los nombres de 58,000 hombres y mujeres que dieron su vida o siguen desaparecidos en la guerra de Vietnam, el Nuevo Testamento consta de aproximadamente 140,000 palabras (en griego). Sería asombroso recorrer un muro del Nuevo Testamento como ese, meditando en las palabras de la Escritura y reflexionando sobre los escribas que inscribieron concienzudamente copias del Nuevo Testamento.

Pero hay otra cara de la historia. Ninguno de los escribas copió sus textos a la perfección. Entre los miles de manuscritos del Nuevo Testamento, no se han encontrado dos manuscritos que coincidan palabra por palabra. Aunque nadie lo ha intentado, se calcula que una recopilación de todas las diferencias de cada manuscrito daría como resultado un total de más de 300,000 variantes.[7]

Ahora imagine que alguien pone una nota adhesiva por cada variante en los paneles de granito negro de la pared del Nuevo Testamento. ¿Cuál sería el resultado? ¿Quedaría el mensaje del Nuevo Testamento eclipsado por todas las notas adhesivas? ¿Seríamos incapaces de ver lo que dice el Nuevo Testamento porque no podríamos distinguir las palabras exactas?

Variantes en el texto del Nuevo Testamento

El excesivo número de variantes en las Escrituras puede resultar desconcertante y alarmante. Como resultado, algunas personas han perdido la fe en la Biblia como la Palabra inspirada de Dios. Por ello, es esencial comprender la naturaleza de los manuscritos del Nuevo Testamento. Puede resultar contradictorio con la forma de pensar de los miembros de la Galaxia de Gutenberg, pero hay razones legítimas para que existan variantes.

- Los copistas y escribas estaban sujetos a los errores que cualquier humano cometería al copiar un texto de un papiro o

---

[7] Schnabel dice «aproximadamente trescientas mil lecturas variantes»; Eckhard Schnabel, «*Textual Criticism*: Recent Developments», en *The Face of New Testament Studies: A Survey of Recent Research*, ed. Scot McKnight y Grant R. Osborne (Grand Rapids: Baker Academic, 2004), p. 59. La cifra de Schnabel se basa en el trabajo del International Greek New Testament Project. Ehrman amplía esta cifra hasta 400,000 variantes; Bart D. Ehrman, *Misquoting Jesus: The Story Behind Who Changed the Bible and Why* (Nueva York: HarperCollins, 2005), pp. 89-90; cf. Bart D. Ehrman, «*Textual Criticism* of the New Testament», en *Hearing the New Testament: Strategies for Interpretation*, ed. Joel B. Green (Grand Rapids: Eerdmans, 1995), p. 130.

Proposición 13

pergamino a otro, por muy diligentes que fueran. Tanto si se trataba de un escriba (con formación profesional) como de un copista (con menos formación), hacer duplicados de los manuscritos hora a hora era un trabajo tedioso. Las dificultades eran numerosas, sobre todo en los primeros tiempos: la disposición del texto en la página (sin división de palabras, sin párrafos, sin puntuación, sin minúsculas ni mayúsculas), la escasa iluminación, el deterioro de la vista, el cansancio, etc.[8]

- Para copiar un texto, lo más probable es que los escribas hayan leído en voz alta una breve porción del ejemplar (el texto que se está copiando) con el fin de colocar esas palabras en la memoria a corto plazo. A continuación, con la pluma en mano, recordaban las palabras del ejemplar y volvían a pronunciarlas en voz alta mientras las inscribían en el papiro o pergamino. De este modo, la copia implicaba una sucesión de sentidos: ver, hablar y oír las palabras del ejemplar; luego recordar y repetir los sonidos/palabras habladas mientras los escribas redactaban y veían las palabras en el papiro/pergamino; y finalmente revisar lo que habían copiado viendo, hablando y oyendo las palabras una vez más.
- En algunos casos, se hacían múltiples copias de un manuscrito simultáneamente, ya que un portavoz leía un manuscrito en voz alta mientras una sala llena de escribas registraban lo que escuchaban. La dimensión oral de esta producción masiva (en una sala conocida como scriptorium) hacía que las variantes fueran más frecuentes.
- Dada la dimensión oral de la copia de dichos textos, ciertos tipos de variantes eran inevitables. Los homónimos en griego sonaban igual a los oídos de los escribas, aunque tenían un significado diferente, y los escribas a veces registraban la palabra equivocada. Cuando los escribas pensaban en una porción de texto y la escribían, sustituían fácilmente la palabra real del modelo por un sinónimo. El orden de las palabras en

---

[8] La situación es algo diferente en el caso de los manuscritos de la Biblia hebrea que fueron copiados por eruditos judíos (masoretas) en Galilea entre los siglos VI y IX d.C. Aunque los primeros manuscritos que se conservan datan del siglo IX —muchos siglos después de la redacción real de los libros del Antiguo Testamento—, estos manuscritos son el texto en el que se basan la mayoría de las Biblias inglesas. La labor de los masoretas en la copia exacta de los manuscritos es legendaria, aunque los Rollos del Mar Muerto, el Pentateuco Samaritano y la Septuaginta han adelantado lecturas en más de doscientos casos, al menos según las decisiones de los traductores de la Nueva Versión Internacional.

griego era flexible, y como el significado era esencialmente el mismo, los escribas podían recordar el sentido y no el orden exacto de las palabras. La fraseología que aparecía en otra parte del texto podía influir en lo que los escribas anotaban en un lugar diferente del manuscrito, lo que daba lugar a armonizaciones. Y así sucesivamente.

- Las copias de las copias de los manuscritos generaban frecuencias compuestas de variantes. Cuantas más copias, más Post-its en la pared. ¿Pero qué otra opción había?
- Reconociendo la posibilidad de errores en los manuscritos de los que copiaban, los escribas trataban de evitar la repetición de errores anteriores. Afortunadamente, al no haber ninguna forma de comprobar el original, las correcciones que hacían no siempre eran correctas. Pero desde su perspectiva, sí tenían un «original». Sin duda, habían escuchado las historias muchas veces y ya sabían lo que debían decir los manuscritos que copiaban. Así que hacían las correcciones pertinentes en sus copias.
- Algunas variantes se debían a cambios intencionados, por ejemplo, por parte de los escribas ortodoxos, con el fin de ajustar el texto a lo que ellos entendían que era el mensaje del Nuevo Testamento.[9] En su opinión, esto era un servicio a la comunidad, no una injusticia. Estaban preservando la verdad, no destruyéndola.[10] Además, los cambios que hacían los escribas no eran una tergiversación total del significado del texto copiado. Los escribas no eran bandidos buscando arruinar una tradición.[11]
- Las variantes aparecen con más frecuencia en los manuscritos cuando se citan cosas que Jesús dijo que cuando se narran cosas

---

[9] Así lo sostiene Ehrman; Bart D. Ehrman, *The Orthodox Corruption of Scripture: The Effect of Early Christological Controversies on the Text of the New Testament* (Oxford: Oxford University Press, 1993). Wallace está de acuerdo, afirmando que la modificación del texto por parte de los escribas ortodoxos «se produce en cientos de lugares»; Daniel B. Wallace, «The Textual Reliability of the New Testament: A Dialogue», en *The Reliability of the New Testament: Bart D. Ehrman and Daniel B. Wallace in Dialogue*, ed. Robert B. Stewart (Minneapolis: Fortress, 2011), p. 41.

[10] Wallace critica a Ehrman: «Bart ve en las variantes textuales algo más pernicioso, más siniestro, más conspirador y, por tanto, más controlado que yo»; Wallace, «*Textual Reliability of the New Testament*», p. 29.

[11] Un desarrollo posterior en la producción de múltiples copias de libros del Nuevo Testamento fue el cuidado en la realización de copias precisas. Los escribas se dieron cuenta de la frecuencia de las variantes y tomaron medidas para limitarlas. Algunos escribas contaban las líneas de su ejemplar para asegurarse de que terminaban con el mismo número de líneas. A veces, los correctores comprobaban el trabajo de los escribas y hacían las correcciones necesarias.

que Jesús hizo. El Padrenuestro y lo que Jesús dijo sobre el matrimonio y el adulterio son buenos ejemplos.[12] Quizás la naturaleza contraintuitiva de las cosas que dijo Jesús condujo a interpretaciones editoriales cuando los escribas trataron de dar sentido a sus declaraciones para sus oyentes.

- La mayoría de las principales variantes fueron el resultado de los primeros cien años de copia de manuscritos. Después, las lecturas de los manuscritos se estandarizaron. «La historia del texto desde finales del siglo I o principios del II hasta el siglo V es, en general, la historia de una progresión desde una transmisión del texto relativamente indisciplinada a otra relativamente más disciplinada, siendo una consecuencia de esa progresión la relativa estabilidad de las tradiciones textuales».[13] Con el tiempo, las prácticas de los escribas introdujeron menos variantes adicionales.

- Entre los primeros copistas y escribas no hay pruebas de que alguien tratara de preservar las primeras formas de los manuscritos. Los escribas no podían permitirse el lujo de elegir entre varias copias de un texto cuál querían copiar.

- Aunque es común referirse a los textos «originales» de los libros del Nuevo Testamento, un único registro original pudo haber sido un término equivocado en ciertos casos.[14] Las pruebas sugieren que Marcos y Romanos, por ejemplo, existieron en formas más cortas y más largas.[15] El libro de los Hechos podría haber tenido dos formas, ya que existen dos corrientes textuales. Los Evangelios tenían dichos adicionales o

---

[12] David C. Parker, *The Living Text of the Gospels* (Cambridge: Cambridge University Press, 1997), p. 75.

[13] Michael W. Holmes, «*Textual Criticism*», en *Interpreting the New Testament: Essays on Methods and Issues* [esencialmente una segunda edición de New Testament Criticism and Introduction], ed. David Alan Black y David S. Dockery (Nashville: B & H, 2001), p. 93; pero véase un ensayo posterior: Michael W. Holmes, «Text and Transmission in the Second Century», en *Stewart, The Reliability of the New Testament*, pp. 61-79.

[14] «Hoy en día, el "texto inicial" ha desplazado al "texto original" como objetivo (y frase) de elección, señalando un cambio en la forma de entender el texto reconstruido. El texto inicial es el testigo hipotético que se encuentra al principio de la tradición textual. Los críticos textuales admiten ahora que nuestros textos impresos pueden no ser exactamente lo que escribieron los autores antiguos»; Juan Hernández Jr., «*Textual Criticism*», en *Dictionary of Jesus and the Gospels*, 2ª ed., ed., Joel B. Green, Jeannine K. Brown y Nicholas Perrin (Downers Grove, IL: InterVarsity Press, 2013), pp. 959-63; cf. Eldon J. Epp, «Issues in New Testament *Textual Criticism*: Moving from the Nineteenth Century to the Twenty-First Century», en *Rethinking New Testament Textual Criticism*, ed. David Alan Black (Grand Rapids: Baker Academic, 2002), pp. 72-75.

[15] Cf. B. Ward Powers, *The Progressive Publication of Matthew: An Explanation of the Writing of the Synoptic Gospels* (Nashville: B & H, 2010).

historias de Jesús adjuntas a las ediciones anteriores, como la de la mujer descubierta en adulterio, que más tarde pasó a formar parte del Evangelio de Juan (Jn. 8).

Más adelante explicaremos la presencia de variantes en los manuscritos del Nuevo Testamento, pero es importante señalar en este punto que, de todas las variantes, muy pocas suponen una diferencia doctrinal significativa. Muchas de las variantes son simplemente diferentes formas de deletrear las palabras, diferencias gramaticales y numéricas, diferentes preposiciones y formas de redacción, etc.

Bart Ehrman exagera cuando dice que «es difícil saber qué significan las palabras del Nuevo Testamento si no se sabe cuáles eran tales palabras». En otro contexto, admite con más precisión que la mayoría de las variantes «no importan para nada. Son absolutamente irrelevantes, sin importancia».[16] Daniel Wallace dice que «menos del 1% de las diferencias son significativas y viables».[17] Craig Blomberg concluye que sólo unas cuatrocientas variantes tienen una relación significativa con el contenido de los pasajes del Nuevo Testamento.[18] En otras palabras, el mensaje del Nuevo Testamento sería visible a través de las notas Post-it como si no estuvieran allí. Los manuscritos —a pesar de las diferencias de redacción— conservan el verdadero mensaje del texto.

Sin embargo, los eruditos (críticos textuales) que estudian de cerca los manuscritos del Nuevo Testamento han estado motivados durante varios cientos de años por un objetivo principal y han operado sobre la base de una premisa principal. El objetivo estándar de la crítica textual ha sido determinar por todos los medios posibles cuál era la redacción exacta del Nuevo Testamento en cada versículo tal y como se escribió por primera vez. Desde este punto de vista, las palabras exactas son esenciales; cada variante es importante. Y la premisa de los críticos textuales es que el texto del Nuevo Testamento que estaba disponible cuando se imprimieron las Biblias por primera vez no proporcionaba un testimonio adecuado de la redacción del Nuevo Testamento. En otras palabras, simplemente había una variación enorme. Por ello, la prioridad de los críticos textuales ha sido obtener los mejores manuscritos (o

---

[16] Bart D. Ehrman, «The Textual Reliability of the New Testament: A Dialogue», en *Stewart, Reliability of the New Testament*, pp. 14, 21.

[17] Daniel B. Wallace, «The Textual Reliability of the New Testament: A Dialogue», en *Stewart, Reliability of the New Testament*, p. 41.

[18] «Sólo unas cuatrocientas [variantes] (menos de una por página en una traducción inglesa media) tienen alguna relación significativa con el significado del pasaje en cuestión»; Craig Blomberg, *Making Sense of the New Testament: Three Crucial Questions* (Grand Rapids: Baker Academic, 2004), p. 22.

identificar las tradiciones textuales que se copiaron con menos frecuencia) para determinar las lecturas originales más probables entre todas las variantes.

Sin embargo, un objetivo más reciente y más matizado de la crítica textual queda patente en la afirmación de Juan Hernández:

> La recuperación del texto inicial sigue siendo parte integrante de la tarea crítica textual. Sin embargo, el hecho de que nuestros textos no representen la misma redacción del autor en todos los aspectos no implica un caos textual. La tradición textual es estable en su conjunto. Sin embargo, incluso las excepciones más conocidas ya no se descartan como simples inauténticas. Los episodios controversiales —como la historia de la mujer sorprendida en adulterio o los múltiples finales de Marcos— se valoran como testigos del compromiso continuo de la Iglesia con sus tradiciones. Incluso la tradición bizantina posterior está representada ahora por una edición diplomática del NT griego para la Iglesia ortodoxa. La variación textual, en otras palabras, es el sello de una tradición viva. Establecer el texto inicial es un paso esencial, pero en absoluto definitivo, en la crítica textual de los Evangelios.[19]

Implicaciones de la cultura manuscrita

En la proposición 6 hemos enfatizado algunas de las principales diferencias entre oralidad y textualidad. Pero la textualidad debe subdividirse en cultura manuscrita y cultura impresa. Ambas formas de textualidad pueden ser notablemente diferentes, y ahondar en las diferencias es esencial para considerar la transmisión de los textos del Nuevo Testamento.

Pero nos enfrentamos a dos problemas. Para que el hombre moderno entienda la cultura de los manuscritos antiguos, debemos reorientar nuestro pensamiento hacia una cultura muy diferente a la nuestra. Y en segundo lugar, al no disponer de informes de primera mano sobre el funcionamiento de la cultura manuscrita antigua, debemos inferir ciertas cuestiones. Por ello, la siguiente descripción se basa en las pruebas citadas anteriormente sobre la naturaleza de los manuscritos bíblicos, en las inferencias de la cultura oral del Nuevo Testamento resumidas en los capítulos anteriores y en las conclusiones de numerosos eruditos,

---

[19] Hernández, «*Textual Criticism*», en *DJG* 2nd ed., p. 960.

especialmente las resumidas por Alan Kirk.[20] La viabilidad de esta reconstrucción depende de si es la mejor explicación para las pruebas disponibles.

1. Hablar, escuchar y recordar textos fue fundamental para que las comunidades conservaran y transmitieran los textos orales, y eso preparó el camino para los textos escritos. Los textos escritos tenían un propósito específico más allá de lo que un texto oral era capaz de lograr.

- Las historias y tradiciones que definían a una comunidad se contaban una y otra vez. A medida que los miembros de la comunidad escuchaban y repetían los textos orales, retenían las historias y luego las reproducían de memoria al transmitirlas a la siguiente generación.
- Contar y escuchar las historias una y otra vez permitía a las comunidades interpretar, aplicar y cimentar los valores implícitos en las tradiciones en la conciencia de los oyentes. Para ello no eran necesarios los textos escritos.
- Los escribas de una comunidad escuchaban los mismos textos orales, quizás incluso los interpretaban ellos mismos, y luego, basándose en la memoria, registraban los textos orales en forma escrita. La repetición oral, la retención y la transmisión eran el canal de nacimiento de los textos escritos.
- Los escribas que hacían las primeras copias escritas de los textos orales de una comunidad no eran copistas propiamente dichos; quizás la denominación más adecuada sería la de *replicadores* o *tradentes*. Eran los encargados de transmitir las tradiciones. Basándose en su conocimiento de los textos orales de la comunidad, elaboraban versiones escritas que eran totalmente reconocibles para la comunidad (y probablemente sujetas a su aprobación). Si nos referimos a los escribas que actuaban de esta manera como *autores*, lo que se hace comúnmente, tenemos que reconocer que no eran autores en el sentido moderno de la palabra.
- La función principal de registrar los textos orales en forma escrita era para el bien de otras comunidades. Una comunidad de un lugar podía compartir sus textos orales con otra

---

[20] Alan Kirk, «Manuscript Tradition as a Tertium Quid: Orality and Memory in Scribal Practices», pp. 215-34 en *Jesus, the Voice, and the Text: Beyond the Oral and the Written Gospel*, ed. Tom Thatcher (Waco, TX: Baylor University Press, 2008).

comunidad de otro lugar mediante textos escritos. Las comunidades enviaban versiones escritas de sus textos orales para que esos textos escritos pudieran ser interpretados como textos orales en otras comunidades (véase Col. 4:16).
- Una vez que los textos orales fueron registrados por escrito, los textos escritos no reemplazaron inmediatamente a los textos orales. Incluso con las versiones de los textos orales consignadas por escrito, las comunidades siguieron interpretando sus textos orales dentro de sus propias comunidades.[21] Las comunidades consideraban que sus textos orales eran suficientes para preservar y transmitir sus tradiciones.

2. La cultura oral y la cultura manuscrita se solapaban sustancialmente, de modo que los textos manuscritos y los orales, aunque eran medios diferentes, funcionaban de forma similar.

- Los textos escritos se han formado a partir de sus orígenes orales. Comenzaron como textos orales y se derivaron de ellos. Los escribas conservaron las marcas de la oralidad en formas inscritas, lo que hizo que las diferencias entre ambos fueran casi insignificantes.
- Los textos escritos estaban destinados principalmente a la interpretación oral.[22] Los portavoces leían los textos en voz alta o los memorizaban y recitaban. El mensaje era oral y la recepción auditiva.
- En la cultura de los manuscritos, el modo instintivo en que la gente pensaba en los textos era escuchándolos, no leyéndolos. Incluso para aquellos que podían leer un texto, en la mayoría de los casos escuchaban el texto, ya sea cuando lo interpretaba otra persona o cuando ellos mismos lo leían en voz alta.
- En los casos en que los autores creaban textos originales, generalmente no componían un documento en el proceso de escritura; su composición comenzaba en forma oral. A medida que los autores desarrollaban ideas, comunicaban esos

---

[21] Algunos manuscritos del NT estaban evidentemente destinados al uso litúrgico; Larry W. Hurtado, *The Earliest Christian Artifacts: Manuscripts and Christian Origins* (Grand Rapids: Eerdmans, 2006), pp. 177-85.

[22] Respecto a las características orales/auditivas de los Evangelios, como los juegos de palabras basados en el sonido, las composiciones en anillo y otros restos orales, véanse, por ejemplo, los ensayos de Thatcher, *Jesus, the Voice and the Text*.

pensamientos oralmente al inicio, a menudo repitiendo el mensaje en diferentes entornos. A medida que las comunidades escuchaban los mensajes, respondían a ellos y hacían preguntas, las ideas de los autores sobre qué decir y cómo decirlo se moldeaban de modo que sus versiones escritas eran en parte un producto de las presentaciones orales interactivas.

3. La gente como nosotros, bajo el hechizo de la cultura impresa, concibe los textos de maneras muy diferentes. La lectura de los textos se convierte en la principal forma de conocerlos, mientras que la recitación de los mismos pasa a ser secundaria.

- Como la gente puede leer los textos impresos individualmente, hay menos necesidad de que una comunidad cuente sus tradiciones oralmente. Lo que significa que hay menos necesidad de retener los textos en la memoria, ya que los textos escritos conservan las tradiciones. En la cultura impresa se puede recurrir fácilmente a un registro documental de las tradiciones.
- La ubicación del conocimiento pasa de lo que se implanta en la mente a través de los sentidos a lo que se inscribe a mano en los textos escritos.[23] En la cultura impresa, lo que se *sabe* está vinculado a lo que está escrito, ya sea lo que se ha leído y se puede consultar, o lo que se ha registrado en notas para recordar lo que se ha aprendido. Las personas de la cultura impresa pueden *saber* más, pero pueden *saberlo* de peor manera.
- Los textos impresos suponen una redacción fija, de modo que, independientemente de cuándo y dónde se encuentre alguien con el texto, son exactamente las mismas palabras. Esta inalterabilidad de los textos lleva a la conclusión de que la redacción exacta es esencial para que los textos comuniquen el mismo significado para todos los lectores.
- Los lectores asumen que lo que ven en una página impresa es palabra por palabra lo que el autor escribió. Si hubo editores que ayudaron a dar forma a lo que un autor escribió, se asume que eso no es la norma, y la suposición de la mayoría de los

---

[23] «En el mundo occidental, la página del libro impreso es el lugar principal de información, y se considera que representa la estabilidad y la durabilidad de la comunicación»; Samuel Byrskog, «Introduction», en *Jesus in Memory: Traditions in Oral and Scribal Perspectives*, ed. Werner H. Kelber y Samuel Byrskog (Waco, TX: Baylor University Press, 2009), p. 1.

lectores es que el autor es el responsable último de lo que se escribió.
- Los registros escritos de lo que alguien dijo se convierten en la única forma segura de saber lo que se dijo. La cultura impresa asume que si la cultura oral no preservó las palabras exactas de alguien, entonces no se puede saber con certeza lo que esa persona dijo.
- Ver las palabras en una página y leerlas —en lugar de sólo escucharlas— es una forma impresa de aprehender el significado. La gente de la cultura impresa suele pasar por alto las ventajas de escuchar los textos; la idea es que no poder ver las palabras exactas en las formas impresas del texto dificulta la comprensión.

En resumen, si imaginamos un continuo desde la cultura oral hasta la cultura impresa, la cultura manuscrita estaba más cerca de la cultura oral y más alejada de la cultura impresa. Los textos manuscritos eran esencialmente textos orales que se habían plasmado por escrito. Eran auxiliares, no primarios; sustitutos, no principales; derivados, no superlativos.

La cultura de los manuscritos tampoco consideraba que los textos escritos a mano fueran un mayor avance de los textos orales; eran una extensión, no una sustitución. La escritura era una herramienta de la oralidad. Los textos seguían encarnándose en el habla. En las comunidades que no disponían ya de las tradiciones orales deseadas en otras comunidades, los textos escritos ocuparon el lugar de los textos orales.

Volviendo al problema de las variantes, en el entorno cognitivo de la cultura manuscrita las diferencias de redacción no se consideraban un riesgo para la verdad. Una cierta variación (según los límites de una comunidad) no era un problema en la cultura oral, y lo mismo ocurría en la cultura manuscrita. Las variantes eran simplemente endémicas en las culturas orales a medida que sus textos orales tomaban forma, y en las culturas manuscritas a medida que sus textos escritos tomaban forma. Las variantes eran evidentes entre los diferentes textos orales de los Evangelios (véase la proposición 11), y eran evidentes entre los diferentes textos escritos transmitidos por la comunidad cristiana. Mientras los textos —orales o escritos— representaran de forma fiable el significado, no había problema.

Es especialmente importante reconocer que con todos los siglos de reproducción de manuscritos y todas las variantes en dichos manuscritos no hay ningún aspecto de la teología que esté seriamente en duda. En los últimos siglos, aunque las traducciones inglesas como la versión King James no tenían la ventaja de los manuscritos anteriores descubiertos más recientemente, no ha habido cambios en la teología como resultado de las nuevas traducciones inglesas.

Conclusión

El mundo del Nuevo Testamento era una cultura tanto oral como manuscrita, con pocas diferencias entre ambas. Era un entorno cognitivo tan diferente al nuestro que si sólo entendemos esa cultura a través de la lente de la cultura impresa, es casi imposible apreciar su visión del mundo. Hay muchas implicaciones. Pero la pregunta fundamental para los evangélicos es: ¿Qué visión del mundo define nuestra teología de las Escrituras? ¿La cultura manuscrita o la cultura impresa?

Inevitablemente, los cristianos occidentales ven la cuestión de la inspiración desde el entorno cognitivo de la cultura impresa. Somos habitantes de la Galaxia Gutenberg. Nos gusta la idea de un lecho de letras que puede producir exactamente la misma página de texto cada vez que se presiona un trozo de papel sobre ella. Nos gusta pensar que los escribas podrían hacer copias con casi la misma exactitud que la impresión mecánica. Un desliz inadvertido aquí o allá podría ser aceptable, pero más que eso pensamos que los correctores deberían haber arreglado (o Dios debería haberlo impedido).

Impregnados de la cultura de la imprenta, gran parte de lo que pensamos sobre la revelación bíblica depende de poder referirse a las palabras escritas en las páginas de la Escritura. Llevamos obedientemente nuestras Biblias a la iglesia; algunos las leemos a diario; unos pocos memorizan versículos. Pero, en su mayor parte, necesitamos ser capaces de buscar exactamente lo que dice el texto. Es especialmente importante que podamos leer las mismas palabras que pronunció Jesús o que escribió Pablo. Algunos se inclinan a pensar que para que las Escrituras hablen con veracidad se requiere una redacción exacta.[24]

---

[24] No estamos sugiriendo que la claridad de la Escritura no sea importante, pero sí sostenemos que la perspicuidad no se basa en la *ipsissima verba*; véase Mark D. Thompson, *A Clear and Present Word: The Clarity of Scripture* (Downers Grove, IL: InterVarsity Press, 2006); James Callahan, *The Clarity of Scripture: History, Theology and Contemporary Literary Studies* (Downers Grove, IL: InterVarsity Press, 2001).

Algunos esperan una fijación de los textos y una objetividad de los términos.²⁵

Además, nos incomodan las variantes: son obstáculos para el conocimiento objetivo que buscamos. Nuestro único recurso es admitir que quizá no tengamos la redacción exacta en todos los casos, pero estamos seguros de que hubo originales que sí tenían las palabras exactas. Puede que sea poco probable que encontremos alguna vez esos originales, pero suponiendo que existieran —y que hubiera una palabra concreta y fija en cada lugar— nos enfrentamos a esfuerzos titánicos para determinar cuál habría sido la redacción exacta más probable en los hipotéticos originales.

Pero la pregunta que debemos plantearnos es si nuestro marco cultural de la imprenta se ajusta a las pruebas que tenemos a mano, o si tiene más sentido un marco cultural de los manuscritos. En este último caso, es posible que nuestra forma de pensar necesite un cambio radical.

Aunque disponemos de miles de manuscritos del Nuevo Testamento, la amplitud de las variantes sugiere que no podemos estar seguros de la redacción exacta en muchos lugares. Tal vez debamos concluir que, si esto no obvió la confianza de los primeros cristianos en el mensaje de las Escrituras, no debería obstaculizar la nuestra. Además, la variación de los detalles a medida que los relatos se transmitían en las comunidades, cuando los escribas los registraban por escrito y cuando los copistas los duplicaban puede significar que nunca hubo una palabra única y original en todos los lugares. Si eso no dificultó la confianza de los primeros cristianos en el texto de las Escrituras, tampoco debería hacerlo la nuestra.

Esto hace que la noción común de que las variantes son errores o corrupciones de los manuscritos sea un caso de prejuicio de la visión del mundo.²⁶ Es juzgar la cultura de los manuscritos con los estándares de la

---

²⁵ Dale Martin sostiene que «la mayoría de los evangélicos insisten erróneamente en la fiabilidad del texto bíblico construido históricamente también porque tienen una teología inadecuada de la escritura»; Martin invita a una teología de la Escritura que no dependa de la redacción original del texto; Dale B. Martin, «The Necessity of a Theology of Scripture», en *Stewart, Reliability of the New Testament*, p. 93.

²⁶ Ehrman suele hablar de errores en los manuscritos; Bart D. Ehrman, *Misquoting Jesus: The Story Behind Who Changed the Bible and Why* (Nueva York: HarperCollins, 2005); véase una versión ligeramente revisada de *Misquoting Jesus* bajo el título *Whose Word Is It?* con el mismo subtítulo (Nueva York: Continuum, 2008); véase también Ehrman, *Jesus, Interrupted: Revealing the Hidden Contradictions in the Bible* (And Why We Don't Know About Them) (San Francisco: HarperOne, 2009). Ehrman es criticado por su título *The Orthodox Corruption of Scripture* (La corrupción ortodoxa de las Escrituras); véase David Hutchison, «The "Orthodox Corruption" of Mark 1:1» (La corrupción ortodoxa de Marcos 1:1), *Southwestern Journal of Theology* 48.1 (otoño de 2005): 34.

cultura impresa. Holmes afirma que «cada manuscrito, cada tradición textual, cada forma de texto lleva en su interior la evidencia de la corrupción».[27] Incluso el texto clásico de Bruce Metzger está corrompido por tener la palabra *corrupción* en el subtítulo.[28] Si había escribas malévolos según los estándares de su sociedad, entonces realmente estaban corrompiendo el texto. Si su trabajo fue honorable dentro de su cultura y sus valores, entonces debemos honrarlos en consecuencia.

Parece claro que los primeros cristianos no practicaban una diligencia escrupulosa en cuanto a la exactitud de la transmisión de los textos orales y escritos.[29] David Parker observa: «Los primeros cristianos estaban acostumbrados a la incertidumbre de las copias manuscritas que diferían entre sí. De hecho, vivían en un mundo textualmente rico en el que, si consultaban distintas copias, encontrarían redacciones diferentes».[30] Concluye que, en realidad, son las personas de la cultura de la imprenta las que viven en un mundo textual empobrecido.

De estas dos cosmovisiones, la de la cultura oral-manuscrita o la de la cultura impresa, la pregunta es: ¿cuál explica con mayor precisión cómo surgió el Nuevo Testamento? Aunque parezca que nuestro mundo está al revés, la conclusión correcta es que el detalle exacto y la redacción precisa no eran necesarios para preservar y transmitir las verdades de las Escrituras.

Para más información

Black, David Alan, ed. *Rethinking New Testament Textual Criticism*. Grand Rapids: Baker Academic, 2002.

Ehrman, Bart D., y Michael W. Holmes, eds. *The Text of the New Testament in Contemporary Research: Essays on the Status Quaestionis*. Grand Rapids: Eerdmans, 1995. Ed. revisada: New Testament Tools, Studies and Documents. Leiden: Brill, 2012.

---

[27] Holmes, «*Textual Criticism*», p. 93.

[28] Bruce M. Metzger y Bart D. Ehrman, *The Text of the New Testament: Its Transmission, Corruption, and Restoration*, 4ª ed. (Oxford: Oxford University Press, 2005).

[29] «Las numerosas variantes del texto griego y la plena aceptación de las traducciones en la práctica de la Iglesia cristiana indican que la redacción exacta del texto no es el elemento conceptual más esencial»; David Trobisch, *The First Edition of the New Testament* (Oxford: Oxford University Press, 2000), p. 102.

[30] David Parker, «What Is the Text of the New Testament?» en *Stewart, Reliability of the New Testament*, p. 103.

Metzger, Bruce M., y Bart D. Ehrman. *The Text of the New Testament: Its Transmission, Corruption, and Restoration.* 4th ed. Oxford: Oxford University Press, 2005.

Parker, David C. *The Living Text of the Gospels.* Cambridge: Cambridge University Press, 1997.

Perrin, Nicholas. *Lost in Transmission? What Can We Know About the Words of Jesus?* Nashville: Thomas Nelson, 2008.

Stewart, Robert B., ed. *The Reliability of the New Testament: Bart D. Ehrman and Daniel B. Wallace in Dialogue.* Minneapolis: Fortress, 2011.

Thatcher, Tom, ed. *Jesus, the Voice, and the Text: Beyond the Oral and the Written Gospel.* Waco, TX: Baylor University Press, 2008.

Wachtel, Klaus, y Michael W. Holmes. *The Textual History of the Greek New Testament: Changing Views in Contemporary Research.* Text-Critical Studies. Atlanta: Sociedad de Literatura Bíblica, 2011.

Retrocediendo Y Resumiendo

La composición del Nuevo Testamento puede interpretarse de forma diferente a la luz de lo que se conoce de la cultura literaria antigua

De pie en el borde del Gran Cañón, esforzándose por ver sus profundidades y la extensión de sus longitudes, podemos preguntarnos si esta peculiaridad de la formación planetaria es explicable. En todo caso, la conclusión seriamente subestimada pero racional podría ser: «Algo pasó aquí».

El cañón inspira asombro, aunque los procesos implicados en sus orígenes sean un mundo perdido. Nadie registró nada sobre su formación (si es que alguien estuvo allí para observarlo), así que los científicos descienden a sus profundidades y examinan cada rasgo en busca de pruebas que puedan ayudar a reconstruir los procesos que produjeron esta maravilla del mundo.

Al escudriñar los sesenta y seis libros de la Biblia, escritos a lo largo de los siglos por diversos autores, no cabe duda de que aquí ocurrió algo especial. Se puede y se debe decir mucho sobre esta asombrosa colección de libros. Podemos ver el canon, pero nos gustaría saber más sobre cómo llegó a ser. Tenemos el producto. ¿Qué podemos descubrir sobre el proceso?

A partir de la propuesta 5, hemos explorado la cultura literaria del mundo grecorromano-judío y, a la luz de ésta, la cultura literaria del Nuevo Testamento. Es una historia extraordinaria. A pesar de que durante una década (o más) después del ministerio terrenal de Jesús la noticia de las buenas nuevas solo se transmitía oralmente, el mensaje llegó fuerte y claro. Las vidas fueron transformadas.

Pero hay formas significativas en que la historia del Nuevo Testamento comenzó en el Antiguo Testamento. Ninguno de los dos testamentos tiene sentido completo por sí solo. Nuestro interés particular aquí es cómo la formación del Antiguo Testamento arroja luz sobre los procesos involucrados en la creación del Nuevo Testamento.

Por eso, en este capítulo haremos dos cosas. Ofreceremos un resumen del material reunido en los capítulos anteriores sobre la formación del Nuevo Testamento. A continuación, examinaremos las pruebas de la composición y transmisión del Antiguo Testamento y su relación con el Nuevo Testamento. Si el Antiguo Testamento se compuso y transmitió de determinadas formas, vale la pena considerar si el Nuevo Testamento se formó de manera similar.

Para algunos cristianos, tratar de entender la producción del Nuevo Testamento podría parecer innecesario. Lo esencial es el producto final y *su* inspiración. Según este punto de vista, si las palabras escritas de la Escritura son inspiradas, ¿por qué importa la forma en que se produjeron? Pero estas cuestiones no son tan fáciles de separar como podríamos pensar. El proceso determina en gran medida el producto. Pedro, por ejemplo, habla del proceso como parte de su afirmación del producto. Declara que la Escritura no fue una creación humana, sino que fue el producto de «hombres movidos por el Espíritu Santo que hablaron de parte de Dios» (2 Pe. 1:21). El enfoque de Pedro era el precursor oral de la Escritura escrita. (Para un análisis más detallado, véase la proposición 18.) Por lo tanto, es importante que pensemos detenidamente en el proceso.

Resumen de la formación del Nuevo Testamento

Los textos escritos en el mundo del Nuevo Testamento tomaron forma en una cultura que era a la vez oral y comunitaria. Aunque géneros como la poesía, la historia y la filosofía acabarían registrándose en forma escrita, primero fueron orales. Dado que la mayoría de la población sólo se relacionaba con los textos y las tradiciones de forma auditiva, los textos orales eran especialmente apropiados. Sin embargo, poco a poco se fue extendiendo la escritura de los textos. Pero la oralidad y la textualidad —aunque existían diferencias entre ambas— eran muy siilares. Podemos hacernos una idea de ello repasando cómo se componían los textos orales y escritos.

Los textos solían surgir como presentaciones orales. Es decir, los narradores y oradores formaban en sus mentes el contenido que querían comunicar junto con las palabras para expresar el contenido, a menudo basándose en lo que alguien había comunicado anteriormente. Se trataba de un proceso comunitario, ya que los líderes de una comunidad contaban una y otra vez las historias importantes para la identidad del grupo. La repetición y la memoria eran indispensables en la cultura de la transmisión oral.

Los textos orales se «publicaban» en la representación. La intención principal de los textos orales era la representación, y en muchos casos la única intención. Las representaciones eran un acto de conservación de los documentos orales y puestos a disposición de un público más amplio. Los textos escritos no eran necesarios para publicar un texto.

Una vez que los textos orales se inscribían en forma escrita, nada cambiaba. Los textos escritos siguieron presentándose en las comunidades como si fueran textos orales. Y los textos escritos no suplantaron a los textos orales; las formas orales y escritas podían tener el mismo lugar, como hermano y hermana. Puesto que ambas se interpretaban oralmente y se recibían auditivamente, había poca distinción entre ellas. Rara vez, si acaso, un autor escribía pensando que su público iba a leer su texto escrito; esperaba que lo escucharan. La lectura de textos en privado —común en la cultura moderna— era la excepción a la norma en la cultura antigua.

Los intérpretes de los textos, ya fueran orales o escritos, desempeñaban un papel principal en la recepción de estos por parte de los oyentes. Lo que los oyentes entendían de una narración dependía en parte del lector/intérprete, ya que cada una incluía alguna medida de interpretación. Los intérpretes que se preparaban bien eran capaces de exponer un texto con mayor eficacia.

A falta de fuentes escritas, los autores dependían de lo que podían aprender escuchando. Los historiadores reconocen que dependen de las fuentes orales; los filósofos sólo ponen por escrito sus principios después de haberlos elaborado en discursos orales; y los registros escritos de las palabras de Jesús se basan en su comunicación oral, a menudo en diálogo con sus discípulos y oponentes. Sin los textos orales compuestos y conservados por diversas comunidades, los textos escritos habrían sido muy diferentes, probablemente ni siquiera habrían existido.

Los historiadores de la antigüedad reconocían que las variaciones eran inevitables cuando se extraían de fuentes orales, y sin los guiones de los discursos, reconfiguraban lo que los oradores probablemente decían, aunque el estilo del autor se muestra en los discursos. Pero estas cuestiones no anulan el valor de la escritura de la historia ni impiden que los autores cumplan sus objetivos.

Todo esto apunta a una tesis significativa: la cultura oral y comunitaria es más que un elemento de fondo para complementar nuestra comprensión de los textos antiguos; está en primer plano. La oralidad es fundamentalmente una cosmovisión diferente. Si no apreciamos los antiguos procesos comunicativos y no damos cabida a la singularidad de la cultura oral, ponemos en peligro nuestra comprensión de los textos antiguos. Dado que la oralidad es contraria a la cosmovisión moderna de la cultura impresa, a la mayoría de nosotros nos seguirá resultando difícil comprender todas sus implicaciones.

Como no cabía esperar, Jesús y sus seguidores estaban completamente en sintonía con las dimensiones orales de su cultura. Ni él ni ellos iban a contracorriente de la oralidad. Jesús abrazó el entorno cognitivo, utilizando —como los filósofos y los rabinos— textos orales en lugar de escritos. Su mensaje era radical; su método de comunicación, ordinario. La importancia de su mensaje no requería que fuera escrito, ni por él ni por sus discípulos.

Aunque Jesús sólo dejó textos orales, su mensaje no tenía menor autoridad. Afirmó la fuente divina de su discurso y la perpetuidad de sus palabras. Dio poder a sus discípulos para que siguieran proclamando las formas orales del evangelio, y Lucas señala en el libro de los Hechos que sus seguidores hicieron lo que se les ordenó. La autoridad no empezó en el texto escrito, ni está claro, por lo que se dice en el Nuevo Testamento, que su autoridad terminó en el texto escrito, aunque en retrospectiva, bajo la dirección divina así fue.

Una característica de la cultura oral era el reconocimiento de que la redacción exacta rara vez era posible y normalmente no era necesaria para representar la verdad de forma fiable. Las variantes eran intrínsecas a la transmisión de los textos orales. No se trataba de tergiversar la verdad, porque la veracidad de los textos orales era importante para la identidad de las comunidades y la conservación de sus valores.

Las variantes que aparecen entre los Evangelios son testimonio de la flexibilidad en el proceso de transmisión. La esencia se conservó, aunque la redacción precisa y los detalles fijos podrían haberse perdido. Las variantes que aparecen en los primeros manuscritos del Nuevo Testamento también atestiguan la aceptación por parte de la comunidad cristiana de las variaciones en los registros de la vida y el ministerio de

Jesús. Ya sea de forma oral o escrita, los textos conservan lo que Jesús dijo e hizo.

El valor principal del Nuevo Testamento en cuanto a la comunicación era la oralidad, no la textualidad. A lo largo de los Evangelios, los Hechos y las Cartas, el centro de atención fueron los textos orales. Los relatos de las palabras y los hechos de Jesús fueron probablemente contados miles de veces en cientos de comunidades del primer siglo. Aunque a primera vista pueda parecer que la escritura de cartas constituyó un cambio significativo para alejarse de la oralidad y acercarse a la textualidad, las propias cartas demuestran lo contrario. Los textos orales se mencionan con frecuencia, y las cartas sustituían a la comunicación oral.

Cuándo y cómo se pasaron a una forma escrita los textos orales de los Evangelios y los Hechos es un mundo perdido. Probablemente fue un proceso gradual, con un buen número de personas involucradas en la conversión de los textos orales en escritos. Como sugieren las pruebas de los primeros manuscritos, incluso cuando existían los textos escritos iniciales de los Evangelios, lo que los copistas sabían de los textos orales influyó en la forma de hacer las copias de los textos escritos.

La transmisión del Antiguo Testamento

Para comprender mejor cómo se produjo el Nuevo Testamento, será útil seguir el camino del Antiguo Testamento a través de su primera traducción, luego a lo largo del curso de los escribas que lo copiaron, y finalmente en el Nuevo Testamento. Explorar estos precedentes será un trabajo de preparación para comprender mejor la transmisión del Nuevo Testamento.

La Septuaginta. La Septuaginta fue la primera traducción del Antiguo Testamento a otro idioma. (En realidad fue la primera traducción en todo el mundo de una obra literaria de similar alcance). Con la amplia influencia de la cultura y la lengua griegas —típica de la ciudad de Alejandría, Egipto, y su biblioteca— y con la gran población de judíos en la ciudad, parece apropiado que Alejandría sea el lugar donde se completó la traducción griega del Antiguo Testamento. Aunque no podemos estar seguros del lugar y la fecha (posiblemente entre los siglos III y I a.C.), la importancia de la Septuaginta es un punto central.[1]

Esta traducción griega es útil para el estudio de la Biblia, sobre todo porque es anterior a otras copias de las Escrituras hebreas conservadas. Pero al tratarse de una traducción, y con el inconsistente trabajo de traducción de los copistas, a menudo es difícil volver a traducir del griego al hebreo con la esperanza de determinar exactamente lo que decía el texto hebreo de la Septuaginta.

Para nuestros propósitos, la libertad de los traductores a la hora de discernir el significado del texto hebreo (y arameo) al griego es la cuestión principal. No nos parecería inadecuado que algunos traductores trataran de preconizar el estilo de la redacción hebrea en la medida de lo posible, y que otros hicieran hincapié en presentar el significado en griego con la mayor claridad posible. Es de esperar que haya diferencias en la filosofía de la traducción entre los distintos traductores. Pero la situación es más compleja.

Hay numerosos ejemplos de traductores que hacen algo más que traducir. Se encargaron de expresar en la traducción griega ideas ligeramente diferentes a las que había en el texto hebreo. Su tendencia era traducir según lo que creían que debía decir el texto. Al final, los textos hebreos que tenían ante sí habían sido presumiblemente copiados un buen número de veces a lo largo de muchos años y no se conservaban perfectamente.

Karen Jobes y Moisés Silva sugieren varias razones por las que los traductores introdujeron elementos interpretativos en sus traducciones.[2] En primer lugar, la inmersión de los traductores en las tradiciones orales de sus comunidades judías influyó en su forma de traducir; habían oído recitar muchas veces las historias, la poesía y las profecías del Antiguo Testamento, y su memoria de los textos orales podía tener tanto peso como lo que encontraban en el texto escrito del que estaban traduciendo. En segundo lugar, los conocimientos teológicos de los traductores, como las descripciones antropomórficas de Dios, influyeron en su comprensión del significado del hebreo y, por lo tanto, en su traducción al griego; la redacción que eligieron para sus traducciones reflejó sus puntos de vista teológicos específicos. En tercer lugar, actualizaron el texto hebreo para que fuera más comprensible y aplicable a los

---

[1] Para una revisión de los estudios recientes sobre la Septuaginta, véase Kristin De Troyer, «The Seventy-Two and Their Many Grandchildren: A Review of Septuagint Studies from 1997 Onward», *Currents in Biblical Research* 11.1 (2012): 8-64.

[2] Karen H. Jobes y Moisés Silva, *Invitation to the Septuagint* (Grand Rapids: Baker Academic, 2000), p. 93.

problemas de su época; intentaron que la traducción fuera más contemporánea y relevante para las necesidades de su público. Bruce Waltke se refiere a los traductores como «innovadores».[3]

Podemos quedarnos atónitos, pensando que los traductores estaban pervirtiendo la pureza de la verdad divina. Pero eso sería injusto; no eran lobos con piel de cordero. (Obsérvense las observaciones de la proposición 10 sobre las prácticas actuales de los traductores y editores para adecuar las dimensiones antiguas de la Biblia en las Biblias modernas). En el entorno cognitivo de la cultura oral antigua, lo que hicieron los traductores era aceptable y legítimo. Si ponemos en duda esta conclusión —porque es contraria a nuestra forma de pensar— quizá debamos recordar que su traducción se convirtió en la Biblia de los primeros cristianos y en la primera opción para las citas del Nuevo Testamento (véase más adelante). Pero hay otra cuestión a tener en cuenta sobre la Septuaginta. El proceso de transmisión dio lugar a múltiples formas del texto griego y a muchas variantes. Al igual que en el Nuevo Testamento, los miles de escribas que se transmitieron miles de manuscritos dieron lugar a numerosas incertidumbres sobre la redacción precisa de muchos versículos. Jobes y Silva resumen el asunto: «La forma final de la versión griega de cada libro bíblico es una amalgama de muchos cambios hechos al texto original por muchas razones y por muchas manos durante muchos siglos».[4]

Los Rollos del Mar Muerto. Los Manuscritos del Mar Muerto, descubiertos en las cuevas de la ladera del Mar Muerto a partir de 1947, consisten en más de 25,000 fragmentos de casi 900 pergaminos pertenecientes a un grupo sectario judío (posiblemente esenios). La comunidad existió desde el año 150 a.C. hasta poco antes del 70 d.C. Más de 200 de sus pergaminos contenían partes del Antiguo Testamento y de los apócrifos, mientras que más de 650 pergaminos reunían los escritos propios de la comunidad de Qumrán, incluyendo oraciones, himnos, textos legales, reglas y comentarios sobre diversos textos bíblicos.[5]

---

[3] Bruce K. Waltke, «*How We Got the Hebrew Bible*: The Text and Canon of the Old Testament», en *The Bible at Qumran: Text, Shape, and Interpretation*, ed. Peter W. Flint. Peter W. Flint (Grand Rapids: Eerdmans, 2001), p. 41.

[4] Jobes y Silva, *Invitation to the Septuagint*, p. 101.

[5] Para una introducción básica a los Rollos del Mar Muerto, véase C. Marvin Pate, *Communities of the Last Days: The Dead Sea Scrolls, the New Testament and the Story of Israel* (Downers Grove, IL: Inter-Varsity Press, 2000). Se puede encontrar un análisis más exhaustivo en Weston W. Fields, *The Dead Sea Scrolls: A Full History*, vol. 1 (Leiden: Brill, 2009); Peter Flint y James C. VanderKam, *The Dead Sea Scrolls after Fifty Years* (Leiden: Brill, 1998); Lawrence

El esfuerzo de la comunidad de Qumrán por conservar los textos de las Escrituras y de su comunidad es extraordinario. Pero muchos de los manuscritos bíblicos encontrados en Qumrán no fueron copiados allí. Proceden de épocas anteriores y de otros lugares.[6] Así pues, los Rollos del Mar Muerto ofrecen una ventana a un contexto judío más amplio de copia y transmisión de las Escrituras hebreas.

Al tiempo que apreciamos el valor de los rollos de Qumrán como testimonio del texto del Antiguo Testamento, también debemos reconocer el alcance de las variantes en los rollos. Algunos manuscritos coinciden estrechamente con lo que se conoce de los mismos textos a partir de otras fuentes, mientras que no son pocos los que dan muestras de revisión o expansión. Es evidente que se conservaron múltiples tradiciones textuales entre los rollos, especialmente en el caso de Samuel y Jeremías. Incluso los manuscritos del Pentateuco presentan inserciones, supresiones, reordenamientos y paráfrasis. Como señala Waltke, los textos que se copiaban en esta etapa de la transmisión no eran fijos; había una tendencia de los escribas a revisar los textos a medida que los copiaban.[7]

> Mientras que algunos escribas se limitaban a copiar lo que tenían delante con la mayor exactitud posible, muchos otros se sentían libres de introducir cambios deliberados de diversa índole en el texto... La presencia de tal variedad de tipos de texto en un mismo lugar sugiere que los miembros de esa comunidad, que por lo demás parecen haber sido bastante rígidos en la práctica de su versión particular del judaísmo, no parecen haberse preocupado especialmente por las discrepancias en los manuscritos bíblicos.[8]

En los siglos posteriores a la época de los Rollos del Mar Muerto, los escribas judíos se centraron cada vez más en copiar los manuscritos a medida que los recibían, hasta llegar a la obra de los masoretas (siglos VI a IX d.C.). Los masoretas fueron los más cuidadosos de todos los copistas antiguos en la transcripción de las Escrituras. Pero hasta ese

---

Schiffman y James C. VanderKam, eds., *Encyclopedia of the Dead Sea Scrolls*, 2 vols. (Oxford: Oxford University Press, 2000).

[6] Martin Abegg Jr, Peter Flint y Eugene Ulrich, *The Dead Sea Scrolls Bible: The Oldest Known Bible Translated for the First Time into English* (San Francisco: HarperSanFrancisco, 1999), p. xvi. En cuanto a los tipos de texto, algunos rollos eran proto-masoréticos, otros pre-samaritanos, alrededor de un 5% septuagintales, etc.

[7] Waltke, «*How We Got the Hebrew Bible*» p. 38.

[8] Molly M. Zahn, «*Text Types, Hebrew*» en *Eerdmans Dictionary of Early Judaism*, ed. John J. Collins and Daniel C. Harlow (Grand Rapids: Eerdmans, 2010), p. 1299.

momento, como señala Eugene Ulrich, «las pequeñas adiciones, omisiones y reordenamientos son *característicos* del texto bíblico a lo largo de su historia hasta el siglo II d.C.».[9] Por lo tanto, los cambios en los procedimientos de copia introducidos por los masoretas les valieron una amplia reputación, y como resultado sus manuscritos (fechados entre los siglos IX y XI) han sido la base de la mayoría de las Biblias modernas. Pero los manuscritos masoréticos sólo podían ser tan buenos como los manuscritos que les fueron transmitidos.

Antes de proseguir, deberíamos detenernos y preguntarnos si la fiabilidad de la Septuaginta y los Rollos del Mar Muerto se ve comprometida por las adiciones y variantes interpretativas que los traductores y escribas introdujeron en los textos. O —contra toda lógica, a menos que entendamos su perspectiva— ¿es posible que los añadidos hayan mejorado las tradiciones que se transmiten? La respuesta depende de la lente cultural que utilicemos. Si nuestra sensibilidad moderna y la expectativa de una redacción exacta controlan nuestro pensamiento —y debemos admitir que es difícil no pensar así— entonces es probable que nos desanimemos porque los traductores/escritores no conservaron con precisión las palabras exactas.

Por otro lado, si nos ponemos en el lugar de las personas inmersas en la antigua cultura oral —que confiaban en que los líderes fieles de sus comunidades transmitieran el texto de la mejor forma posible—, probablemente no era un problema. Sólo si la verdad quedaba invalidada por una variación excesiva (algo improbable) habría motivos para cuestionar la fiabilidad de los textos. Los traductores y escribas eran responsables ante las comunidades a las que servían con su labor de traducción y copia. Citando a Waltke, «los escribas de esta época seguían siendo los revisores autorizados del texto y no sólo copistas. Siguieron ampliando partes del AT y alterándolo hasta tal punto que su producción podría considerarse fácilmente como ediciones literarias distintas y no como copias».[10]

El uso del Antiguo Testamento en el Nuevo Testamento. Llegamos entonces a una tercera fase de la transmisión del Antiguo Testamento, las citas del Antiguo Testamento en el Nuevo. Aunque son una mina de oro para entender el Nuevo Testamento, las citas son igualmente un campo minado de desafíos interpretativos. No cabe duda de que el Antiguo Testamento fue una fuente autorizada e indispensable para la

---

[9] Eugene Ulrich, «The Dead Sea Scrolls and the Biblical Text», en *Flint y Vanderkam, The Dead Sea Scrolls After Fifty Years*, p. 88, énfasis en el original.
[10] Waltke, «*How We Got the Hebrew Bible*», p. 35.

presentación del mensaje evangélico, ya que las verdades del antiguo pacto sentaron las bases para el desarrollo progresivo de la revelación divina. Los Evangelios, en particular, muestran que Jesús interpretó cuidadosamente el Antiguo Testamento —si no aclaró su verdadero significado— y ciertamente lo cumplió. Además, los argumentos lógicos de las cartas de Pablo, Pedro y otros dependían a menudo de la redacción del Antiguo Testamento.[11]

Pero determinar cuáles fueron las fuentes de las citas del Antiguo Testamento, además de comprender el significado de las mismas, ha planteado muchos problemas a los eruditos del Nuevo Testamento. A los lectores modernos les parecería que los autores del Nuevo Testamento podían tener dudas al citar el Antiguo Testamento. ¿Sería mejor para ellos proporcionar una nueva traducción de los versos apropiados del hebreo? Para aumentar la complejidad, es probable que hubiera múltiples tradiciones textuales de las Escrituras hebreas en la época del Nuevo Testamento.[12] ¿O sería mejor citar una versión de la Septuaginta? ¿Sería más seguro parafrasear versículos del Antiguo Testamento? Al parecer, los autores del Nuevo Testamento no sintieron la tensión que cabría esperar, e hicieron todo lo anterior y más.[13]

En el caso de Pablo, sus citas parecen coincidir con la Septuaginta más a menudo que con el texto hebreo. Pero, incluso con más frecuencia, ni la Septuaginta ni el texto hebreo parecen ser su fuente. Tal vez recordaba versos de memoria, o adaptaba un verso para el punto que estaba haciendo, o lo parafraseaba. Como resume Moisés Silva la situación: «Ciertamente, el apóstol no se siente obligado en todos los casos a reproducir los textos con exactitud».[14] Del mismo modo, las citas

---

[11] Para una visión general del uso del Antiguo Testamento en el Nuevo, véase G. K. Beale, *Handbook on the New Testament Use of the Old Testament: Exegesis and Interpretation* (Grand Rapids: Baker Academic, 2012); Steve Moyise, *Evoking Scripture: Seeing the Old Testament in the New* (Londres: T & T Clark, 2008); Stanley E. Porter, *Hearing the Old Testament in the New Testament* (Grand Rapids: Eerdmans, 2006).

[12] Emanuel Tov, *Textual Criticism of the Hebrew Bible*, 3ª ed. (Minneapolis: Fortress, 2011), pp. 183-87.

[13] La complejidad de esta discusión va más allá del alcance de este libro, teniendo en cuenta los targums, el midrash, los textos-testimonio y demás; para una visión general útil, véase Richard B. Hays y Joel B. Green, «*The Use of the Old Testament by New Testament Writers*», pp. 122-39 en *Hearing the New Testament: Strategies for Interpretation*, ed. Joel B. Green, 2ª ed. (Grand Rapids: Eerdmans, 2010).

[14] Moisés Silva, «Old Testament in Paul», en *Dictionary of Paul and His Letters*, ed. Gerald F. Hawthorne, Ralph P. Martin y Daniel G. Reid (Downers Grove, IL: InterVarsity Press, 1993), p. 632. Véase también el comentario de Andrew Chester: «La Escritura no se utiliza de forma pasiva, sino que se moldea de forma creativa para el propósito del autor, y con frecuencia para apoyar una posición particular»; Andrew Chester, «Citing the Old Testament», pp. 141-69 en *It Is Written: Scripture Citing Scripture: Essays in Honour of Barnabas Lindars*, SSF, ed. D. A. Carson y H. G. M. Williamson (Cambridge: Cambridge University Press, 1988), p. 165.

de Jesús podrían estar «en contra de la lectura del MT o de cualquier Targum conocido», proporcionando «a Jesús tanto la redacción como la aplicación que hace», afirma Richard Longenecker.[15] Uno de los problemas más espinosos es cuando un autor del Nuevo Testamento dice que está citando de un lugar del Antiguo Testamento y en realidad cita de otro lugar (por ejemplo, Mc. 1:2; Jn. 10:34).

Parte del problema puede ser que Jesús y los apóstoles no citaban textos escritos del Antiguo Testamento, sino textos orales. En una cultura en la que los textos se escuchaban una y otra vez, y en lugar de tener copias personales de los textos escritos, la memoria de los oyentes podía retener gran parte de lo escuchado. Como los textos orales no estaban claramente delimitados de los escritos y a menudo se consideraban casi una misma cosa, citar un texto oral de memoria era tan válido como consultar un manuscrito. En otras palabras, no era imprescindible citar un texto palabra por palabra.

¿Qué podemos hacer entonces con las citas del Antiguo Testamento en el Nuevo Testamento? Las citas se presentan siempre en el Nuevo Testamento como incuestionablemente autorizadas, sin ningún indicio de que el texto pueda haber sufrido cambios a lo largo de la transmisión o que se cite de memoria. ¿Sugiere esto que las adiciones y variantes interpretativas no eran motivo de preocupación o que las citas aproximadas eran lo suficientemente cercanas? Difícilmente querríamos impugnar la sabiduría de los autores del Nuevo Testamento al citar la Septuaginta o uno de los textos hebreos disponibles en la época.[16] Sin embargo: ¿Por qué elegiría Dios revelar su verdad de esta manera?

Sólo podemos concluir —sin tener en cuenta nuestro entorno cognitivo moderno— que los textos que cita el Nuevo Testamento no fueron descalificados como fuentes de la verdad porque los traductores y escribas no hubieran transmitido la redacción exacta que encontraron en los manuscritos hebreos. El Nuevo Testamento tampoco se vio comprometido por citar estas fuentes. Simplemente, tenemos que admitir el punto que también se plantea en la proposición 13 sobre la transmisión del Nuevo Testamento: la redacción exacta no era necesaria para preservar y transmitir representaciones fiables de la verdad inspirada.

---

[15] Richard Longenecker, *Biblical Exegesis in the Apostolic Period*, 2ª ed. (Grand Rapids: Eerdmans, 1999), p. 45.

[16] Paul Feinberg no va muy lejos, pero al menos admite: «La inerrancia no requiere exactitud verbal en la citación del Antiguo Testamento por el Nuevo»; Paul D. Feinberg, «The Meaning of Inerrancy», en *Inerrancy*, ed. Norman L. Geisler (Grand Rapids: Zondervan, 1980), p. 300.

La trayectoria de la oralidad

Como se ha señalado en los primeros capítulos de este libro en relación con el Antiguo Testamento, la oralidad precedió a menudo a la textualidad (véase especialmente la proposición 1). Resumiendo brevemente, algunos de los sermones y otros pronunciamientos orales de Moisés se escribieron probablemente durante su vida y bajo su supervisión, aunque otros pueden haber sido producidos por generaciones posteriores tras varias fases de transmisión oral. Los libros narrativos del Antiguo Testamento también comenzaron probablemente como textos orales. En cuanto a los libros poéticos y sapienciales, es posible que las tradiciones orales sobre la vida de Job se utilizaran posteriormente como base para el libro sapiencial del canon. Algunos de los salmos pueden haber sido composiciones orales que permanecieron en forma oral durante generaciones antes de ser escritas. Los dichos sapienciales de Proverbios y Eclesiastés probablemente empezaron en forma oral y se recopilaron posteriormente en listas de dichos sapienciales. En cuanto a los profetas, Isaías, por ejemplo, puede haber pronunciado oráculos de forma oral y no haber escrito nada; los escribas probablemente generaron documentos que conservan los oráculos sagrados. En otras palabras, la mayoría de las autoridades del Antiguo Testamento podrían no haber sido autores, aunque los textos escritos estén asociados a sus nombres. Las autoridades expresaban las verdades oralmente, y otra persona escribía lo que decían. Se puede encontrar la oralidad entre bastidores de casi todas las partes del Antiguo Testamento.

En el Nuevo Testamento prevaleció un patrón similar. Los dichos y hechos de Jesús (el nuevo Moisés) no fueron registrados durante su vida o incluso poco después. El Nuevo Testamento no menciona ninguna forma escrita del mensaje evangélico, ni siquiera en los libros escritos cerca del final del primer siglo. Como se ha comentado en la proposición 10, es probable que las cartas del Nuevo Testamento tomaran forma básica primero como textos orales antes de ser escritas. Parece que la oralidad es tan evidente en el Nuevo Testamento como en el Antiguo. (Véase la proposición 18 para un análisis de la revelación oral de Dios).

Volviendo a la traducción y transmisión del Antiguo Testamento, el modus operandi de la oralidad persistió más allá de los acontecimientos de la escritura. Sería una falsa dicotomía pensar que una vez que los textos orales se registraron en forma escrita, la textualidad desplazó automáticamente a la oralidad. Al haberse transmitido durante largos periodos de tiempo, los textos orales, una vez plasmados por escrito, siguieron recitándose. En la transmisión de las tradiciones, lo oral y lo escrito se fundían fácilmente en uno, ya que los intérpretes contaban sin problemas lo que se había oído oralmente y lo que se había escrito.

Shemaryahu Talmon concluye que la comunidad de Qumrán ofrece un modelo de cómo los primeros cristianos transmitían sus tradiciones en textos orales y escritos. Una vez que las tradiciones fueron escritas, no sustituyeron a la transmisión oral. El relato de las tradiciones a través de textos orales continuó sin interrupción. Así, las formas orales y escritas no eran alternativas, sino complementarias: «En el ambiente que envolvía a todas las variedades del judaísmo en el cambio de era, un texto era por definición un texto auditivo, una escritura hablada, una historia representada».[17] Talmon continúa enfatizando que los textos escritos conservaban las técnicas orales, incluyendo la redacción, las cadencias y la estructura típica de los discursos.

La influencia de la oralidad puede verse en las citas del Antiguo Testamento en el Nuevo. En el Sermón del Monte, por ejemplo, cuando Jesús introducía una cita del Antiguo Testamento, en cada caso su fórmula era «Habéis oído que se dijo [*legō*]». El Nuevo Testamento (alrededor de veinte ocasiones) utiliza verbos referentes al habla para las citas del Antiguo Testamento. También, de forma similar a como Jesús dijo en el Sermón del Monte «habéis oído», los verbos referentes a oír son comunes en el Nuevo Testamento para la forma en que la gente recibió el mensaje del Antiguo Testamento. Esto no debería sorprendernos, tanto porque el Antiguo Testamento es, en gran medida, un registro de las cosas que se habían dicho primero, como porque la mayoría de las audiencias del Nuevo Testamento escucharon la lectura de las Escrituras del Antiguo Testamento en voz alta. Pero esto da la impresión de una oralidad siempre presente. (No obstante, no debemos pasar por alto la fórmula «como está escrito», que también se utiliza para introducir citas del Antiguo Testamento en el Nuevo. El hecho de que ambas frases: «se dijo» y «está escrito» se apliquen a las citas del Antiguo Testamento, no es sorprendente, ya que la noción de oralidad y de escritura tendía a solaparse.

Al seguir la trayectoria de la oralidad, está claro que se manifestó de muchas maneras. Los textos escritos no anunciaban el fin de los textos

---

[17] Shemaryahu Talmon, «Oral Tradition and Written Transmission, or the Heard and Seen Word in Judaism of the Second Temple Period», en *Jesus and the Oral Gospel Tradition*, ed. Henry Wansborough (Londres: Sheffield Academic Press, 1991), p. 150; énfasis en el original.

orales, y los textos escritos podían ser tratados como si fueran textos orales. Como se señala en la proposición 13, en la cultura de los manuscritos los textos escritos a mano funcionaban casi de la misma manera que los textos orales que los precedieron. La fluidez de los textos orales y escritos, con ligeras variaciones, era similar. Los textos escritos eran ventajosos sobre todo como medio para facilitar el acceso a las tradiciones a un público más amplio.

Esta no es una discusión exhaustiva de la trayectoria de la oralidad. Como se ha visto en la proposición 12, había poca distinción entre lo que Pablo proclamaba oralmente y lo que escribía en sus cartas. Y los cristianos, al menos un siglo después de la fundación de la Iglesia, seguían prefiriendo los textos orales a los escritos. Pero esto plantea la cuestión de si necesitamos una teología de la oralidad.

Como se ha señalado anteriormente, si no apreciamos los antiguos procesos comunicativos y no damos cabida a la singularidad de la cultura oral, ponemos en peligro nuestra comprensión de los textos antiguos. Esto se aplica en particular a las implicaciones de la oralidad para las doctrinas de las Escrituras. El punto de vista de la inerrancia afirma que la Escritura está libre de errores en todos los aspectos. Pero con la evidencia de la frecuencia de las variantes y las diferencias de detalle señaladas a lo largo de este libro —ya sea debido a la transmisión oral o a la alteración por parte de los escribas— se podría argumentar que hay una variedad de errores en los textos escritos de la Escritura. Pero, ¿con qué criterio? Si la cultura moderna de la imprenta proporciona el criterio, entonces sí, tendríamos que admitir que hay errores. Pero, ¿no es eso pasar por alto el carácter distintivo de la cultura oral?

Pregunte a un traductor de la Septuaginta, a un escriba de Qumrán o a un autor del Nuevo Testamento que cite el Antiguo Testamento si alguna de las variantes es una representación errónea de la verdad, y la respuesta será claramente no. Del mismo modo, si una persona de la cultura occidental moderna mantuviera una conversación sobre variantes y errores con alguien de la cultura oral antigua, es probable que ambos pudieran examinar las mismas pruebas y llegar a conclusiones opuestas. La cuestión es que las cosmovisiones son diferentes.

Decir que hay errores en la Biblia es leer las Escrituras de forma anacrónica. A la inversa, los que dicen que no hay errores tienen que dejar claro que están representando una visión antigua de las representaciones fiables de la verdad. La cultura impresa moderna simplemente no debe ser el estándar por el que se juzguen las costumbres y prácticas de la composición y transmisión antiguas.

Conclusión

Tanto el Antiguo como el Nuevo Testamento fueron concebidos, nacidos y acunados en la oralidad.[18] El mundo de la oralidad había cambiado poco a lo largo de los siglos, y mucho de lo que era cierto para el Antiguo Testamento lo era para el Nuevo. Con mínimas modificaciones, el código genético de composición y transmisión se transmitió del Antiguo Testamento al Nuevo.

Para muchos de nosotros, un texto de revelación divina aceptado como de plena autoridad aunque no sea exacto palabra por palabra es una contradicción en los términos. Sin embargo, las pruebas apuntan precisamente en esta dirección. Los copistas y escribas se centraron en transmitir el significado esencial de los textos de la mejor manera posible en beneficio de su público. Preservar la redacción exacta no era necesario en sus mentes, ni en las de los autores del Nuevo Testamento cuando citaban copias del Antiguo Testamento. Las diferencias de redacción y de detalles no ponían en peligro la verdad.

Esto podría parecer problemático para los que sostenemos la inerrancia. Si la oralidad es un agujero redondo, la inerrancia podría parecer una clavija cuadrada. Las definiciones comunes de la inerrancia no encajan en los escenarios entendidos a la luz de la oralidad (aunque algunos relatos teológicos constructivos responsables se acercan). Sin embargo, la oralidad fue el camino que Dios eligió, lo que debe significar que era el camino correcto. Evidentemente, tenemos que ajustar nuestra comprensión de la inerrancia a las pruebas que encontramos en las Escrituras.

---

[18] Gracias a Dan Reid por esta imagen.

PARTE 3

El Mundo Bíblico De Los
Géneros Literarios

Proposición 14

La autoridad de la literatura narrativa del Antiguo Testamento está más relacionada con la revelación que con la historia

Cuando Génesis 41:57 afirma que «de todos los países venían a Egipto a comprar grano a José», ¿qué afirmación histórica se está haciendo? Si hubiera personas en algunas partes del mundo que no vinieron, ¿probaría eso que la Biblia es falsa? Si algunos países no estuvieran representados, ¿se anularía la inerrancia? Si José no realizó cada transacción, ¿se pondría en peligro la autoridad de la Biblia? No conocemos a nadie que plantee tales exigencias, porque aquí, a diferencia de muchos otros lugares, la gente se adecúa fácilmente a las convenciones literarias y retóricas del género.

Cuando Josué 10:13 informa que «el sol se detuvo, y la luna se paró», ¿qué afirmación histórica se está haciendo? Cuando afirmamos que la tierra se detuvo, no el sol, ¿estamos socavando la inerrancia? ¿No debería nuestra comprensión de las afirmaciones bíblicas tener en cuenta la perspectiva del antiguo Oriente Próximo que determinó cómo se entendería la afirmación en ese contexto?

Evaluar el impacto de la literatura del antiguo Oriente Próximo en nuestra comprensión del texto bíblico sigue siendo uno de los problemas más comunes para quienes intentan dedicarse al estudio académico de la Biblia y mantener al mismo tiempo una doctrina sólida de la Escritura. Ya sea que su afirmación preferida se centre en la «inerrancia», la «infalibilidad», la «autoridad» o algún otro descriptor, el campo de juego ha cambiado con la llegada de los estudios comparativos entre la literatura de la Biblia y del antiguo Oriente Próximo como una de las herramientas para el análisis exegético, particularmente en el caso de la literatura narrativa.[1]

De ahí que ahora debamos examinar la naturaleza de la ilocución y el significado resultante de los géneros narrativos.[2] A veces, la distancia que existe entre nosotros y el comunicador antiguo puede hacer que malinterpretemos la naturaleza de su ilocución porque hay aspectos de la locución que nos son ajenos. Si malinterpretamos elementos de la locución, es probable que no consigamos identificar la ilocución. Los estudios comparativos nos ayudan a comprender mejor las locuciones — es decir, la forma de sus géneros empleados y la naturaleza de sus dispositivos retóricos— para no confundirlas con algo que nunca fueron. Este ejercicio no compromete la autoridad de la Escritura, sino que atribuye autoridad a lo que el comunicador afirmaba realmente en sus ilocuciones.

El escenario está ahora preparado para nuestra reconsideración de las categorías de género «historiografía» (i.e., el registro de la historia) y «mitografía» (i.e., la redacción de relatos mitológicos) en relación con la locución y la ilocución, y en última instancia para abordar la adecuación y la autoridad.[3] Una comprensión *moderna* de la historiografía asume que una de las ilocuciones del autor es *afirmar* la sucesión de eventos en el mundo real. La decisión de etiquetar también las narraciones antiguas como historiografía sugiere a los lectores modernos la misma ilocución. Dado que la ilocución es la que tiene autoridad y se considera fiable e inerrante, para algunos es importante identificar las narraciones del Antiguo Testamento como historiografía, y para otros es inversamente importante negar esa etiqueta. Una alternativa a la historiografía ha sido moverse en la dirección de «mitografía», que llevaría una ilocución muy diferente. La aplicación de estas etiquetas a ciertas narraciones (locuciones) ejerce una influencia decisiva en el discernimiento de la naturaleza de lo que se afirma precisamente (a través de las ilocuciones),

---

[1] Agradezco a Aubrey Buster el tiempo que ha dedicado a la investigación y a la edición de este capítulo.

[2] Los términos de la teoría de los actos de habla se introdujeron en la proposición 3. La locución son las propias palabras; la ilocución es lo que el comunicador intenta hacer con esas palabras. Podemos llegar a la conclusión, por ejemplo, de que el comunicador desea instruir (su ilocución), pero entonces todavía tenemos que determinar el significado que pretende la instrucción. Por tanto, «ilocución» no es igual a significado.

[3] La «historiografía» se refiere a la práctica y las convenciones de registrar la información histórica y los acontecimientos de la misma. «Mitografía» se refiere a la escritura de mitos e información mítica. Usamos estos términos para referirnos a obras literarias como las que tratamos en la Biblia y en el antiguo Oriente Próximo.

y por lo tanto es importante para determinar lo que tiene autoridad en el texto bíblico y lo que debe considerarse inerrante o infalible.

¿Cómo debemos entender la historiografía antigua?

En las discusiones modernas, algunas personas discuten si una narración de la Biblia está registrando un «mito» o una «historia». Por desgracia, ambos términos son engañosos y diferentes eruditos ofrecen distintas definiciones que les ayudan a conseguir los resultados que desean. Por el contrario, debemos reconocer que estos términos se han vuelto tan modernos en su uso (aunque sus etimologías se remontan a las lenguas clásicas) que aplicarlos al mundo antiguo corre el riesgo de ser anacrónico. No debemos creer que las narraciones antiguas que se denominan historiografía tengan necesariamente los mismos objetivos literarios que lo que hoy podríamos llamar historiografía. Tampoco debemos creer que las narraciones antiguas etiquetadas como mitografía fueran percibidas en el mundo antiguo como lo que suponemos al asignarles una categoría.

Por ejemplo, a menudo atribuimos la etiqueta de historiografía a la literatura que esperamos que nos ayude a determinar lo que «realmente sucedió». A menudo nos interesa la reconstrucción histórica. Sin embargo, por mucho que nos interese, sería un error suponer que las narraciones *antiguas* que catalogamos como historiografía tenían automáticamente el mismo objetivo. Cuando descuidamos los objetivos de la literatura antigua y, en cambio, utilizamos la literatura para lograr nuestros propios objetivos, incurrimos en una imposición cultural que subordina lo que los antepasados consideraban como la realidad y los valores de su literatura (i.e., sus ilocuciones) a lo que nosotros, los modernos, consideramos una búsqueda superior. Nunca lograremos una comprensión sólida de la literatura, y mucho menos una comprensión legítima de la autoridad bíblica, si siempre estamos juzgando su idoneidad para alcanzar nuestros objetivos modernos. Tenemos que empezar a acercarnos a la literatura como su literatura, en lugar de convertirla simplemente en nuestra literatura, de la que luego extraemos inferencias teológicas. T. M. Bolin ha hablado sobre estas afirmaciones contradictorias.

Gran parte de la confusión actual en ambos lados del debate sobre la historiografía israelita se debe al hecho de que el término «historiografía» es entendido no como una clasificación de géneros, sino más bien como una especie de afirmación de la verdad basada en la suposición de un malentendido entre el hecho histórico y la verdad.[4]

Dado que las categorías modernas de historiografía y mitografía se definen en términos modernos, cuando las utilizamos ya hemos distorsionado la literatura que hemos etiquetado al imponer un conjunto de expectativas relacionadas con nuestra etiqueta. Pero, ¿qué alternativas tenemos?

Ziony Zevit, en *Religions of Ancient Israel*, ofrece el término «literatura que dice la verdad» y propone, basándose en su análisis de la literatura testimonial, que cuando se trata de géneros que dicen la verdad conscientemente, el criterio que debe aplicarse no es el de la verosimilitud (a menudo el estándar de quienes estudian la narrativa antigua con escepticismo), sino el de la negación. Es decir, las afirmaciones de la literatura deben tomarse como verdaderas a menos que haya pruebas que permitan negar su veracidad. Concluye que este enfoque conduciría a una reevaluación de la historiografía bíblica y a «una cierta cualificación de la forma en que el escepticismo puede ser esgrimido como hermenéutica histórica».[5] Aquellos que están de acuerdo con Zevit, como nosotros, pueden encontrar que, aunque sus observaciones nos señalan la dirección correcta, queda mucho trabajo por hacer.

Lo que los modernos llamamos historiografía pretende representar una realidad concreta asociada a los acontecimientos (y a las personas que los protagonizan). Si no está asociada a un acontecimiento, deja de ser historiografía. Esto es bastante cierto, pero eso no significa que cualquier literatura que esté asociada a un acontecimiento (o a un complejo entramado de acontecimientos) deba llevar el nombre de historiografía. No basta con decir que la historiografía es la literatura que representa un acontecimiento, porque diferentes culturas y diferentes autores pueden tener ideas distintas sobre cómo pueden o deben representarse los acontecimientos. Por lo tanto, debemos entender algo sobre las convenciones culturales relativas a las mejores formas de representar literariamente los acontecimientos. Descubrimos con disgusto que, por ejemplo, en el mundo antiguo no existía nada parecido a un historiador moderno. Jean-Jacques Glassner lo explica:

---

[4] T. M. Bolin, «History, Historiography, and the Use of the Past in the Hebrew Bible», en *Limits of Historiography*, ed. C. S. Kraus (Leiden: Brill, 1999), p. 123.

[5] Ziony Zevit, *Religions of Ancient Israel* (Nueva York: Continuum, 2001), pp. 78-79.

Los mesopotámicos no tenían la profesión de historiador tal y como la entendemos hoy, ni sus métodos ni su perspectiva. Tal y como ellos lo veían, el problema no era la evaluación crítica de las fuentes, ni la cuestión, fundamentalmente, de saber cómo y en qué secuencias causales habían ocurrido los acontecimientos considerados únicos. La tarea primordial consistía en elegir, de acuerdo con un foco de interés definido, entre los datos cuidadosamente recogidos de los acontecimientos pasados, ciertos hechos que, desde ese punto de vista, habían adquirido relevancia y significado universal.[6]

Proponemos entonces que, para nuestros propósitos aquí, podemos hablar de estas narraciones antiguas identificándolas como «literatura orientada al acontecimiento». Tal y como la identifica Zevit, esta literatura pretende contar la verdad, pero no funciona del mismo modo que la historiografía moderna. Por naturaleza, toda literatura orientada a los acontecimientos es selectiva, y su selectividad refleja las intenciones y/o la agenda del autor, o más propiamente, dada la cultura de escritura del mundo antiguo, del autor de la narración.[7] Por lo tanto, seguimos afirmando que antes de que una obra que trate acontecimientos del pasado pueda ser entendida en términos históricos, debe ser entendida como literatura y ser interpretada a la luz de sus propias convenciones.

Un ejemplo del mundo del arte puede ser útil en esta coyuntura. Se cuenta una anécdota (quizás apócrifa) de Picasso en una de sus exposiciones de arte bromeando con un crítico. El crítico se quejaba de que Picasso debería prestar más atención a retratar a sus personajes tal y como son en realidad. El artista afirmó que no estaba seguro de lo que el crítico quería decir con eso. El crítico, frustrado, sacó de su cartera una fotografía de su mujer, se la puso a Picasso en la cara y le dijo: «Toma, este es su aspecto real». La divertida respuesta de Picasso fue que ella parecía terriblemente pequeña y que debía tener dificultades para desplazarse sólo con la cabeza y los hombros. Este ejemplo nos ayuda a comprender que cualquiera que decida representar la realidad o la verdad puede utilizar diversas convenciones. La verdad podría no ser relativa, pero un artista elige qué verdades representar y cómo hacerlo.

---

[6] Jean-Jacques Glassner, *Mesopotamian Chronicles*, SBLWAW 19 (Atlanta: Society of Biblical Literature, 2004), p. 21.

[7] Aunque nos demos cuenta de que no toda la historiografía y la mitografía tiene forma narrativa, gran parte de ella lo es, e incluso la que no lo es trabaja con los mismos principios y limitaciones.

Al igual que los artistas, los autores insistirán en su derecho a representar la verdad y la realidad utilizando las convenciones que sean significativas para ellos y, presumiblemente, para su audiencia. Al igual que el arte, la literatura orientada a los acontecimientos debe hacer algo más que representar la realidad y la verdad de forma estrictamente mundana. Los artistas dirían que ofrecen una verdad diferente a la que podría ofrecer una fotografía. La literatura tiene la misma capacidad de representar la realidad y la verdad de formas que trascienden los noticiarios documentales. La disposición de un lector a reconocer la literatura orientada a los acontecimientos como verdadera depende del grado en que el lector pueda apreciar y afirmar la representación literaria de la realidad por parte del autor. Nuestra incapacidad de apreciar o afirmar no disminuye el grado en que los textos representan la realidad para los autores[8] —los antiguos no tenían intención de destacar lo «irreal», pero tampoco intentaban la objetividad. Habrían sido capaces de ser más objetivos (y algunos textos lo intentan más que otros), pero a menudo el sentido de sus escritos estaba en su representación subjetiva de la realidad. Glassner articula astutamente esta combinación de subjetividad y realidad: «La interpretación histórica depende, en Mesopotamia como en cualquier otro lugar, de una filosofía implícita basada en la subjetividad del autor, mientras que él mismo está imbuido de la idea de que está escribiendo la "realidad"».[9]

Quien contempla el arte debe entender primero qué aspecto de la realidad está retratando el artista, y la literatura no es diferente. El hecho de que compartamos o no la perspectiva de la verdad del artista o del comunicador es una cuestión aparte. El valor de los acontecimientos en el mundo antiguo se basaba firmemente en la teología de la comunidad. Para un historiador moderno, se considera que este elemento socava la fiabilidad de los informes, pero para los antepasados la teología era la razón de ser de la literatura.

La historiografía mesopotámica era en gran medida... un discurso sobre la historia superado por los dioses. La teología era el fin, la historia el medio para el fin. Este énfasis religioso, lejos de poner en tela de juicio la autenticidad histórica de las investigaciones realizadas, era su propia base.[10]

---

[8] Véase Glassner, *Mesopotamian Chronicles*, p. 3.
[9] *Ibid.*, p. 49.
[10] *Ibid.*, pp. 22-23.

Esta discusión plantea entonces la importante distinción entre texto y acontecimiento.[11] ¿Nos interesan más los textos o los acontecimientos? ¿Existe una relación del texto con un acontecimiento? Si la hay, ¿cuál es la naturaleza de esa relación? Cuando hablamos de autoridad bíblica, admitimos que nuestro interés último son los textos. Sólo los textos pueden ser inspirados, inerrantes o autorizados; esas etiquetas no se aplican a los acontecimientos. Si queremos penetrar en la poética (el texto), tenemos que estar dispuestos a ver el acontecimiento y su significado a través de los ojos, el sistema de valores, las creencias y las concepciones de los autores.

Es importante reconocer que, dependiendo de las convenciones utilizadas, puede ser muy difícil y potencialmente destructivo reconstruir el acontecimiento a partir del texto. Esto no significa que la representación del texto sea falsa, sino que tal vez no seamos capaces de penetrar en su cosmovisión lo suficiente como para representar el acontecimiento con los fragmentos que nos resultan más significativos. Al igual que nosotros, nuestros antepasados adoptaron las convenciones que mejor les permitían expresar sus realidades más apreciadas. No pensaríamos que podemos tomar el retrato de Dora Maar de Picasso y reconstruir una fotografía a partir de él. Incluso si tuviéramos la fotografía delante de nosotros, no podríamos establecer ecuaciones entre ambas para mostrar cómo una lleva a la otra. Nuestra incapacidad para hacerlo no tendría como resultado que el retrato de Picasso es falso o inexacto, ya que eso privilegiaría las convenciones de la fotografía como de mayor valor que las de la pintura. Nuestra preferencia personal no tiene importancia. Si queremos apreciar el arte, debemos pensar en el cuadro, no intentar reconstruir una fotografía a partir de él. Lo mismo ocurre con la literatura narrativa del mundo antiguo. Si pretendemos apreciar el texto, debemos considerar sus convenciones y su arte. Podemos afirmar que se trata de hechos reales en un pasado real, pero eso no significa que podamos reconstruir la historia en nuestros términos (representados por la fotografía).

---

[11] John Sailhamer ofrece una importante discusión sobre la distinción entre texto y acontecimiento desde una posición teológica conservadora en *Pentateuch as Narrative* (Grand Rapids: Zondervan, 1992), pp. 8-22 y en *Introduction to Old Testament Theology: A Canonical Approach* (Grand Rapids: Zonder- van, 1995), pp. 36-85. En este último, p. 46, ofrece un ejemplo de la historia del arte.

¿Qué es la mitografía?

A diferencia de la historiografía, la literatura que suele denominarse mitografía muestra menos interés por retratar los acontecimientos que por dar sentido al mundo abordando cómo funciona el mundo y cómo llegó a ser así. Aunque a menudo adopta una estructura narrativa al relatar acontecimientos, generalmente no se interesa por tales sucesos como hechos que puedan conectarse con el mundo humano.[12] Sin embargo, si pudiéramos preguntar a los mitógrafos si creen que esos acontecimientos fueron reales, probablemente se sentirían desconcertados por la pregunta. Teniendo en cuenta lo que conocen de los dioses y lo que saben y piensan sobre la forma actual del mundo, esta literatura proporciona la mejor explicación que pueden ofrecer, la más coherente con sus creencias y perspectivas. Es su realidad central.

En medio de la proliferación de definiciones del término *mito*, nuestro principal objetivo debería ser definir la ilocución de las piezas particulares de la literatura mítica en lugar de asignar una etiqueta de género. Mark Smith describe la ilocución de lo que comúnmente se denomina mito: «Lo que los mitos parecen hacer es evocar las realidades básicas a las que se enfrentan los humanos y presentar una narración que relaciona estas realidades con el mundo de los dioses y las diosas».[13] Continúa,

> La representación del mundo que hace un mito no es explicativa en ningún sentido moderno; más bien indica que los problemas de la humanidad están vinculados al mundo divino. En resumen, los mitos narran realidades presentando deidades y sus acciones en el mundo, y lo hacen construyendo relaciones entre estas deidades con tramas que cubren y atraviesan las inexplicables dificultades de la experiencia humana. Los mitos también indican que, de diversas

---

[12] Este sería el caso de la mayoría de los mitos: pensemos en Enki y el orden del mundo, o en el cuento de Anzu. Sin embargo, hay excepciones. Si los intérpretes están en lo cierto, la Epopeya de Erra se relaciona con los acontecimientos políticos del mundo humano; pero aún así uno podría preguntarse cómo se relaciona con el mundo humano en sus ilocuciones, es decir, ¿afirma la realidad de los acontecimientos? Otro tipo de excepción podría encontrarse en el relato del diluvio. Sería muy interesante evaluar la ilocución del relato del diluvio en Atrahasis y compararla con una evaluación del relato del diluvio en el Génesis. ¿Son del mismo género? Creo que habría que concluir que ambas literaturas afirman un acontecimiento en sus ilocuciones, pero esto es sólo el comienzo y requeriría un análisis completo que, a pesar de todo el estudio comparativo que se ha centrado en los relatos del diluvio, aún no se ha hecho. Véase William W. Hallo y K. Lawson Younger, eds., *The Context of Scripture*, 3 vols. (Leiden: Brill Academic, 2003) para las traducciones de estos mitos.

[13] Mark Smith, *The Priestly Vision of Genesis 1* (Minneapolis: Fortress, 2010), p. 153.

maneras, las deidades se relacionan con la humanidad y tienen un impacto en ella en medio de sus numerosas dificultades.[14]

En esta valoración encontramos que la mitografía tiene un referente diferente al de la historiografía, aunque no se considera menos real. Sin embargo, puede considerarse que pertenece a un plano de realidad diferente.

Comparación entre mitografía e historiografía

Las literaturas denominadas mitografía e historiografía se encuentran en el mismo continuo, pero cada una tiene un enfoque diferente en su expresión de la realidad, y no son los dos únicos miembros del mismo. Además, nos oponemos a que se describa como un continuo mito/historia, ya que esto tendría la desventaja de definir el campo por nuestras categorías. A. K. Grayson lo explica muy bien en su análisis de las inscripciones reales asirias.

> He tratado de evitar cualquier declaración subjetiva sobre los méritos literarios e históricos de estos textos, ya que las decisiones sobre si son o no literatura o historia en el sentido estricto de esos términos son inevitablemente más arbitrarias que objetivas. Sin embargo, me parece que en el caso de las inscripciones reales asirias la cuestión está razonablemente clara y dudo que haya muchos que llamen a estos textos literatura o historia. Esto no busca negar la utilidad histórica de estos textos, que son fuentes documentales inestimables para el historiador moderno que sepa utilizarlas. Pero no creo que podamos llamarlos historia bajo ninguna definición de esta palabra. Tampoco creo que podamos llamarlos literatura.[15]

Si bien la literatura narrativa a la que solemos referirnos como historiografía ofrece una representación de los acontecimientos, el objetivo de esa literatura suele ser ideológico. En el antiguo Oriente Próximo esa ideología apoya la realeza. En el Antiguo Testamento la ideología es teológica. En ambos casos, es la ideología la que determina

---

[14] *Ibid.*
[15] A. K. Grayson, «Assyrian Royal Inscriptions: Literary Characteristics», en *Assyrian Royal Inscriptions: New Horizons in Literary, Ideological, and Historical Analysis*, ed. F. M. Fales. (Roma: Istituto per l'Oriente, 1981), pp. 46-47.

la forma en que el comunicador elige representar los acontecimientos (seleccionando qué partes contar y cómo hacerlo).

La literatura que suele denominarse mitografía también se ocupa de una ideología que ve de forma coherente lo que el público considera las realidades del mundo que le rodea. Estas narraciones se centran principalmente en las actividades de los dioses y, por tanto, suelen estar enmarcadas en términos de acontecimientos. Pero estos acontecimientos no son de la misma categoría que los del ámbito humano. Los actos de habla de esta categoría no están dirigidos a representar acontecimientos, sino a utilizar las actividades de los dioses para transmitir una ideología.

Centraremos nuestra atención en las narraciones de la Biblia que *representan acontecimientos del ámbito humano*. Esta descripción nos ayuda a centrarnos en la naturaleza del género. El género forma parte de la locución, y estas locuciones particulares adoptan la forma de narraciones relativas a acontecimientos del pasado. Como intérpretes, tenemos que definir qué tipo de afirmación o acto pretendía comunicar el escritor con la locución. Por lo general, los comunicadores (incluso en nuestra época) no sólo están interesados en describir el pasado, sino que quieren *hacer* algo *con* los acontecimientos del pasado. Estos comunicadores creen que están ofreciendo una perspectiva sobre un pasado real que es verdadero. Se podrían elegir muchas cosas diferentes para comunicar sobre el pasado que fueran ciertas, pero los comunicadores suelen centrarse en la(s) verdad(es) que consideran más significativas, excluyendo otras verdades.

En ocasiones podemos obtener pistas sobre la ilocución del comunicador (lo que intenta hacer con los acontecimientos del pasado) atendiendo a la perlocución (¿qué respuesta se espera de mí?).[16] ¿El objetivo principal del comunicador es que el público admire o emule a los personajes? ¿Quiere que sientan fe? ¿Vergüenza? ¿Miedo? Sugeriríamos que en las narraciones bíblicas, la perlocución se centra en una respuesta a Dios más que a los propios acontecimientos o a las personas implicadas en los mismos (al tiempo que se da cuenta de que, por tanto, deben considerarse acontecimientos reales y personas reales en un pasado real). En ese sentido, la teología toma la posición principal, pero la teología pierde su fuerza si los acontecimientos no sucedieron. Por lo tanto, la verdad del acontecimiento no se detiene en la afirmación

---

[16] El debate continuo sobre la perlocución se centra en la relación entre las respuestas previstas y esperadas frente a las respuestas reales. Sin minimizar la importancia de ese debate, vamos a utilizar la perlocución para referirnos a lo que el comunicador anticipa que va a ocurrir realmente. El resultado es que la perlocución se acerca más al círculo de la ilocución, ya que ambas se refieren a las intenciones.

de que el acontecimiento ocurrió, sino que encuentra su objetivo principal en la afirmación de lo que Dios hizo. La realidad incluye ambas cosas.

Desde este punto de vista, ¿sería defendible que los comunicadores o patrocinadores de lo que llamamos historiografía antigua trataran de hacer lo que los historiadores de hoy intentan generalmente hacer (ya sea en el nivel ilocucionario o perlocucionario)?[17] Glassner piensa que no, y nosotros estaríamos de acuerdo. «Los mesopotámicos no tenían ni los métodos ni los esquemas del oficio de historiador. Se preocupaban más por seleccionar, en torno a un centro de interés definido, ciertos hechos que adquirían relevancia y significado universal».[18]

Hoy en día, con demasiada frecuencia, tanto los escépticos como los creyentes descartan prácticamente la ilocución y la perlocución de la literatura antigua por considerarla irrelevante o la ignoran por considerarla fantasiosa. Si queremos entender la poética de estas narraciones, tenemos que desarrollar nuestro análisis en la línea de sus actos de habla y contentarnos con ello en lugar de imponerles las exigencias de nuestro escepticismo o creencia.

La ilocución de la literatura orientada al acontecimiento

Articular la ilocución de la literatura orientada al acontecimiento no siempre es sencillo. Deberíamos trabajar sobre el principio expuesto anteriormente de que dicha literatura debe considerarse anclada en acontecimientos reales en un pasado real hasta que esa aseveración pueda ser negada (en contraste con considerarla imaginaria a cierto nivel hasta que su verosimilitud pueda ser demostrada). Sin embargo, no podemos esperar que los antiguos comunicadores hayan compartido nuestro sentido de lo que era más importante al representar el pasado. Debemos preguntarnos: ¿Cómo entendemos las antiguas convenciones de representación de esos acontecimientos al discernir la naturaleza de la verdad que pretenden transmitir? La pregunta principal, por tanto, debe ser: ¿Qué pretendían hacer (ilocución) y qué convenciones utilizaban para ello? No importa si podemos etiquetar lo que pretendían hacer como historiografía, porque cada persona define la historiografía de

---

[17] Las crónicas babilónicas suelen ser tratadas como el epítome de la objetividad y la precisión en la historiografía mesopotámica. Véase Glassner, *Mesopotamian Chronicles*, pp. 49-50 para una crítica detallada de numerosos errores atroces.

[18] Jean-Jacques Glassner, «The Use of Knowledge in Ancient Mesopotamia», pp. 1815-23 en *Civilizations of the Ancient Near East*, ed. Jack M. Sasson (Nueva York: Scribner, 1995), 3:1822.

forma diferente, y no debemos depender de nuestras etiquetas, que representan nuestros valores. John Marincola nos indica una dirección mejor, la de evaluar la literatura en sus propios términos.

> Parece que lo mejor es abandonar las distinciones tradicionales, mirar en su lugar todo lo que incluye un historiador específico, y luego interpretar la obra individual en sus propios términos. Esto debe hacerse no para asignar una obra histórica a uno u otro grupo [por ejemplo, analistas, historiadores, anticuarios], sino más bien como un primer paso para entender lo que el historiador ve como relevante para el retrato del pasado que intenta crear, y cómo la inclusión de ese material en su obra intenta mediar entre esa visión del pasado y la realidad presente en la que se encuentra... Este enfoque refleja mejor la forma en que los propios antiguos veían los materiales y métodos disponibles para una investigación del pasado, y hará que sea mucho menos probable que forcemos las obras antiguas en categorías modernas.[19]

Este tipo de penetración más profunda es deseable y, de hecho, esencial para nuestros debates sobre la autoridad y la inerrancia. Una forma de iniciar esta penetración es comenzar a plantear una serie de preguntas diferentes. Por ejemplo, dado que los hechos ocurrieron realmente, ¿cuál es el principal referente de la literatura? ¿Son los propios acontecimientos o los resultados de los mismos? En nuestra historiografía, los acontecimientos son sin duda los referentes, aunque a medida que nos alejamos en el tiempo de los acontecimientos, los resultados pueden aumentar su importancia. En el mundo antiguo es más común encontrar un mayor interés en los *resultados* de un evento o una serie de eventos. El resultado puede reflejar la perspectiva de quienes han vivido el acontecimiento recientemente o ser el reflejo de quienes miran hacia atrás durante décadas o incluso siglos.[20] Los resultados existen en un espectro que va desde los experimentados, pasando por los percibidos, hasta los deseados e imaginados.

Si el resultado es el referente, éste quedaría anulado si los acontecimientos fueran totalmente inventados. En consecuencia, aunque el principal referente en el que se centra es el resultado, ese referente presupondría un acontecimiento real. El resultado suele estar más relacionado con el presente en el que se escribe la literatura, mientras

---

[19] John Marincola, «Genre, Convention, and Innovation in Greco-Roman Historiography», en *Limits of Historiography*, ed. C. S. Kraus (Leiden: Brill, 1999), pp. 308-9.

[20] Por ejemplo, la caída de Jerusalén es un acontecimiento; la vida en el exilio es un resultado.

que los acontecimientos se sitúan en el pasado. A menudo la literatura vincula las realidades del presente (resultado) con alguna perspectiva sobre el pasado (acontecimientos). El referente principal de la literatura narrativa puede ser un resultado, pero el perfil referencial más amplio incluiría acontecimientos reales.

Cuando los resultados están en mente, la ilocución *no* es para describir o registrar un evento. La ilocución variará de los anales a las crónicas y de los asirios a los babilonios, pero todos están guiados por una orientación hacia el acontecimiento y un valor determinante o guía relativo al estatus del rey. La ilocución está dirigida a establecer o explicar la realidad del *resultado*. En efecto, la cuestión operativa que aborda esta literatura es la de cómo hemos llegado hasta aquí —tanto si la pieza literaria es la Maldición de Agade como los libros de Reyes o Crónicas. Los antepasados no tenían el mismo interés por los acontecimientos que nosotros, y por eso no los registraron de forma que pudieran alimentar fácilmente nuestros intereses. Si queremos entender de verdad su literatura y su cultura, tenemos que dejar de perseguir la transformación de sus ilocuciones, realidades y valores en los nuestros. Esto es un error. La historiografía es *nuestra* etiqueta, *nuestro* entresijo, *nuestro* valor, *nuestra* forma de enmarcar la realidad, *nuestra* forma de entender los acontecimientos. No podemos basar nuestra valoración de la verdad, la autoridad o la inerrancia en nuestras convenciones culturales de la historiografía, aunque sigamos interesados en estas tres cuestiones.

Una vez que observamos la prioridad de los resultados sobre los acontecimientos, encontramos una explicación para la diferente forma de los informes a medida que pasamos de los libros de Samuel y Reyes a los libros de Crónicas. Con el paso del tiempo, la percepción de los resultados evoluciona. Los acontecimientos de la monarquía no cambiaron entre la época de los Reyes y la del Cronista, pero los comunicadores los percibieron de forma diferente en función de una percepción evolutiva del resultado. Una vez que un acontecimiento se reduce a la narración, ya no hay un acontecimiento, sino sólo un texto. Ese texto vendrá determinado por las convenciones de representación, las percepciones de la realidad, las decisiones sobre los valores y las prioridades, y se configurará para abordar el estado del resultado contemporáneo.

¿Qué es entonces lo que constituye los acontecimientos o las personas «reales»? La realidad debe filtrarse a través de las convenciones y la priorización de valores. Si nos preocupamos por si las personas son «reales» o si se las retrata como «realmente fueron», nos encontramos con el problema al que se enfrentan incluso los biógrafos: la realidad plena y verdadera de una persona no puede reducirse a la forma literaria. Toda representación literaria de una persona crea en cierta medida un personaje imaginario. Glassner observa que en el envoltorio literario de los acontecimientos del pasado y de las personas del pasado, ambos sucumben a los patrones y categorías vistos por el autor de la literatura.[21] Sin embargo, puesto que estamos interesados en comprender lo que Dios hizo a través de esas personas y acontecimientos, ambos deben permanecer enraizados en un pasado real.

Conclusiones

Para conservar y afirmar la inerrancia y la autoridad, tenemos que estar dispuestos a suspender el escepticismo y adoptar la realidad y los valores que están ligados a la ilocución del comunicador. Al igual que sus homólogos del antiguo Oriente Próximo, la literatura israelita orientada a los acontecimientos utilizó la retórica convencional y la selección para editar los acontecimientos a la luz de los resultados, de modo que surgieran patrones y valores reales. Gran parte de lo que los eruditos modernos han calificado anacrónicamente de historiografía tiene una orientación hacia los acontecimientos, pero los autores no editan los acontecimientos con los mismos objetivos o métodos que utilizamos nosotros. Si la ilocución del comunicador bíblico muestra su interés por una orientación de acontecimiento (como es ciertamente el caso de la separación del Mar Rojo y la resurrección), entonces nuestro compromiso de tomar en serio la ilocución del comunicador nos obliga a aceptar la realidad de esos acontecimientos. No esperaríamos que el antiguo autor israelita se adhiriera a nuestras convenciones literarias y valores informativos, pero intentaríamos comprender los suyos. Hacer lo contrario sería atribuir autoridad a un texto que hemos distorsionado mediante el anacronismo. Nuestra sensibilidad teológica se sentiría violada por tal aplicación errónea de la autoridad.

Este enfoque no permite considerar a Abraham, Moisés o David como meras figuras literarias. Pero otras cuestiones pueden ser menos sencillas. ¿Es Noé simplemente una realidad literaria construida? Sería difícil sostener que la ilocución del comunicador no era para presentar un acontecimiento real, y así afirmar la realidad de un remanente

---

[21] Glassner, *Mesopotamian Chronicles*, p. 10.

Proposición 14

histórico rescatado que incluye a Noé. Pero también nos damos cuenta de que los comunicadores transmitieron esta realidad por medio de sus propias convenciones retóricas y su limitada geografía cósmica, y que los acontecimientos han sido editados (como debe ser toda narración de acontecimientos) para transmitir el resultado previsto. Es posible que no podamos reconstruir a partir de la literatura un relato de los acontecimientos del diluvio en términos de nuestra ilocución historiográfica convencional. Pero la autoridad no depende de nuestra capacidad para transformar los acontecimientos en nuestras preferencias ilocutivas. Si la ilocución del comunicador se encuentra en los valores y resultados, entonces nuestra responsabilidad es afirmar esos valores y resultados.

La cuestión operativa relativa a la autoridad debe ser siempre: ¿Cuál es la ilocución del comunicador? No podemos afirmar por defecto que la ilocución del comunicador es historiográfica sólo porque se trate de hechos reales. No hay ninguna razón para creer que ningún comunicador del antiguo Oriente Próximo tuviera una ilocución que se ajustara a las ilocuciones de la historiografía moderna. No debemos sentirnos inclinados a forzar la literatura antigua en estas camisas de fuerza de la convención moderna, como si la historiografía moderna representara el valor más alto. La redefinición de nuestros términos modernos no aporta ninguna solución. No deberíamos preguntarnos: ¿Qué es el acontecimiento? (el objetivo típico de la historiografía moderna). Deberíamos preguntarnos cuál es el resultado que el autor ve como consecuencia de una serie de acontecimientos reales, y qué valor tiene ese resultado. ¿Qué realidad encarna ese resultado? No hay que equivocarnos: esto no da permiso para negar que el acontecimiento tuvo lugar; es simplemente el reconocimiento de los obstáculos a los que nos enfrentamos si nuestro interés es recuperar un registro del acontecimiento en nuestros términos. Incluso cuando nos vemos incapaces de evaluar la realidad del suceso, encontramos confianza en la idea de que el resultado reportado supone que el suceso es real. *Nuestros intereses deben considerarse secundarios; los intereses del texto prevalecen.* La inerrancia y la autoridad se relacionan más con la representación del acontecimiento por parte del comunicador que con la realidad del propio acontecimiento, aunque la certeza del comunicador en la realidad del acontecimiento debería llevarnos a la misma afirmación

Los expertos en comunicación hablan del concepto de coherencia, que se define como «lo que los oyentes o lectores aportan cuando aplican su conocimiento del mundo al texto».[22] Nicolai Winther-Nielsen añade que «la coherencia ancla el lenguaje de la narración a los contextos».[23] Para las narraciones que suelen incluirse en la categoría de historiografía, el ancla del contexto es un acontecimiento que ha sucedido. Pero el contexto también está determinado por las convenciones por las que se entienden los acontecimientos, se comunican y adquieren significado.

Podríamos proponer algunas conclusiones:

- Como evangélicos, estamos equivocados cuando nos centramos principalmente en la defensa de una definición moderna de la historicidad, pero no estamos más equivocados que los críticos que comparten el mismo enfoque cuando tratan de socavar la historicidad: ambos dependen demasiado de una etiquetación anacrónica y moderna de la literatura antigua que descuida los valores de esa literatura.
- La mayoría de las que en ocasiones se consideran inexactitudes o contradicciones históricas se pierden de vista cuando nos centramos en las convenciones de la literatura antigua, distinguiendo adecuadamente locuciones e ilocuciones. La comprobación de los hechos (en la medida de lo posible) debe hacerse siempre a la luz de las convenciones antiguas aceptables.[24]
- Los intentos de negociar los límites de la «mitografía» y la «historiografía» son erróneos, ya que imponen a la literatura categorías y límites anacrónicos para sus locuciones e inapropiados para sus ilocuciones.
- No debemos preocuparnos si somos incapaces de reconstruir los acontecimientos de la antigüedad para nuestra empresa historiográfica, y no debemos sorprendernos de nuestra incapacidad para hacerlo.
- Como personas que se toman la Biblia en serio, estamos investidos de todo el acto de habla de la Escritura, pero la

---

[22] Jan Renkema, *Discourse Studies* (Ámsterdam y Filadelfia: John Benjamins, 1993), citado en Nicolai Winther-Nielsen, «Fact, Fiction, and Language Use», en *Windows into Old Testament History*, ed. V. Philips Long, David W. Baker y Gordon J. Wenham (Grand Rapids: Eerdmans, 2002), p. 68.

[23] Winther-Nielsen, *«Fact, Fiction, and Language Use»*, p. 70.

[24] Esto reduciría en gran medida el tipo de variaciones que podrían considerarse legítimamente como errores. Un ejemplo de error podría encontrarse en las primeras líneas del libro de Judit, donde se identifica a Nabucodonosor como el rey de los asirios y que reina en Nínive.

Proposición 14

autoridad se encuentra en el nivel ilocucionario. Las locuciones vienen de Dios, pero pueden ser distorsionadas y abusadas si no se guían por la dirección autorizada que establece la ilocución.
- El género, el lenguaje y las convenciones de comunicación operan en el nivel locucionario.
- La autoridad bíblica se guía por las ilocuciones del comunicador y se basa en la adopción de las ideas y los valores del comunicador y su percepción de la realidad. La inerrancia opera en este nivel.
- La inerrancia no puede mantenerse si negamos la realidad de los acontecimientos y las personas que el texto presenta como reales; pero nuestras afirmaciones de inerrancia no pueden basarse en la forma que reconstruimos para los acontecimientos imponiendo nuestras convenciones y valores a la literatura antigua.
- Nuestra fe nos inclina a aceptar las perspectivas y los valores bíblicos de coherencia al reconstruir los acontecimientos mediante la narración, pero no hemos mostrado suficiente sensibilidad hacia sus convenciones. Los antiguos comunicadores no falsificaban los acontecimientos ni las personas, pero tampoco compartían ni acataban nuestras convenciones de reportaje o testimonio. Salvo en caso de negación, debemos asumir que los hechos sucedieron.[25] No nos atrevemos a imponer nuestras convenciones, aunque compartamos los valores, las perspectivas y la fe del comunicador y adoptemos sus puntos de vista sobre la coherencia teológica.
- En lugar de decir que Dios se adecúa al error (como concluye Kenton Sparks; véase la proposición 3) deberíamos decir más bien que Dios se adecúa a las limitaciones culturales y a las convenciones literarias en las locuciones que sus comunicadores elegidos se inspiran para hacer.
- Tenemos que reconocer que todas las convenciones permiten pasar por alto algunas de las verdades en favor de acentuar las verdades que se consideran más significativas. Por ejemplo:

---

[25] Zevit minimiza el problema de la subjetividad de tal afirmación al matizar «Cualquier cosa que no se niegue o refute de forma efectiva debe considerarse como verdadera», *Religions of Ancient Israel*, p. 78; citando a Leona Toker, «Toward a Poetics of Documentary Prose-From the Perspective of Gulag Testimonies», *Poetics Today* 18 (1997): 187-222.

- Las fotografías omiten las verdades de la dimensión, la proporción, el tamaño y la configuración del cuerpo para centrarse en la verdad de la apariencia facial (la más favorecedora que se puede conseguir).[26]
- Las inscripciones reales asirias que implican campañas militares pueden omitir las verdades de dimensión, tamaño, tiempo y pérdidas para centrarse en la verdad de la legitimidad real (la más halagadora que se puede conseguir).
- El deuteronomista puede omitir las verdades de los logros políticos y militares reales de ciertos reyes (por ejemplo, Acab) para centrarse en los fracasos del pacto (favorecedor que se puede conseguir).

¿Cómo podemos distinguir lo que se puede dejar de lado como algo cultural y lo que somos responsables de abrazar sobre la base de la autoridad bíblica? La distinción clave existe entre el marco locutorio y el enfoque ilocutorio. En la literatura orientada a los acontecimientos, esto significa normalmente que el acontecimiento y los personajes que participaron en él son esenciales para el enfoque ilocucionario y, por lo tanto, deben ser afirmados. La ilocución no puede reducirse a una vaga perlocución (creer que Dios es soberano). Puede que nos resulte difícil evaluar algunos de los detalles que se dan (geografía, cronología, número de ejércitos o de víctimas), y que las convenciones del reportaje y la retórica asociada al género no se correspondan con las nuestras, pero hay que presumir que la ilocución ha funcionado a partir de hechos y personas reales, a menos que pueda demostrarse lo contrario.[27] Es aún más importante afirmar la metanarrativa que se articula en el reportaje —generalmente sobre el papel y la naturaleza de la deidad.

---

[26] El uso generalizado de Photoshop agrava en gran medida este concepto.

[27] No es imposible que algunas narraciones que hemos considerado o que podríamos considerar en un principio como orientadas al acontecimiento no lo sean en absoluto. Por ejemplo, no consideramos que el libro de Job esté orientado a los acontecimientos (aunque consideramos que Job es un personaje histórico).

Proposición 15

La autoridad de la literatura jurídica del Antiguo Testamento está más relacionada con la revelación que con la ley

La literatura jurídica del pentateuco ha planteado problemas a los intérpretes de diferentes maneras. A nivel de locución (las palabras del enunciado legal), el descubrimiento de colecciones legales (como la Estela de Hammurabi) en excavaciones arqueológicas en Medio Oriente trajo confusión a quienes se preguntaban cómo las leyes de la Biblia podían considerarse revelación de Dios si otras culturas tenían leyes muy similares siglos antes. Con respecto a las ilocuciones que se consideran mandatos, los intérpretes cristianos se enfrentaron al problema de que si estos mandatos llevaban la autoridad de las Escrituras, ¿cómo podían dejarse de lado? Si la autoridad está asociada a la ilocución, ¿cómo puede mantenerse la autoridad si las leyes no deben ser obedecidas? Este problema se traslada a la perlocución cuando nos preguntamos qué significa ser fieles a la ley en nuestra conducta actual.

Otros problemas surgen cuando los eruditos aplican el análisis de las fuentes al material jurídico. En la separación de fuentes al estilo de Wellhausen, se asignó a la fuente «P» postexílica el material que tenía que ver con los rituales y los sacrificios, los templos y los sacerdotes. Finalmente, se identificó una fuente «H» como subsección relativa a las leyes de pureza. La fuente «D» se encontró principalmente en las formulaciones del libro del Deuteronomio y se interesó especialmente por el santuario central. En la mayoría de los análisis de fuentes se hicieron sugerencias sobre leyes de diferentes fuentes que se contradecían entre sí o que mostraban el desarrollo de una etapa de la sociedad a otra. En esta forma de análisis de las fuentes, se forjaba el papel de Moisés y la coherencia del Pentateuco y, en consecuencia, se socavaba la autoridad.

Como último problema, la propia naturaleza del género plantea cuestiones sobre lo que queremos decir cuando afirmamos la inerrancia. ¿Significa eso que la ley es la máxima ley, legalmente y sin defectos? Si es así, ¿por qué ya no conservamos muchas de ellas? ¿Significa que la ley era realmente una ley exclusiva de Israel? Eso parece tener una importancia mínima. ¿Significa que la ley realmente vino a través de Moisés? Tendríamos que determinar si realmente se hace esa afirmación. ¿Significa que la ley realmente vino de Dios? Tenemos que resolver a qué se refieren la autoridad y la inerrancia cuando tratamos el material jurídico bíblico.

Las locuciones de la ley

¿Cómo pueden considerarse las locuciones de las leyes bíblicas como una revelación de Dios si ya existían locuciones muy similares en el resto del mundo antiguo? Es más, incluso con respecto a los israelitas sería irracional que creyéramos que durante los siglos que van desde Abraham hasta Moisés fueron un pueblo sin ley que se sentía libre de asesinar y cometer adulterio cuando lo deseaban hasta que Dios bajó al Sinaí para darles un camino diferente. Si ya existían leyes similares en el mundo antiguo en general y en Israel en particular, ¿cómo es que las formulaciones del Pentateuco llegan a ser consideradas como revelación y con autoridad?

La solución se encuentra en las distinciones que ya hemos hecho entre locución e ilocución. Hemos sugerido que las locuciones se cruzan comúnmente con la cultura del pueblo y acompañan a la sociedad. Las locuciones no llevan una autoridad independiente[1] y no tienen que ser nuevas para ser utilizadas en la revelación. La revelación y la autoridad pertenecen principalmente a la ilocución. En consecuencia, no tenemos que pensar que se trata de leyes nuevas, nunca antes oídas o consideradas. No sería una sorpresa ni un problema que Israel ya viviera con leyes similares y que otras naciones tuvieran leyes parecidas. Las distinciones importantes las encontraremos en el plano ilocutivo.

---

[1] Hablamos de que las locuciones son inspiradas (todos los graphē son inspirados), pero eso afirma su fuente (de Dios). No pueden considerarse autorizadas independientemente de sus locuciones.

Las ilocuciones de la ley

Nuestro análisis debe comenzar con una comprensión más clara de qué tipo de ilocución es la intención de los mandatos legales en el mundo antiguo, y luego podemos comparar eso con los mandatos legales bíblicos. Cuando se encontraron por primera vez los documentos legales antiguos a principios del siglo XX, se consideraron como un catálogo de decretos legales y, por lo tanto, se designaron como códigos legales. Sin embargo, con el paso del tiempo, un análisis más profundo condujo a otras hipótesis.[2] La opinión actual es que la colección de mandatos legales en los antiguos documentos del Oriente Próximo constituyen expresiones de sabiduría legal reunidas bajo el patrocinio del rey (y atribuidas a él) para proporcionar evidencia de su sabiduría y justicia a los dioses y para proporcionar instrucción en sabiduría judicial a los jueces de su reino.

No se trata de leyes promulgadas, ni necesariamente de sentencias dictadas. Son tratados de sabiduría judicial. No se podría sacar necesariamente esa conclusión sólo de las locuciones. Es el contexto literario más amplio y las observaciones sobre la naturaleza de la colección lo que nos lleva a comprender la ilocución. En concreto, pues, la ilocución no consiste en decretar una legislación, en hacer leyes o en reunir veredictos reales. Los actos de habla consisten en instruir para que se mantenga la justicia. La recopilación debe ser tomada en serio, pero no tiene la autoridad de la legislación. Los mandatos se atribuyen a la autoridad del rey (a fin de cuentas, él es la figura de autoridad), pero no son necesariamente sus sentencias ni su designio. Él es su patrocinador. No existe ningún mecanismo que garantice el cumplimiento de los mandatos. La autoridad que conllevan los mandatos pertenece a la sabiduría legal personificada en la figura de autoridad, el rey. Aquí, al igual que en la Biblia, la autoridad de este documento está directamente relacionada con lo que es y lo que pretende hacer —su ilocución.

Ahora estamos preparados para pasar a los mandatos legales del pentateuco. Tradicionalmente se ha asumido que estos mandatos eran «leyes» que se decretaban, el equivalente a la legislación actual. Esta es una suposición sobre la ilocución de estos mandatos y no es automática o transitoria; ciertamente no es la única conclusión posible. Los israelitas son instruidos para observar y obedecer (las perlocuciones que se discutirán en la próxima sección), y los mandatos legales en sí

---

[2] Véase una descripción más detallada y citas en John Walton, *Ancient Near Eastern Thought and the Old Testament* (Grand Rapids: Baker Academic, 2006), pp. 287-95.

mismos son etiquetados de diferentes maneras. (Las traducciones al español incluyen términos como «estatutos», «preceptos», «decretos», «instrucción», «palabras», «órdenes», «juicios» y otros). Cada una de estas traducciones refleja la interpretación de términos hebreos que no siempre se entienden con precisión ni se interpretan de forma coherente.[3]

Al igual que con el material del antiguo Oriente Próximo, es necesario sacar conclusiones sobre la naturaleza de la ilocución evaluando la terminología, el contexto literario y las perlocuciones. Este no es el lugar para analizar detalladamente cada uno de los términos hebreos.[4] Sin embargo, es necesario hacer un breve comentario sobre el término principal, *tôrâ*. El término se traduce a menudo como «ley» y se aplica a todo el corpus de mandatos legales, así como al conjunto del Pentateuco. Sin embargo, el consenso moderno es que el término se aplica de forma más general a los oráculos, a la instrucción resultante y, en última instancia, a la revelación.[5] El término «se refiere a una instrucción o norma de comportamiento cuya autoridad y fuerza vinculante dependen de su fuente».[6] Pertenece en primer lugar al ámbito de la profecía, en segundo lugar al ámbito de la sabiduría y sólo en tercer lugar al ámbito jurídico (y eso con la premisa de los dos primeros). Cualquier palabra que tenga su fuente en Dios debe ser tomada en serio, aunque una amplia variedad de respuestas puede ser apropiada dependiendo de la naturaleza de la ilocución.

Nada en el antiguo Oriente Próximo sugiere que alguna sociedad tuviera un conjunto normativo de leyes escritas que contuviera un código legal completo para esa sociedad. A partir de la discusión de las culturas donde predominó la transmisión auditiva en los primeros capítulos de este libro, es fácil ver por qué es así. Los documentos escritos no ocupaban una posición de autoridad en dicho contexto. No hay razón para pensar que existiera un documento completo, escrito y autoritativo que contuviera la legislación de la sociedad israelita.

---

[3] Por ejemplo, obsérvese que somos propensos a hablar de los «Diez Mandamientos» cuando el texto bíblico se refiere a ellos como las «Diez Palabras» (dĕbārîm); Éx. 20:1; 34:1, 27-28. Véase la discusión en Daniel I. Block, «Reading the Decalogue Right to Left: The Ten Principles of Covenant Relationship in the Hebrew Bible», pp. 21-55 en *How I Love Your Torah, O Lord* (Eugene, OR: Cascade, 2011), esp. 23-36.

[4] Véase las discusiones en el *New International Dictionary of Old Testament Theology and Exegesis* (NI- DOTTE) y Theological Dictionary of the Old Testament (*TDOT*).

[5] Nótese que esto resuelve un pasaje que ha sido percibido como un problema, Gn. 26:5, donde se dice que Abraham guardó la torá. No hay que pensar que esto presupone su conocimiento de lo que llegó a través de Moisés. El propio Abraham tenía información oracular e instrucción de Dios.

[6] *TDOT* 15:640.

Si consideramos el contexto literario de los mandatos legales en el Pentateuco, podemos sugerir una serie de posibles ilocuciones. Por ejemplo, la colección de «leyes» (en hebreo: *mišpāṭîm*) en Éxodo 21-23 puede tomar su ilocución de la proximidad de la narración en la que Moisés está seleccionando y presumiblemente instruyendo a los jueces (Éx. 18). En cuanto a las leyes del Deuteronomio, Stephen Kaufman sugiere que su ilocución debía servir para ampliar cada uno de los mandatos del Decálogo en orden.[7] Sea como fuere para algunas de las colecciones individuales, el contexto literario general de las colecciones legales del Pentateuco está relacionado con el pacto. En este caso, la ilocución se convierte en *estipulaciones de un acuerdo de pacto más que en legislación de una sociedad*.

La perlocución de la ley

Cabe destacar que los dos verbos más comunes que expresan la perlocución de las secciones legales son «obedecer» (*šěma' bě*) y «guardar, observar» (*shamar*). Ha sido común el uso del verbo «obedecer» aunque el verbo hebreo habla principalmente de oír. La suposición es que cuando uno oye, también actuará de acuerdo con lo que oye. «Observar» no se refiere a la observación visual de un texto, sino a la adopción de una verdad —conformando el comportamiento propio con las expectativas. Se refiere más concretamente a asumir la responsabilidad de algo.

La literatura del Pentateuco, con su contexto de pacto, conlleva la perlocución para Israel de que deben adherirse a la torá para que puedan permanecer en una relación de pacto con Yahvé y que éste permanezca en medio de ellos. ¿Cómo sabrían que estaban cumpliendo estas estipulaciones del pacto? ¿Qué aspecto tendría? El texto lo identifica para nosotros: cumplirán el pacto en la medida en que sean santos como lo es Yahvé, su Dios. La perlocución final no es la justicia ni la obediencia. Éstas son sólo paradas en el camino hacia la santidad.

En reconocimiento de esta perlocución y sobre la base de nuestro análisis de la ilocución, podríamos concluir que aunque las locuciones que se encuentran en el Pentateuco podrían servir como leyes, esa no es

---

[7] Stephen A. Kaufman, «The Structure of the Deuteronomic Law» (La estructura de la ley deuteronómica), *Maarav* 1, nº 2 (1978-1979): 105-58; John Walton, «The Decalogue Structure of the Deuteronomic Law», en *Interpreting Deuteronomy*, ed. D. Firth y P. Johnston (Nottingham: Apollos, 2012), pp. 93-117.

su ilocución en el contexto literario. Son estipulaciones de la relación de pacto de Israel, que se leen con regularidad debido a la autoridad que tienen para definir esa relación de pacto. Nosotros no formamos parte de la sociedad israelita, por lo que cualquier ilocución anterior como leyes no tendría ninguna perlocución para nosotros. Asimismo, no somos parte de la relación de pacto que Dios tenía con Israel, por lo que el Pentateuco no involucra ninguna perlocución para nosotros que se refiera a permanecer en la relación de pacto con Yahvé o a asegurar que su presencia se mantenga en medio de nosotros.

Sin embargo, la perlocución más general relacionada con la santidad sigue teniendo importancia en el nivel canónico del texto en lo que respecta a los cristianos. Los mandatos legales del Pentateuco sirvieron como revelación no porque dieran nuevas leyes (locuciones), sino porque mostraban la santidad de Dios incluso cuando pedía a su pueblo que fuera santo como él. En consecuencia, la locución que prohíbe el asesinato en Asiria no llevaría la misma ilocución y perlocución que la misma locución en el Pentateuco. A los asirios se les prohibía el asesinato porque, de lo contrario, no se podría mantener la justicia en la sociedad, reinaría el desorden, la gente se vería impedida de realizar sus prácticas de culto, los dioses no serían venerados adecuadamente y los reyes serían considerados fracasados y hombres desechados por los dioses. Esa misma locución para los israelitas les pediría que reconocieran que respetar la dignidad de la vida a imagen de Dios era inherente a la santidad y al carácter de Dios. La emulación de Yahvé en estos ámbitos era algo a lo que debían aspirar. Como señala Jesús en el Sermón del Monte, la perlocución va más allá de guardar la vida de alguien. Jesús no vino a abolir las perlocuciones derivadas de la autoridad de Moisés, sino a mostrar el camino hacia las perlocuciones fundamentales e ideales de esas locuciones. Los mandatos legales del Pentateuco revelaban el carácter de Yahvé, y el carácter de Yahvé no ha cambiado. Los creyentes siguen teniendo la obligación de reflejar ese carácter al tratar de ser santos como Dios es santo. Jesús, como Dios en la carne, encarnó el carácter de Dios, por lo que la revelación a través de los mandatos legales se cumple en él, y a través de él vemos cómo debemos responder a esos mandatos legales. La autoridad de los mandatos legales se encuentra en la revelación que ofrecen del carácter de Dios y en la forma en que sirven de guía para la santidad. Ninguna de las locuciones («jota y tilde») desaparecerá hasta que las ilocuciones finales se cumplan en una ejecución de las perlocuciones finalmente previstas.

Si esto es cierto, ahora estamos preparados para evaluar la autoridad del texto a la luz de las cuestiones de comunicación. De ello se desprenden lógicamente las siguientes observaciones:

1. No tenemos que preocuparnos de si los mandatos legales fueron realmente aplicados como leyes en la estructura social de Israel. De acuerdo con lo que encontramos en el antiguo Oriente Próximo, se podría considerar que representan lo ideal o teórico. No obstante, ilustran algunas de las formas que adoptaría la santidad, y se espera que se tomen en serio.
2. Es posible que el alcance de la autoridad de Moisés se extendiera (por los lectores, aunque no siempre con la aprobación canónica) a través de las generaciones (como encontramos incluso hasta los fariseos). Las interpretaciones y explicaciones fariseas se consideraban derivadas de la autoridad de Moisés. Cualquier extensión de la autoridad sería una decisión que tendría que tomar la comunidad de fieles.
3. Si las leyes se actualizaban para adaptarse a las nuevas situaciones de la sociedad, eso no sería un problema en teoría, aunque deberíamos ser cautos en cuanto a nuestra capacidad para identificar esas supuestas revisiones posteriores. Nuestros intentos de hacerlo se ven obstaculizados por muchas presuposiciones y criterios que estarían sujetos a disputa.
4. Podemos ser escépticos respecto a las fuentes propuestas por Wellhausen y otros, ya que plantean composiciones literarias sofisticadas anteriores a lo que cabría esperar dada la naturaleza de la sociedad israelita (donde predominaba la transmisión auditiva). Al mismo tiempo, las reconstrucciones críticas de las fuentes niegan la vinculación de los documentos a la figura de autoridad de Moisés. Esta combinación lleva a la conclusión de que los críticos son demasiado escépticos (sobre el papel de Moisés afirmado en las tradiciones) y no lo suficientemente escépticos (sobre sus propias reconstrucciones).

En conclusión, ¿cómo debemos articular la autoridad y la inerrancia de las estipulaciones legales? La autoridad se deriva de Dios a través de la figura de autoridad que sirve como fuente del material: el conducto elegido por Dios. Moisés es esa figura y fue reconocido como tal por su comunidad. Su oficio es profético, y los mandatos legales vinieron como oráculos de autoridad impregnados de sabiduría. No tienen autoridad para nosotros principalmente en el ámbito legislativo (aunque tienen implicaciones en ese ámbito) o en el ámbito pactual (aunque sirven para ello); tienen autoridad como revelación de Dios de su carácter y su santidad. Los cristianos siguen siendo responsables de la santidad al tratar de parecerse a Dios tal como se revela en Cristo, y los mandatos legales conservan su utilidad al dar información sobre cómo será eso. Nuestro uso de los mandatos legales presupone nuestra capacidad para desentrañar de manera competente el significado de las locuciones y la naturaleza de las ilocuciones. Si las locuciones y las ilocuciones se complementaron con el material original relacionado más directamente con Moisés, se hizo bajo los auspicios y con la aprobación de la comunidad de fe, ya que buscaban preservar y ampliar la autoridad de Moisés en tiempos cambiantes.

La *inerrancia* como término no es adecuada para hacer declaraciones sobre la naturaleza de nuestra comprensión de los mandatos legales. No podemos decir que la inerrancia exige que todo provenga de Moisés, porque no todas las declaraciones hacen esa afirmación. No podemos decir que estas eran realmente leyes en Israel, porque no está claro que se haga una afirmación como esa (¿cuál es la ilocución?). No podemos afirmar que la inerrancia exija que estos mandatos legales representen un código legal coherente, porque el material no hace esa afirmación y la lógica detrás de él no refleja lo que sabemos del mundo antiguo y cómo funcionaba la ley.

En el lado positivo, ya no deberíamos sentir que la autoridad o la inerrancia se ven amenazadas por quienes sugieren que algunos mandatos legales podrían ser adiciones posteriores o que algunos ofrecen alternativas a las formas de tratar los asuntos de otros mandatos. En el modelo presentado aquí, si esas situaciones existen no son una amenaza para la inerrancia. En el pasado, los evangélicos aplicaban más a menudo el término *inerrancia* a la fuente de las leyes (Moisés/Dios) que a la formación de las leyes (esto es lo que la ley realmente era). El modelo que aquí se presenta no cambia eso, salvo en la medida en que reconoce formas más amplias de entender la autoridad de Moisés.

Para más información

Knight, Douglas. *Law, Power, and Justice in Ancient Israel*. Louisville: Westminster John Knox, 2011.

Proposición 16

La autoridad de la literatura profética del Antiguo Testamento está más relacionada con la revelación que con la predicción del futuro

En un sentido, toda la literatura del Antiguo Testamento puede considerarse literatura profética, ya que encuentra su fuente en Dios. Este era el punto de vista de los rabinos cuando definían la literatura que clasificaban como autorizada y canónica. Moisés es el profeta relacionado con la Torá, y sus otras dos categorías canónicas principales se identifican como los Antiguos y los Últimos Profetas. Los Escritos constituyen la última categoría del canon. Sin embargo, el canon cristiano tiene un grupo más limitado de composiciones clasificadas como literatura profética.

Los oráculos proféticos se conocen en el antiguo Oriente Próximo desde principios del segundo milenio hasta mediados del primero. Se clasifican entre otras formas de adivinación como uno de los medios utilizados por los dioses para comunicarse. La literatura incluye cartas que contienen oráculos individuales, cartas sobre oráculos y referencias a la participación de los profetas en el proceso de toma de decisiones administrativas. No hay colecciones de oráculos de un solo profeta incorporadas a una composición literaria.[1] Los profetas del mundo antiguo eran tomados muy en serio como conductos de comunicación divina, por lo que sus oráculos se plasmaban por escrito para poder

---

[1] Un texto neoasirio contiene varios oráculos del mismo profeta, pero no están editados juntos en una obra literaria; Simo Parpola, *Assyrian Prophecies*, *SAAS* IX (Helsinki: Universidad de Helsinki, 1997), pp. lxiii y 22-27 (colección tres).

informar al rey. Tenían una autoridad innata, pero aún así eran contrastados por otras formas de adivinación.

Los «libros» proféticos

La profecía israelita está estrechamente relacionada con la que encontramos en el antiguo Oriente Próximo, especialmente en sus primeras etapas (como la que encontramos en el profeta de David, Natán).[2] Los profetas cuyos oráculos se agrupan en composiciones literarias difieren de lo que se encuentra en el antiguo Oriente Próximo en que se dirigen principalmente al pueblo, más que al rey y tienden a adoptar una postura adversa hacia la administración, en contraste con los profetas del antiguo Oriente Próximo cuyos oráculos tienden a apoyar e incluso legitimar al rey. A pesar de este papel contracultural en Israel, a lo largo de los siglos algunos profetas llegaron a ser reconocidos como figuras de autoridad lo suficientemente significativas como para que sus oráculos fueran recopilados y entretejidos en composiciones literarias. Debemos tener en cuenta que hubo muchos profetas actuando en Israel en todos los periodos de la monarquía, desde los «hijos de los profetas» que aparecen en tiempos de Samuel, Elías y Eliseo, hasta los profetas a los que se opuso Jeremías. Sólo unos pocos seleccionados conservaron sus oráculos.

¿Cómo se determinó qué profetas tenían autoridad? Observamos en Jeremías que los profetas como colectivo se consideraban con autoridad. Los reyes tenían regularmente profetas a su servicio, y se les consideraba como mensajeros de la deidad. Cuando consideramos cómo algunos de esos profetas llegaron a ser distinguidos como siervos selectos de Dios cuyas palabras debían ser preservadas, recordamos la propuesta en la proposición 3 de que la comunidad de personas fieles, bajo la guía del Espíritu Santo, hizo esa determinación que fue posteriormente afirmada por las siguientes generaciones. Ese estatus fue corroborado por la exactitud de la evaluación de la condición espiritual del pueblo y por el hecho de que sus oráculos florecieron en la realidad reconocida como cumplimiento. Hemos aceptado esos juicios hechos por esa comunidad de fe y afirmados por sus sucesores. De manera similar, las comunidades de fe determinaron que ciertas obras literarias, al final del proceso que reunía los oráculos de los profetas de manera

---

[2] Para un análisis comparativo completo, véase John Walton, *Ancient Near Eastern Thought and the Old Testament* (Grand Rapids: Baker Academic, 2006), pp. 239-74.

significativa, debían recibir el estatus de canon. Hemos considerado que esos juicios también se produjeron bajo la supervisión del Espíritu Santo.

Una vez hechas estas determinaciones, no hay razón para no ampliar lo que vemos en los dos extremos (oráculos hablados, composiciones literarias finales) al largo y complejo proceso del centro. Por ejemplo, si la comunidad de fe decidió que los discípulos de Isaías llevaban su manto y la extensión de su autoridad, podían añadir fácilmente los oráculos de los sucesores a la obra del maestro. Si lo hicieron, podemos aceptar ese juicio y ver los textos de esa manera. No se trataría de un caso en el que hubiera engaños, burlas, pseudoepigrafía o cualquier otra cosa turbia. Si se produjera tal extensión, no nos sorprendería que hubiera cierto grado de continuidad literaria (son sus discípulos); tampoco nos sentiríamos obligados a creer que el maestro era la autoridad originaria detrás del conjunto de oráculos. Él es la figura de autoridad detrás de esa corriente de tradición.[3] Los discípulos no se harían pasar por el maestro, ni la inclusión de sus oráculos por parte de la comunidad posterior representaría un malentendido. Isaías sería identificado correctamente como la figura de autoridad detrás de la corriente de la tradición.

Este modelo no está impulsado por el escepticismo ni alimentado por una autoevaluación demasiado optimista sobre nuestra capacidad para determinar qué secciones podrían tener qué estatus. Puede que todo el texto pertenezca al maestro. Sin embargo, si se añadieran oráculos de algunos sucesores, eso no sería un problema para la autoridad o la inerrancia. No estamos presentando una conclusión sobre lo que ocurrió; estamos presentando un modelo para incorporar cualquier número de posibilidades relativas a los tipos de escenarios que existían en el mundo antiguo para trazar qué batallas debían librarse, en qué colinas morir.

Los libros de los profetas están ligados a una figura de autoridad, y el papel de esa figura no debe ser minimizado. Pero al mismo tiempo no deseamos confundir la afirmación con algo que no fue. Sin «autores» y sin «libros» no podemos construir nuestra comprensión de la autoridad de los textos bíblicos basándonos en esos anacronismos. Lo que hemos aprendido sobre los escribas tiene que informar nuestro modelo. Nos basamos en comunidades de fe que han tomado decisiones a lo largo del tiempo y en cada paso del proceso de composición.

---

[3] De alguna manera, es similar a cómo Platón o Epicuro fueron las figuras de autoridad detrás de las filosofías que generaron escuelas de pensamiento enteras con muchos seguidores.

Los oráculos de Isaías se dirigían inicialmente a su público del siglo VIII. En Isaías 40-66 los oráculos no se dirigen directamente a un público del siglo VIII. Sin duda, es posible que el profeta del siglo VIII, bajo el poder del Espíritu, se dirigiera a un público de varios siglos en el futuro y hablara específicamente de detalles que no tendría forma de conocer. Al mismo tiempo, es posible que el manto de Isaías pasara a manos de sucesores que continuaron la tradición de su ministerio, gozando del poder del Espíritu y de la validación de la comunidad.[4] Isaías seguiría siendo visto como la figura de autoridad que era la fuente de esta actividad profética, y por lo tanto los oráculos de sus sucesores serían legítimamente aplicados a su obra por cualquier generación que finalmente creara la composición literaria que conocemos como el libro de Isaías. No podemos demostrar que esto ocurrió; no hay ninguna indicación explícita en el texto de que se añadan secciones, aunque muchos eruditos han creído poder discernir diferencias. Sólo decimos que, sabiendo lo que sabemos sobre las prácticas de los escribas, no sería una sorpresa que pudiera ocurrir, y no sería una sorpresa que haya ocurrido sin que el propio texto lo señalara. No estamos defendiendo este tipo de composición compleja.[5]

Seamos claros: no estamos ofreciendo una propuesta sobre la composición del libro; estamos considerando escenarios de composición que serían plausibles dado lo que estamos aprendiendo sobre la producción literaria en el mundo antiguo. Lo que más nos interesa es considerar estas hipótesis no para probarlas o refutarlas, sino para explorar qué impacto, si es que lo hay, tendrían en nuestra comprensión de la autoridad bíblica en caso de que fueran ciertas. Estamos convencidos de que el escenario de capas múltiples podría haber ocurrido, que Isaías seguiría siendo considerado la figura de autoridad y que un modelo de autoridad puede incorporar fácilmente esa posibilidad. El resultado sería que la «autoría de Isaías» no necesitaría ser

---

[4] Sabemos que Isaías tenía discípulos (Is 8:16), y sabemos que el manto de la autoridad profética podía pasarse (2 Re. 2). No tenemos un solo caso verificable en el que la obra del discípulo se añadiera a la del maestro (a no ser que Jer. 36:32 se interprete así), pero no tenemos motivos para creer que no pudiera ocurrir, ni sería un problema si lo hiciera. Nótese que Daniel Block, *Ezekiel 1-24* (Grand Rapids: Eerdmans, 1997), p. 18, enumera siete etapas en la composición desde la revelación hasta la finalización del libro canónico.

[5] Por ejemplo, considero que los argumentos a favor de la unidad de Isaías presentados por Richard Schultz contienen muchos puntos persuasivos: Schultz, «Isaiah, Isaiahs, and Current Scholarship», en Do Historical Matters Matter to Faith? James K. Hoffmeier y Dennis R. Magary (Wheaton, IL: Crossway, 2012), pp. 243-62; también su artículo, «How Many Isaiahs Were There?» *Areopagus Journal* (primavera de 2012): 16-23. Pero si Isaías no fue quien registró todos sus oráculos, ¿la forma literaria de los oráculos que encontramos en Isaías es el resultado de los escribas o discípulos que sí los registraron?

considerada como un campo de batalla. Las reivindicaciones que hace la presencia del nombre Isaías son diferentes de lo que hemos pensado. El título no pretende identificar al «autor» de un «libro». Si no se hace esa afirmación, entonces nuestras conclusiones no se ven afectadas por un compromiso con la inerrancia. Es infructuoso tratar de entender quién es el «autor» del «libro» de Isaías si esas categorías carecen de sentido en el mundo antiguo.

Profecía y cumplimiento

Otro aspecto de la literatura profética que es importante para la discusión de la autoridad bíblica es la relación entre la profecía y el cumplimiento. Cuando leemos algunos de los pasajes del Nuevo Testamento que identifican a Jesús como el cumplimiento de una profecía del Antiguo Testamento, no es raro que percibamos un poco de desconexión en cuanto a la relación entre lo que dijo el profeta y lo que afirma el apóstol. ¿Qué implicaciones tiene el término *cumplimiento*? ¿Se está afirmando que el profeta conocía a Jesús en virtud de su inspiración? (Algunos creen que Lc. 24:27, 44 afirman este punto de vista.) ¿Los apóstoles están revelando el verdadero significado de las palabras de los profetas? ¿La inerrancia se ve amenazada si los lectores llegan a la conclusión de que Jesús y los apóstoles enseñaban la doctrina correcta a partir de textos equivocados?[6] Estas son cuestiones de gran controversia entre los eruditos evangélicos. Algunos se conforman con creer que Jesús y los apóstoles simplemente utilizan los métodos hermenéuticos de la época, que daban una gran libertad a la hora de asociar una profecía con un cumplimiento propuesto.[7] Otros insisten en que Jesús y los apóstoles están extrayendo el verdadero significado de los profetas, un significado que siempre estuvo ahí para ser visto.[8] Los de este último grupo en ocasiones introducen la inerrancia en la discusión, sugiriendo que si lo que se ha identificado como un cumplimiento no es lo que el profeta estaba diciendo, el apóstol o Jesús serían por tanto culpables de error.

Este no es el lugar para evaluar estos puntos de vista en detalle, por lo que nuestro propósito aquí es mucho más limitado. Como ocurre en

---

[6] El título de un libro sobre el tema, G. K. Beale, *The Right Doctrine from the Wrong Texts?* (Grand Rapids: Baker, 1994).

[7] Por ejemplo, Richard Longenecker, Peter Enns.

[8] Walter C. Kaiser, G. K. Beale.

general en este libro, no estamos analizando lo que otros han dicho, sino ofreciendo al lector algunas perspectivas que esperamos sean útiles.

Cualquier discusión sobre la inerrancia relacionada con la profecía y el cumplimiento debe basarse en una comprensión realista de las funciones del profeta y del apóstol. Los profetas eran los portavoces de la divinidad. Sus mensajes se referían a veces al pasado, al presente o al futuro. No eran adivinos, sino que proclamaban el plan de Dios. Si realmente hablaban palabras de Dios, entonces seguramente sus palabras tenían autoridad y, en la medida en que se referían al futuro, se cumplirían. Además, era natural creer que Dios podía tener en mente algo más de lo que se había comunicado. Al mismo tiempo, sus mensajes debían tener sentido y significado para su audiencia inmediata. Ese mensaje contemporáneo tenía autoridad. Para utilizar nuestra terminología sobre los actos de habla, las locuciones de los profetas eran palabras dadas por Dios. Tenían ilocuciones particulares asociadas a esas locuciones que daban lugar a perlocuciones para su audiencia inmediata.

Cuando los apóstoles identifican el cumplimiento de esas profecías, están introduciendo una nueva ilocución. Podría o no estar ligada a las ilocuciones que los profetas tenían en su contexto contemporáneo, pero eso no importa. Los apóstoles tienen su propia autoridad reconocida, y sus ilocuciones son manifestaciones de esa autoridad. Los apóstoles no intentan necesariamente arrojar luz sobre las ilocuciones de los profetas, aunque a veces sus ilocuciones puedan hacerlo. En esta forma de pensar, podemos ver que el cumplimiento (identificado por los apóstoles) no es lo mismo que el mensaje proclamado por los profetas y no se ofrece como lo mismo. Tanto el profeta como el apóstol son figuras de autoridad, y sus mensajes se consideran portadores de autoridad. La pretensión de los que identifican el cumplimiento está relacionada con la locución del profeta, que ahora recibe una ilocución diferente aunque posiblemente relacionada.

En esta interpretación, la inerrancia no entra en la discusión. El apóstol no puede equivocarse al tratar la profecía, porque tiene la libertad que le da su autoridad para abrir nuevos caminos. No asume nada sobre lo que el profeta sabía o no sabía sobre el desarrollo de su profecía. La revelación del profeta se encuentra en su mensaje, no en el cumplimiento de su mensaje. La revelación del apóstol se encuentra en el desarrollo de la locución del profeta en un cumplimiento. Esa revelación, como toda revelación, no puede ser errante o inerrante —es lo que es: revelación.

A diferencia de otros,[9] no creemos que podamos imitar de forma fiable lo que hacen los apóstoles porque su tarea se basa en su autoridad (que nosotros no poseemos). En consecuencia, cualquiera de nuestras sugerencias sobre el cumplimiento serían sólo sugerencias sin autoridad.

Ahora hemos afirmado que tanto los profetas como los apóstoles son figuras de autoridad y que la recopilación de sus oráculos proféticos y las identificaciones del cumplimiento, respectivamente, son extensiones de su autoridad. ¿Cómo entra en escena la inerrancia? La inerrancia afirmaría, en primer lugar, que los profetas fueron personas reales que existieron en un pasado real. En segundo lugar, afirmaría que los oráculos registrados representan de forma fidedigna los oráculos hablados por el profeta (o los añadidos por sus seguidores si los hubiera). En tercer lugar, afirmaría que estos oráculos eran realmente la revelación de Dios a través del profeta, y no la propia imaginación del profeta. Por último, la inerrancia afirmaría que los oráculos daban una representación exacta de Dios y de su plan. La inerrancia no ofrecería ninguna información sobre la «autoría» o sobre el cumplimiento.

Con respecto a los apóstoles, la inerrancia de sus proclamaciones de cumplimiento no puede ser falsificada. Como creemos que los apóstoles tienen la autoría, aceptamos su identificación del cumplimiento. La inerrancia no se relacionaría con el hecho de que el cumplimiento coincida con lo que el profeta había dicho originalmente, porque tal exposición no es el papel del apóstol y no necesariamente su intención.

Es interesante que la inerrancia se invoque más a menudo en relación con la cuestión de si un profeta dio realmente información sobre personas concretas antes de que aparecieran en escena. Así, la profecía de Isaías sobre Ciro (Is. 44:28; 45:1) y las profecías de Daniel sobre el período helenístico (Dan. 11) se han convertido en los principales centros de atención. Se invoca la inerrancia para insistir en que, dado que Isaías vivió en el siglo VIII y Ciro no llegó hasta el siglo VI, tenemos pruebas de que Dios dio a su profeta información con mucha antelación. Esto se utiliza entonces para fundamentar afirmaciones teológicas sobre la naturaleza de la profecía, la naturaleza del profeta e incluso la naturaleza de Dios (demostrando su conocimiento y control del futuro). Todo esto se carga sobre la base de la inerrancia. Sin embargo, estas interconexiones se basan en la firme creencia de que la Biblia afirma que el Isaías del siglo VIII fue el único responsable del

---

[9] El abanico de reivindicaciones hermenéuticas se encuentra en Beale, *Right Doctrine From the Wrong Texts?*; y en Kenneth Berding y Jonathan Lunde, eds., *Three Views on the New Testament Use of the Old Testament* (Grand Rapids: Zondervan, 2008).

libro bíblico. Hemos visto que, teniendo en cuenta lo que sabemos de la producción literaria en el mundo antiguo —de la forma en que la comunicación oral era eventualmente preservada por los escribas en documentos que luego se combinaban en composiciones literarias— la referencia a Isaías lo identifica como la fuente de los oráculos cuya autoridad está detrás del libro. Se trata de una afirmación diferente.

Seamos claros: *no* estamos sugiriendo que los oráculos de Ciro no fueran obra de Isaías del siglo VIII. El escepticismo no es el punto aquí. Dios es capaz de dar información específica a los profetas con siglos de antelación si así lo decide. Creemos firmemente que conoce el futuro y lo controla. La inerrancia, sin embargo, no es la forma de reforzar esas creencias porque la Biblia no hace afirmaciones de «autoría» tan claras como pensábamos. No deberíamos sentirnos obligados a plantear que la fuente de los oráculos de Ciro es el Isaías del siglo VIII, aunque bien podría haberlo sido. Sencillamente, no es una cuestión que deba decidir la inerrancia. El oráculo tendría autoridad, e incluso podríamos decir que la autoridad de Isaías, aunque fuera un oráculo pronunciado por uno de sus discípulos más cercanos a la época de Ciro. La autoridad es reconocida por la comunidad. Si extendieron la autoridad del profeta del siglo VIII a sus seguidores y los incluyeron juntos en una composición literaria, aceptamos su juicio por fe, al igual que aceptamos su juicio sobre la autoridad del propio Isaías. Del mismo modo, validamos el juicio de quienes reconocieron el estatus de autoridad de la eventual compilación de esta colección de oráculos en la compleja obra literaria que llamamos «Isaías».

Este mismo enfoque puede utilizarse para el libro de Daniel. Afirmamos que hubo un Daniel real que vivió en el siglo VI y sirvió en las cortes de los reyes desde la época de Nabucodonosor hasta la de Ciro. Aceptamos que los relatos sobre su vida reflejan hechos reales en un pasado real, aunque, como siempre, relatados a través de las convenciones aceptadas para la narrativa de la época. Es probable que estos relatos hayan existido en documentos individuales durante algún tiempo antes de ser compilados en la obra literaria que conocemos. Sin embargo, las afirmaciones sobre los oráculos de Daniel son diferentes a las que teníamos con Isaías. En Daniel 7, la visión es relatada por otra persona (Dan. 7:2), pero luego se relata en primera persona. En los capítulos 8 a 10, las experiencias oraculares se presentan en primera persona, sin un relator externo reconocido, aunque Daniel 10:1 se refiere a Daniel en tercera persona. El capítulo 11 no hace afirmaciones explícitas, pero el capítulo 12 retoma a Daniel a partir del versículo 4.

Al igual que antes, no estamos tratando de determinar qué partes deben atribuirse a quién. Estamos bastante dispuestos a proceder por fe y no por escepticismo en lo que respecta a la voluntad y capacidad de Dios de dar los detalles específicos del período helenístico a Daniel en el siglo VI. La cuestión se refiere a la claridad con que se hace esa afirmación. ¿Es posible que un seguidor de Daniel algunos siglos después ampliara el oráculo de Daniel en el capítulo 10 para incluir los detalles del capítulo 11? No podemos descartarlo. El hecho de que el oráculo se diera dos siglos antes de los acontecimientos o dos meses antes de los mismos no tendría mucha importancia.

La cuestión más importante es si el oráculo pertenece a la categoría de *vaticinu ex eventu* («hablar después de los acontecimientos»), un género que trata parte del pasado como si fuera todavía futuro, para luego hacer algunas afirmaciones sobre lo que traerá el futuro cercano. Se trata de una cuestión de género compleja. Recordemos que los géneros no pueden ser verdaderos o falsos, errantes o inerrantes; son lo que son. Si un género fuera reconocido en el mundo antiguo y los lectores hubieran entendido la naturaleza de ese género, sería perfectamente legítimo que un comunicador utilizara ese género. No se consideraría engañoso si hubiera un entendimiento común de cómo funcionaba el género. Pero la cuestión del género dista mucho de estar resuelta, y no podemos intentar resolverla aquí. Sólo podemos decir que si en virtud de un género reconocido (como el *vaticinu ex eventu*) un libro hablara del pasado como del futuro, no podríamos invocar la inerrancia para afirmar lo contrario. Habría que trabajar mucho para hacer tales afirmaciones, pero la cuestión en sí no entra realmente en el ámbito de la inerrancia. Si se reconociera el vaticinio ex eventu como un género legítimo, la autoridad se vería a la luz de las convenciones del género.

Para más información

Ben Zvi, Ehud, y Michael H. Floyd, eds. *Writing and Speech in Israelite and Ancient Near Eastern* Prophecy. Atlanta: Society of Biblical Literature, 2000.

Proposición 17

Los géneros del Nuevo Testamento están más relacionados con la oralidad que con la textualidad

Supongamos que un grupo de personas se trasladó del campo a la ciudad. Sin haber oído hablar nunca de los vehículos mecanizados, se asombraron al ver que la gente de la ciudad entraba y salía y se desplazaba en artilugios muy extraños. Y supongamos que la gente de la ciudad nunca había oído hablar de viajar a caballo. La gente del campo tendría que explicar cómo era su medio de transporte en su país.

Hay una cosa que desconcierta especialmente a la gente del campo: los habitantes de la ciudad hablan de cientos de caballos en sus automóviles. Entonces, ¿dónde estaban los caballos? ¿Y cómo es posible que los habitantes de la ciudad no conozcan los caballos? Sin embargo, los campesinos se pusieron a describir los caballos y la equitación, y eligieron hacerlo en relación con los automóviles.

Empezaron diciendo que viajaban en automóviles sin ruedas. Cuando esa imagen dejó confundidos a los habitantes de la ciudad, añadieron que su medio de transporte tenía cascos, algo así como grandes pesuñas. Con una mirada aún más desconcertada, los campesinos añadieron que sus automóviles sin ruedas tenían huesos, carne y músculos como los humanos. Podemos saber rápidamente que esto no iba a funcionar.

Podría ser que esta analogía no tenga mucho sentido, pero señala un punto importante: «Un fenómeno primario no puede ser descrito sin sufrir alguna distorsión grave e incapacitante, por medio de un fenómeno secundario posterior. De hecho, si se empieza de esta manera

—poniendo el carro delante de los caballos— nunca se podrá tomar conciencia de las verdaderas diferencias».[1]

Si queremos entender la cultura literaria antigua, no servirá de nada tratar de eliminar las capas de la textualidad para llegar a la oralidad. Sería como si los habitantes de la ciudad trataran de conceptualizar un automóvil sin ruedas o como si los habitantes del campo imaginaran un automóvil sin caballos. La verdad es que, en sus formas iniciales, el mensaje del Nuevo Testamento no era un texto escrito. Era un caballo, no un coche. Y para comprenderlo, tenemos que vivir en la granja durante un tiempo —una granja de otra época y otra cultura— y aprender más sobre los automóviles sin ruedas o, en este caso, los textos sin texto.

Como hemos sugerido a lo largo de este libro, las disimilitudes entre las culturas occidentales modernas y las mediterráneas antiguas obstaculizan la comprensión de ideas casi opuestas sobre la oralidad y la textualidad. Nuestras diferencias son más significativas de lo que la mayoría de nosotros estamos dispuestos a aceptar y apreciar. Hemos visto que la oralidad impregnaba la cultura del antiguo Oriente Próximo, la cultura griega y romana, y la Biblia. También se extendió a la cultura medieval. El Renacimiento, especialmente la imprenta y la difusión de los libros, fue el punto de inflexión.

Como occidentales modernos, hemos llegado a considerar cuándo y cómo funcionan mejor la oralidad y la textualidad a la luz de nuestra cultura de textos impresos. Reconocemos el valor de la palabra en determinados contextos, pero en su mayor parte preferimos la escritura. Por el contrario, en la granja la preferencia era el habla. En consecuencia, cuando sólo vemos lo que hay en el campo a través de la lente de lo que hay en la ciudad, podemos llegar a conclusiones erróneas sobre su cultura, su comunicación y su literatura.[2]

---

[1] Walter J. Ong, *Orality and Literacy: The Technologizing of the Word* (Nueva York: Methuen, 1982; 2ª ed. Routledge, 2002), pp. 12-13; citado en James D. G. Dunn, «*Altering the Default Setting*: Reenvisioning the Early Transmission of the Jesus Tradition», *New Testament Studies* 49 (2003): 147-48. La idea de la analogía fue proporcionada por Ong, aunque embellecimos considerablemente su versión.

[2] Como observó E. P. Sanders, «no sabemos cómo imaginar el período oral»; E. P. Sanders y Margaret Davies, *Studying the Synoptic Gospels* (Londres: SCM, 1989), p. 141; citado en Dunn, «*Altering the Default Setting*», p. 149. En cuanto a su discurso presidencial en la 57ª reunión anual de la Studiorum Novi Testamenti Societas en 2002, Dunn dice: «El peso de mi ponencia, sin embargo, es que debemos esforzarnos por "imaginar el período oral" en aras de la autenticidad histórica, para volver a ver cómo se transmitía la tradición en una sociedad estructurada oralmente; también que podemos hacerlo, o al menos somos más capaces de hacerlo de lo que generalmente se ha pensado»; p. 149 (énfasis en el original).

En lo que respecta a la Biblia, las tradiciones de interpretación de larga data se han basado en los paisajes modernos y no en los antiguos. La mayor parte de nuestra lógica ha sido válida, pero algunos de nuestros supuestos han sido distorsionados. Construir marcos de ideas sobre cimientos inclinados pone en riesgo toda la estructura.

Así que nos enfrentamos a un reto. ¿Podemos sostener nuestras ideas con menos fuerza lo suficiente como para reconsiderar algunos supuestos? Nunca es fácil reiniciar un sistema y empezar de nuevo. Después de todo, nuestros libros llevan años impresos; nuestros apuntes de clase están en Internet; los cimientos de nuestras fortalezas son casi inmóviles. Pero tenemos que esforzarnos al máximo para reconsiderar las pruebas y las posibilidades.

En este capítulo estamos aplicando el material de los capítulos anteriores al Nuevo Testamento y a los estudios de dos géneros del Nuevo Testamento en particular: Los Evangelios y las Cartas. Nuestro objetivo es comprender cómo se compuso y produjo el Nuevo Testamento a la luz de las pruebas disponibles y, en ausencia de éstas, ofrecer las hipótesis más probables. Tenemos más confianza en las primeras y menos en las segundas, pero ambas tienen potencial para ayudarnos a vivir en la granja el tiempo suficiente para entender más sobre esa cultura.

Como nuestro interés en este capítulo se extiende más allá del siglo I d.C. hasta el segundo, echaremos un vistazo más a las pruebas de la oralidad, esta vez centrándonos específicamente en el siglo II. A continuación, retomaremos el género de las Cartas, ya que fueron escritas en primer lugar, y luego el género de los Evangelios. Por último, propondremos una reconstrucción de la composición y transmisión del Nuevo Testamento.

Inclinación por la oralidad en el siglo II

Además de lo dicho en la proposición 7 sobre la aversión de Platón a la textualidad para la enseñanza de los principios filosóficos —sin olvidar la inclinación de los rabinos por las tradiciones orales y la enseñanza oral—, recurrimos a una frase estilizada que se encuentra en la literatura grecorromana y cristiana. Enfatiza la importancia permanente de la oralidad, incluso cuando se disponía de textos escritos.

La primera referencia conocida a la «voz viva» aparece en el siglo I d.C.³ Plinio el Joven, un autor muy popular, al instar a un amigo a escuchar un discurso en lugar de leer un libro, comentó que una «voz viva» era más eficaz.⁴ Quintiliano, un conocido retórico del mismo siglo, afirmó que una «voz viva» proporcionaba más beneficios. Galeno, en el siglo II d.C., que pasó de ser médico de gladiadores a médico de la corte en la Roma imperial, decía que aprender de un libro no era comparable a aprender de «una voz viva». Sin embargo, a pesar de las limitaciones de las formas escritas, optó por escribir porque permitía que sus conocimientos médicos llegaran a un público más amplio. Pero dio instrucciones específicas: sus notas sólo debían leerse cuando un maestro estuviera presente para explicarlas.

Otra referencia a la voz viva se encuentra en una carta anónima del siglo III dirigida a un amigo en la que se dice que el autor quería que su amigo tuviera un recuerdo de las cosas que había dicho a través de «la voz viva». Esto recuerda los comentarios de Pablo en sus cartas sobre cosas que ya había dicho a sus destinatarios en persona. Por ejemplo, escribió a los tesalonicenses: «¿No os acordáis que cuando yo estaba todavía con vosotros, os decía esto?» (2 Tes. 2:5; cf. 1 Cor. 11:2).⁵

En cuanto a la filosofía, el filósofo romano del siglo I Séneca decía que aprendía más escuchando «la voz viva» que un discurso escrito. También comentó que alguien que leyera lo que otra persona había escrito no podía considerarse una voz viva. Tal vez lo más significativo sea que Séneca señaló que las enseñanzas de un filósofo eran modificadas por sus alumnos a medida que se transmitían, aunque sólo dando crédito al maestro. En este sentido, Alexander, citando diversas fuentes, señaló que se trataba de un fenómeno común: «la tradición recibida no se trata como un cuerpo de doctrina fijo e inviolable, sino como un sistema orgánico en desarrollo, abierto a una mejora constante».⁶ Otros comentarios sobre las limitaciones de explicar temas por escrito se pueden encontrar en un buen número de autores grecorromanos. Esta preferencia constante por la oralidad se ve

---

³ Los siguientes párrafos dependen en gran medida de la discusión en Loveday Alexander, «The Living Voice: Skepticism Towards the Written Word in Early Christian and in Graeco-Roman Texts», pp. 221-47 en *The Bible in Three Dimensions: Essays in Celebration of Forty Years of Biblical Studies in the University of Sheffield*, ed. David J. A. Clines, Stephen E. Fowl y Stanley E. Porter (Londres: Sheffield Academic Press, 1990).

⁴ Para las citas de las fuentes clásicas en este párrafo y los dos siguientes, véase Alexander, «Living Voice», pp. 224-35.

⁵ A menos que se indique lo contrario, las traducciones de las Escrituras en las proposiciones 17-19 son del autor.

⁶ Alexander, «*Living Voice*», p. 235.

corroborada por el siempre presente «apetito del público por las representaciones reológicas "en vivo"».[7] Todo esto apoya la conclusión de que el mundo del cristianismo primitivo concedía un gran valor a la enseñanza oral. No sólo los rabinos y Jesús se negaron a poner sus enseñanzas en forma escrita; la oralidad era simplemente la primera opción para proclamar y recibir información. Pero considerar esto una aversión a la escritura o un escepticismo de la palabra escrita —como hacen algunos— es probablemente ir demasiado lejos; era una tendencia hacia el aprendizaje auditivo, no un pogromo contra la textualidad. Platón y Galeno y muchos otros compusieron sus pensamientos en forma escrita porque les resultaba útil hacerlo. Los textos escritos pueden haber sido secundarios, pero no fueron descartados por completo.

Además de los autores grecorromanos, los rabinos y Jesús, dos autores cristianos del siglo II d.C. expresaron su preferencia por las palabras orales sobre las escritas. Clemente se disculpó por lo que escribió porque era una versión pobre de lo que aprendió de los hombres nobles mediante «palabras vivas». Escribió: «Este discurso no es un escrito cuidadosamente elaborado para su exhibición pública, sino una representación inadecuada e incolora de las brillantes y vivas palabras que se me consideró digno de escuchar» (*Stromateis* 1.11).[8] Además, Clemente señala constantemente en la introducción de *Stromateis* los beneficios de la presentación oral. Y, como se señala en la proposición 10, Eusebio informa de que Papías escribió: «No creo que las cosas sacadas de los libros sean tan beneficiosas para mí como las que provienen de una voz viva y duradera» (*Hist. Eccl.* 3.39.4). En otras palabras, los primeros cristianos seguían reconociendo el valor de escuchar algo en lugar de leerlo. Como señala Craig Blomberg, «las tradiciones orales siguieron circulando junto a los textos escritos hasta, al menos, mediados del siglo II, y a veces incluso eran preferidas por los primeros cristianos como más fiables».[9]

Esta preferencia por las formas orales en la cultura antigua puede parecer improbable para los que estamos inmersos en la cultura impresa, pero cuanto más entendemos la cultura oral antigua, más sentido tiene. Nuestro interés particular es el sentido que tuvo en la transmisión del

---

[7] *Ibid*, p. 226.
[8] Las traducciones de este párrafo son del autor.
[9] Craig L. Blomberg, «Form Criticism», en *Dictionary of Jesus and the Gospels*, ed. Joel B. Green y Scot McKnight (Downers Grove, IL: InterVarsity Press, 1992), p. 248.

mensaje cristiano y cómo ese sentido debe influir en nuestra comprensión del Nuevo Testamento.

Las cartas de Pablo

La composición y producción de las Cartas en el Nuevo Testamento comenzó mucho antes de que alguien escribiera realmente una carta. En el caso de Pablo, sus años de predicación fueron la preparación para la redacción de las cartas. Junto con la predicación, participó en comunidades que transmitían textos orales del Evangelio, un proceso en el que es casi seguro que haya participado. Y antes de eso, los relatos de los testigos oculares de la predicación y los hechos de Jesús conformaron la comprensión de la fe de las comunidades cristianas. Todo ello fue dando a Pablo un firme conocimiento del evangelio y una comprensión de la doctrina cristiana.

Juan el Bautista fue un precursor. Pablo, en cambio, corrió en una carrera de relevos. Se convirtió cuando otros ya habían empezado a correr la carrera. Sin embargo, pronto se puso al día y llevó dignamente el testimonio de la verdad. Y, como vemos, especialmente en lo que respecta a Timoteo, Pablo tenía la intención de pasar el testigo al siguiente corredor.

Para entender la composición de las cartas de Pablo, lo primero que hay que considerar es si debemos referirnos a ellas, estrictamente hablando, como «cartas de Pablo». Quizá sólo cinco cartas sean exclusivamente de Pablo. Para las demás, necesitamos una forma de incluir a todos los autores: Sóstenes fue incluido como coautor de 1 Corintios; Timoteo como coautor de 2 Corintios, Filipenses, Colosenses y Filemón; Silas y Timoteo como coautores con Pablo de 1-2 Tesalonicenses; y «todos los hermanos conmigo» como coautores de Gálatas. Cinco cartas nombran a Pablo como autor sin mencionar a ningún coautor: Romanos, Efesios, 1-2 Timoteo y Tito.

Mucha gente asume que es un malentendido que Pablo tuviera coautores, aunque las cartas en la superficie lo indiquen. La idea es que, aunque parezca que Pablo designó a sus colegas como coautores, en realidad fue un acto de cortesía cuando Pablo incluyó los nombres de otros en la dirección de las cartas que escribió. Pero el supuesto malentendido podría ser en realidad la interpretación correcta. Cuatro líneas de evidencia favorecen que los asociados de Pablo sean coautores.[10]

Mientras que en el saludo inicial de las cartas de Pablo solía incluir nombres de amigos y asociados junto a su nombre, en sus comentarios finales solía mencionar a otros. Esto plantea una pregunta sobre cuál podría ser la distinción entre ambos grupos. Si la cortesía era el objetivo de ambos, ¿estaba Pablo sugiriendo que un grupo de amigos tenía prioridad sobre otro? Por ejemplo, al concluir su primera carta a la iglesia de Corinto, Pablo envió los saludos de Aquila y Priscila. Si el modelo de cortesía fuera correcto, parecería especialmente apropiado que Pablo mencionara a estos amigos cercanos al principio de su carta. Después de todo, había trabajado junto a ellos en Corinto durante meses, había viajado con ellos a Éfeso y habían ayudado a Pablo como maestros (He. 18:1-26). Sin embargo, no mencionó a Aquila y Priscila en la dirección de la carta. Pero sí incluyó a Sóstenes, quizás dándole crédito como coautor. La segunda línea de evidencia nos llama a imaginar una carta de la que Pablo y Pedro fueron coautores. Esto no ocurrió, pero plantea posibilidades fascinantes de lo que podría haber dicho tal carta. Si existiera una carta con los nombres de Pablo y Pedro en la introducción, nos apresuraríamos a asumir que se trata de una carta verdaderamente en coautoría. ¿Por qué? Porque eran líderes prominentes en la iglesia primitiva —apóstoles— y aunque había temas sobre los que no estaban de acuerdo, supondríamos que incluir ambos nombres significaba coautoría. ¿Pero Sóstenes? ¿Quién es? ¿Por qué deberíamos considerarlo un coautor junto a un gran líder como Pablo? Esperemos que se entienda el sentido de sugerir una carta tan fantasiosa.

La tercera línea de evidencia es la más importante de todas. Sencillamente, faltan ejemplos de cartas personales del primer siglo que incluyan a personas en la dirección de la carta por razones de cortesía. La carta de Pablo sería única en este sentido. Es cierto que hay excepciones a toda regla, pero la falta de precedentes es una prueba a favor de que los asociados que Pablo nombra sean coautores reales.

La cuarta línea puede ser la más débil de todas, pero vale la pena mencionarla. Como individualistas modernos, nos inclinamos a entender el mundo antiguo a través de nuestra lente de autoría y derechos de autor claramente delimitados. El espíritu de comunidad y la práctica del colectivismo simplemente no está en nuestros genes, y tampoco

---

[10] Para una mayor discusión y otros argumentos, véase E. Randolph Richards, *Paul and First-Century Letter Writing: Secretaries, Composition and Collection* (Downers Grove, IL: InterVarsity Press, 2004), pp. 33-36.

esperamos que esté en los suyos. Pero, nos guste o no, lo era. Ciertamente, en la cercanía de la comunidad cristiana era posible escribir cartas de forma cooperativa. Como veremos más adelante, una reconstrucción de la producción literaria de las cartas de Pablo da credibilidad a la idea de que el contenido de las cartas fue moldeado por múltiples individuos.

Por otro lado, la evidencia en contra de que los asociados de Pablo fueran verdaderos coautores proviene de los pronombres singulares que aparecen en varios lugares de las cartas. Cuando Pablo dice: «No sé si bauticé a alguien más» (1 Cor. 1:16), nos inclinaríamos a pensar que se refería sólo al recuerdo de Pablo. Pero el «yo» y el «nosotros» no se utilizaban de forma sistemática para distinguir entre autores únicos y múltiples. En español usamos «yo» en los casos en que es una sola persona la que habla o escribe pero dice «nosotros». El mismo pronombre plural con un autor singular podría darse en griego. Pero en griego el «yo» singular también podía usarse cuando escribía más de una persona. Así que la falta de memoria de Pablo sobre a quién bautizó puede significar que su coautor Sóstenes tampoco lo sabía. La cuestión es que la forma de utilizar los pronombres puede no ser una prueba totalmente convincente de la autoría.

La pregunta que sigue a esta discusión es evidente: ¿Cómo habrían colaborado los autores en la redacción de las cartas? Aunque no hay pruebas suficientes para responder a esta pregunta por completo, podemos obtener una respuesta parcial si entendemos el papel de un escriba antiguo (amanuense).

En un mundo donde la alfabetización era limitada, los escribas que hacían registros en papiro con pluma eran habituales. Muchos se ganaban la vida con sus habilidades; incluso los esclavos eran entrenados para leer y escribir en nombre de sus amos. Dada la gran variedad de niveles de alfabetización (véase la proposición 5), los escribas debían compensar la diferencia entre las limitaciones de una persona y el nivel de alfabetización previsto para lo que había que escribir. Los documentos que registran un intercambio de bienes o el registro de las liquidaciones de impuestos requieren un nivel mínimo de alfabetización, y sin embargo algunos escribas fueron contratados a ese nivel. Las cartas personales de un familiar a otro o de un amigo a otro requerirían una mayor capacidad de escritura; los escribas podían desarrollar estas cartas en nombre de los remitentes que no tenían un nivel de alfabetización suficiente. La composición de literatura o la redacción de cartas oficiales exigían lo máximo de los autores, y el uso de escribas era muy común en este nivel.

A veces, un «autor» daba a un escriba la información básica que quería que dijera un documento, que podía estar escrita en una tablilla de cera, y éste elaboraba la redacción adecuada. El secretario y el autor revisaban el borrador y acordaban los cambios necesarios. Más tarde, el secretario volvía con una copia completa. En este caso, el secretario contribuyó en gran medida a la forma y la redacción del documento, aunque con la aprobación del autor.

A diferencia de este ejemplo, puede haber extremos en ambas direcciones. Algunos autores prácticamente dictaban palabra por palabra lo que querían que dijera un documento. Otros autorizaban a un secretario a redactar un documento y no se molestaban en revisar el borrador. Probablemente, las diferencias no eran muy grandes de las que se pueden encontrar en las oficinas corporativas del mundo occidental moderno. Los directores generales, los políticos y otras personas similares pueden autorizar a sus asistentes ejecutivos a hablar y escribir en su nombre. En los despachos de abogados, los asistentes jurídicos aprenden gran parte de la jerga legal de la profesión y redactan contratos en nombre de los abogados. Sin embargo, este tipo de autoría por delegación no se aplica sistemáticamente. Un director general puede querer redactar el contenido de una carta con precisión, por lo que la carta se dicta, tal vez se graba digitalmente, y una secretaria introduce las palabras habladas de la carta propuesta en un procesador de textos e imprime una copia. El director general puede entonces marcar el borrador para que la carta comunique exactamente lo que se pretende.

En cuanto a las cartas de Pablo, revela que un escriba redactó cada una de ellas: «Yo, Pablo, escribo este saludo con mi propia mano, que es como escribo en cada carta» (2 Tes. 3:17). Al tomar la pluma en la mano y escribir unas últimas palabras, Pablo estaba en efecto firmando, confirmando que su autoridad estaba detrás de la carta aunque un escriba hubiera elaborado la carta. En la carta de Pablo a los romanos, el propio escriba insertó un comentario: «Yo, Tercio, que escribo esta carta, os saludo en el Señor» (Rom. 16:22). La referencia de Pablo a las grandes letras de su escritura revela que no era un hábil escriba como para grabar las letras cuidadosamente —típicas de los textos literarios (Gál. 6:11).[11] Lamentablemente, no tenemos pruebas claras de hasta qué punto los

---

[11] Las otras afirmaciones que confirman que las cartas fueron escritas por secretarios se encuentran en 1 Cor. 16:21; Col. 4:18; Filem 19.

escribas de Pablo pudieron haber contribuido a la redacción de las cartas. El abanico de posibilidades es amplio.

El género de los Evangelios

Los estudios sobre los Evangelios de los últimos doscientos años han explorado todas las posibilidades imaginables sobre cómo se produjeron los Evangelios. Las similitudes entre los Evangelios sinópticos (Mateo, Marcos y Lucas) —incluyendo, en algunos casos, la misma redacción en griego— sugieren que no fueron escritos de forma independiente, sino que se tomaron prestados unos de otros, o de fuentes comunes. Por otra parte, las diferencias entre los Evangelios Sinópticos pueden ser tan sorprendentes como las similitudes, lo que, para algunos, plantea serias dificultades (pero véase la proposición 11). Casi todos los eruditos suponen un cierto grado de interdependencia literaria entre los Evangelios, pero los puntos de vista varían mucho. Para los cristianos, la inspiración de los Evangelios y la fiabilidad de los registros evangélicos son las cuestiones más importantes.

Al principio, los eruditos sugirieron que debía haber un Evangelio original escrito en arameo, pero en tres versiones diferentes, que los evangelistas (autores de los Evangelios) tradujeron al griego. En lugar de esa idea, más tarde se hizo popular la hipótesis de una amplia variedad de fuentes escritas breves que finalmente fueron reelaboradas en los Evangelios. A continuación surgieron las hipótesis de los dos y cuatro documentos, que proponían la existencia de fuentes escritas de mayor tamaño que constituyeron la base de los Evangelios del Nuevo Testamento.

Más allá de estas teorías (denominada crítica de fuentes), otro desarrollo fue identificar unidades individuales en los Evangelios que podrían haber sido originalmente formas orales breves (crítica de la forma). Se pensaba que eran textos inamovibles que los evangelistas copiaron en sus Evangelios como si fueran fuentes escritas.[12] En los últimos decenios, la atención se ha centrado en la posibilidad de que existan colecciones escritas tempranas más sustanciales de los dichos y hechos de Jesús, a veces denominadas Q, M o L, que se convirtieron en la base de los Evangelios.

Junto a estos enfoques, muchos eruditos han analizado el modo en que los evangelistas modificaron las fuentes a medida que compilaban

---

[12] Dunn, «*Altering the Default Setting*», p. 145.

los Evangelios (crítica de redacción). Está claro que los evangelistas no se limitaron a registrar los acontecimientos y los dichos del ministerio público de Jesús. Eran teólogos por derecho propio, y sus evangelios presentaban diferentes puntos de vista sobre Jesús, especialmente en beneficio del público al que escribían. Blomberg comenta que los eruditos están prácticamente de acuerdo en que «los Evangelios se escribieron principalmente con fines teológicos y no históricos».[13]

El objetivo de esta breve reseña es señalar que casi todos los trabajos académicos sobre los Evangelios se han realizado con un parche sobre un ojo. La mayoría de los eruditos sólo han sido capaces de ver las cosas a través de la lente de las categorías literarias modernas. Su otro ojo estaba ciego ante el papel más amplio que la oralidad desempeñó en la composición de los Evangelios. Si los eruditos dejaban espacio a la tradición oral, ésta quedaba relegada en gran medida a formas fragmentarias: dichos cortos y frecuentes, parábolas, etc. El extendido trabajo sobre el hipotético documento denominado Q se basa en gran medida en una suposición literaria.[14]

En las últimas décadas, tres ámbitos de investigación han aportado nuevas ideas a los debates sobre los orígenes de los Evangelios. Como ha demostrado Richard Burridge en relación con los géneros, los lectores de los Evangelios del siglo I los habrían entendido como biografías en el mundo grecorromano.[15]

Partiendo de esta conclusión, se plantea una cuestión relativa a las variantes, como las de las biografías escritas por Plutarco (siglo I d.C.). Una simple lectura de la obra *Vidas* de Plutarco revela que los múltiples relatos de los mismos acontecimientos podían tener detalles diferentes.[16] Si esa era una práctica aceptada en el género de las biografías antiguas, la cuestión es si debería esperarse también en los Evangelios del Nuevo Testamento. No cabe duda de que existen variantes entre los Evangelios (véase la proposición 11). Quizás las biografías antiguas ayuden a explicarlas.

---

[13] Craig L. Blomberg, «Gospels (Historical Reliability)», en Green y McKnight, *Dictionary of Jesus and the Gospels*, p. 291.

[14] «El modelo literario (que incluye un documento Q claramente delineado) es demasiado restrictivo»; Dunn, «*Altering the Default Setting*», p. 139.

[15] Richard A. Burridge, *What Are the Gospels? A Comparison with Graeco-Roman Biography*, Society for New Testament Studies Monograph Series 70 (Cambridge: Cambridge University Press, 1992).

[16] Craig S. Keener, «Assumptions in Historical-Jesus Research: Using Ancient Biographies and Disciples' Traditioning as a Control», *Journal for the Study of the Historical Jesus* 9, no. 1 (2011): 26-58. El trabajo de Licona aún está en proceso, pero véase Michael R. Licona, *The Resurrection of Jesus: A New Historiographical Approach* (Downers Grove, IL: IVP Academic, 2010).

En segundo lugar, los estudios sobre la memoria han examinado desde finales de la década de 1980 la función de las tradiciones que se transmiten en las comunidades. A medida que las personas escuchan las historias a lo largo del tiempo, éstas se van instalando en su memoria y desempeñan un papel importante a la hora de dar definición e identidad a las comunidades. Dado que este tipo de memoria no es individualista sino comunitaria, se denomina memoria comunitaria, colectiva o social.[17] James Dunn concluyó:

> La fuerza de esta nueva perspectiva radica en *el carácter de la tradición oral*, tal y como ha sido iluminado por numerosos estudios de la tradición comunitaria (muy diferente de la reminiscencia personal) como una combinación de estabilidad y flexibilidad, de historias y material de enseñanza que se mantiene en la identidad de la materia y/o la estructura y el contenido central, en y a través de la diversidad de detalles en las actuaciones secuenciales.[18]

En tercer lugar, la amplia investigación sobre la oralidad está desafiando los paradigmas tradicionales sobre cómo se produjeron los Evangelios. Si la transmisión de las tradiciones sobre Jesús fue oral durante varias décadas —probablemente hasta la redacción de los Evangelios— y si esos textos orales se convirtieron en algo sustantivo más que en relatos aislados de tal o cual parábola o milagro, entonces hay que reevaluar los intentos anteriores de explicar los orígenes de los Evangelios.

La composición y transmisión de los Evangelios

Sobre la base de las pruebas expuestas en los capítulos anteriores, procederemos a reconstruir cómo se escribió el Nuevo Testamento.

---

[17] Astrid Erll y Ansgar Nunning, eds., *Cultural Memory Studies: An International and Interdisciplinary Handbook* (Berlín: Walter de Gruyter, 2008); Werner H. Kelber, «The Works of Memory: Christian Origins as MnemoHistory-A Response», pp. 221-48 en *Memory, Tradition, and Text: Uses of the Past in Early Christianity*, ed. Alan Kirk y Tom Thatcher, SBL Semeia Studies 52 (Atlanta: Society of Biblical Literature, 2005).

[18] James D. G. Dunn, *Jesus Remembered, Christianity in the Making* 1 (Grand Rapids: Eerdmans, 2003), p. 883; énfasis en el original.

En el caso de los Evangelios, la evidencia clave que sustenta nuestro escenario propuesto es la siguiente.[19]

- Los primeros registros de la vida y el ministerio de Jesús fueron orales. Los primeros registros de la vida y el ministerio de Jesús eran orales, y ya eran proclamados mientras él vivía. Un ejemplo representativo son los informes orales de la resurrección de Jesús. Lucas señala que las mujeres, al oír al ángel en el sepulcro, recordaron las palabras de Jesús y volvieron para contárselo a los Once y al resto (Lc. 24:8-11). Además, dos seguidores hablaron mientras caminaban hacia Emaús, recordando los acontecimientos de la resurrección, solidificando sus recuerdos y probablemente especulando sobre el significado de la muerte y resurrección de Jesús. Después de que Jesús se reuniera con ellos, les explicara la Escritura y partiera el pan, regresaron inmediatamente a Jerusalén para contar a los Once su nueva percepción de Jesús, especialmente a la luz de su cumplimiento del Antiguo Testamento (Lc. 24:13-35). Lucas señala que los Once siguieron hablando de esto (Lc. 24:36), y en el mismo contexto Jesús dijo: «Estas son mis palabras, que os hablé estando aún con vosotros... Seréis testigos de estas cosas» (Lc. 24:44, 48). En cada caso, estos versículos son testimonio de los primeros registros orales de las palabras y los hechos de Jesús.
- Los textos orales del evangelio fueron la base de la iglesia primitiva. En el libro de los Hechos, tras el discurso de Pedro el día de Pentecostés, Lucas se refiere a la dedicación de los primeros creyentes a la «enseñanza de los apóstoles» (He. 2:42). A lo largo de los Hechos, Lucas registra diversos sermones que probablemente eran versiones condensadas de los textos orales del evangelio. En otras palabras, el avance del reino dependía totalmente de la proclamación oral de las buenas nuevas. Nada sugiere que las palabras escritas fueran necesarias.
- Los textos orales fueron fundamentales para los Evangelios escritos. Aunque los eruditos que representan diversos puntos de vista han teorizado que algunas formas de relatos escritos de la vida de Jesús precedieron a los Evangelios, del prólogo de Lucas aprendemos que fue el receptor de los relatos transmitidos

---

[19] No estamos ensayando aquí todas las pruebas que podrían resumirse de los capítulos anteriores.

oralmente (Lc. 1:1-4). Y de los comentarios finales de Juan en su Evangelio concluimos que dio testimonio oral, lo que presumiblemente ocurrió repetidamente a lo largo de algunas décadas, y que su versión escrita fue una extensión de sus textos orales. Sin embargo, junto a estas pruebas debemos considerar la similitud de la redacción de los tres Evangelios sinópticos. ¿Esta similitud se debe a que los textos orales se transmitieron con una redacción fija en algunas partes, que los evangelistas copiaron cuidadosamente en sus evangelios? ¿O acaso Lucas, por ejemplo, reunió pruebas para su Evangelio a partir de testigos oculares, y además tomó prestada la redacción de Marcos y quizá de otro Evangelio? No podemos estar seguros.

- Muchas de las variantes entre los registros de los Evangelios se explican mejor por las frecuentes repeticiones de los textos orales. Las sociedades orales antiguas transmitían los textos orales con una mezcla de tradiciones estables y detalles flexibles. Aunque algunas variantes en los registros de los Evangelios pueden atribuirse a que los evangelistas incorporaron diversas fuentes a sus Evangelios y redactaron los registros para el propósito de cada Evangelio, sería poco probable que eso explicara las muchas pequeñas diferencias en los detalles. Como señala Dunn, «en la tradición oral, la variación en la interpretación es parte integrante, incluso definitiva, de la tradición».[20] Pero esto no quiere decir que se produjeran cambios sustanciales en las fuentes a medida que se volvían a contar las historias. Las preciadas enseñanzas de Jesús, que definían a la comunidad de creyentes y a las que buscaban adherirse, habrían sido estables y se habrían transmitido fielmente.

Teniendo en cuenta estos puntos, proponemos una imagen de la formación del Evangelio en la que los Evangelios fueron primero orales, y los Evangelios escritos fueron un desarrollo posterior de los Evangelios orales.

El mensaje evangélico comenzó cuando los relatos de la vida y el ministerio de Jesús se transmitieron de boca en boca en muchos entornos diferentes y por muchas personas distintas. Una comprensión entusiasta del papel único de Jesús como nuevo Moisés, profeta, Mesías sufriente, Señor resucitado, Salvador y Rey venidero obligó a los seguidores a

---

[20] Dunn, «*Altering the Default Setting*», p. 154.

Proposición 17

difundir las buenas nuevas. Para que el nuevo movimiento tuviera éxito, el mensaje de lo que Jesús dijo e hizo era indiscutible. Y para que los creyentes mantuvieran una identidad única y supieran lo que debían ser y hacer, había que aprender y estudiar los textos orales de lo que Jesús dijo e hizo. Si el contenido de estos evangelios orales no podía ser rastreado hasta las palabras y hechos de Jesús, entonces todo el esfuerzo resultaba falso.

Los primeros testigos del Evangelio fueron probablemente los colaboradores más cercanos de Jesús.[21] Como se ve en los Hechos, Pedro, Juan y Santiago fueron los más destacados al principio. Pero pronto personas como Bernabé, Esteban y Felipe se convirtieron en mensajeros. Se desconoce el número de personas que pudieron ser testigos oculares, pero el testimonio fiel de los primeros seguidores de Jesús fue el punto de partida para transmitir las verdades a los demás.

La narración y la escucha de los relatos cumplían muchos propósitos. Era una herramienta de evangelización para las personas que aún no eran seguidores. Era la base del crecimiento espiritual para los que ya eran seguidores (¡y quizá una forma temprana de «devoción diaria»!). Para los que se enfrentaban a la persecución, escuchar las palabras de Jesús era un gran estímulo. En todos los casos, quienes escuchaban y aprendían los textos orales del Evangelio permitían que la palabra de Dios se escribiera en sus corazones.

A medida que los relatos se contaban en las comunidades y los miembros aprendían los textos orales, el resultado obtenido era el depósito de la verdad en las comunidades sobre Jesús y su ministerio terrenal. Mientras hubiera fieles seguidores que transmitieran fielmente los textos orales de los Evangelios, la verdad se conservaría cuidadosamente. Este fue el principal medio por el que se preservó y transmitió el mensaje evangélico en la iglesia primitiva. (El modelo continuó al menos hasta el siglo II, si no durante varios siglos más, incluso después de que los Evangelios se pusieran por escrito).

La posibilidad de que los textos fueran escritos fue una evolución de las comunidades que contaban y repetían los textos orales. No sabemos cuándo empezó a afianzarse esta idea en las comunidades ni en qué medida se extendió, pero en algún momento del proceso, si una comunidad contaba con un escriba entre sus miembros, puede haber sido natural que el escriba empezara a hacer copias escritas de las historias que se contaban. También es posible que una comunidad decidiera pagar

---

[21] Para una discusión más completa, véase Samuel Byrskog, *Story as History-History as Story: The Gospel Tradition in the Context of Ancient Oral History* (Leiden: Brill, 2002), pp. 65-91.

los servicios de un escriba para que recopilara registros escritos de sus historias.

Se desconoce cuál fue la motivación para empezar a recopilar los textos orales y/o escritos de una o varias comunidades en un registro unificado de la vida de Jesús. Es probable que el Antiguo Testamento sirviera de precedente, sobre todo porque los acontecimientos de la vida de Jesús se basan en la historia del Antiguo Testamento.

A medida que la autoridad de los textos orales del mensaje del Nuevo Testamento se trasladaba a los textos escritos, es posible que se haya ido formando una conciencia canónica implícita.[22] Los primeros cristianos también pueden haberse visto influidos por la literatura filosófica de la época y la conservación de las enseñanzas de los filósofos en forma escrita.

Es poco probable que los textos orales o escritos entre las distintas comunidades coincidieran palabra por palabra; las variantes respecto a este y aquel detalle habrían sido comunes. Pero ese mismo comentario muestra nuestra preocupación por algo que probablemente no les importaba. La conservación fiel de las palabras y los hechos de Jesús probablemente no implicaba una exactitud de redacción y detalles. Los textos escritos de los Evangelios lo demuestran.

Dado que los Evangelios Sinópticos fueron anónimos en su primera compilación, no podemos decir con certeza quién fue el responsable de la composición de los Evangelios. Como se ha señalado anteriormente, el autor del tercer Evangelio (tradicionalmente, Lucas) nos dice que se basó en relatos orales de testigos presenciales. Papías comenta que los apóstoles transmitieron versiones orales de los dichos de Jesús (Eusebio, *Hist. Eccl.* 3.39.15-16). La prueba más clara de la existencia de fuentes escritas son los paralelos literarios entre su Evangelio y los atribuidos a Marcos y Mateo. Más allá de eso, es especulativo pensar que hubo otras fuentes escritas. En cualquier caso, la composición de los Evangelios fue probablemente un proceso de planificación, recopilación, organización y edición.

También es probable que los evangelistas adaptaran sus fuentes, reorganizaran el orden de los acontecimientos, añadieran costuras y transiciones, etc., mientras componían sus Evangelios. Tenían en mente objetivos teológicos específicos y presentaban diferentes perspectivas sobre la vida y el ministerio de Jesús (véase más atrás lo relativo a la

---

[22] Michael J. Kruger, *The Question of Canon: Challenging Perspectives on the Origins of the New Testament* (Downers Grove, IL: IVP Academic, 2013), pp. 202-3.

crítica de acción). Por tanto, fue una combinación de factores lo que dio lugar a las numerosas variantes entre los relatos de los Evangelios.

El Evangelio identificado en nuestras Biblias como el de Marcos fue probablemente el primero. Mientras tanto, otras personas o grupos también comenzaron el proceso de recopilación de los Evangelios. Los Evangelios identificados con Mateo y Lucas pudieron haber sido el producto de una segunda fase de composición de los Evangelios. Las fechas comúnmente propuestas para cuando se produjeron estos tres Evangelios son los años sesenta a ochenta d.C. Una tercera fase de formación de Evangelios probablemente se produjo a finales del primer siglo y dio lugar al Evangelio de Juan.

La composición y transmisión de las cartas de Pablo

La reconstrucción de la forma en que se escribieron las cartas de Pablo comienza, al igual que los Evangelios, con los precedentes orales. Pablo era un predicador de corazón; escribir cartas era algo secundario. Lo que escribió en sus cartas estaba estrechamente ligado a lo que había predicado en persona.

La evidencia clave que da forma a nuestro escenario propuesto para la composición de las cartas proviene de las propias cartas (véase la proposición 12).

- La predicación de Pablo tenía sus raíces en el mismo tipo de fuentes orales que fueron la base de los Evangelios. Fue receptor de textos orales sobre la vida de Jesús, y probablemente había escuchado a testigos presenciales dar informes de primera mano.
- En la mayoría de los casos, las cartas de Pablo eran la prolongación de sus visitas a las iglesias. Lo que había predicado en persona necesitaba ser afirmado de nuevo. Por ejemplo, felicitó a la iglesia de Tesalónica por el progreso que habían hecho en su fe; amonestó a los gálatas porque no se habían mantenido fieles al evangelio que predicaba.
- El ministerio de Pablo fue principalmente oral. La textualidad era un instrumento de su oralidad. Por lo general, sólo cuando no podía estar presente en persona escribía cartas, y las redactaba de manera que parecieran tan presentes como fuera posible.

- El papel de Pablo como portavoz de Dios le dio confianza para hablar de la verdad divina sobre los complejos problemas a los que se enfrentaban las primeras iglesias. Esto es especialmente evidente en sus cartas a la iglesia de Corinto.
- Pablo no escribió sus cartas sin la ayuda de sus colegas. En cierto nivel, los incorporó al proceso de escritura para que pudieran ser nombrados como coautores.
- Pablo utilizaba escribas para sus cartas. Sin embargo, no da ninguna pista sobre la medida en que estos contribuyeron al contenido o la forma de las cartas.

Basándonos en esta evidencia, imaginamos que las cartas atribuidas a Pablo fueron escritas de la siguiente manera:

En el transcurso de varios días de viaje de un lugar a otro, ya sea a pie o en barco, y en los meses de ministerio en lugares como Corinto y Éfeso, Pablo conversó con Bernabé, Silas, Lucas, Timoteo y otros compañeros sobre muchos temas. Sin duda, reflexionaron a menudo sobre el mensaje del Evangelio. Examinaron la forma en que el Antiguo Testamento preparaba el camino para el nuevo pacto. Hablaron de aspectos de su ministerio a las iglesias y de los problemas a los que se enfrentaban los primeros cristianos. Recordando, contando y volviendo a contar, escuchando y aprendiendo, predicando y volviendo a predicar, discutiendo y dialogando, Pablo y sus amigos se ayudaron mutuamente a entender la fe y el ministerio a judíos y gentiles. Como sugiere Randolph Richards, «la predicación y el debate en las sinagogas y los mercados proporcionaron a Pablo y a su equipo la oportunidad y la motivación constantes para reelaborar el material. Muchos de sus argumentos básicos tomaron forma en el crisol de esta labor misionera».[23]

Cuando a Pablo y a sus compañeros se les ocurrió que sería apropiado escribir cartas a determinadas iglesias, es posible que recordaran lo que habían predicado en las iglesias —quizá incluso las notas que habían recopilado (véase 2 Tim. 4:13)— y consideraran lo mejor que podían decir en las cartas propuestas. La preparación para escribir las cartas puede haber sido un esfuerzo conjunto. Richards observa: «Es razonable que Pablo, al igual que otros escritores antiguos, estuviera siempre en proceso de componer, editar y pulir el material mientras viajaba y ministraba».[24]

---

[23] Richards, *Paul and First-Century Letter Writing*, p. 45.
[24] *Ibid*, p. 91.

Proposición 17

Dado que era común en el mundo antiguo que los autores compusieran cartas en conversación con otros, Pablo probablemente no se retiraba a un lugar aislado (si es que podía encontrar un lugar así) donde pudiera pensar y escribir por sí mismo.[25] Escribir cartas solía ser un esfuerzo de equipo. Es probable que Pablo y algunos amigos estuvieran presentes junto con un escriba. El escriba probablemente tenía experiencia en la redacción de cartas y conocía las convenciones típicas del género. También es probable que fuera hábil en la redacción de textos que transmitieran el tono adecuado en una carta, sobre todo porque la carta se leería en voz alta a los destinatarios. Los escribas de Pablo, cuando era posible, eran miembros de confianza de la comunidad cristiana (como Tercio; Rom. 16:22). De ser así, un escriba que fuera cristiano podría haber contribuido a la composición de la carta.

Mientras Pablo y sus compañeros hablaban de lo que querían que dijera la carta, el escriba pudo haber tomado notas. De ser así, él o ella habrían vuelto más tarde con una propuesta de borrador. Es probable que se hicieran varios borradores hasta que todos estuvieran de acuerdo en que la carta estaba redactada de la mejor manera posible. Un proceso como éste puede haber tenido lugar durante varios días, dependiendo de la cantidad de material que se hubiera preformado en la mente de Pablo y sus coautores o en las notas. Por otra parte, es totalmente posible que Pablo y sus coautores dictaran palabra por palabra lo que un escriba debía redactar en una carta.

Aunque Pablo aparentemente dio crédito a los compañeros como coautores de ciertas cartas, su autoridad apostólica y su papel como portavoz de Dios fueron importantes para la aceptación de las cartas por parte de las iglesias. El pronombre singular «yo» pudo haber confirmado su papel, aunque los coautores participaran en la elaboración de algunas cartas.

Una vez que la carta estaba terminada, es probable que Pablo pidiera al escriba que hiciera una copia para su uso o para sus compañeros. Si volvían a visitar una iglesia después de enviar una carta, sería útil tener constancia de lo que se decía en ella. Además, no era inusual que los autores enviaran más de una copia de las cartas. Así que los escribas podrían haber hecho múltiples copias de algunas de las cartas de Pablo. La carta a los gálatas, por ejemplo, que involucraba a múltiples iglesias, podría haber sido enviada en múltiples copias. (Nótese que esto introduce la posibilidad de variantes incluso en las ediciones iniciales de las cartas).

---

[25] *Ibid*, pp. 33-46.

La última etapa del envío de cartas consistía en encontrar un mensajero que llevara la carta a los destinatarios designados. En muchos casos se trataba de un colaborador de confianza que no sólo entregaba la carta, sino que la presentaba oralmente ante una comunidad de creyentes. Este tipo de acciones eran habituales en el mundo grecorromano. El mensajero también tendría la ventaja de llevar los saludos de primera mano de Pablo y sus coautores y, posiblemente, añadir una confirmación, explicación o interpretación del contenido de la carta.

Conclusión

Comprender la composición del Nuevo Testamento en el contexto de la oralidad es una empresa casi imposible para las mentes occidentales modernas. No sólo las pruebas son limitadas en lo que respecta a fases específicas del proceso, sino que también es difícil desprender siglos de capas de textualidad y contemplar un mundo de automóviles sin ruedas y de textos sin texto.

Pero podemos llegar a una serie de conclusiones válidas. Aunque a lo largo de este capítulo hemos hablado poco de la inspiración de las Escrituras, dos veces dijo Jesús la noche antes de su crucifixión que el Espíritu Santo guiaría a sus obedientes seguidores hacia la verdad. «Mas el Consolador, el Espíritu Santo, a quien el Padre enviará en mi nombre, él os enseñará todas las cosas, y os recordará todo lo que yo os he dicho» (Jn. 14:26). «Cuando venga el Espíritu Santo de la verdad, os guiará a toda verdad» (Jn. 16:13). Aunque el proceso de inspiración pudo ser más complicado de lo que imaginamos, los recuerdos y los textos orales y escritos de los creyentes fieles estaban bajo la dirección del Espíritu Santo. Podemos confiar en que los primeros cristianos transmitían la verdad divina.

Además, como también declaró Jesús la noche antes de su crucifixión, Dios estaba facultando a los discípulos para que asumieran gran parte del papel que el propio Jesús había desempeñado durante su ministerio público. «El que tiene fe en mí, ése hará las obras que yo hago, y hará obras mayores que éstas, porque yo voy al Padre» (Jn. 14:12). Podemos estar de acuerdo con Michael Kruger en que la iglesia primitiva se convirtió en el «depósito de la revelación» y en la «matriz de las creencias teológicas».[26]

---

[26] Kruger, *Question of Canon*, pp. 21, 24.

Es posible que la iglesia primitiva no se diera cuenta de hasta qué punto estaban bajo la guía y la autoridad divina cuando relataban los textos orales del Evangelio noche tras noche, cuando predicaban el Evangelio de ciudad en ciudad y cuando registraban la verdad divina en los Evangelios escritos y en las cartas a las iglesias. Pero desde la perspectiva de Dios, tenían la sensación de que estaban haciendo obras aún más grandes que el propio Jesús. Cuando sus textos orales se convirtieron en textos escritos, podemos deducir que el mismo depósito revelador y la misma matriz de beneficios teológicos se aplicaron a las formas escritas.

Pero no debemos suponer que los textos escritos sustituyeron a los textos orales. Como se ha mostrado anteriormente y en la proposición 13, los textos orales y escritos continuaron hombro a hombro hasta el siglo II y probablemente más allá. Ambos eran representaciones fiables de la verdad divina, y los primeros escribas que hacían copias de los manuscritos se sentían libres de utilizar las tradiciones orales y escritas.

PARTE 4

Afirmaciones Finales Sobre El Origen Y La Autoridad De Las Escrituras

Proposición 18

Las afirmaciones sobre el origen de la Escritura confirman su naturaleza oral fundamental

Mamá, ¿cómo habla Dios?
A veces susurra en una voz tranquila y pequeña.
Como cuando te acercas una concha de mar al oído.
A veces ruge sobre el agua y su gloria truena. ¿Como un león, mamá?
Sí, un león grande y amable.

Nancy White Carlstrom,
Does God Know How To Tie Shoes?

Voz de Jehová sobre las aguas;
Truena el Dios de gloria,
Jehová sobre las muchas aguas.
Voz de Jehová con potencia;
Voz de Jehová con gloria.

Salmo 29

Los científicos concluyen que el universo tiene la asombrosa extensión de 46,000 millones de años luz y continúa expandiéndose. Ya sea que realmente esté creciendo, o que el telescopio espacial Hubble sólo esté descubriendo más, lo que podemos «ver» es más que suficiente. Dios es infinito. ¿Podría serlo también su universo? Ciertamente, está más allá de toda comprensión. El cerebro humano es demasiado pequeño. El cosmos es demasiado grande.

Si el universo sobrepasa nuestras capacidades cognitivas, el Diseñador y Creador del universo lo hace aún más. Nuestros cerebros son de juguete en comparación con el ADN, fósforos en comparación con el nacimiento de galaxias. El genio y la creatividad divinos reducen todos los cálculos científicos, las suposiciones filosóficas y las postulaciones teológicas a cancioncillas infantiles. Sólo podemos dejar que Dios sea Dios.

Necesariamente, todo lo relacionado con la deidad es un misterio alucinante.[1] No podría ser de otra manera. ¿Entender a Dios? Demasiado esfuerzo para hacerlo y demasiada confianza en que lo hemos logrado sería arrogancia. Isaías lo llamaría idolatría (Is. 29:14-16). Inmortalizó el misterio de la deidad con las palabras: «¿Quién puede conocer la mente del Señor?» (Is. 40:12-31). Así que, dejados a nuestra suerte, Dios será siempre el Increado que no puede ser descrito.[2]

Pero si se da el caso de que el Increado ideé un medio para revelarse a lo creado, entonces todo cambia. Afortunadamente lo hizo, y así ha sido: Dios habló, y todo cambió. Un Dios que habla es un Dios que se revela. Para la fe es fundamental la doble noción de que Dios habla y nosotros escuchamos. «Si Dios nos hablara en lenguaje divino, nadie podría entenderle; pero desde la creación, él, en gracia, nos habla y se nos manifiesta de forma humana».[3]

Antes de profundizar en estas ideas, es necesario hacer una pausa para explicar el propósito del presente capítulo (así como del siguiente). Después de haber examinado una serie de pruebas relacionadas con la producción de la Escritura, es justo que pongamos a prueba nuestras proposiciones y conclusiones con lo que la Biblia dice sobre sí misma. Debemos ser lectores virtuosos y fieles, no escépticos; ciertamente no queremos llegar a conclusiones falsas. Así que en este capítulo nos centraremos en dos textos clave relativos a la inspiración: Hebreos 1 y 2 Pedro 1.

---

[1] Véase, por ejemplo, Louis Bouyer, *The Invisible Father: Approaches to the Mystery of the Divinity* (Petersham: St. Bede's, 1999); James Emery White, *Embracing the Mysterious God: Loving the God We Don't Understand* (Downers Grove, IL: InterVarsity Press, 2003).

[2] Afortunadamente, Dios se ha revelado; véase, por ejemplo, Éx. 34:5-9.

[3] Herman Bavinck, *The Doctrine of God*, trad. William Hendricksen (Carlisle, PA: Banner of Truth, 1978), p. 86.

La forma principal de la revelación divina

El libro de Hebreos, aparentemente un sermón, nos lleva al principio con su línea de apertura: «Hace mucho tiempo —muchas veces y de muchas maneras— Dios habló» (Heb. 1:1). Es una premisa importante que conduce a un párrafo asombroso.[4] Como señala Karen Jobes, en contraste con el nudo del pecado registrado en Génesis 3, en el que la palabra de Dios fue rechazada en favor de la palabra de la serpiente, el autor de Hebreos apela a su audiencia para que rechace la palabra de Satanás en favor de la de Dios.[5]

Dirigido a un público marcado por la debilidad de su adoración y la incertidumbre de la fe, el prólogo del sermón es un himno de exaltación, un manual teológico sobre la filiación divina. La voz de Dios *en* los profetas y *en* su Hijo se presenta como la misma.[6] Con la voz audible desde el monte Sinaí, Dios facultó a Moisés para hablar con autoridad divina (Éx. 19:3-6; Heb. 9:19). Con la voz audible en el bautismo y la transfiguración de Jesús, Dios autorizó a su Hijo como «resplandor de su gloria y representación de su esencia» (Mt. 3:17; 17:5; Heb. 1:3). Al concluir el prólogo, el predicador de Hebreos invita a los oyentes a escuchar con atención para no desviarse y caer por el precipicio espiritual (Heb. 2:1).

No sólo en la primera línea, sino en múltiples ocasiones a lo largo del prólogo, se citan los actos de habla de Dios, mencionados aquí con más frecuencia que en cualquier otro lugar de la Escritura. Ningún otro texto vincula tan estrechamente la voz audible de Dios y la revocación divina. En Hebreos 1, Dios habla a su Hijo, sobre su Hijo, a los ángeles, sobre los ángeles y a nosotros. Es evidente que el habla de Dios es el modus operandi de la revelación divina, el drama principal, la proposición antecedente. La *Voz* puso la primera piedra, la *Voz* se encarnó, y la *Voz* marcará el fin:[7]

---

[4] «El arte retórico de este exordio [1:1-4] supera el de cualquier otra porción del Nuevo Testamento»; Harold W. Attridge, *Hebrews: A Commentary on the Epistle to the Hebrews, Hermeneia* (Minneapolis: Fortress, 1989), p. 36.

[5] Karen H. Jobes, *Letters to the Church: A Survey of Hebrews and the General Epistles* (Grand Rapids: Zondervan, 2011), p. 66.

[6] Nótese que la preposición en griego es la misma en ambos casos; Jobes comenta: «Hebreos se preocupa por mostrar la conexión orgánica entre Jesucristo como la Palabra de Dios y la palabra de Dios hablada a través de los profetas»; *Letters to the Church*, p. 67.

[7] Nótese también que Dios habló al primer Adán con la expectativa de que Adán hablara y actuara en su nombre; Dios habló al último Adán, y «Adán» habló y actuó en su nombre (Gn. 2:15-17; Jn. 12:50).

Dios dijo: «Hágase la luz». (Gn. 1:3)

El mensaje oral se encarnó y habitó entre nosotros. (Jn. 1:1)

Dijo: «Hecho está; yo soy el Alfa y la Omega, el principio y el fin». (Ap. 21:6)

A lo largo de su sermón, el predicador de Hebreos se refiere constantemente al discurso de Dios. Y, entre paréntesis, concluye el sermón con advertencias en contra del que no escuche la voz de Dios, sobre todo sabiendo que esa voz resonó desde el monte Sinaí, dejando a la gente suplicando que se detuviera, y reconociendo que esa misma voz sacudirá nuevamente los cielos y la tierra (Heb. 12:18-20, 25-27).

El hablar de Dios es una imagen cautivadora, bella y buena. Pero también es un misterio. ¿En qué consiste la comunicación celestial? Como humanos, suponemos que hablar implica palabras y sonidos. Pero la noción de que Dios habla a su Hijo o a los ángeles es un concepto más allá de nuestra comprensión. Cuando ese misterio se extiende a la comunicación entre el cielo y la tierra, nos damos cuenta de que para que exista la posibilidad de que Dios nos hable, debe hablar nuestro idioma. Los interlocutores deben tener mucho en común. Esto va más allá de la comprensión.

Como aconsejan Steven Boyer y Christopher Hall en su libro *The Mistery of God*, aunque la revelación divina se centra en el despliegue de los misterios de la verdad celestial, un misterio dado a conocer no deja de ser confuso.[8] La idea de que el misterio oculta aquello que es conocible —y que debemos descubrir lo desconocido para que todo sea conocible— pasa por alto el sentido del misterio de la deidad. Simplemente, hay demasiado en Dios para comprenderlo. Su naturaleza no se presta ni siquiera al pensamiento racional más sofisticado de los humanos. Es prácticamente incomprensible.

Pero no debemos temer al misterio, pues no significa que no haya «una verdad plena que articular».[9] Boyer y Hall clasifican cinco tipos de misterio, siendo el último «*una superabundancia inclasificable* que trasciende pero no invalida la explicación racional».[10] El misterio puede ser una realidad teológica liberadora. No se espera que expliquemos

---

[8] Steven D. Boyer y Christopher A. Hall, *The Mystery of God: Theology for Knowing the Unknowable* (Grand Rapids: Baker Academic, 2012), pp. 4-10.

[9] *Ibid*, p. xvii.

[10] *Ibid*, p. 11; cursiva en el original.

sistemáticamente toda la verdad sobre Dios. En realidad, probablemente nos esforzamos demasiado en hacerlo, ya que cuanto más nos acercamos a la explicación, más nos alejamos de la veneración. A menudo, cuanta más lógica, menos asombro. (O citando un anuncio de un zoo infantil: «Cuanto más pequeño eres, más grande es el asombro»).

Por encima de todo, la superabundancia incomprensible, insondable y trascendente del discurso de Dios es una parte esencial de nuestra relación con él. Nos atrae.[11] El misterio lleva al asombro, y el asombro a la reverencia, y la reverencia a la adoración.

La forma humana del discurso divino

Además del libro de los Hebreos, el concepto de la palabra de Dios es abordado por Pedro, aunque lo hace en una dirección diferente. Su preocupación es que Dios hable a través de los seres humanos. Mientras que Adán y Eva eran receptores de una comunicación perfecta antes del pecado y la separación posterior, Dios eligió a los poetas, profetas y apóstoles como receptores de la comunicación *inspirada*. En este último caso, las limitaciones que eran consecuencia del pecado debían ser superadas para que Dios pudiera hablar a través de representantes humanos. Se trataba de un poder especial del Espíritu Santo. Una vez más, hay misterio: el proceso está más allá de la explicación racional.

Al igual que la segunda carta de Pablo a Timoteo, la segunda carta de Pedro fue escrita casi al final de su ministerio.[12] Escribió a un grupo no identificado de personas a las que se les atribuyó una fe notablemente equiparable a la suya (1 Pe. 1:1). El propósito general de la carta se expone en el contexto en el que Pedro dice que sólo le queda un tiempo limitado para ejercer su ministerio.

> Por esto, yo no dejaré de recordaros siempre estas cosas, aunque vosotros las sepáis, y estéis confirmados en la verdad presente. Pues tengo por justo, en tanto que estoy en este cuerpo, el despertaros con amonestación; sabiendo que en breve debo abandonar el cuerpo, como nuestro Señor Jesucristo me ha declarado. También yo procuraré con diligencia que después de mi partida vosotros

---

[11] Véase Greg Paul, *Close Enough to Hear God Breathe: The Great Story of Divine Intimacy* (Nashville: Thomas Nelson, 2011).

[12] La cuestión de la autoría de 2 Pedro no es pertinente para la discusión que nos ocupa, por lo que simplemente nos referiremos a Pedro como el autor. Para una discusión útil sobre la autoría, véase Thomas R. Schreiner, *1, 2 Peter, Jude, NAC* (Nashville: B & H, 2003), pp. 255-76.

podáis en todo momento tener memoria de estas cosas. (2 Pe. 1:12-15; cf. 3:1-2)

A causa de los falsos maestros, el mensaje de Pedro era especialmente urgente e importante. Una analogía adecuada sería la de una madre con cáncer terminal que está preocupada por la presión de los compañeros a la que se enfrentarán sus hijos adolescentes cuando ella falte, por lo que escribe una carta de amor y ánimo. Pedro se encuentra en una situación similar y comparte desde lo más profundo de su corazón mientras piensa en las necesidades de su audiencia y en la presión de los compañeros (falsa enseñanza) a la que se enfrentarán después de su partida.

Inmediatamente después de expresar sus saludos, Pedro establece el tono de su carta destacando el poder, la gloria y la excelencia de Dios (2 Pe. 1:3). Para desenmascarar la falsa enseñanza, para que los cristianos crezcan en la fe y la piedad, para que la herejía sea reconocida como lo que es, hay que empezar por reconocer la supremacía de Dios. Una de las cosas que afirmaban los falsos maestros era que no habría una segunda venida (e.g., 2 Pe. 1:16; 3:10). En respuesta, Pedro apela a dos ideas fundamentales: su experiencia como testigo presencial de la transfiguración de Jesús, que anticipaba el regreso de éste, y lo que habían dicho los profetas, que apoyaban la segunda venida.

Para aumentar el impacto de su prosa, Pedro la refuerza con adjetivos e imágenes conmovedoras (2 Pe. 1:16-21).

- Ser testigos oculares de su *grandeza*. El término griego denota por sí mismo algo en superlativo. En este caso se refiere a la majestuosidad incomparable de algo que va más allá de la comprensión, un despliegue de magnificencia que no puede ser igualado. Los visitantes del antiguo Egipto que contemplaban una pirámide por primera vez eran testigos presenciales de la grandeza terrenal. Pero esto lo supera: es una magnificencia de otro mundo.
- La *gloria majestuosa*. En contraste con los relatos de los Evangelios sobre la transfiguración de Jesús, que sólo afirman que una voz salió de la nube, Pedro da a esa voz un nombre por encima de todos los nombres; podría traducirse como el Esplendor Sublime. La transfiguración de Jesús no fue un monumento menor en el paisaje de su ministerio terrenal. Fue un momento decisivo y particularmente relevante para el punto de

vista de Pedro: la transfiguración prefiguró el regreso de Jesús en gloria preeminente.
- Una luz que brilla en un *lugar oscuro*. En el mundo antiguo, donde no había electricidad, la oscuridad era más opresiva de lo que el hombre moderno puede imaginar. Las pequeñas lámparas de aceite no daban mucha luz, pero en la oscuridad de una cueva o una tumba, por ejemplo, eran salvavidas. El mensaje de los profetas era aún más vivificante e iluminador.
- *Hasta que amanezca y salga el lucero del alba en vuestros corazones*. Pedro utiliza ahora una figura retórica que no es fácil de parafrasear en prosa directa, lo que sugiere que su intención es ser cautivante y evocador. La palabra «*estrella de la mañana*», «portadora de luz», habría hecho pensar en el planeta Venus elevándose, como suele hacerlo, justo antes del amanecer. Es probable que sea una alusión a la anticipación asociada al regreso de Cristo. Es un ejemplo de que Pedro quiere transmitir una idea al alma de sus oyentes, por lo que implanta una imagen en lo más profundo de sus corazones.
- No por la propia *imaginación* del profeta. La inspiración en el mundo antiguo se asociaba a menudo con la posesión espiritual, el frenesí y las expresiones extáticas. En contraste con lo que la gente conocía de esas prácticas paganas asociadas a los oráculos antiguos, la revelación divina claramente no era eso.

Con estas imágenes en mente, Pedro ofrece su principal afirmación. Aunque no cita una predicción específica de los profetas sobre la segunda venida de Jesús, apela al mensaje de los profetas, afirmando que el suyo no era un invento cualquiera sobre el amanecer del día del Señor y la aparición de la estrella de la mañana. Las profecías que se encuentran en las Escrituras, declara Pedro, no son de creación humana, sino que son producto de «hombres movidos por el Espíritu Santo que hablan de parte de Dios» (2 Pe. 1:21). No se trata de que Dios habló, como se decía en Hebreos, sino de que, por extensión, los hombres podían hablar en nombre de Dios. El Espíritu Santo era el encargado de hablar; su fuente era Dios mismo.

Siguiendo de cerca el pensamiento de Pedro, vemos que su experiencia en la transfiguración, que anticipaba el regreso de Jesús, se confirma con la experiencia de escuchar a los profetas. Tanto el oír la voz de la nube en el monte santo como el escuchar el mensaje de los profetas le proporcionaron la seguridad del regreso de Jesús.[13]

Sin embargo, debemos tener cuidado de no interpretar la afirmación de Pedro más allá de lo que pretendía. Consideremos un par de conclusiones típicas. Al referirse a los profetas, el ámbito de Pedro no se extendía a todos los autores del Antiguo Testamento. En el contexto de la defensa de la segunda venida de Jesús, Pedro tenía en mente específicamente la profecía (en apoyo de esto, véase 1 Pe. 1:10-12). En segundo lugar, el punto de Pedro no era que el texto escrito de la Escritura fuera inspirado. Aunque eso era una consecuencia, ya que los mensajes de los profetas pasaron a formar parte de la Escritura, el enfoque de Pedro era el precursor de la Escritura escrita. Él afirmaba la inspiración de la proclamación oral de los profetas. Lo que los portavoces de Dios proclamaban tenía autoridad divina.

Sin embargo, podemos hacer una deducción legítima: si lo que decían los profetas era un mensaje de Dios —lo que Pedro dijo que era— y si lo que decían los profetas se reflejaba en forma escrita, entonces podemos deducir que la forma escrita también habría representado la voz de Dios. Además, en el mundo bíblico se consideraba que había poca diferencia entre los textos orales y los escritos; ambos podían tener la misma autoridad. Pero el punto es que el enfoque principal de Pedro era el texto oral de los profetas y lo que los profetas decían en apoyo del regreso de Jesús.

Conclusión

El discurso de Dios es la forma principal de comunicación —el precursor de toda comunicación y la conclusión de toda comunicación. En su nivel más básico, la suma y la sustancia de la revelación divina es el habla. El habla de Dios es el origen de la inspiración y, a pesar de los misterios que conlleva, el habla de Dios es una verdad absoluta.

Para que la revelación divina sea escuchada por la población de la tierra —a falta de que Dios la transmita por sí mismo en algún tipo de lenguaje universal— Dios usó representantes para que transmitieran su

---

[13] Una cuestión interpretativa muy debatida es qué quiso decir Pedro cuando afirmó: «Tenemos la palabra profética que es muy segura» (2 Pe 1:19). Una traducción igualmente legítima del adjetivo sería más segura. En cuyo caso, ¿la palabra profética se hizo más segura por la experiencia de Pedro como testigo ocular de la transfiguración, o la palabra profética era intrínsecamente más segura que su experiencia como testigo ocular? Véase Richard J. Bauckham, *Jude, 2 Peter, WBC* (Waco, TX: Word, 1983), pp. 223-27.

palabra a un público más amplio. El canal hacia los humanos pasa por los humanos. La ilocución divina pasa por la locución humana. Pero lo más misterioso es que el camino es de alguna manera autoritario. Capacitados por el Espíritu Santo, los humanos se convirtieron en canales de comunicación del cielo a la tierra.

Para el autor de Hebreos y para Pedro, no hay duda de que tenían una alta visión de la revelación divina. Sabían lo que Dios decía porque Dios había hablado. Comprendían que los humanos pueden hablar en nombre de Dios.

Proposición 19

Las afirmaciones sobre la autoridad de la Escritura respaldan su fuente e ilocución divina

Las imágenes de las palabras aparecen en muchos lugares de las Escrituras, añadiendo belleza y poder a la revelación divina. Como parte de la habilidad literaria de los autores, proporcionan fuerza y energía, resonando en nuestras almas. Animan los conceptos para que penetren en nuestra conciencia de una manera que no es posible con los textos sencillos.

- Os tomé sobre alas de águilas, y os he traído a mí. (Éx. 19:4)
- Circuncidad, pues, el prepucio de vuestro corazón, y no endurezcáis más vuestra cerviz. (Dt. 10:16)
- Y cualquiera que os diere un vaso de agua en mi nombre, porque sois de Cristo, de cierto os digo que no perderá su recompensa. (Mc. 9:41)
- Jesús le dijo: Deja que los muertos entierren a sus muertos; y tú ve, y anuncia el reino de Dios. (Lc. 9:60)
- Yo veía a Satanás caer del cielo como un rayo. (Lc. 10:18)
- Fuego vine a echar en la tierra; ¿y qué quiero, si ya se ha encendido? (Lc. 12:49)
- Y la lengua es un fuego, un mundo de maldad. La lengua está puesta entre nuestros miembros, y contamina todo el cuerpo, e inflama la rueda de la creación, y ella misma es inflamada por el infierno. (Sant. 3:6)

Las imágenes —figuras del lenguaje, metáforas, metonimias, conceptos y similares— son el lenguaje del corazón bíblico. Nos llaman a detenernos, a reflexionar, a imaginar. Creemos que la designación como «inspirada por Dios» fue concebida por el apóstol Pablo como una imagen de la palabra (2 Tim. 3:16). Por tanto, para entender la imagen de Pablo nos ayudará considerar brevemente cómo funciona el lenguaje metafórico.

Uno de los mejores recursos para apreciar las figuras retóricas de la Biblia es el *Dictionary of Biblical Imagery*.[1] En la introducción, los editores afirman que «la Biblia es mucho más un libro de imágenes y metáforas que de argumentos y proposiciones».[2] Sin embargo, sólo en las últimas décadas hemos llegado a comprender mejor las razones por las que Dios se comunica con imágenes verbales. El lado izquierdo de nuestro cerebro tiende a captar el razonamiento factual y analítico; el derecho, las imágenes multisensoriales y evocadoras. Por lo tanto, si sólo utilizamos un lado de nuestro cerebro, podemos perder el impacto previsto de las Escrituras.

La Biblia relata la verdad principalmente a través de narraciones de la experiencia humana y mediante un lenguaje poético que trasciende los límites comunes de la expresión. En ambos casos, el lado derecho del cerebro debe funcionar bien para captar todo el consejo de Dios. Como señala Alonso Schökel, «lo que se ha escrito con imaginación, debe leerse también con imaginación, siempre que el individuo tenga la capacidad y su imaginación funcione».[3]

Desgraciadamente, «debido a los fines predominantemente teológicos y devocionales a los que los cristianos destinan la Biblia, es casi imposible no caer en el error de considerarla como un esquema teológico con textos de prueba adjuntos».[4] O para expresar ese pensamiento de otra manera: en géneros bíblicos como la ley, la historia, el Evangelio y las cartas, las imágenes de las palabras están a menudo anidadas entre las frases y cláusulas de la prosa directa. Las imágenes son inesperadas y parecen saltar de la página. Lo contrario ocurre en géneros poéticos como la literatura sapiencial, los salmos y las profecías en verso poético: debemos leer estas porciones de la Escritura con el supuesto de que las figuras retóricas son la norma y no la excepción.

---

[1] Leland Ryken, James C. Wilhoit y Tremper Longman III, *Dictionary of Biblical Imagery* (Downers Grove, IL: InterVarsity Press, 1998).
[2] *Ibid*, p. xiii.
[3] Luis Alonso Schökel, *A Manual of Hebrew Poetics* (Roma: Pontificio Istituto Biblico, 1988), pp. 102, 104.
[4] Ryken, Wilhoit y Longman, *Dictionary of Biblical Imagery*, p. xiii.

Como veremos más adelante, reconocer el funcionamiento de las metáforas es fundamental para entender la afirmación de Pablo sobre la inspiración. Pero antes de llegar a eso, debemos tener en cuenta cómo y cuándo Pablo utilizó un lenguaje metafórico exacerbado.

Este capítulo retoma la dirección señalada en el capítulo anterior. Tratamos de comprender cuidadosamente lo que la Escritura ha revelado sobre sí misma para no llegar a conclusiones erróneas basadas en nuestro examen de la producción literaria antigua y en lo que hemos descubierto sobre los fenómenos de la Biblia. Por ello, este capítulo se centra en 2 Timoteo 3 y en la declaración de Pablo sobre la inspiración de las Escrituras.

Lenguaje figurativo y emotivo en las cartas de Pablo

Cuando Pablo quería transmitir una idea a sus oyentes, aumentaba el poder de su comunicación. Desafió a los creyentes de Filipos a «brillar como estrellas en el universo» (Flp. 2:15). Hablar metafóricamente era muy característico de Pablo, a veces cargado de emoción.

En 2 Corintios, Pablo compuso una extensa defensa de su ministerio apostólico. Había sido atacado, por lo que respondió con una justificación cuidadosamente orquestada de quién era y de lo que pretendía llevar a cabo. Dio gracias a Dios por llevarle en «procesión triunfal» mientras viajaba por todas partes difundiendo las buenas nuevas (2 Cor. 2:14). Las procesiones triunfales en la ciudad de Roma eran famosas (o infames, según te identifiques del lado del vencedor o del ladrón).[5] Al igual que los desfiles actuales, celebraban las grandes victorias militares con gran estilo. La idea de Pablo al utilizar esta metáfora es que una procesión triunfal era comparable a su ministerio apostólico. Pero en este caso, como sostiene Scott Hafemann, Pablo no se percibe a sí mismo como el vencedor mostrando el botín de guerra, sino como uno de los despojos, encadenado y obligado a marchar en el desfile.[6]

---

[5] Pablo también utiliza la imagen de una procesión triunfal en Col. 2:15, pero en ese caso imagina la victoria de la resurrección de Jesús como un triunfo sobre los enemigos.

[6] Scott J. Hafemann, *Suffering and Ministry in the Spirit: Paul's Defense of His Ministry in II Corinthians 2:14-3:3* (Grand Rapids: Eerdmans, 1990), pp. 16-34; Hafemann, «Paul's Argument from the Old Testament and Christology in 2 Cor. 1-9: The Salvation-History Restoration Structure of Paul's Apologetic», págs. 277-303 en *The Corinthian Correspondence*, ed. Reimund Bieringer (Lovaina: Leuven University Press, 1996); Hafemann, *2 Corinthians, NIVAC* (Grand Rapids: Zondervan, 2000), pp. 106-12.

En la misma frase, Pablo se refiere a sí mismo como fragancia y olor grato de Cristo, tanto entre los que se salvan como entre los que perecen (2 Cor. 2:15). Desarrolla este punto aún más afirmando: «Porque para Dios somos grato olor de Cristo en los que se salvan, y en los que se pierden; a estos ciertamente olor de muerte para muerte, y a aquellos olor de vida para vida. Y para estas cosas, ¿quién es suficiente?» (2 Cor. 2:15-16). «Pues no somos como muchos, que medran falsificando la palabra de Dios, sino que con sinceridad» (2 Cor. 2:17). Esta imagen es especialmente conmovedora, ya que los triunfos en Roma procedían al templo, donde se mataba a los líderes enemigos capturados y encadenados. La muerte estaba realmente en el aire, pero para los que se salvaban era un olor fragante.[7] Así que la imagen de la autodefensa de Pablo es evocadora, ayudando a los oyentes a sentir su pasión y a apreciar su papel.

Consideremos también la carta de Pablo a los gálatas. Él estaba comprometido en una batalla por el verdadero evangelio. El enemigo eran los falsos evangelios. En su llamamiento, Pablo se enfrenta a los que proclamaban un falso evangelio y anuncia con valentía que si él —o incluso un ángel del cielo— predica la herejía, «sea anatema» (Gál. 1:8). No basta con decir esto una vez, sino que en la siguiente frase reitera la misma sentencia: «sea anatema» (Gál. 1:9). Más adelante, en su carta, Pablo se enfrenta a los gálatas con la acusación de que habían sido «hechizados» (Gál. 3:1 NVI). El término se refería a la práctica de la magia, especialmente al uso del mal de ojo para someter a alguien a poderes malignos. Una vez más, el lenguaje se refiere tanto al lado derecho del cerebro como al izquierdo.

Volviendo a la segunda carta a Timoteo, el tono de Pablo era particularmente sombrío y ominoso. Estaba encarcelado en Roma, encadenado como un criminal, y esperaba una sentencia de muerte en su próximo juicio (2 Tim. 2:9). Durante su primer juicio fue abandonado por sus amigos; nadie testificó a su favor (2 Tim. 4:16). Testificó de que todos los habitantes de la provincia de Asia ya le habían abandonado (2 Tim. 1:15). Incluso nombró a un obrero metalúrgico, Alejandro, que le hizo mucho daño (2 Tim. 4:14). La pesadez del corazón de Pablo es especialmente evidente en su cuadro de palabras: «Yo, por mi parte, ya estoy a punto de ser ofrecido como un sacrificio, y el tiempo de mi partida ha llegado» (2 Tim. 4:6). Podemos percibir las cargas que apremian a Pablo.

---

[7] Gracias a Glen Thompson por esta idea.

No sólo eran días preocupantes para Pablo personalmente, sino que parecía que podían ser potencialmente problemáticos para el legado de su ministerio. La cuestión se centraba en si lo que Pablo había logrado tendría continuidad, y en caso afirmativo, cómo. Timoteo, su heredero aparente, se enfrentaría al sufrimiento, a las pasiones juveniles, a los argumentos insensatos, a las personas difíciles, a los falsos maestros y a una severa oposición (2 Tim. 2:3; 2:22-23; 3:2-9; 4:15). Parece que los impostores se escondían en las sombras esperando a abalanzarse en cuanto la voz de Pablo se silenciara. Una vez más, las imágenes de Pablo son vívidas: los falsos maestros se cuelan en las casas como bichos; sus enseñanzas devoran las almas como la gangrena come la carne (griego: «su enseñanza se extenderá como la gangrena»); a los que escuchan la falsa enseñanza tienen comezón en sus oídos (2 Tim. 3:6; 2:17; 4:3).

En este contexto, era esencial que Timoteo apreciara el valor duradero de todo lo que se le había enseñado y que lo transmitiera. Pablo instó a Timoteo a que continuara en la verdad de la que se había convencido; a que mantuviera lo que había aprendido de Pablo como patrón de la sana enseñanza; a que siguiera recordando al pueblo de Dios la verdad; a que no se avergonzara del evangelio y a que estuviera dispuesto a sufrir por él (2 Tim. 3:14; 1:13; 2:14; 1:8). Pablo dijo que Timoteo debía «guardar el buen depósito que le fue confiado» (la imagen de la palabra es la de alguien que confía una propiedad al cuidado de otra persona); y Pablo desafió a Timoteo a «avivar el don de Dios que hay en ti» (2 Tim. 1:14; 1:6). Así, al igual que en los contextos de intensidad emocional antes mencionados, Pablo utiliza sistemáticamente fuertes imágenes verbales para comunicarse con sus lectores.

El contexto de la declaración de Pablo sobre la inspiración

El razonamiento de Pablo que conduce a su afirmación de que la Escritura es inspirada por Dios no es difícil de entender. Ante la amenaza de falsos maestros que esperaban engañar a su joven protegido, Pablo trató de animar a Timoteo a tener plena confianza en los textos orales de sus maestros y en los textos escritos de las Sagradas Escrituras y a mantenerse firme en su compromiso de enseñar esas ideas a otros.⁸ Timoteo podía tener esta confianza basándose en dos factores: la fiabilidad de las fuentes de su aprendizaje, que eran maestros que conocía bien;⁹ y la eficacia de las Escrituras para equipar a los santos, con las que estaba familiarizado desde hacía mucho tiempo.

Una paráfrasis de 2 Timoteo 3:14-17 podría decir algo así:

> Timoteo, tendrás que aferrarte a todo lo que te han enseñado. No hay duda de que lo que aprendiste era cierto porque vino de personas que conoces y en las que confías. Y basado en tu conocimiento de las Sagradas Escrituras, entiendes el poder y la efectividad de las mismas para guiar a las personas a la fe y ayudarlas a madurar. Ten en cuenta que la Escritura es un mensaje que sale directamente del corazón de Dios y que, al enseñarla, puedes equipar a su pueblo para las tareas que tiene por delante.

El discurso de Pablo era como un discurso de iniciación: antes de despedir a su graduado, trataba de prepararlo para lo que le esperaba. O era como el discurso de un entrenador que se retira: Pablo le daba a su sucesor una charla de ánimo sobre cómo llevar adelante al equipo en dificultades. Más aún, Pablo estaba escribiendo su último testamento: Pablo estaba escribiendo, en efecto, su última voluntad y testamento y animaba a su hijo a asumir su manto a pesar de las dificultades inminentes. El género específico de esta carta es probablemente un discurso de despedida, lo que sitúa a 3:14-17 en el contexto de un fuerte recurso emocional.

Analizando la estructura del pasaje, parece que los versículos 16-17 son parentéticos. La ausencia de una conectiva al principio del versículo 16 (como *y*) apoya esta sugerencia.¹⁰ Además, estos dos versículos se separan de los mandatos que los preceden y siguen (2 Tim. 3:14 y 4:2; nótese que no hay imperativos en 3:16-17).

---

[8] Guthrie, por ejemplo, titula esta sección «Una exhortación a la constancia»; Donald Guthrie, *The Pastoral Epistles: An Introduction and Commentary*, TNTC, rev. ed. (Grand Rapids: Eerdmans, 1990), p. 173.

[9] «El carácter de los que le enseñaron la fe [a Timoteo] verifica la fiabilidad del contenido»; Philip H. Towner, *The Letters to Timothy and Titus*, NICNT (Grand Rapids: Eerdmans, 2006), p. 581.

[10] Un estilo inconexo es «repugnante en general al espíritu de la lengua griega»; F. Blass y A. Debrunner, *A Greek Grammar of the New Testament and Other Early Christian Literature*, traducción y revisión de la novena-décima edición alemana que incorpora notas suplementarias de A. Debrunner por Robert W. Funk (Chicago: University of Chicago Press, 1961), §458 (p. 239).

Además, Pablo utiliza varios conceptos paralelos para enlazar sus pensamientos:[11]

- Que Timoteo aprenda de sus maestros (v. 14) es paralelo a que conozca las Sagradas Escrituras (v. 15).
- La confianza de Timoteo en lo que enseñaban sus maestros (v. 14) es paralela a su confianza en lo que aprendió de las Escrituras (v. 15).
- Las «Sagradas Escrituras» (v. 15) son paralelas a «toda la Escritura» (v. 16).
- La función de las Sagradas Escrituras, «hacerte sabio para la salvación» (v. 15), es paralela a la función de toda la Escritura, «útil para enseñar, instruir, corregir, capacitar y equipar» (v. 16).
- La expectativa de Pablo de que Timoteo transmitiera a otros lo que sus maestros enseñaban es paralela a la utilidad de las Escrituras para la enseñanza (3:16-17 y 4:2).

Pablo estaba enfatizando dos ideas: fiabilidad y relevancia. Timoteo podía confiar plenamente en la fiabilidad de los conocimientos que poseía porque se basaban en lo que había aprendido tanto de sus maestros como de las Escrituras. Y tanto los textos orales de sus maestros como el texto escrito de las Escrituras eran relevantes para transmitirlos a otros.[12]

La intención de Pablo al afirmar que la Escritura es inspirada por Dios

Debemos considerar varias posibilidades para la ilocución del término *inspirada por Dios*. El término sólo aparece aquí en la Biblia y, al parecer, no aparece en la literatura griega anterior a la época de Pablo, por lo que es probable que Pablo haya acuñado el término.[13] Etimológicamente, «inspirada por Dios» es una combinación de dos palabras, Dios y *aliento/espíritu*.

---

[11] El paralelismo en el pensamiento hebreo suele expresar conceptos similares con palabras diferentes.
[12] Douglas Farrow, *The Word of Truth and the Dispute About Words* (Winona Lake, IN: Carpenter, 1987), p. 96; véase también el análisis semántico de 2 Tim. 3:13-17.
[13] I. Howard Marshall, *A Critical and Exegetical Commentary on the Pastoral Epistles, ICC* (Edinburgh: T & T Clark, 1999), p. 794.

El término se ajusta al patrón de Pablo de utilizar imágenes de palabras para señalar ideas importantes, especialmente en contextos emocionales. Pablo tenía una visión muy elevada de la Escritura, y dada la amenaza de la falsa enseñanza, era de suma urgencia que Timoteo diera un valor similar a la Escritura escrita (*graphē*) y a su papel en la transformación de la vida de las personas.[14] Los lados izquierdos de nuestros cerebros escuchan correctamente a Pablo declarando que Dios era la fuente de toda la Escritura, afirmando que la Escritura está investida de la autoridad de Dios. Así, el término «pretende describir la relación entre el Dios invisible y la Escritura visible».[15]

Pero como artífice de las palabras, Pablo probablemente pretendía que «*inspirada por Dios*» fuera una metáfora evocadora, en el sentido de implantar algo más en la conciencia de Timoteo. El término es una ocasión para que todos los lectores se detengan a reflexionar sobre la energía y el misterio de la imagen. Si el lado izquierdo de nuestro cerebro capta correctamente que Dios es la fuente de las Escrituras, el lado derecho de nuestro cerebro necesita comprometerse con la metáfora de Dios respirando o Dios infundiendo espíritu a través de esas palabras escritas.[16]

Como imagen cognitiva, Pablo puede haber estado transmitiendo la noción de que la Escritura salió del mismo corazón de Dios. Son los pensamientos y los caminos de Dios, que las personas deben aceptar como informativos y transformadores para sus vidas. Esta idea encaja en el contexto en el que Pablo se centra en el poder y la utilidad de las Escrituras. Como señala Guthrie, «a Timoteo no se le informa de la inspiración de la Escritura, ya que esta doctrina era comúnmente admitida por los judíos, sino que se le recuerda que la base de su utilidad reside en su carácter inspirado».[17]

---

[14] Con respecto a la elevada opinión de Pablo sobre las Escrituras, nótese su comentario de que a los judíos se les confiaron los oráculos de Dios (Rom. 3:2); véase Brian Rosner, «"Written for Us": Paul's View of Scripture», en *A Pathway into Holy Scripture*, ed. P. E. Satterthwaite y D. F. Wright (Grand Rapids: Eerdmans, 1994), p. 89.

[15] Jerome D. Quinn y William C. Wacker, *The First and Second Letters to Timothy: A New Translation and Commentary* (Grand Rapids: Eerdmans, 2000), p. 762. Marshall comenta: «El punto del adjetivo aquí es seguramente enfatizar la autoridad de las Escrituras como provenientes de Dios e indicar que tienen un propósito divinamente inspirado relacionado con su plan de salvación... La idea principal de la frase reside en el segundo adjetivo»; Marshall, *Commentary on the Pastoral Epistles*, pp. 794-95.

[16] Como se ha señalado anteriormente, los lados izquierdos de nuestro cerebro tienden a captar el razonamiento factual y analítico; los lados derechos, las imágenes multisensoriales y evocadoras.

[17] Guthrie, Pastoral Epistles, p. 176. «Al igual que Pablo, el judaísmo aceptaba universalmente el Antiguo Testamento como palabra de Dios»; Craig S. Keener, *The IVP Bible Background Commentary: New Testament* (Downers Grove, IL: InterVarsity Press, 1993), p. 630.

Pero como imagen afectiva, es probable que Pablo tratara de transmitir una imagen indeleble de la Escritura como el *aliento* del cielo. El término «inspirada por Dios» podría referirse al poder del Espíritu en la Escritura (cf. 1 Cor. 2:4). Si traducimos el término como «animada por Dios» en lugar de «inspirada por Dios», podemos preguntarnos: ¿Qué desencadena el poder de la Escritura? La respuesta sería que es el Espíritu quien da poder a las palabras de la Escritura y ablanda los corazones de los oyentes para que las palabras de Dios puedan ser eficaces. «La Escritura tiene su poder... por el Espíritu/aliento que la produjo y que presumiblemente continúa vivificándola».[18]

Pero, francamente, puede que nos esforcemos demasiado en definir concretamente un término evocador, como si el lado izquierdo del cerebro tuviera que determinar cómo debe afectar la imagen al lado derecho. Si las imágenes de una metáfora pueden parafrasearse, es poco probable que hayamos experimentado la profundidad de su ilocución afectiva. La interpretación de las imágenes poéticas no es una ciencia exacta, si es que *interpretar* es la palabra correcta. Y siempre debemos tener cuidado de no entender lo que ha sido *inspirada por Dios* simplemente basándonos en la etimología.[19] Nuestro objetivo final debe ser su ilocución, que en este contexto era enfatizar el poder y el potencial de la Escritura para cambiar vidas:

Toda Escritura es inspirada por Dios y útil para enseñar, para reprender, para corregir, para instruir en justicia, a fin de que el hombre de Dios sea perfecto, equipado para toda buena obra. (2 Tim. 3:16-17 LBLA)

«Así pues, haber dicho que la Escritura está "animada por Dios" es haber dicho implícitamente que los hombres han sido así "animados"».[20]

Si consideramos el término desde otra perspectiva, ¿se trata de una declaración de Pablo sobre el proceso de inspiración o sobre una doctrina específica de la Escritura, más allá de la afirmación de su fuente y autoridad?[21] Según el contexto, el enfoque de Pablo era la exhortación.[22] Si nos preguntamos cómo define Pablo la palabra inspirada por Dios, ya que no la glosa con un término comparable,

---

[18] Quinn y Wacker, First and Second Letters to Timothy, p. 762.
[19] Véase D. A. Carson, *Exegetical Fallacies*, 2ª ed. (Grand Rapids: Baker, 1996), pp. 28-33.
[20] Quinn y Wacker, *First and Second Letters to Timothy*, p. 762.
[21] La discusión clásica sobre 2 Timoteo 3:16 y la inspiración es de Warfield; aunque en gran medida defendía un sentido pasivo de la inspiración, trató de encontrar en lo inspirado por Dios más del proceso que sólo del producto; Benjamin Breckinridge Warfield, *The Inspiration and Authority of the Bible*, ed. Samuel G. Craig (Filadelfia: Presbyterian and Reformed, 1948).
[22] Gordon D. Fee, *1 and 2 Timothy, Titus, NIBC* (Peabody, MA: Hendrickson, 1984, 1988), p. 279.

encontraremos la evidencia más clara en cómo define la función de la Escritura inspirada. Por analogía, si un padre dijera: «Mi hija adolescente tiene talento», querríamos saber qué quiere decir con *talento*. Y él podría responder que tiene una habilidad musical excepcional y que es una pianista virtuosa. El hecho de que tenga talento es una cualidad que posee, pero hasta que no sepamos la forma que adopta, su talento no está definido. O, si alguien dijera: «Este invento es brillante», eso anuncia una cierta cualidad, pero hasta que no oigamos lo que hace el invento no entenderemos el significado completo de *brillante*. Pablo declara el hecho de la inspiración de la Escritura, pero se centra en cómo ésta se define por su función.

Creemos que es correcto entender la palabra acuñada por Pablo de tres maneras: afirma que Dios es la fuente de la Escritura; evoca imágenes del aliento o Espíritu comunicativo de Dios; y, lo más importante, lleva a la ilocución del poder transformador de la Escritura. Puesto que Pablo inventó la palabra, puesto que probablemente es evocadora, puesto que la etimología puede no ser una buena medida del significado, nuestra mejor evidencia del contenido propositivo de la palabra es cómo Pablo definió su función.

Por otra parte, quienes piensan que Pablo estaba ofreciendo una forma temprana de bibliología, tendrían que concluir que estaba declarando inspirada la forma actual del texto de la Escritura (la Septuaginta), al margen de las cuestiones de la lengua original o del estado de conservación del texto.[23] El texto que Timoteo conocía —el resultado de haber pasado por las manos de varios escribas y haber sido traducido al griego— sería el referente de la «Escritura» (*graphē*).[24] (Ciertamente no hay nada que sugiera que Pablo tenía en mente una forma de los autógrafos).

Pablo sigue su comentario sobre que la Escritura es inspirada por Dios ordenando a Timoteo que predique la palabra (*logos*) (2 Tim. 4:2). Nuestra tenencia puede ser asumir que Pablo tiene en mente la palabra escrita, pero basándonos en la proposición 12 anterior, se está refiriendo al texto oral de la verdad de Dios.

¿Era la autoridad de los textos orales, como lo que Pablo y otros habían transmitido a Timoteo —y que Timoteo estaba ahora encargado de transmitir a otros— comparable a la autoridad del texto escrito del

---

[23] Como se señaló anteriormente, según los paralelos en el contexto, las Sagradas Escrituras en el verso 15 parecen referirse a la misma entidad que las Escrituras en el verso 16.

[24] S. M. Baugh, «2 Timothy», en *Zondervan Illustrated Bible Backgrounds Commentary*, vol. 3, ed. C. E. Arnold (Grand Rapids: Zondervan, 2002), p. 491. Véase la segunda sección de «Dando un paso atrás y resumiendo» sobre la Septuaginta.

Antiguo Testamento? El objetivo de Pablo era asegurar a Timoteo que podía tener plena confianza en los textos orales y escritos. No hay evidencia de que Pablo estuviera sugiriendo: «Lo que dijimos fue una cosa; lo que nos llega por escrito de Dios supera todo».

Sin embargo, los que estamos bajo la influencia de una cultura dominada por el texto podemos estar inclinados a responder: «Pero Pablo sí dijo que Dios inspiró el texto escrito, y no dijo eso sobre los textos orales». Sin embargo, esa lógica falla, porque el contexto no sugiere que Pablo quisiera que Timoteo tuviera más confianza (o menos confianza) en uno sobre el otro. Además, aunque sólo se implique aquí, en otros lugares Pablo reivindicó explícitamente la fuente divina de sus textos orales (e.g., 1 Cor. 2:13).

¿Reconoció Pablo una diferencia entre sus textos orales y su propio texto escrito, en este caso, una diferencia entre lo que dijo en persona a Timoteo y lo que comunicó por escrito? En otras palabras, «Timoteo, lo que digo en esta carta reemplaza todo lo que dije cuando estuvimos cara a cara»? Sencillamente, no hay pruebas que apoyen esa idea.

Conclusión

Las cuestiones que rodean el término «*inspirada por Dios*» de Pablo son complejas, y no podemos desarrollar respuestas definitivas aquí (si es que alguien puede hacerlo en algún lugar). Pero al menos podemos afirmar que Pablo estaba instruyendo a Timoteo sobre la importancia de proclamar la verdad divina a la comunidad de creyentes, como se evidencia tanto en las fuentes orales como en las escritas. No debería haber ninguna duda: La Escritura tiene la inspiración de Dios en el sentido de que su fuente es Dios, en el sentido de que se comunica de manera poderosa y en el sentido de que tiene una autoridad transformadora en la vida. Como mínimo, debemos asegurarnos de que no somos culpables de sacar el término *inspirada por Dios* de su contexto y de ignorar la intención de su autor, abriendo así la puerta a un malentendido (véase 2 Tim. 2:15).

En este pasaje no hay ninguna prueba de que Pablo pretendiera situar el texto escrito de la Escritura en un nivel de autoridad superior al de los textos orales. Desde la perspectiva de la cultura oral, ¿por qué habría de hacerlo? Los textos orales y escritos en los que Timoteo se había formado se consideraban igualmente autorizados y constituían una instrucción esencial para la comunidad de creyentes. El objetivo de

Pablo no era proporcionar la definición definitiva de una doctrina de la Escritura escrita. Estaba ordenando a Timoteo que confiara a otros lo que había aprendido de la predicación de Pablo, que utilizara la Escritura para edificar el cuerpo de creyentes y que predicara el *logos*, el mensaje oral del evangelio (2 Tim. 2:2; 4:2).

Es un recordatorio adecuado de que tanto la acción divina como la humana son esenciales para la edificación del cuerpo de Cristo. La actividad divina de inspirar la verdad y la actividad humana de proclamar la verdad son interdependientes. Si no se proclama, la actividad de Dios no sirve para nada. Si no es respirada por Dios, la actividad humana es inútil. La ilocución de «inspirada por Dios» fue para validar la autoridad e importancia de la Escritura para la enseñanza y la predicación. La perlocución era la forma en que esa verdad quedaría profundamente arraigada en la mente de los oyentes. Pero nada de eso importa si nadie da voz a la Escritura en la comunidad al «enseñar, reprender, corregir, formar y equipar».

Proposición 20

La inerrancia tiene funciones y limitaciones esenciales

Hemos discutido lo que sabemos sobre el mundo antiguo en relación con la producción literaria y algunos de los principales géneros bíblicos. Hemos sugerido algunas de las formas en que nuestra comprensión de la autoridad bíblica podría verse afectada por la comprensión de ese mundo antiguo. Ahora nos ocuparemos más directamente de las cuestiones de inerrancia y autoridad. Nuestra intención es fortalecer la doctrina de la autoridad bíblica mediante una aplicación realista de los conocimientos sobre el mundo antiguo, y comprender lo que la inerrancia puede hacer y lo que no puede hacer.

Los términos descriptivos que llevan implícito un poder retórico suelen tener una vida útil. Pueden ser explotados, manipulados, requisados, distorsionados, caricaturizados y subvertidos de manera que ya no sirven para el propósito retórico para el que fueron adoptados inicialmente (e.g., *católico, ortodoxo, fundamentalismo*). La *inerrancia* es uno de esos términos, y puede estar llegando a sus límites. Pero aunque así sea, las convicciones que pretendía expresar y preservar siguen siendo importantes. Es posible que necesitemos encontrar formas alternativas de expresarla que abarquen la fe y reconozcan al mismo tiempo los matices que el estudio y el debate continuos han hecho necesarios. La iglesia necesita una expresión robusta de la autoridad bíblica y una respuesta siempre actualizada al escepticismo en todas sus variadas formas.

La inerrancia ya no es el término claro y definitorio que era antes. Sus cualidades semánticas lo han convertido en un concepto fuerte y útil, pero algunos también han encontrado que es casi infinitamente flexible,¹ a pesar de que se han hecho extensos intentos para definirlo.² Su flexibilidad proviene en gran medida del hecho de que es un término que se refiere específicamente al significado, como es evidente en el calificativo de la ICBI de que el texto bíblico es inerrante «en todo lo que afirma» (i.e., en el significado que se deriva propiamente de su dirección ilocutiva). Para saber qué afirma el texto, el intérprete tiene que decidir su significado. Al mismo tiempo, se ha reconocido que el término es manifiestamente inaplicable a varios géneros (e.g., la literatura proverbial³). Los evangélicos lo han adoptado ampliamente, sobre todo para proteger la narrativa histórica en reacción a las controversias modernistas en las que la erudición crítica comenzó a burlarse de las afirmaciones históricas de la Biblia.⁴ Moisés, Abraham y David habían llegado a ser etiquetados como productos de la imaginación exílica. El éxodo se convirtió en un hecho sin importancia. El Jesús histórico se consideraba ilusorio y representado en escasos fragmentos. No es de extrañar que los que creían que la Biblia era la revelación inspirada y autorizada de Dios buscaran una terminología para expresar sus convicciones de forma que combatieran estos ataques.

Si cuestionamos la suficiencia del término *inerrancia*, no es que ahora admitamos que la Biblia *tiene* errores —sino que el término *inerrancia* podría no ser ya lo suficientemente claro, fuerte o matizado como para tener el peso con el que tradicionalmente se ha considerado. Seguimos creyendo que si el comunicador bíblico da muestras de entender que está hablando de personas y acontecimientos reales en un pasado real, afirmamos con gusto que no se ha engañado ni está falseando la información. La veracidad sigue siendo un criterio importante. Sin embargo, si el término *inerrancia* ha disminuido su poder retórico y su especificidad, ya no sirve tan adecuadamente para definir nuestras convicciones sobre la sólida autoridad de las Escrituras.

---

¹ Esta flexibilidad se puso a prueba a principios de la década de 1980 en las discusiones en torno a la interpretación de Robert Gundry de Mateo como Midrash, en los años siguientes en los debates sobre el teísmo abierto y, más recientemente, por Peter Enns y Kenton Sparks al abrazar el escepticismo de la erudición crítica (véase p. 282 para los libros de Enns y Sparks).

² Más notablemente, el International Council on Biblical *Inerrancy* (ICBI).

³ Como un proverbio es una generalización, y una generalización por definición es una afirmación que a menudo es verdadera pero no siempre lo es, es difícil articular cómo un proverbio podría ser considerado inerrante. Nos apresuramos a decir que un proverbio puede tener autoridad en virtud del valor o valores que encarna, pero «inerrancia» simplemente no lo expresa bien.

⁴ No pretendemos que esto sea una afirmación global sobre su aplicación. Así, por ejemplo, la inerrancia se utilizaría también para afirmar que la Biblia no contiene voces contradictorias que ofrezcan conclusiones teológicas diferentes (una afirmación posmoderna común).

Algunos han acusado al evangelismo moderno de ser un «culto al libro», y puede que haya núcleos en ese extremo.[5] Pero el hecho de que la Biblia pueda ser venerada en exceso no elimina el papel fundacional que tiene en nuestra doctrina. Si la Biblia no es la Palabra de Dios, ninguna otra doctrina estará garantizada. Gran parte del supuesto conocimiento de Dios en las religiones del mundo a lo largo de la historia se ha derivado de las especulaciones, opiniones, inferencias y deducciones de los reconocidos como «espirituales», ya sean místicos o filósofos. Pero las conjeturas humanas, independientemente de su fuente, inspiran poca confianza. Si lo que pretendemos saber sobre Dios se basa únicamente en la sabiduría y la perspicacia acumuladas de los seres humanos, debemos admitir que sabemos muy poco. Pero la cristiandad ha hecho una afirmación diferente: que la información que tenemos sobre Dios viene de Dios mismo (2 Pe. 1:20-21). Por lo tanto, es absolutamente esencial que aceptemos la Biblia como la Palabra de Dios. Pero la pregunta sigue siendo: ¿Cómo es la Palabra de Dios? Y es responsabilidad de la Iglesia resolver todas las complejas implicaciones de esa pregunta. A medida que una generación tras otra de cristianos estudian la Biblia y reflexionan sobre su naturaleza, es inevitable que surjan nuevas percepciones y distinciones que deban ser corregidas. A medida que los escépticos encuentran nuevas acusaciones para señalar y nuevas razones para descartar la Biblia como indigna de la fe que emiten los cristianos, es necesario proponer nuevas formulaciones, no a modo de promesa, sino de aclaración.

Los evangélicos que apoyan el concepto de inerrancia han sido, sin duda, en ocasiones culpables de exigir demasiado para el término y de afirmar que sabemos demasiado (e.g., sobre lo que exigía la exactitud histórica y sobre lo que implicaba la autoría). Pero la erudición crítica no es inocente de una certeza injustificada similar y de la creencia en «resultados asegurados» al aplicar el bisturí a los libros bíblicos con tanta confianza en sí misma.

Inerrancia contra inspiración y autoridad

La *inerrancia*, como término descriptivo de la creencia doctrinal, cubre un territorio diferente al de sus palabras relacionadas, *inspiración* y *autoridad*. La inspiración identifica la fuente de la comunicación y se

---

[5] Discutiremos a Christian Smith, *The Bible Made Impossible: Why Biblicism Is Not a Truly Evangelical Reading of Scripture* (Grand Rapids: Brazos, 2012) en la proposición 21.

aplica al texto (la locución). Independientemente de lo que los intérpretes determinen sobre el significado del texto, la inspiración afirma que el mensaje está plasmado en palabras (*graphē*) que provienen de Dios a través de comunicadores humanos. La autoridad identifica la demanda del lector y se aplica a nuestra respuesta a esas demandas. Tanto la inerrancia como la autoridad están inseparablemente ligadas a las intenciones del comunicador humano (un calificativo innecesario para la inspiración).[6] A diferencia de la inspiración y la autoridad, la inerrancia se refiere al significado y sólo puede ser discutida a la luz de la intención de la ilocución; por lo tanto, está enredada en la interpretación, el género y la hermenéutica. Este hecho hace que sea un término mucho más difícil de manejar. Dado que el concepto se basa en la interpretación del significado, sus afirmaciones relevantes para contextos particulares pueden verse socavadas o subvertidas si nuestra interpretación es de algún modo deficiente. Por ejemplo, si malinterpretamos los parámetros y las convenciones de un género antiguo e imponemos inconcretamente nuestros propios presupuestos de género, podríamos terminar planteando exigencias irreales al texto. ¿Podría considerarse un error que la genealogía de Cristo omitiera varias generaciones? Eso dependería de los parámetros del género de la genealogía. Si creyéramos que la ausencia de error exige que todas las generaciones estén representadas (como cabría esperar en la comprensión y el uso de las genealogías en nuestra cultura moderna), tendríamos que declarar que el texto bíblico es erróneo o tendríamos que hacer un gran esfuerzo de armonización que pondría a prueba toda credulidad. Por supuesto, ninguna de estas exigencias es necesaria cuando simplemente reconocemos que las convenciones de las genealogías eran diferentes en la antigüedad y en la época clásica. Sin embargo, nuestra afirmación doctrinal se debilita si todo lo que estamos diciendo realmente es «lo que el texto significa, es correcto».

En la evaluación final, las categorías de «error» y «sin error» sólo abordan uno de los muchos criterios importantes para hacer afirmaciones doctrinales significativas sobre cómo confiamos en la fidelidad de las Escrituras. Es un criterio que tiene una utilidad o aplicabilidad decreciente cuanto más se aleja de los géneros narrativos.

---

[6] Por supuesto, debe entenderse la calificación de que la autoridad también existe en los comunicadores del Nuevo Testamento cuando extienden el significado de las obras del Antiguo Testamento a nuevos significados. Esto sigue siendo «autoridad conferida al comunicador humano», ya que añade un nuevo nivel canónico de comunicación humana. El sensus plenior es perfectamente aceptable en este modelo, aunque se limita a lo identificado como tal por las voces autorizadas.

¿Qué tiene de inerrante un proverbio, que es por definición una generalización? ¿Qué queremos decir cuando afirmamos que un salmo es inerrante? Se trata de oraciones de seres humanos, a menudo confundidos al lamentar las circunstancias de su vida, preguntándose dónde está Dios y qué hace. «Dios mío, Dios mío, ¿por qué me has abandonado?» (Sal. 22:1). ¿En qué sentido se convierten en afirmaciones inerrantes de la revocación de Dios? ¿Dónde se encuentra su autoridad? Al plantear estas preguntas, no estamos sugiriendo que debamos considerar erróneos estos géneros; más bien reconocemos que la clasificación «inerrante» no es aplicable de manera significativa al género.

Si dijéramos que la inerrancia se limita a las afirmaciones de la Escritura, nos quedaría el relato de hechos históricos, la existencia de las personas que participaron en esos hechos, las afirmaciones proposicionales que se hacen en el texto («Señor, tú que me has escudriñado y me has conocido») y, menos claramente, que cuando un profeta dice que éstas son las palabras que recibió de Dios, lo son. Esto deja mucho material sin tratar. ¿Cómo es que una declaración legal es inerrante? ¿De qué manera es inerrante una fábula (e.g., la de Jotam en Jueces 9) o una parábola? ¿De qué manera es inerrante el cántico de Débora? Y lo que es más importante, ¿es la inerrancia la mejor manera de hablar de la autoridad que tiene como Escritura inspirada? ¿Nos conformamos realmente con decir sólo que afirmamos que Jotam lo habló o que Débora lo cantó? ¿En qué consiste la inerrancia?

La fuerza del término es que ha ayudado a los evangélicos de algunas generaciones a articular su compromiso con la veracidad de las afirmaciones hechas en la Escritura, especialmente (aunque no únicamente) en relación con los relatos del Antiguo Testamento, los Evangelios y las Epístolas. La limitación del término es que no dice lo suficiente y que puede distraernos de afirmaciones más amplias que deben ser tomadas en cuenta. Demasiados evangélicos estarían dispuestos a ir a la hoguera declarando que realmente hubo una mujer llamada Rahab en la ciudad de Jericó del Bronce Tardío que colgó un hilo escarlata cuando los muros de esa ciudad se derrumbaron, pero albergan profundas dudas sobre la idea de que Dios ordenó la matanza de todos los habitantes de esa ciudad. La inerrancia no tiene ningún valor si no aceptamos como verdadera la revelación de la naturaleza de Dios en las Escrituras. Si, en última instancia, la Biblia es realmente la revelación de Dios de sí mismo, no hay mayor verdad que la forma en que Dios se describe como ser y actuar en sus páginas. Nuestro camino más significativo hacia la autoridad bíblica se encuentra no tanto en los hechos que se afirman y la instrucción que se da (aunque estos son importantes); se encuentra en cómo cada género de la Escritura nos revela a Dios, y cuál es esa revelación. Dado que la Biblia *es* una revelación, su autoridad reside en esa revelación. Esa revelación no se centra en la geografía cósmica, la fisiología o la meteorología; ni siquiera se centra en un sistema ético, en cuestiones sociales o en objetivos de comportamiento, aunque no carece de orientación en ellos. Incluso la mayoría de las narraciones no pretenden mostrarnos héroes o modelos de conducta. Dios es el héroe de la Biblia, y es su historia. No podemos permitir que conceptos como la *inerrancia* nos distraigan de estas verdades.

Puntos resumidos sobre la aplicación de la inerrancia

En el próximo capítulo propondremos un lenguaje y posturas alternativas para ir más allá de la inerrancia y hablar con más fuerza de la autoridad bíblica. Sin embargo, aquí podemos concluir resumiendo algunos de los puntos que surgen de la discusión hasta ahora.

Errores de los defensores de la inerrancia

- En ocasiones han malinterpretado los textos «históricos» aplicando criterios de género modernos a la literatura antigua, tratándola así como si tuviera pretensiones que nunca existieron.
- A veces han tratado los acontecimientos, las personas, la composición, la ciencia y la teología en el mismo plano, aunque no lo son, y cada uno debe ser tratado por separado.
- A menudo han malinterpretado la naturaleza de la producción literaria en el mundo antiguo.
- Han dado por sentado que existían escritos originales únicos que eran inerrantes, mientras que la composición podría no haber surgido siempre a través de un único escrito.
- Han confundido locución e ilocución. (La inerrancia técnicamente sólo se aplica a esta última, aunque, por supuesto, sin locución no puede haber ilocución).
- A menudo no han tenido en cuenta la inmersión de Israel en el entorno intelectual del antiguo Oriente Próximo.

- Han ignorado con demasiada facilidad las similitudes entre el Antiguo Testamento y la literatura antigua.
- A veces se han mostrado demasiado preocupados por declarar que algunas secciones del Antiguo Testamento son históricas en un sentido moderno, cuando es posible que no estén haciendo esas afirmaciones por sí mismas.
- Han insistido en la aplicación del término inerrancia a géneros para los que ofrecen poca aclaración sobre la naturaleza de la autoridad.

Aun así, no hay que suponer que estamos apostando por la erudición crítica.

Errores de la erudición escéptica

- Creen que pueden clasificar las fuentes de un manuscrito con toda seguridad.
- Con frecuencia se dejan llevar por el escepticismo y la duda.
- Están dispuestos a leer en contra del texto o a través del texto, negando así su autoridad.
- A veces no tienen en cuenta la teología del texto.
- Generalmente han creído que podían asignar fechas a sus fuentes.
- A menudo se apresuran a negar la credibilidad de los acontecimientos y de las personas.
- Han pasado por alto con demasiada facilidad las diferencias entre el Antiguo Testamento y la literatura antigua.
- A menudo han estado demasiado dispuestos a descartar secciones del Antiguo Testamento como mitológicas.
- A lo largo de los años, han estado demasiado dispuestos a sustituir las agendas del texto por sus propias agendas.
- Con demasiada frecuencia critican la Biblia aplicando normas modernas de historiografía e intentando que el texto se ajuste a las convenciones y objetivos modernos.
- Desprecian la idea de que Dios actúa en el mundo.

Categorías de aplicación. Finalmente, a la luz de todo lo anterior, podemos identificar siete categorías a las que se ha aplicado la inerrancia y que necesitan una investigación individual.

1. Hechos y referencialidad histórica (personas y acontecimientos). La inerrancia se aplica correctamente a esta categoría con la advertencia de que debemos ser diligentes para entender qué afirmaciones se hacen en relación con las convenciones del género en el mundo antiguo y en la Biblia. La inerrancia se refiere a las representaciones narrativas de personas y acontecimientos en la medida en que se afirma que son personas reales que participaron en acontecimientos reales en el pasado real. Más allá de eso, las convenciones dictarían qué verdades tienen prioridad. En lugar de hablar de literatura «histórica», es más preciso hablar de «literatura narrativa sobre acontecimientos reales y personas reales en un pasado real que representa la verdad mediante sus propias convenciones establecidas y reconocidas».

2. Composición (autoría, datación de los libros). A la luz de lo que hemos propuesto en relación con los «autores» y los «libros» en el mundo antiguo, podemos encontrar que las afirmaciones en este ámbito no son las que hemos pensado. En consecuencia, la inerrancia es poco aplicable a estas cuestiones, salvo que se afirme la participación de la figura de autoridad y se haga cualquier afirmación contextual directa de la participación de la figura de autoridad. La inerrancia pertenecería entonces al papel de las autoridades (i.e., el papel de Moisés o Isaías como voz dominante, determinante y principal), no a los autores que escriben los libros —la literatura en su totalidad sería considerada como autorizada.

3. El texto en los documentos. La calificación de que la inerrancia se refiere a los escritos originales puede necesitar una mayor calificación a la luz de la similitud de que algunos de los libros canónicos no llegaron a nosotros a través de un solo escrito. Una forma alternativa de vincular la autoridad del texto a una forma que precede a la etapa en la que somos conscientes de los errores en la transmisión por parte de los escribas sería vincular la autoridad a la forma canónica final, que entonces se transmitió como canónica. Más allá de eso, es importante afirmar que las locuciones se han conservado de forma fiable en el proceso que llevó de la comunicación al canon. Sin embargo, el término *inerrancia* no puede aplicarse a esto. También deberíamos sentirnos cómodos con la afirmación de que, aunque seamos conscientes de los errores en la transmisión y la traducción, incluso nuestras transcripciones modernas nos ofrecen un registro fiable de la Palabra de Dios que puede servirnos en un papel autoritativo. Sin embargo, una vez más, no utilizaríamos el término *inerrante* para describir ninguno de los manuscritos o nuestras traducciones.

4. Doctrina. Debemos continuar con la convicción de que las afirmaciones teológicas de la Escritura son inerrantes. Al mismo tiempo, en la medida en que las formulaciones doctrinales a menudo requieren que nos movamos más allá de las declaraciones explícitas del texto para una interpretación de las mismas, no podemos atribuir inerrancia a todas nuestras afirmaciones en los credos.

5. *Proposiciones.* Cuando la Escritura ofrece explícitamente una verdad proposicional, podemos afirmar fácilmente la inerrancia de esas proposiciones. Sin embargo, debemos ser más cautelosos si inferimos proposiciones del texto a través de la interpretación. También debemos resistir la tentación de reducir la autoridad de la Escritura a una serie de proposiciones. La autoridad bíblica va más allá.

6. *Revelación (imagen de Dios).* Este es el núcleo de la autoridad bíblica. Por encima de todo, cuando afirmamos que la Biblia es verdadera, estamos diciendo que su imagen de Dios es exacta y que debemos abrazarla como si viniera de Dios mismo, no por invención humana. Ciertamente, también hay que afirmar que si la imagen de Dios es verdadera, esto tiene implicaciones que se extienden a algunas de las otras discusiones. Así, por ejemplo, la afirmación de que Dios fue quien liberó poderosamente a Israel de la esclavitud en Egipto requiere que se afirme que estuvieron en Egipto y que el acontecimiento se desarrolló como se describe. Si el acontecimiento no se produjo, el perfil de Dios expresado en ese acontecimiento queda anulado.[7] La inerrancia, por tanto, se refiere sobre todo al perfil de Dios, a la situación y naturaleza de las personas y al plan de Dios para reconciliarlas con él.

7. *Conclusiones interpretativas (tierra joven, esquemas escatológicos, teorías de la expiación, etc.).* Debemos tener cuidado de no confundir nuestras interpretaciones con el texto mismo cuando discutimos la inerrancia y la autoridad. Podemos creer que ciertas interpretaciones son inevitables, aunque si otros llegan a otras interpretaciones plausibles, la inevitabilidad queda falseada. Posiciones como la de la tierra joven o el premilenialismo pueden ser interpretaciones defendibles, pero no pueden invocar la inerrancia como su pretensión de verdad.

---

[7] Si alguien pudiera ofrecer un razonamiento sólido para sugerir que la separación del Mar Rojo era sólo un concepto utilizado de manera que fuera reconocible para la audiencia antigua como parte de un género atestiguado, tendríamos que considerar la afirmación; pero tal afirmación no ha sido defendida con éxito en nuestra opinión.

Para más información

Bacote, Vincent, Laura C. Miguélez y Dennis L. Okholm. *Evangelicals and Scripture: Tradition, Authority and Hermeneutics*. Downers Grove, IL: Inter-Varsity Press, 2004.

Beale, Gregory K. *The Erosion of Inerrancy in Evangelicalism: Responding to New Challenges to Biblical Authority*. Wheaton, IL: Crossway, 2008.

Bovell, Carlos R. *Inerrancy and the Spiritual Formation of Younger Evangelicals*. Eugene, OR: Wipf & Stock, 2007.

Bovell, Carlos R., ed. *Interdisciplinary Perspectives on the Authority of Scripture: Historical, Biblical, and Theoretical Perspectives*. Eugene, OR: Wipf & Stock, 2011.

Enns, Peter *Inspiration and Incarnation: Evangelicals and the Problem of the Old Testament*. Grand Rapids: Baker Academic, 2005.

Hays, Christopher M., y Christopher B. Ansberry. *Evangelical Faith and the Challenge of Historical Criticism*. Grand Rapids: Baker Academic, 2013.

Poythress, Vern Sheridan. *Inerrancy and Worldview: Answering Modern Challenges to the Bible*. Wheaton, IL: Crossway, 2012.

Sparks, Kenton. *God's Words in Human Words*. Grand Rapids: Baker Academic, 2008.

Proposición 21

La convicción en la autoridad no sólo abarca lo que la Biblia es, sino también lo que hacemos con ella

Como hemos analizado, el concepto de inerrancia ha desempeñado un papel útil cuando los evangélicos han tratado de articular una doctrina coherente y sólida de las Escrituras. Sigue cumpliendo esa función, pero, como era de esperar, sus limitaciones han quedado expuestas al ser puesta a prueba de diversas maneras. Estas limitaciones no exigen que se descarte el término, pero quizás sugieren que no deberíamos darle tanta importancia como hasta ahora y que deberíamos empezar a buscar otras formas de sustituirlo. Aquí ofreceremos una propuesta de este tipo para su consideración.

Aunque el término *inerrancia* describe la naturaleza de las Escrituras, se optó por él por el deseo de afirmar cómo *deberíamos leer* las Escrituras. La lógica era que si Dios se caracteriza por ser fiel y verdadero, entonces su revelación debería considerarse fiel y verdadera, y los lectores de la Biblia deberían adoptarla como la verdad de Dios. Esto tiene sentido, pero, como hemos comprobado a lo largo de las décadas, resolver los detalles no es fácil. Sin embargo, hay que tener en cuenta que el punto central de la inerrancia es la interpretación del texto. Recordemos que el término cobró importancia inicialmente como reacción a la forma en que los académicos críticos leían el texto (mito, leyenda, saga, invención tardía, etc.). Cuando los evangélicos respondían con una declaración afirmando lo que era la Biblia (inerrante), estábamos indicando lo que habíamos aceptado por una combinación de fe y razonamiento teológico. No es de extrañar que quienes no compartían nuestra fe ni afirmaban nuestro razonamiento teológico vieran nuestra afirmación como una invitación a encontrar errores en la Biblia. De este modo se trazaron las líneas de batalla, pero posiblemente no en los mejores lugares. La apologética se convirtió en el centro de atención, en lugar de una declaración de nuestra fe o compromiso. Nuestra mejor formulación doctrinal no debe construirse para convencer a los escépticos, sino para describir verdaderamente nuestras creencias reales.

No estamos ofreciendo otra descripción al estilo apologético de lo que es la Escritura, sino una triple afirmación sobre cómo nos comprometemos a interpretar la Escritura. Esta triple afirmación puede asociarse convenientemente con las tres categorías de los actos de habla, aunque no están vinculadas por esa asociación.

Nuestra propuesta es que seamos lectores *competentes* de las locuciones, lectores *éticos* en la medida en que tratemos de seguir fielmente las ilocuciones y lectores *virtuosos* en lo que respecta a las perlocuciones.[1]

Lectores competentes

Hemos identificado las locuciones como las palabras utilizadas en la comunicación, ya sea oral o escrita. La gama de locuciones incluye, entre otras cosas, la gramática, la sintaxis, las palabras utilizadas, el discurso y el género. Las locuciones que pretenden adquirir un significado para el público deben adaptarse a dicho público si se quiere que la comunicación tenga éxito.

Dado que las locuciones se sitúan en la fuente de la comunicación, debemos tener cuidado de acertar, o el resto del proceso interpretativo se verá comprometido. Cuando se trata de una traducción, los mecanismos del lenguaje deben ser comprendidos adecuadamente por aquellos que son competentes tanto en las lenguas originales como en las lenguas de destino. Si entendemos mal un tiempo verbal, no detectamos una cláusula de propósito, tergiversamos el significado o el matiz de una palabra, o interpretamos un género de forma anacrónica, los efectos de las ondas traerán conclusiones distorsionadas o, más a menudo, simplemente erróneas. La historia de la interpretación bíblica está

---

[1] Somos conscientes de que otros han utilizado algunos de estos mismos términos (por ejemplo, Agustín), pero también señalamos que no los estamos utilizando necesariamente de la misma manera. Para un ejemplo moderno, véase Richard S. Briggs, *The Virtuous Reader* (Grand Rapids: Baker Academic, 2010), aunque aquí también vamos en una dirección algo diferente.

plagada de resultados de tales errores. En estos casos los errores son *nuestros*, no de la Biblia.

Nuestras interpretaciones y conclusiones sobre la enseñanza bíblica siempre llevan la salvedad de que esas deducciones sólo son sólidas si hemos leído las locuciones de forma competente. Así, por ejemplo, cuando hace un siglo se propuso la teoría de la brecha en Génesis 1, gozó de un período de popularidad hasta que los expertos en gramática hebrea señalaron que la teoría se basaba en una comprensión indefendible de la sintaxis de Génesis 1:2. Se sigue discutiendo sobre el matiz de la palabra *yôm* (día) —un error afectará a todos los demás aspectos de la interpretación.

En algunos casos, se ha defendido o atacado la inerrancia de la Biblia cuando en realidad el problema era la competencia del lector. Los escépticos han criticado la inerrancia de las Escrituras señalando que la descripción de la posesión de la tierra por los israelitas difiere entre Jueces 1 y el libro de Josué. Sin embargo, una lectura competente de los géneros representados en estos dos textos ofrece una solución inmediata al presunto problema. Por ejemplo, los intérpretes evangélicos han declarado a menudo que la inerrancia exige que en Josué 10 los cuerpos celestes se detengan, y estos lectores han buscado entonces la afirmación astronómica de su interpretación. Por otra parte, una comprensión del género y del telón de fondo de Josué 10 puede mostrar que no hay que defender tales teorías y que, por tanto, la inerrancia se aplica de forma errónea. No es de extrañar que los críticos se burlen. Disminuimos la autoridad de la Biblia si nos amparamos en la inerrancia por nuestra incompetencia o ignorancia. Los problemas están en el lector, no en el texto. Sea cual sea el medio que elijamos para articular la fiabilidad de las Escrituras, debemos empezar por ser lectores competentes.

Lectores éticos

Esta es la categoría más significativa cuando hablamos de inerrancia. A veces, como ya se ha dicho, los lectores escépticos ridiculizan a los intérpretes evangélicos porque hemos hecho afirmaciones sobre la Biblia que están sesgadas por nuestra incompetencia, pero otras veces los lectores escépticos se dejan llevar por sus propios modelos de lectura del texto. Michael Fox dijo en su comentario sobre Ester: «La voluntad de no tomar el texto al pie de la letra es la esencia de la erudición crítica».² Los eruditos críticos, tanto por esta definición como por su práctica fácilmente observable, no dudan en leer a contrapelo del texto o a través del texto. En sus manos, el texto bíblico se somete a lecturas modernas que desprecian lo que el texto afirma por sí mismo. Los lectores con intereses sesgados de todo tipo aplican sus lentes modernas al texto para exponer en él o extraer de él cualquier cantidad de afirmaciones: los horrores del patriarcado o la esclavitud, la violencia de Dios, las agendas politizadas de los supuestos redactores, la dependencia de los comunicadores de la literatura de sus vecinos y un sinfín de otras variaciones.

Al mismo tiempo, algunos lectores evangélicos se ocupan con demasiada frecuencia de hacer del texto lo que *ellos* quieren que sea. Se convierte en un compendio de ética, en una guía de la voluntad de Dios para la vida del individuo, en un manual para resolver cuestiones sociales o en un caballo de Troya que contiene información científicamente sofisticada con apariencia de antigüedad. Entre sus peores manifestaciones están los intentos de descifrar el «Código de la Biblia» y, al hacerlo, obtener información oculta.

El problema en todos estos casos es que el lector no sigue el camino marcado por las ilocuciones de los comunicadores para llegar al significado previsto. Nuestra creencia sobre la Escritura no permite que el lector reúna la simple locución y luego elija su ilocución independiente para producir un significado privado. Esto es una lectura poco ética, y lo sabemos. Cuando un periodista recorta una cita del discurso de un político y luego le da un significado totalmente diferente al que pretendía el político, calificamos al periodista de inmoral. Cuando tratamos con la Biblia debemos aplicar las mismas limitaciones. Debemos guiarnos por la intención del comunicador humano (que creemos que ha comunicado efectivamente) porque ahí está la autoridad.

No podemos apelar a la intención divina para buscar un significado que supere la intención del comunicador humano. Es cierto que la autoridad última proviene de Dios, pero no tenemos forma de llegar a esa intención divina si no es a través de los comunicadores humanos canónicos (ya sea los asociados a los propios libros canónicos o los que, dentro del canon, ofrecen otras comprensiones). Fue la elección de Dios de transmitir su comunicación a través de la mediación humana, no nuestra decisión. Si Dios tiene otro significado que va más allá de lo que

---

² Michael V. Fox, *Character and Ideology in the Book of Esther* (Columbia: University of South Carolina Press, 1991), pp. 148-49.

pretenden los comunicadores humanos del canon, necesitaríamos otra voz autorizada que nos lo diera —de lo contrario, sería sólo una invención nuestra y no el significado que Dios pretende. Por lo tanto, estamos inextricablemente atados a la intención comunicada por la figura de autoridad y a las extensiones contenidas en el canon, y tenemos el deber como lectores éticos de limitarnos a eso.

Esto significa que si la intención del comunicador es afirmar que se trata de personas y acontecimientos reales en un pasado real, tenemos el deber de leer el texto de esa manera. Si en una generación futura los intérpretes llegan a la conclusión de que en ese texto el comunicador no pretendía tratar de personas reales en un pasado real, no hay problema. Nuestro compromiso es con lo que se pueda determinar como la intención del comunicador humano[3] —ahí es donde la autoridad es conferida por Dios.

Lectores virtuosos

El tercer término descriptivo, *virtuoso*, se refiere a la parte perlocutiva de los actos de habla. La Biblia ofrece un encuentro con Dios, y espera que el lector se transforme como resultado. Si nuestra doctrina de la Escritura no incluye este aspecto, es inadecuada. No bastará con decir que creemos que los hechos registrados ocurrieron realmente si no respondemos con fe y confianza en el Dios que actuó en ellos. La doctrina de la Escritura que proclamamos y abrazamos no tiene sentido si descuidamos al Dios que se revela en ella o no nos convertimos en su pueblo. Nuestra vida virtuosa es la prueba de la vitalidad de nuestra respuesta a Dios.

Cuando hablamos de que la Biblia tiene autoridad, indicamos que la respuesta adecuada es la sumisión. Nos sometemos aceptando la imagen de Dios que presenta la Biblia. Cuando instalamos un nuevo software en nuestros ordenadores, a veces se nos pide que hagamos una «instalación completa» o una «instalación personalizada». Yo siempre hago una instalación completa porque no tengo los conocimientos suficientes para saber qué partes podría dejar de lado con seguridad en una instalación personalizada. Desgraciadamente, algunos lectores de la Biblia, incómodos con algunas partes de la autopresentación de Dios, optan por una «instalación personalizada», aceptando sólo aquellas partes que les

---

[3] Esto no debe confundirse con la «falacia intencional». Aquí tenemos la confianza de que el comunicador ha transmitido con éxito su intención, y por lo tanto podemos comprenderla.

resultan atractivas. El resultado es que crean su propio Dios, probablemente a su propia imagen. Esto no es someterse a la autoridad de las Escrituras. De todos los aspectos de la Escritura que podrían considerarse inerrantes, la imagen de Dios es la primera de la lista.

El papel del Espíritu Santo

La sumisión y la vida virtuosa se logran con la ayuda del Espíritu Santo y, de hecho, cada segmento de los actos de habla involucra al Espíritu Santo, por lo que debemos detenernos a considerar el papel del Espíritu. El Espíritu Santo está involucrado con los comunicadores humanos, con el texto y con el lector, pero tiene papeles específicos en cada uno de ellos que deben ser cuidadosamente identificados. En 2 Pedro 1:20-21 se afirma que los comunicadores humanos fueron «guiados» por el Espíritu Santo. La vaguedad del verbo deja lugar a una variedad de escenarios,[4] pero deja claro que el Espíritu Santo es el comunicador divino que transmite la intención divina a los humanos cuyas intenciones ejecutan esa voluntad. El Espíritu Santo proporciona el impulso convincente para que se transmita la revelación.

El calificativo de *inspiración* se refiere al papel del Espíritu Santo en relación con el texto, como se especifica en 2 Timoteo 3:16. Esto significa que el Espíritu Santo fue determinante para asegurar que lo que terminó en el texto era lo que Dios quería en el texto. En consecuencia, la inspiración indica cómo debemos pensar en la fuente del texto. Por lo tanto, mientras que el papel del Espíritu Santo con el comunicador humano se refiere a la ilocución y al significado del texto, su papel en la inspiración lo identifica como la fuente de las locuciones. El hecho de que estas locuciones tengan una fuente divina no nos da la libertad de atribuir al texto nuestras propias ilocuciones o significados relacionados. Estamos obligados por el papel del Espíritu Santo con el comunicador humano en conexión con el texto resultante. Es apropiado referirse al texto como autoritativo, pero sólo en el sentido de que está conectado con las intenciones del comunicador humano, no es autoritativo de forma independiente. La advertencia a esto ya se ha mencionado: cualquier intención divina que vaya más allá de la intención del

---

[4] Ciertamente, rara vez, o nunca, se trata de un dictado. El papel del Espíritu Santo habría sido a menudo bastante sutil, no reconocido por el instrumento humano e indetectable por cualquier criterio empírico.

comunicador humano tendría que tener la verificación de otra voz autorizada para ser considerada válida.

El tercer papel del Espíritu Santo, y el más complicado y mal interpretado, es el papel con respecto al lector. Sostenemos que es esencial especificar aquí que el papel del Espíritu Santo con el lector no va a rehacer o deshacer el trabajo que ya se hizo en las otras áreas. El significado se generó a través de los comunicadores humanos; no debemos esperar un nuevo significado o incluso que el papel del Espíritu Santo sea el de entregar una comprensión de ese significado. No se dan nuevos significados en privado para el texto (locuciones) que se ha establecido. En cambio, debemos entender que el papel del Espíritu Santo con el lector se refiere a la perlocución.

La perlocución es lo que identifica la respuesta esperada a un acto de habla. Si la ilocución es una orden, la perlocución sería la obediencia. La perlocución se refiere a la conclusión exitosa de los actos de habla. El Espíritu Santo interviene en gran medida en el nivel perlocutivo, ya que nos permite comprender la veracidad del texto, reconocer lo que requiere de nosotros y, a continuación, dar los pasos adecuados para actualizar las intenciones que el Espíritu Santo entregó inicialmente al instrumento humano. De este modo, el Espíritu Santo convence y motiva la transformación. El Espíritu Santo está, pues, involucrado de manera particular en cada segmento de los actos de habla.

Cada uno de estos tres términos —*competente, ético* y *virtuoso*— nos dice qué tipo de lectores debemos ser por lo que creemos que el texto es de forma objetiva. Este enfoque se aleja de la apologética, ya que no hay nada que demostrar, sino una respuesta a lo que creemos. Si nos ponemos de acuerdo entre nosotros para ser este tipo de lectores, lograremos todo lo que la inerrancia logró y más. Estos términos también nos dan la flexibilidad para crecer y aprender a medida que seguimos entendiendo cómo Dios se reveló a través de los comunicadores humanos.

Verdad y autoridad

Christian Smith, en un libro titulado *The Bible Made Impossible*, ha criticado la forma en que los evangélicos han utilizado las Escrituras, lo que creen que es la Biblia y cómo han aplicado la inerrancia.[5] Aunque

---

[5] Christian Smith, *The Bible Made Impossible: Why Biblicism Is Not a Truly Evangelical Reading of Scripture* (Grand Rapids: Brazos, 2012).

no estamos de acuerdo con muchos de los puntos que expone, creemos que tiene razón al sostener que sí hay un problema. Somos lectores mal informados cuando utilizamos la Biblia para fines que exceden sus intenciones. Recuerde que la autoridad del texto está intrínsecamente ligada a las ilocuciones y significados de los comunicadores humanos dentro del canon. Smith adopta el término *Biblicismo* para abarcar una amplia variedad de abusos de la Biblia.

Ya hemos señalado que la respuesta adecuada a la Biblia es una vida virtuosa —pero eso no significa que se pueda considerar que la Biblia proporciona una solución a todos los dilemas éticos. Hemos sugerido que la Biblia nos da una imagen precisa de Dios, pero eso no significa que contenga información suficiente para resolver todas las disputas doctrinales. Creemos que la Biblia es relevante para nosotros hoy, pero eso no significa que hable directamente de todas las cuestiones sociales que nos rodean en la cultura contemporánea. Afirmamos que Dios quiere que caminemos por la vida como su pueblo llevando a cabo su misión y sirviendo a su reino, pero eso no significa que debamos esperar que la Biblia nos dé una orientación específica sobre cuál es su voluntad para las decisiones que afrontamos en la vida, grandes o pequeñas.

Cuando presionamos a la Biblia en tareas que no son de su competencia, estamos violando su autoridad al tratar de extraer una palabra de Dios y presentar nuestra conclusión como la Palabra de Dios, cuando en realidad no ha dicho tal cosa. Si hacemos esto, no sólo estamos equivocados, sino que también somos culpables de violar el tercer mandamiento, pues tomamos el nombre del Señor en vano cuando afirmamos su autoridad para algo que sólo es nuestra propia idea o convicción.

Cuando hablamos de que la Biblia nos conduce a la verdad, no estamos afirmando que toda verdad esté disponible a través de la Biblia. Cuando decimos que toda verdad es verdad de Dios, no estamos afirmando que toda la verdad esté en su revelación de sí mismo, sino que lo que él revela es verdadero. Cuando hablamos de que la Biblia es verdadera, no estamos afirmando que cualquier interpretación que se caracterice por la verdad pueda ser identificada como interpretación legítima.

Una forma de trazar importantes líneas de demarcación es reconocer la diferencia entre verdad y autoridad. Todo lo que identificamos como procedente de la autoridad de la Biblia es verdadero. Pero no todo lo que es verdadero viene con la autoridad de la Biblia. Si vemos la verdad y la autoridad como círculos concéntricos, la autoridad debe ser representada como un círculo más pequeño dentro del círculo de la verdad (véase figura 21.1).

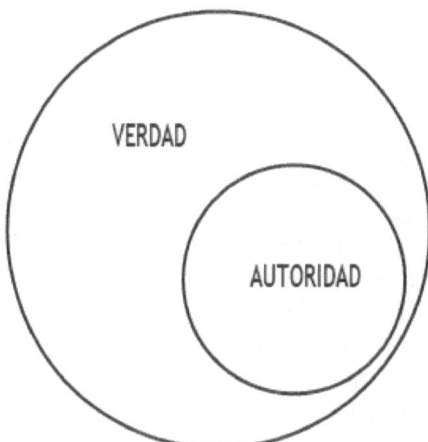

Figura 21.1. Verdad y autoridad

No podemos contentarnos con buscar la verdad en las Escrituras; nuestra búsqueda es la de aquello que tiene autoridad. Puede ser cierto que Ester fue valiente y que Nehemías fue un líder exitoso. Pero yo sostendría que la autoridad de la Biblia no es enseñar que debemos ser valientes o que los principios de liderazgo de Nehemías están respaldados como el «modelo bíblico». Las Escrituras contienen todo tipo de incidencias que no tienen autoridad, aunque sean ciertas. Del mismo modo, cuando interpretamos las Escrituras, podemos extraer ideas de un pasaje que consideramos verdaderas, pero eso no significa que el comunicador humano tuviera la intención de transmitir ese significado. Si no era su intención, esa idea no tiene autoridad. La comunicación divina llegó a través de un comunicador humano y, como hemos dicho, nuestro único acceso a esa comunicación divina es a través del significado que pretendían los comunicadores humanos en el canon. Si nuestras ideas interpretativas se salen de ese círculo, pueden ser verdaderas, pero no vienen con la autoridad del texto.

Razonando a partir de este principio, podemos concluir ahora que muchas de las cosas que intentamos hacer con la Escritura se desvían de su intención y, por tanto, de su autoridad. Extraer inferencias o incidencias sobre la ética, la voluntad de Dios para nuestras vidas, las controversias doctrinales o las cuestiones sociales puede llevarnos a conclusiones que podríamos considerar generalmente bíblicas, pero calificarlas como «autoritarias» requiere un estándar más alto y criterios más estrictos en nuestra metodología. No podemos invocar la autoridad bíblica en general o la inerrancia en particular para apoyar cualquier conclusión que saquemos que no pueda ser sustanciada como parte de la intención de un comunicador humano autorizado, o seremos culpables de atribuirnos esa misma autoridad.

Por lo tanto, nuestras interpretaciones, que pretenden representar el mensaje autorizado de la Biblia de forma fiable, deben estar fundamentadas en las pruebas del texto. Incluso sería cuestionable extender la enseñanza de un texto a otro si el comunicador humano del segundo no tenía esa intención. Por ejemplo, se violaría la autoridad si dijéramos simplemente: «Sabemos por una variedad de Escrituras que Dios afirma la santidad del matrimonio; por lo tanto, podemos interpretar que el Cantar de los Cantares trata de la santidad del matrimonio». Aunque no aceptemos que una parte de las Escrituras contradiga a otra, no podemos leer el significado de un texto en otro en el que no estaba previsto. Esta última estrategia socava la autoridad del texto. Una perspectiva canónica puede aumentar el significado del comunicador humano original, pero no puede anular la autoridad conferida a ese comunicador humano.

Conclusiones Fieles Para Lectores Virtuosos

A lo largo de este libro hemos puesto en discusión la información emergente sobre la producción literaria en el mundo antiguo con la autoridad bíblica y, particularmente, con la inerrancia. Lo que estamos aprendiendo sobre la cultura literaria de la antigüedad necesariamente tiene un efecto sobre la manera en que formulamos una doctrina de la autoridad. Aunque las formulaciones anteriores eran bien intencionadas y útiles, no tenían la accesibilidad al creciente cuerpo de pruebas del mundo antiguo.

Nuestro compromiso ha sido trazar un curso a través de los conocimientos cruciales recopilados de la cultura literaria antigua hacia una reformulación de la autoridad bíblica, y al hacerlo, fortalecer la comprensión doctrinal y el compromiso de los evangélicos. En el proceso hemos identificado una serie de elementos que han sido tradicionalmente asociados con la autoridad bíblica y que pueden ser vistos como inconsistentes con el perfil emergente de la producción literaria. En algunos casos, las conclusiones que antes se consideraban inaceptables pueden verse ahora como menos controversiales y más fácilmente integradas en una formulación firmemente evangélica de la inerrancia y, más ampliamente, de la autoridad bíblica. En otros casos, algunas conclusiones que habíamos sostenido pueden verse ahora como basadas en ideas anacrónicas o en percepciones infundadas sobre el mundo antiguo.

En conclusión, nos gustaría ofrecer una breve lista de lo que proponemos que es seguro creer dentro de una doctrina sólida de la autoridad bíblica. Pero si hay cosas seguras para creer, también hay cosas que no son seguras. Así que también enumeraremos una serie de elementos que consideramos contrarios a la autoridad bíblica. Por último, plantearemos cuestiones sobre las que todavía estamos reflexionando. Ciertamente, no pretendemos proponer demasiado en estas conclusiones ni pensar más en lo que hemos logrado de lo que deberíamos. Queremos ser lectores virtuosos y que nuestras conclusiones sean fieles. Nos complacerá que estas reflexiones finales se conviertan en temas de conversación y en un estímulo para seguir investigando y reflexionando.

Sin embargo, antes de continuar, nos gustaría hacer una observación importante. Somos conscientes de que siempre es tentador para los lectores saltar al capítulo final de un libro y averiguar cómo termina la historia. Pero hay riesgos al hacerlo, especialmente en un tema como la autoridad bíblica. Muchos evangélicos han desarrollado puntos de vista muy sólidos y prácticamente se atreven a desafiar esos puntos de vista. Si ese es el caso, la introducción de nuevas evidencias y puntos de vista en la discusión puede ser tan inoportuna como el informe de un oncólogo.

Así que si usted lee estas conclusiones antes de considerar las pruebas presentadas a lo largo de este libro, comprenda que la incredulidad, y las reacciones viscerales, pueden ser casi inevitables. Por el contrario, si sigue el camino que hemos recorrido a través de las pruebas, creemos que encontrará que nuestras ideas y conclusiones son dignas de consideración y debate.

Es seguro creer

Es seguro creer que la forma en que Dios se comunicó con los humanos es más compleja de lo que hemos estado acostumbrados a pensar. Pensamos con demasiada facilidad en términos modernos en un autor que se sentó y escribió un manuscrito, el cual posteriormente fue publicado como un libro (como autores, desearíamos que fuera así de simple). Al pensar en cómo se escribió la Biblia, muchos cristianos modificaron la noción simplista de autoría sólo ligeramente para incluir el Espíritu de Dios revelando las palabras específicas que un autor escribió. Pero este modelo es ajeno al mundo antiguo (y en realidad, a la mayor parte de la producción de libros en el mundo occidental moderno); no debería servir como premisa para una formulación de la autoridad bíblica. El proceso era mucho más rico y sofisticado. El hecho de que Dios haya confiado aspectos significativos de su revelación de la verdad divina al cuidado de los seres humanos es una bendición; él cree en nosotros y se complace en trabajar en y a través de nosotros.

Paradójicamente, Jesús dijo que haríamos obras aún más grandes que él mismo (Jn. 14:12).

Es seguro creer que el Antiguo Testamento y el Nuevo Testamento se situaron firmemente en el entorno cognitivo del mundo antiguo. El hecho de que los israelitas pensaban y vivían de forma similar a la gente de su entorno, y que los primeros cristianos también lo hacían, es algo evidente en el texto y lógicamente fechado por el hombre. Pero también podemos afirmar que no supone un problema teológico admitirlo, aunque cada vez se reconozcan más aspectos de ese entorno cognitivo antiguo como contrarios al pensamiento occidental moderno. En el pasado, la reticencia a aceptar esta premisa se basaba en parte en la creencia de que la Escritura tiene que ser única. Algunos pensaban que si la literatura bíblica se consideraba similar a la del mundo antiguo, se clasificaría como un lugar común: otra literatura parroquial del pasado lejano con mitos y agendas políticas. Afortunadamente, esa conclusión no es el resultado necesario de ver la literatura de la Biblia como anclada en su mundo. Más bien, Dios utilizaba lo que le era familiar para comunicarse a sí mismo y a su naturaleza. Esto hace que la Biblia sea una comunicación eficaz, no una literatura derivada contaminada.

Algunos han sostenido también que si la Biblia debe considerarse como revelación, su información debe ser nueva. Esto debe matizarse. Esperamos que algo de ella sea nuevo, pero no *todos* los aspectos tienen por qué serlo. Dios no inventó una nueva lengua para dar su revelación, ni creó una nueva cultura ajena a todo lo demás. Sostener que la Biblia es la revelación de Dios no requiere que creamos que todo en ella es nuevo. Nuestra doctrina de las Escrituras está bien servida para entender que Dios dio alguna información nueva, pero a menudo una nueva perspectiva sobre lo que era común en el mundo antiguo. El concepto de revelación divina no se ve perjudicado por la idea de que la revelación y los receptores de esa revelación estaban arraigados en el mundo antiguo.

Es seguro creer que Dios reveló la verdad oralmente. Las afirmaciones de la autoridad bíblica se centran en la voz divina como fuente de la revelación. El Antiguo Testamento registra con frecuencia que Dios habló a Moisés, a los profetas y a otros. Jesús y Pablo dijeron que predicaban las palabras de Dios. El libro de los Hebreos enfatiza que Dios habla a través de los profetas y de su Hijo. Aunque los textos eran orales, al ser Dios la fuente eran plenamente autoritativos. En sentido estricto, la Escritura no afirma que Dios haya inspirado el acto de registrar su verdad por escrito (pero véase Ap. 1:19; 2:1; 14:13; 21:5). Pablo, mirando hacia atrás en el Antiguo Testamento, afirmó que el texto escrito fue inspirado, pero eso es diferente de decir que Dios inspiró específicamente y sólo cuando los autores escribieron. La cuestión es que las formas escritas fueron inspiradas porque los textos orales tenían autoridad y porque los textos escritos representaban de forma fiable las verdades expuestas en los textos orales. Tal vez Dios no guiaba la pluma de los autores mientras escribían en mayor medida de lo que guiaba los labios de los oradores cuando hablaban.

No estamos sugiriendo que el término *inspiración* se aplique ampliamente a las personas inspiradas o a un proceso inspirado, sólo que los textos orales fueron la etapa inicial de la revelación. Los textos escritos se reconocían como inspirados, pero no porque poner algo por escrito lo hiciera mejor. Al menos para los cristianos del primer siglo, es probable que los textos escritos fueran percibidos inicialmente como una etapa más en el proceso de transmisión de la verdad autorizada, no como una culminación final, autorizada de una vez por todas, de las etapas orales. (Los textos orales siguieron prefiriéndose hasta el siglo II.) Reconocemos que finalmente hubo tal culminación en forma escrita, pero cuándo y cómo se produjo ese desarrollo está fuera del alcance de este libro.

No creemos que lo que decimos aquí elimine algo de la autoridad de la Biblia ni le quite algo a su inspiración. Pero sí ofrece una explicación más precisa de cómo Dios decidió revelarse.

Es seguro creer que la Escritura está inspirada verbalmente. Afirmamos que la Escritura es producto de la inspiración verbal. Dios habló con palabras, no con simples ideas. Aunque las ideas eran inherentes a la revelación, en la medida en que las palabras humanas podían comunicar los pensamientos divinos, esas ideas se expresaban en las categorías y la terminología de los hebreos y los griegos. Las comunidades de fe validaron las palabras recibidas, y son esas palabras validadas las que afirmamos como inspiradas.

La verdad divina se reveló en la palabra y en la acción. La fuente fue Dios, no los seres humanos; no podrían haber llegado a esto por su cuenta. Jesús mismo fue y es la quintaesencia de la revelación divina, la personificación de la comunicación del Padre en forma humana. Paradójicamente, Dios dio poder a los humanos como participantes vitales en su revelación de la verdad. El resto de la humanidad depende de que esos participantes sean oyentes fieles, comunicadores fieles, preservadores fieles y escribas fieles. Y hasta el día de hoy, la mayor parte de la humanidad depende también de traductores, intérpretes, maestros y predicadores fieles.

Además, la Escritura es producto de la inspiración. Dios es la fuente de toda la Escritura. Dado que Dios la inspiró en su totalidad, es la fuente incluso de las variantes de redacción, ya sea entre el Salmo 18 y 2 Samuel 22, entre las formas largas y cortas de Jeremías, o entre los Evangelios.

Es seguro creer que Dios facultó a sus fieles seguidores para que transmitieran los textos orales de la verdad divina. Dios pronunció textos orales, los confió a seguidores fieles y comisionó a éstos que los transmitieran a otros. Ya sea con los profetas del Antiguo Testamento predicando lo que Dios les había dicho, o con los discípulos de Jesús proclamando lo que éste había enseñado, la transmisión oral fue el medio inicial de los siervos de Dios para comunicar la verdad a otros. Como Dios no especificó otra cosa, los seguidores se adhirieron a las costumbres de su cultura literaria y de los escribas al transmitir la revelación de Dios. Al parecer, los medios de transmisión orales eran totalmente adecuados, al igual que los medios escritos y los impresos, pero ninguno de los tres ha demostrado ser perfecto. Ni siquiera las tablas de piedra con los Diez Mandamientos grabados por el dedo de Dios se conservaron.

Es seguro creer que la verdad inspirada fue comunicada y preservada sin necesidad de una redacción exacta. Por muchas razones, las palabras que encontramos en las versiones modernas de la Biblia no coinciden palabra por palabra con lo que dijeron las personas en la Biblia. Los discursos, por ejemplo, fueron reconstruidos a posteriori. En cuanto al Nuevo Testamento, Jesús habló en arameo. Sin embargo, se puede creer que la verdadera esencia de sus palabras fue recordada y transmitida en las comunidades cristianas durante varias décadas. En diversos momentos, lo que Jesús dijo en arameo se tradujo al griego (pero con un par de excepciones; véase Mc. 15:34). Finalmente, los escribas/evangelistas registraron las palabras en manuscritos, que se convertirían en los Evangelios.

Pero las variantes entre los Evangelios dan testimonio de diferentes tradiciones sobre detalles específicos y la redacción concreta de las cosas que Jesús dijo e hizo. Además, cuando los escribas hicieron copias de los manuscritos de los libros del Nuevo Testamento para que más comunidades tuvieran acceso a ellos, la evidencia sugiere que no hicieron duplicados exactos. Con el tiempo, la Biblia se tradujo a las lenguas modernas. Sin embargo, a través de todos los giros del proceso de transmisión, se conservaron representaciones fiables y veraces de lo que Jesús dijo e hizo. Los Evangelios demuestran que las mismas verdades podían transmitirse incluso con ligeras variaciones. Del mismo modo, los manuscritos transmitieron fielmente la verdad incluso con ligeras variaciones. Es esencial señalar que las variantes entre los Evangelios y en los manuscritos no quitan nada a la autoridad del texto bíblico.

Es seguro creer que Dios actúa a menudo a través de procesos que podríamos calificar como «naturales» y que, por tanto, cuando se puede ofrecer una explicación «natural» no se excluye a Dios. En el mundo antiguo todo efecto tenía una causa divina. No existía la categoría «natural». Hoy en día, algunos pueden creer que cuando la ciencia identifica un proceso natural de causa y efecto, Dios puede ser eliminado. Pero la ciencia no puede probar ni refutar la participación de Dios. La ciencia no está construida actualmente para penetrar en el ámbito metafísico. En consecuencia, la ciencia no es una amenaza para las afirmaciones o creencias teológicas sobre el actuar de Dios en el mundo (pasado o presente). Otra forma de decir esto es que no tenemos por qué creer que cada acto de Dios en este mundo deba considerarse una intervención o un milagro. Ciertamente, Dios puede actuar y actuó de maneras que desafían las leyes naturales. Pero a menudo elige actuar a través de esas leyes naturales. De hecho, las leyes naturales deben ser definidas así sólo porque son consistentes y regulares, no porque ocurran aparte de Dios. Así, la inspiración puede ser más sobrenatural en algunos casos y más natural en otros, aunque el resultado final sea el mismo. Moisés, por ejemplo, recibió la revelación divina de forma muy sobrenatural. Las cartas de Pablo, en cambio, pueden explicarse de forma más natural, lo que significa que expresaba libremente sus pensamientos, mientras que la superintendencia divina garantizaba que expresara simultáneamente la verdad de Dios con palabras humanas. Esto puede denominarse inspiración concursiva.

Es seguro creer que el Espíritu Santo supervisó el proceso de preservación de la verdad divina. Los procesos humanos naturales de transmisión de la verdad no se dejaron al capricho y la voluntad de agentes imperfectos o poco ortodoxos. La revelación de la verdad de Dios estaba bajo su mano. Jesús dijo que el Espíritu Santo guiaría a los verdaderos seguidores hacia la verdad, y aceptamos el hecho de que lo hizo. Sin embargo, reconocemos que creer en este ministerio del Espíritu Santo es un ejercicio de fe. Sería imposible demostrarlo científicamente. Pero, al igual que la promesa de Cristo de construir su iglesia a pesar de las probabilidades en contra, Jesús prometió que el Espíritu Santo guiaría a los seguidores fieles a la verdad a pesar de las imperfecciones humanas.

Es seguro creer que una vez que la revelación divina se inscribió por escrito, las versiones escritas no sustituyeron a las orales. En una sociedad en la que predominaba la transmisión auditiva, tanto los textos orales como los escritos podían tener autoridad en la medida en que se transmitieran fielmente. Las personas que sólo tenían acceso a los textos orales no se consideraban en desventaja; a la inversa, las pocas personas del mundo antiguo que tenían fácil acceso a los textos escritos no se consideraban en ventaja. Esto es totalmente contrario a la intuición de quienes suponemos que las formas impresas de la Biblia tienen ventajas significativas. Pero en la cultura antigua, la verdad simplemente no necesitaba ser registrada en forma escrita para tener el efecto deseado y ser autorizada.

Es seguro creer que la autoridad detrás de un libro es más importante que identificar a alguien como el autor único o directo. En lo que respecta al Antiguo Testamento, durante mucho tiempo se ha creído que el concepto de autoría proporcionaba una base para afirmar que los profetas eran responsables del material de los libros canónicos que se asocian a ellos (véase también Moisés). Sin embargo, en la cultura literaria antigua, una obra escrita no se consideraba necesariamente autorizada. Teniendo en cuenta lo que hemos ido descubriendo sobre el carácter auditivo de la sociedad antigua y el hecho de que los conceptos de «autores» y «libros» eran en gran medida desconocidos, o menos significativos, podemos reformular nuestro compromiso en términos de las afirmaciones que se hacen en realidad: que la comunicación de ciertas figuras de autoridad está representada de forma fidedigna en los libros canónicos asociados a ellas. La autoridad bíblica se asoció primero a la figura de autoridad que generó la comunicación (cuando así fue), y luego, finalmente, a la comunidad o comunidades que canonizaron el Antiguo Testamento y que acabaron reconociendo la autoridad de la obra literaria compuesta. La referencia a estas figuras de autoridad dentro de un libro o de los libros subsiguientes de la Biblia no pretendía identificarlos como autores, y por lo tanto nuestra formulación de la autoridad bíblica no tiene por qué basarse en esa premisa.

En lo que respecta al Nuevo Testamento, como los textos orales eran las palabras de Dios —de labios de Jesús o de seguidores fieles que hablaban en nombre de Dios— se les reconocía como autoridad. Aunque la transición a los textos escritos no se aborda en el Nuevo Testamento, podemos deducir que las comunidades cristianas habrían reconocido que las formas escritas tenían la misma autoridad.

Es seguro creer que la existencia de un escrito original no siempre es posible ni necesaria. Una vez que nos demos cuenta de que los conceptos de autores y libros se cargan fácilmente de anacronismo, encontraremos que la idea de «escritos originales» disminuye su importancia. Si la revelación divina se dio primero en forma oral, y si esa revelación se transmitió oralmente, y si las formas escritas de la revelación se archivaron en documentos y posteriormente se combinaron en obras literarias por varias personas, entonces un escrito original es un punto discutible. El hecho de que diversos libros canónicos tuvieran o no un único escrito original se convierte en una discusión académica, no teológica, si el concepto no está ligado a la autoridad.

Es seguro creer que algún material posterior podría ser añadido y que los editores posteriores podrían tener un papel en la historia de la composición de un libro canónico. En el pasado, la actividad de los editores o escribas que insertaban material adicional en los textos en el proceso de composición se consideraba problemática, porque dicha actividad no podía conectarse con la figura de autoridad (antes considerada el autor) y suponía una desviación del concepto de escritos originales. En otras palabras, cualquier actividad sustantiva de los interlocutores (escribas o editores) socavaría la posibilidad de la autoridad de un texto. Pero si se acepta la información ofrecida a lo largo de este libro, entonces el libro canónico no hace las afirmaciones que pensamos, y las afirmaciones que hace no se ven socavadas por la posibilidad de tales interlocutores. Como los textos orales se transmitían de una generación a otra, la redacción y los detalles variaban dentro de un grado de variación aceptado por las comunidades que transmitían los textos. En lo que respecta al Antiguo Testamento, los traductores y escribas transmitieron textos con variantes incorporadas. Sin embargo, estos textos orales y escritos eran aceptados como autorizados, como lo demuestra el hecho de que Jesús y los autores del Nuevo Testamento los citaran. La autoridad existía entonces en la combinación intercalada de la figura de autoridad inicial o tradición y las valoraciones de la comunidad canonizadora que aceptaba la comunicación como procedente de Dios.

Asimismo, cuando Pablo afirmó en 2 Timoteo 3:16 que la Escritura (*graphē*) era inspirada, centró la atención en los textos escritos que se habían transmitido en el primer siglo. Con la diversidad de variantes que se habían acumulado en la transmisión de los textos a lo largo de los siglos, los textos podían seguir siendo aceptados como inspirados. El concepto de autoridad abarcaba, por tanto, todas las partes y pasos que condujeron a los textos recibidos a los que se refiere Pablo.

La autoridad se aplica a la representación fidedigna de las intenciones de los comunicadores en cada etapa del proceso. Tanto si nos referimos a los redactores reconocidos desde hacía tiempo (los que recopilaron las fuentes de Crónicas o los Salmos) como a los que posteriormente pudieron participar en la composición de los documentos y tradiciones orales en textos, la autoridad residente en el producto escrito, que iba a ser canónico, se extiende a su trabajo. La autoridad se localiza inicialmente en una figura de autoridad o en una tradición autorizada y, en última instancia, en el producto canónico, por lo que la comunidad de fe la extiende a todos los pasos intermedios. Se inicia y se fundamenta en Dios Espíritu Santo y se lleva a cabo hasta su culminación. Una vez más, la inserción de material adicional se convierte en una mera discusión académica, no en una discusión teológica que afecte a nuestra comprensión de la autoridad.

Es seguro creer que podría haber textos duplicados con variación. Es interesante que los evangélicos hayan tenido poco problema con las variantes entre ciertos tipos de textos. En lo que respecta al Antiguo Testamento, hay salmos que son en gran medida duplicados y que, sin embargo, dicen cosas diferentes (e.g., 2 Sam. 22 y Sal. 18; Sal. 14 y Sal. 53). No debería ser más problemático si las leyes duplican situaciones pero van en direcciones diferentes, ya que la ilocución canónica no es legislativa. Del mismo modo, las narraciones duplicadas con detalles diferentes no deberían considerarse contradictorias, y una de ellas, errónea. Los Reyes y las Crónicas tienen cada uno sus propias convenciones y han utilizado los datos de acuerdo con esas convenciones. Es posible que hayan configurado sus locuciones de forma diferente (dentro del rango de uso aceptable de las convenciones), ya que los redactores eligieron qué verdades destacar para lograr sus objetivos ilocutivos.

En el pasado, algunos han considerado problemáticos los duplicados porque no se podían obedecer dos leyes que dieran instrucciones diferentes, ni se podían aceptar dos narraciones con detalles diferentes porque una de ellas no podía considerarse inerrante. En nuestra propuesta, las diferencias deben considerarse a la luz de las convenciones, la perspectiva, la flexibilidad del género literario y las ilocuciones previstas.

En lo que respecta al Nuevo Testamento, los Evangelios nunca pretendieron ser textos duplicados en sí mismos, pero proporcionan relatos de los mismos acontecimientos, a menudo desde perspectivas diferentes, con una redacción distinta y, a veces, con detalles diferentes. Para algunos cristianos es necesario encontrar formas de armonizar las diferencias para que, desde los estándares históricos occidentales modernos, las diferencias desaparezcan. Pero eso es etnocéntrico —o, más exactamente, cultural. Hay buenas explicaciones de cómo se produjeron las diferencias a medida que se transmitían los textos orales y se formaban los escritos, y en la mente de los evangelistas las diferencias no falsificaban la veracidad de sus textos. (Podríamos añadir a esta discusión los tres relatos de la conversión de Pablo dentro del libro de los Hechos que tienen detalles diferentes, lo cual es aún más destacable si Lucas fue el autor de todo el libro).

Es seguro creer que la ciencia del Viejo Mundo impregna el Antiguo Testamento. Como se ha analizado en la proposición 4, la referencia al mundo material y a la geografía cósmica siempre refleja lo que se conocía en el mundo antiguo. La revocación de Dios no contiene ninguna información en esas áreas que sea una sorpresa para Israel o que diferencie su pensamiento del resto del mundo antiguo. En el pasado, algunos han considerado que si la Biblia ofrecía una imagen del mundo material que ahora se considera patentemente falsa (e.g., la tierra plana, el cosmos geocéntrico, las aguas de arriba), su autoridad estaría en peligro. De hecho, eso no es problemático una vez que reconocemos que la ciencia del viejo mundo es simplemente parte de la locución y, como tal, no está investida de autoridad. Es decir, en las intenciones ilocucionarias de la comunicación, Dios no estaba revelando la geografía cósmica, la fisiología o la meteorología. Nuestra doctrina se ciñe a lo que afirma el texto —es decir, recorremos el camino de la ilocución, no cada detalle de las locuciones que sirven de marco a la comunicación efectiva en el contexto.

Es seguro creer que la inspiración de los textos escritos del Nuevo Testamento es una inferencia basada en la inspiración del Antiguo Testamento. El depósito revelador de la verdad en el Antiguo Testamento, que fue aceptado como autoridad por Jesús y los apóstoles y afirmado por Pablo y Pedro como inspirado, probablemente se convirtió en un precedente para el Nuevo Testamento. A las palabras y acciones de Jesús se les concedió la misma autoridad que a las formas escritas del Antiguo Testamento. Y Jesús transmitió su autoridad a sus seguidores, prometiendo que el Espíritu Santo les guiaría a la verdad y hablaría a través de ellos, concediéndoles aparentemente la misma autoridad que él tenía. Dado que el Antiguo Testamento fue primero un texto oral, y que después de los textos orales se reconocieron formas escritas de larga duración como inspiradas, podemos inferir que los textos escritos del Nuevo Testamento serían reconocidos a su debido tiempo como inspirados. No es de extrañar que una parte del plan de Dios para comunicarse con los seres humanos consista en facultarnos para pensar, hablar y actuar en su nombre. Tanto si se trata de la Trinidad como del canon o de la inspiración del Nuevo Testamento, las inferencias prudentes y la inducción teológica cuidadosa son esenciales para la fe cristiana.

Es seguro creer que las convenciones para relatar los acontecimientos en la Biblia difieren de nuestras convenciones contemporáneas para escribir la historia. Tenemos que interpretar las narraciones de la Biblia como literatura antes de poder utilizarlas como historia. Una narración tiene un principio, una parte central y un final; la historia no. Quien narra los acontecimientos debe elegir qué detalles incluir y cuáles omitir. El narrador también debe elegir una perspectiva del acontecimiento e inevitablemente elegirá una que se adapte a sus propósitos. Estas elecciones dan forma a la narración, y alguien que observe desde fuera siempre podrá criticar las elecciones del narrador. La omisión no debe confundirse con el error (e.g., la ausencia del incidente de Betsabé en las Crónicas). Nuestra doctrina de la autoridad no puede construirse evaluando la literatura narrativa según nuestras convenciones modernas. La autoridad recae en el narrador, y validamos por fe sus perspectivas y su selección. Una vez más, encontramos seguridad en atender a la ilocución en lugar de centrarnos demasiado en la locución. Se trata de una literatura que dice la verdad, y tenemos que discernir la verdad que el narrador cuenta, aunque sus métodos y convenciones difieran de los nuestros.

Es seguro creer que la Biblia puede utilizar los números retóricamente dentro del rango de las convenciones del mundo antiguo. Esto es un corolario del último punto. Tenemos reglas bastante específicas sobre el uso de los valores numéricos y lo que transmiten en el lenguaje moderno. No podemos suponer que todas las culturas compartan esas mismas convenciones. Por tanto, nos resulta difícil afirmar que los números de los textos antiguos son falsos o inexactos. Podemos llegar a la conclusión de que son exageradas o incluso de que se dan cantidades contradictorias en fuentes que informan del mismo acontecimiento. Estas pueden ser inexactitudes o contradicciones según nuestras convenciones, pero eso no significa que pongan en peligro la inerrancia. De nuevo, una cantidad numérica es una locución. La autoridad está ligada a la locución y a lo que el narrador hace con esos números. No importa lo que hace, lo hace dentro de las convenciones aceptadas de su mundo. Los ejemplos antropológicos confirman fácilmente que los números pueden tener a menudo un valor retórico más que servir simplemente como cuantificación.

Es seguro creer que las profecías del Antiguo Testamento y las identificaciones del cumplimiento del Nuevo Testamento no tienen por qué coincidir. En el pasado, algunos han creído que si un autor del Nuevo Testamento identificaba un cumplimiento, sobre todo con referencia a Cristo, y parecía no tener nada que ver con lo que decía el profeta del Antiguo Testamento, entonces estaríamos ante un error. Esto deja de ser un problema cuando reconocemos que los comunicadores del Nuevo Testamento no intentaban expresar la ilocución del profeta del Antiguo Testamento. Como se sugiere en la proposición 16, el profeta del Antiguo Testamento tenía su propia ilocución que era entendida por su audiencia y que tenía autoridad. El Nuevo Testamento utiliza la locución del profeta pero ofrece una nueva ilocución (identificación del cumplimiento). Ambas ilocuciones tienen autoridad, pero no se ofrecen como las mismas ilocuciones. Podemos aceptar su autoridad sin tener la obligación de conciliarlas.

No es seguro creer

No es seguro creer que la Biblia es como cualquier otro libro. Aunque la composición literaria de los libros de la Biblia no difiera de la de otros documentos y literatura del mundo antiguo y clásico, el ingrediente de valor añadido es la autorrevelación de Dios y la obra del Espíritu Santo. La cualidad distintiva que no tiene comparación con otra literatura es que la Biblia es la verdad divina. El reconocimiento del lenguaje familiar, los géneros, el entorno cultural, el crecimiento literario y la transmisión no socava el estatus único de la Biblia como revelación autorizada de Dios.

No es seguro creer que la inerrancia queda falseada por la oralidad de la Escritura. En realidad, esta afirmación puede ser verdadera o falsa dependiendo de cómo se defina la inerrancia. El objetivo de este libro no es deconstruir la inerrancia, sino situarla sobre una base más segura dando cuenta cuidadosamente de la cosmovisión del mundo bíblico, que es diferente de la cosmovisión de la cultura occidental moderna. Si los cristianos conciben la inerrancia desde el punto de vista de la cultura impresa y esperan una redacción sacrosanta para la transmisión de la verdad, entonces pueden concluir con razón que la comprensión de la oralidad amenaza la inerrancia. Lo que hay que hacer es reconocer que la inerrancia debe ser redefinida a la luz de la cultura literaria de la Biblia. Esperemos que este libro sea un paso en la dirección correcta.

No es seguro creer que el Antiguo Testamento es una mitología derivada del mundo antiguo. Es evidente que los israelitas compartían el entorno cognitivo general del mundo antiguo, y es probable que conocieran muchas de las tradiciones del mundo antiguo (aunque las pruebas directas de esto último son escasas). Estas dos premisas no llevan a la conclusión de que los israelitas tomaran prestada la literatura del mundo antiguo y la adaptaran a sus necesidades. Además, cualquier coincidencia que pueda haber entre las tradiciones israelitas y las conocidas del mundo antiguo se produjo principalmente a nivel de locución. Las similitudes tienden a pertenecer al entorno cognitivo en general más que a piezas específicas de la literatura. A nivel ilocutivo podemos decir que las tradiciones de los primeros capítulos del Génesis, por ejemplo, sirvieron a los israelitas para ofrecer un relato de Dios y sus caminos y para transmitir sus creencias más profundas sobre cómo funciona el mundo, quiénes son y cómo empezó todo. Estas son las mismas preguntas que abordan las tradiciones mitológicas del mundo antiguo, pero las respuestas que se dan son muy diferentes.

No es seguro creer que todo lo que encontramos en la Biblia pueda explicarse en términos naturales. Toda causa y efecto en la perspectiva del mundo antiguo es, en última instancia, personal (Dios o los seres humanos). En consecuencia, la Biblia no vacila en identificar la actividad divina detrás de sucesos inusuales o significativos, y no debemos dudar de la participación de Dios. Al mismo tiempo, reconocer el papel de Dios no significa que no se pueda identificar la participación humana. Una explicación natural tampoco excluye el papel de Dios, porque él está involucrado en todo lo que ocurre, ya sea que los resultados sean comunes con un tiempo inusual o muy inusuales, desafiando una explicación fácil. Aunque el mundo que Dios ha creado es coherente y su obra se caracteriza normalmente por esa coherencia, es libre de actuar de otras maneras. Sin embargo, la afirmación bíblica de que algo es un acto de Dios no significa siempre o necesariamente que no se pueda investigar o proponer un papel humano. Ni la inerrancia ni la autoridad exigen que se entienda que un acto atribuido a Dios no tiene ninguna explicación natural posible.

No es seguro creer que las personas y los acontecimientos descritos en la narrativa sobre el pasado real sean ficticios o construcciones literarias. La cuestión significativa aquí es lo que pretendía el comunicador bíblico en su trayectoria ilocutiva. ¿Se presenta a David y Goliat como personas reales en un pasado real que participaron en un acontecimiento real? ¿Lo fueron Ester y Mardoqueo? ¿Abraham y José? ¿Noé y Nimrod? ¿Caín y Abel? ¿Adán y Eva? ¿Y Jonás y Job? ¿José y María? ¿Ananías y Safira? Nuestras decisiones deben basarse en nuestra mejor valoración de lo que pretendía el narrador bíblico. Si descartamos las ilocuciones del narrador sobre la realidad de las personas y los acontecimientos ya no trabajamos dentro del ámbito de la autoridad bíblica. Podría decirse que todos ellos se presentan como personas reales en un pasado real, y la autoridad se preserva al afirmarlo. Todavía podemos encontrar motivos para discutir si el autor de Job pretende que cada parte del libro represente acontecimientos reales en un pasado real o si se trata de literatura construida en torno a un núcleo histórico. La cuestión es que cualquier conclusión que pretenda mantener la autoridad se ajustará a las intenciones demostrables del narrador. Cuando elegimos leer en contra de las ilocuciones del texto nos apartamos de los requisitos de la autoridad.

También incluiríamos en esta categoría las afirmaciones de que las narraciones bíblicas son simplemente propaganda ideada por quienes buscan justificar su propio estatus. Aunque tengamos que ser sensibles al género, la lectura ética con el texto no nos da la opción de descartar algunos acontecimientos como fabricados con fines políticos. Es conveniente reconocer que algunos relatos son promonarquía (davídica) mientras que otros pueden ser antimonarquía (davídica) en sus perspectivas. Pero una vez que concedemos autoridad al texto, adoptamos la postura de que esas perspectivas están legitimadas por la voz profética de inspiración divina y no se reducen, por tanto, a posturas políticas. David distaba mucho de ser perfecto y, por tanto, es posible que algunas de sus tácticas nos recuerden a las de los señores de la guerra corruptos (1 Sam. 25) y que hayan adolecido de inclinaciones viciadas. Pero cuando el texto afirma la aprobación de Dios o la obra de Dios en apoyo de David, ya no tenemos la opción de identificarlo como una afirmación tendenciosa hecha por alguien que intenta legitimar el reinado de David.[1]

No es seguro creer que los libros bíblicos hayan recurrido a la pseudoepigrafía, la falsificación o la atribución falsa. A lo largo de este libro hemos diferenciado entre las figuras de autoridad que sirven de fuente a los documentos que acaban formando parte de las obras literarias, y un concepto más moderno de autores. A la luz de esto, debemos ser cuidadosos para discernir con precisión qué es lo que se afirma cuando la literatura se atribuye a una persona específica. Por ejemplo, si el Daniel del siglo VI fue la figura de autoridad que dio oráculos que quedaron debidamente registrados en documentos que se guardaron hasta el siglo II, cuando alguien los recopiló en el libro que tenemos ahora y tal vez incluso incluyó alguna información actualizada o más específica (proporcionada por figuras de autoridad reconocidas en aquella época), eso no constituiría una pseudoepigrafía o una falsa atribución.[2] Si ese tipo de proceso era una norma aceptada, las reclamaciones de atribución no son tan específicas y exhaustivas como podríamos haber pensado cuando utilizábamos modelos más modernos de producción literaria. La autoridad no está en peligro mientras afirmemos las afirmaciones que el texto hace realmente utilizando modelos de comprensión que reflejan el mundo antiguo. Las conclusiones que extraigamos no estarán guiadas por el escepticismo, sino por modelos realistas.

Sigue siendo dudoso que se pueda atribuir legítimamente a una figura de renombre que de hecho no tuvo ningún papel en la producción de la literatura. Es cierto que existe este tipo de literatura (e.g., los libros de Enoc o el *Evangelio de Tomás*), pero hay pocas pruebas de que esto hubiera sido aceptable en la literatura adoptada como autorizada. A fin de cuentas, la autoridad deriva de la figura de autoridad. Si las audiencias originales reconocieran que las afirmaciones son falsas (aunque lo fueran de forma transparente y, por tanto, no necesariamente fraudulentas), no habría base para la autoridad.

---

[1] Lo mismo ocurriría con la conquista de Josué. El papel y el apoyo de Dios no pueden descartarse como una reivindicación autolegitimadora de la apropiación de tierras.

[2] Craig Blomberg, al hablar de este mismo tipo de complejidad en los escritos del NT, se refiere a esto como «seudonimia benigna»; «A Constructive Traditional Response to New Testament Criticism», pp. 345-65 en Do Historical Matters Matter to Faith? James Karl Hoffmeier y Dennis Robert Magary (Wheaton, IL: Crossway, 2012), véase p. 351. Para una perspectiva de cautela, véase en el mismo volumen Eckhard J. Schnabel, «Paul, Timothy, and Titus», pp. 383-403.

Es seguro cuestionar

Es seguro cuestionarse si nuestra doctrina de la autoridad de las Escrituras se ha visto demasiado envuelta en la apologética. Nuestra visión de la inspiración no se basa en lo que podemos probar, por lo que ¿deberían las cuestiones apologéticas dominar nuestra formación teológica? Mucho de lo que creemos sobre la Biblia no puede probarse ni siquiera a nosotros mismos, y mucho menos a los escépticos. Además, si vinculamos demasiado la apologética y la teología, el resultado podría ser que acabaríamos intentando defender como teología lo que en realidad son sólo afirmaciones apologéticas que hemos hecho. Entonces podríamos terminar defendiendo afirmaciones que nunca han sido hechas por el propio texto. Es cierto que a veces los críticos han sido negligentes a la hora de seguir caminos de armonización que podrían resolver los problemas que plantean para socavar la Biblia, pero al mismo tiempo los evangélicos que hacen apologética pueden a veces tratar de armonizar demasiado lo que no es necesario armonizar.

Es seguro cuestionarse si algunas formulaciones de la inerrancia bíblica son fieles a la propia revelación bíblica en la comprensión histórica de la Iglesia. Para muchos evangélicos, la inerrancia puede estar demasiado ligada a las palabras exactas de las formas escritas de la revelación, a los autógrafos originales y a las normas de actividad basadas en la historiografía moderna. Pero las evidencias no apoyan tales vinculaciones. En cambio, si la inerrancia es una afirmación de que la Escritura es siempre verdadera y nunca errante, entonces confiamos en la validez de esa conclusión. ¿Podría considerarse que lo que algunos entienden por el término *inerrancia* es una construcción teológica postbíblica? Aunque el término *inerrancia* no aparece en ninguna parte de la Escritura, y aunque la Escritura no habla explícitamente de la cuestión, es cierto que la teología a veces debe ir más allá de las declaraciones explícitas de la Escritura. Sin embargo, insistimos en que nuestras doctrinas deben estar arraigadas en la evidencia de la propia Escritura. Por lo tanto, afirmamos la inerrancia bíblica bien definida.

Es seguro cuestionarse si los debates doctrinales sobre la autoridad de las Escrituras deben centrarse exclusivamente en los textos escritos. Aunque la confianza en la autoridad de la Biblia se ha vinculado a menudo con el texto escrito, y aunque uno de los principios de la Reforma era la sola Scriptura, nos preguntamos si vincular la autoridad estrictamente a los textos escritos está arraigado en la cultura de la imprenta y representa erróneamente la evidencia de la Escritura. Es cierto que sólo tenemos las comunicaciones orales porque se conservaron en forma escrita, pero es posible trabajar hacia atrás desde las formas escritas y reconstruir algunas características de las formas orales. En la cultura oral de la Biblia, los textos escritos no se entendían como una expresión más precisa o más permanente de los textos orales. Los sermones de Jesús, Pablo y otros, aunque sólo eran orales, tenían plena autoridad. Aunque nos planteamos esta cuestión, nuestro objetivo en este libro no es desarrollar una teología completa de la inspiración. Dejaremos eso a los que se especializan en teología. Pero estamos deseosos de trabajar junto a los teólogos en la construcción de una doctrina de la Escritura que esté cuidadosamente enraizada en los textos orales y escritos de la Escritura.

Es seguro cuestionarse por las variantes porque no constituyen necesariamente errores, tal como se entienden en el contexto cultural de la comunicación original. Es innegable que hay diferencias en la Escritura, como entre los Evangelios, y pueden parecer a algunos lectores errores de hecho. No sólo los escépticos ven esas diferencias y concluyen que la Biblia no es inerrante; los cristianos fieles también encuentran las variaciones inquietantes. Lo que muchos no reconocen es que la cuestión está relacionada con los criterios que se utilizan para evaluar las diferencias. A modo de analogía, sabemos que no podemos utilizar las reglas del fútbol americano para jugar el juego de fútbol más conocido en el resto del mundo; el resultado sería un malentendido y un caos. Tampoco podemos utilizar las normas modernas de lo que constituye un plagio para evaluar las prácticas antiguas de utilización de las fuentes; podríamos terminar acusando a los autores bíblicos de plagio. Simplemente tenemos que adaptar nuestra forma de pensar a la cultura que estamos evaluando.

Afirmar que hay errores en la Biblia es leer la Escritura a contracorriente de la oralidad y a contracorriente de los distintos géneros con diversas formas de comunicación. Es una suposición de la cultura textual fomentada por la Ilustración. El hecho es que las pequeñas diferencias en los detalles no se consideraban errores dentro de la cultura oral de la Biblia. Eran simplemente discontinuidades resultantes de la transmisión de los textos orales, o de la libertad de los autores a la hora de elegir qué o cómo escribir sobre determinados acontecimientos, o de las alteraciones de los escribas al copiar los textos.

Sin embargo, si pensamos en esas discontinuidades a la luz de la cultura moderna de la imprenta, parece que deberían contar como errores. En ese sentido, la inerrancia puede parecer un término equivocado. Como se afirma en el artículo 13 de la Declaración de Chicago sobre la Inerrancia Bíblica, «negamos que sea apropiado evaluar la Escritura según estándares de verdad y error que son ajenos a su uso o propósito». En otras palabras, la inerrancia puede ser una descripción válida de la veracidad de la Escritura cuando está claro que los criterios de veracidad son antiguos, no modernos. Una declaración de inerrancia sin esta calificación como punto de partida puede hacer que los evangélicos parezcan tontos, y lo que es peor, puede perjudicar nuestra causa en lugar de ayudarla. Visto a través de los lentes occidentales modernos, puede parecer que la Biblia tiene errores, y cuando las comunidades de creyentes proclaman que no los tiene y que es inerrante, sus propias declaraciones pueden parecer erróneas, siempre y cuando los oyentes asuman que los cristianos están aplicando estándares modernos de verdad y error. Además, cuando los jóvenes cristianos prosiguen su educación superior y descubren datos en las Escrituras que desafían la comprensión común de la inerrancia, se encuentran en un aprieto. Por eso, cuando usamos la palabra inerrancia, es esencial aclarar si nuestros criterios se basan en normas antiguas o modernas.

Es seguro cuestionarse cómo servirían mejor al cuerpo de Cristo nuestras fórmulas de autoridad bíblica. Como eruditos bíblicos y teólogos debemos considerar cómo entiende la gente el lenguaje que utilizamos para afirmar la autoridad bíblica. Las versiones erróneas de la inerrancia han inducido a muchas personas a una falsa comprensión de la naturaleza de las Escrituras, lo que ha conducido a una mala hermenéutica para interpretar las Escrituras y a malentendidos de las transcripciones bíblicas. Y lo que es más grave, ciertas opiniones sobre la inerrancia han alejado a la gente de la fe cristiana. Tales puntos de vista también pueden impedir que la gente considere asuntos más importantes de las Escrituras. Si hay un obstáculo para que la gente se acerque a la fe, ¿no debería ser sólo Cristo en lugar de un muro que colocamos inadvertidamente en el camino de las peregrinaciones espirituales?

Por otra parte, la plena apreciación de la autoridad bíblica es indiscutible para el cuerpo de Cristo. Si no se reconoce que la Biblia es una revelación eterna que proporciona información esencial para la vida y mandatos éticos para las relaciones, será imposible que la revelación de Dios lleve a cabo sus propósitos divinos. ¿Podría haber un punto de partida más importante para la vida que el reconocimiento de que la Escritura es la Palabra autorizada de Dios?

Es seguro cuestionarse qué es lo que constituye una doctrina evangélica sólida sobre la autoridad bíblica. Si fuera posible, concluiríamos este libro con un solo párrafo que definiera una cosmovisión bíblica de la autoridad. Pero no podemos. El tema es demasiado complejo. Sería reduccionista describirlo en unas pocas frases. Requeriría un diálogo con muchas personas, y mucho tiempo para que las ideas maduren. Pero nos gustaría proponer lo que consideramos los puntos de partida más importantes para una creencia sólida en la autoridad bíblica.

- Creemos que una visión elevada de las Escrituras es esencial para la comunidad de creyentes, y no debemos permitir que se erosione.
- Al mismo tiempo, no nos atrevemos a pensar que las expresiones de autoridad bíblica de larga data tienen la ventaja de todas las evidencias y son estados inviolables; todos estamos involucrados en un ejercicio continuo para considerar nuevas evidencias y percepciones y para refinar la teología y la hermenéutica bíblica en consecuencia.
- Consideramos que la autorización de los seres humanos por parte de Dios es una prueba notable de cómo actúa Dios en este mundo, especialmente cuando la realización de gran parte de sus propósitos divinos depende de los frágiles seres humanos. Llegamos a la conclusión de que, bajo la supervisión de Dios y por medio de la guía del Espíritu Santo, los creyentes fieles conservaron y transmitieron con precisión las verdades que fueron reveladas divinamente, aunque no podamos saber cuáles fueron las palabras exactas que se dieron originalmente. (Esta ha sido una confusión de larga data con respecto a las cosas que dijo Jesús, como es evidente en la distinción entre *ipsissima verba* e *ipsissima vox*).
- Sostenemos que considerar la inspiración de las Escrituras únicamente desde el entorno cognitivo de la cultura impresa abre la puerta a una interpretación errónea. Sólo cuando nos adentramos en la cultura oral del mundo bíblico podemos comprender adecuadamente la naturaleza de la revelación bíblica.
- No creemos que sea posible en esta vida comprender completamente la inspiración bíblica y sus implicaciones, ni que podamos encontrar un lenguaje que la describa completamente. Confiamos en que las formas en que hemos intentado avanzar hacia una reformulación son deficientes; de buena fe, hemos hecho todo lo posible. Esperamos

que se unan a nosotros en la búsqueda continua de una cosmovisión bíblica de la autoridad y la retomen donde la hemos dejado.

Soli Deo Gloria.

Más títulos de
Publicaciones Kerigma

El Mundo Perdido de Genesis 1

El Mundo Perdido de Genesis 2 y 3

Más títulos de
Publicaciones Kerigma

La doctrina de la creación

El Adán Histórico

Mensaje Y Teología Del A.T.

La Confiabilidad del A.T.

www.ingramcontent.com/pod-product-compliance
Lightning Source LLC
Chambersburg PA
CBHW022000160426
43197CB00007B/202